I0831247

Visiones histórico-literarias de España y el Nuevo Mundo en la tradición clásica (siglos XVI-XIX)

Jesús Paniagua Pérez / Ángel Ruiz Pérez (eds.)

Visiones histórico-literarias de España y el Nuevo Mundo en la tradición clásica (siglos XVI-XIX)

Bibliographic Information published by the Deutsche Nationalbibliothek

The Deutsche Nationalbibliothek lists this publication in the Deutsche Nationalbibliografie; detailed bibliographic data is available online at http://dnb.d-nb.de.

GIR de la Universidad de León "Humanistas". Proyecto coordinado I+D+i del Ministerio de Economía y Competitividad de España (FFI2015-65007-C4), financiado con Fondos FEDER: "Humanistas españoles". Ayuda de la Junta de Castilla y León al GIR "Humanistas españoles: estudios y ediciones críticas. La tradición clásica en España y América de la Antigüedad al siglo XVII (LE145G18).

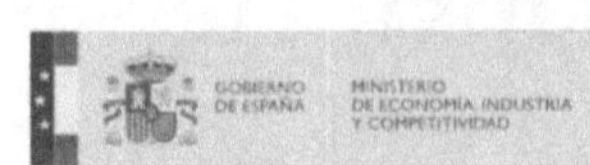

Instituto de Humanismo y Tradición Clásica
Universidad de León (España)

Cover illustration: "La Elocuencia y la Sabiduría sacando a Atahualpa del sepulcro", frontispicio grabado por François Gerard.

ISBN 978-3-631-83153-3 (Print) · E-ISBN 978-3-631-83641-5 (E-PDF)
E-ISBN 978-3-631-83642-2 (EPUB) · E-ISBN 978-3-631-83643-9 (MOBI)
DOI 10.3726/b17631

Peter Lang – Berlin · Bern · Bruxelles · New York · Oxford · Warszawa · Wien

This publication has been double-blind peer reviewed.

www.peterlang.com

ÍNDICE

List of Contributors 7

Introducción 9

Pilar Pena Búa
La influencia del Humanismo en el desarrollo y consolidación de la Reforma protestante/The influence of Humanism in the development and consolidation of the Protestant Reformation 13

Dario Testi
Otumba, la gran batalla campal en la conquista de México/Otumba, the Great Openfield Battle in the Conquest of Mexico 39

Maria Leonor García da Cruz
Gil Vicente e o Humanismo ibérico/Gil Vicente and Iberian Humanism 61

Martha Blanco González
Manuel de Faria e Sousa: entre la exégesis humanista y el ensayo/ Manuel de Faria e Sousa: Between the Humanistic Exegesis and the Essay 87

María Asunción Sánchez Manzano
Estructuras expositivas en tratados neolatinos sobre la naturaleza 1550–1600/Literary Arrangement in Neo-Latin Treatises on Natural Philosophy 1550–1600 113

José Manuel Vélez Latorre
Álvaro de Cadaval y el ambiente cultural de Galicia en los siglos XVI y XVII/Álvaro de Cadaval and The Cultural Environment in Galicia in the 16th and 17th Centuries 129

Jesús M. Nieto Ibáñez
Fábulas mitológicas en la Sagrada Escritura. La exégesis humanística de Lorenzo de Zamora/Mythological Fables in the Holy Scripture. The Humanistic Exegesis of Lorenzo de Zamora 137

Álvaro Cabanas Varela
El avaro y la avaricia en la literatura del siglo XVII: figuras del vicio en la lírica jocosa de Quevedo/The Miser and The Greedy in 17th Century Literature: Vice's Figures in Quevedo's Mocking Poetry 155

Lúa García Sánchez
Quevedo, traductor: el debate crítico en torno a su conocimiento de lenguas clásicas/Quevedo, translator: the critical discussion about his knowledge of Classical languages 179

Lucio R. Cebreiro
Notas sobre la parodia de la épica clásica en la España barroca: *La Gatomaquia* de Lope de Vega/Notes on Classic Epic Parody in Baroque Spain Through Lope de Vega's *La Gatomaquia* 199

Raúl Manchón Gómez
Las obras inéditas de Gregorio López Pinto, un erudito en el Jaén del siglo XVII/The Unpublished Works by Gregorio López Pinto, a Scholar from Jaén (Spain) in The 17th Century 221

Daniele Arciello
El arte de la medición político-aritmética. Aproximación científica y plasmación literaria en la *Libra astronómica y filosófica* (1690) de Carlos de Sigüenza y Góngora/The Art of Political and Arithmetical Measurement. Scientific Approach and Literary Rendering in Carlos de Sigüenza y Góngora's *Libra astronómica y filosófica* (1690) 249

Jesús Paniagua Pérez
La autoridad de los autores clásicos en la obra *Desvíos de la naturaleza*/The authority of the classics in *Desvíos de la naturaleza* 271

Marina Paniagua Blanc
La tragedia *Atala* de Fernández Madrid. Entre la tradición clásica y el prerromanticismo/The Tragedy *Atalá* by Fernández Madrid in Between Classic Tradition and Pre-Romanticism 299

List of Contributors

Daniele Arciello
Universidad de León (España)
ORCID: 0000-0003-0754-6527

Marina Paniagua Blanc
Universidad de León (España)
ORCID: 0000-0001-6535-9514

Pilar Pena Búa
Universidad Loyola Andalucía
ORCID: 0000-0001-5605-6490

Lucio R. Cebreiro
Universidad de Santiago de Compostela
ORCID: 0000-0003-2920-6769

Maria Leonor García da Cruz
Universidade de Lisboa
Centro de História da Universidade de Lisboa
ORCID: 0000-0002-8989-4527

Raúl Manchón Gómez
Universidad de Jaén
ORCID: 0000-0002-9763-2308

Martha Blanco González
Universidade de Santiago de Compostela
ORCID: 0000-0003-3109-1067

Jesús M. Nieto Ibáñez
Universidad de León (España)
ORCID: 0000-0002-0685-8900

José Manuel Vélez Latorre
Universidade de Santiago
IES "E. Blanco Amor", Ourense
ORCID: 0000-0001-7495-4243

María Asunción Sánchez Manzano
Universidad de León (España)
ORCID: 0000-0002-2824-7027

Jesús Paniagua Pérez
Universidad de León (España)
ORCID: 0000-0002-4356-6229

Lúa García Sánchez
Universidade de Santiago de Compostela
ORCID: 0000-0002-8678-9916

Dario Testi
Instituto de Humanismo y Tradición Clásica
Associação Ibérica de História Militar, séculos IV-XV
ORCID: 0000-0003-3590-8863

Álvaro Cabanas Varela
Universidad de Santiago de Compostela
ORCID: 0000-0001-9769-0121

Introducción

La tradición clásica y humanística ha sido un tema de desarrollo habitual para casi todos los autores que se han seleccionado para esta obra que hoy presentamos y que es producto de la financiación de diferentes proyectos o apoyos a grupos de investigación reconocidos, como el de "Humanistas", de la Universidad de León (BB249); de los proyectos coordinados I+D+i del Ministerio de Economía y Competitividad de España, a través del proyecto FFI2015-65007-C4, financiados con Fondos FEDER: "Humanistas españoles"; así como con la colaboración de la Junta de Castilla y León para el proyecto "Humanistas Españoles. Estudios y ediciones críticas. La tradición clásica en España y América de la Antigüedad al siglo XVII" (LE-145G18).

La tradición clásica es un concepto que ha adquirido importancia en España a partir de las últimas décadas del siglo XX, aunque ya había sido utilizado, entre otros, por Menéndez Pelayo. En palabras de García Jurado, «nacerá como una disciplina específica que permita estudiar la herencia clásica grecolatina de las literaturas modernas cuando, paradójicamente, ha surgido ya una conciencia histórica de la Antigüedad como algo terminado y ajeno»; la expresión, por tanto, se ha ido aceptando como habitual para expresar la influencia grecorromana y la vinculación que el mundo europeo y el americano han tenido y tienen con la herencia de Grecia y Roma, sin olvidar la combinación que se ha producido con la tradición bíblica, de la que ya en su día fueron buenos ejemplos autores como Arias Montano, Pedro de Valencia o fray Luis de León, por citar a algunos de los más famosos. Lo cierto es que existían ya estudiosos anteriores de esa tradición en figuras como Ernst Robert Curtius, cuya obra *Literatura Europea y Edad Media Latina* se tradujo al español en 1976, y dos años más tarde la de Gilbert Highet, *La tradición clásica*. En el mundo hispánico son de destacar los trabajos de María Rosa Lida de Malkiel, aunque en la propia España han sido muchos los autores que han prestado atención al fenómeno en los últimos tiempos, tales como el mencionado García Jurado o Vicente Cristóbal López, Carlos García Gual, Tomás González Rolán, Gabriel Laguna Mariscal, los hermanos Luis y Juan Gil, José María Maestre y otro buen número de autores, entre los que no debemos olvidar a Gaspar Morocho Gayo. Producto de tal interés, han surgido materias específicas en el ámbito académico, incluso colecciones de textos y estudios de la tradición clásica como los del Instituto de Humanismo y Tradición Clásica de la Universidad de León, "La Tradición Clásica y Humanística en España e

Hispanoamérica"; la del Instituto de Estudios Humanísticos de Alcañiz "Palmyrenus. Colección de textos y estudios humanísticos"; o la Biblioteca Montaniana de la Universidad de Huelva.

Igualmente, debemos recordar que la Tradición Clásica, con frecuencia vinculada a la literaria, va más allá de tal consideración, puesto que el fenómeno afecta a todos los saberes, desde la historia al arte, sin olvidar a la propia ciencia, que con frecuencia ha apoyado sus estudios en los conocimientos de tradición grecolatina. Esta variedad de campos se puede apreciar, por ejemplo, en la edición de Francisco L. Lisi, *Tradición clásica y universidad*. Precisamente esa diversidad es la que trata de ponerse de manifiesto en esta obra, donde se abordan desde aspectos literarios a los científicos, de manera muy especial en el mundo hispánico de la modernidad. En el caso de los estudios ultramarinos se apreciará a veces la hibridación que con frecuencia se produjo entre esta tradición con su origen en el mundo antiguo y la propiamente americana, pues no podemos olvidar, por ejemplo, las tradicionales alusiones a algunas ciudades prehispánicas comparadas con Roma o con Atenas, aunque también con la Jerusalén bíblica. En realidad, ni la tradición clásica ni la bíblica murieron en el mundo hispánico, como tampoco lo hizo la prehispánica en la América de la Edad Moderna, pues todas estas tradiciones se mantuvieron vivas en el desarrollo de la cultura y la ciencia de Occidente.

El conjunto abarca estudios y temas que se extienden entre los siglos XVI y principios del siglo XIX. En cuanto al mundo literario, algunos de los autores que se tratan en la obra son de sobra conocidos como Gil Vicente, Francisco de Quevedo y Lope de Vega. Además, se ponen en valor estudios sobre otros escritores que pueden resultar menos conocidos, pero que formaron parte de esa corriente de la tradición clásica como Manuel de Faria e Sousa, Álvaro de Cadaval, Lorenzo de Zamora o Gregorio López Pinto.

Del ámbito americano se han desarrollado trabajos que afectan a las influencias en el desarrollo militar, como en la batalla de Otumba, a algunos de los aspectos científicos de la obra de Carlos de Sigüenza y Góngora o a la influencia de los clásicos en la también obra de carácter científico cuya autoría bascula entre Pedro Peralta y Barnuevo y José Rivilla y Bonet. Por último, un estudio de la tragedia *Atala*, de Fernández Madrid, como ejemplo del paso en el teatro americano de la tradición clásica al Romanticismo.

Dicha mezcla entre la tradición clásica europea y lo americano es la que nos ha motivado a escoger para la cubierta de este libro el frontispicio grabado por François Gerard en la obra de Humboldt y Bonpland (edición de 1814), *Atlas geographique* et *physique des regions equinoxiales du Nouveau Continent,* en que se representa a Minerva y Mercurio sacando de su tumba a Atahualpa, con el pie

"La Elocuencia y la Sabiduría sacando a Atahualpa del sepulcro", que inspiraría un óleo de 1865 que se conserva en la Colección Crespi en el Museo de Pumapungo de Cuenca (Ecuador).

Los editores
Jesús Paniagua Pérez
Ángel Ruiz Pérez

Pilar Pena Búa

La influencia del Humanismo en el desarrollo y consolidación de la Reforma protestante*/ The influence of Humanism in the development and consolidation of the Protestant Reformation

RESUMEN El presente estudio analiza la influencia de las ideas humanistas en la Reforma de Wittenberg. Tiene en cuenta la singularidad del Humanismo del norte que, al igual que Lutero, exigía una revitalización de la fe. El pensamiento de Erasmo sirve como hilo conductor para establecer el vínculo entre el desarrollo teológico de ambos movimientos. La clave se encuentra en la comprensión de la Escritura: Erasmo diferencia entre revelación divina y texto literario lo que, posteriormente, le permitirá distinguir entre revelación y razón filosófica, revelación y Tradición. No obstante Humanismo no es Reforma, y lo que es distinción en el Humanismo se convierte en separación en la Reforma.

Palabras clave: Humanismo, Reforma, Escritura, Tradición, razón, Erasmo, Lutero

ABSTRACT The present study analyzes the influence of humanist ideas on the Wittenberg Reformation. It takes into account the uniqueness of Northern Humanism that, like Luther, demanded a revitalization of faith. Erasmus's thought serves as a guiding thread to establish the link between the theological development of both movements. The keystone is in the understanding of Scripture: Erasmus differences between divine revelation and literary text which, later, will allow him to distinguish between revelation and philosophical reason, revelation and Tradition. Nevertheless, Humanism is not Reformation. What is distinction in Humanism becomes separation in the Reformation.

Keywords: Humanism, Reformation, Scripture, Tradition, reason, Erasmo, Luther

* Este trabajo se enmarca dentro del Proyecto de Investigación «Tradición clásica y patrística y exégesis bíblica en el Humanismo (Monarquía mística de Lorenzo de Zamora y Epistolario de Pedro de Valencia)», financiado por el Ministerio de Economía y Competitividad (MINECO) y el Fondo Europeo de Desarrollo Regional (FEDER), FF12015-65007-C4-4-P.

1 Humanismo y Reforma: la revitalización de la fe

El Humanismo, en general, es contemplado como un movimiento intelectual habitado por élites, que apenas tuvo incidencia real en la vida común. Los humanistas estaban atareados en la recuperación del mundo clásico, en la búsqueda de manuscritos, en las bellas artes, en la restauración de las *bonnes lettres*… Como afirma Amelia Valcárcel, el primer Humanismo «se basa mucho más en una estética que en una ética» (2007: 10), diluye la ética en la estética o, dicho de otra manera, considera que la ética se resuelve en los valores estéticos. En Alemania, sin embargo, los intereses humanistas no se centraron en la tradición clásica, como en Italia, sino en la intranquilidad religiosa; habrá que esperar al año 1498 para la primera edición importante de las obras de Horacio, realizada por Jacobo Locher (1471–1528). No resulta extraño, por tanto, que alrededor del año 1500 el Humanismo transalpino experimentara una inclinación, que le otorgará impronta propia, hacia los temas teológicos y religiosos, la exigencia ética en la vida pública y privada, la demanda de una piedad interior centrada en el Evangelio, la reforma del sistema medieval (*Trivium* y *Quadrivium*) y el aprendizaje de los idiomas bíblicos, etc. Erasmo, J. Ecolampadio, W. Pirckheimer, F. Melanchthon o U. von Hutten son ejemplos de la nueva orientación; pero su intento de moralizar la vida y revitalizar la piedad se quedó en eso, en buenas intenciones, hasta la aparición de Martín Lutero que, en un primer momento, concitó los apoyos mayoritarios del movimiento humanista y aunque, posteriormente, las discusiones con Erasmo condujeron a algunos a renegar de sus planteamientos, muchos ya habían sido ganados para la causa y permanecieron en ella hasta el final realizando una labor impagable (W. Capito, F. Melanchthon, J. Jonas, U. Zuinglio…).

Si los humanistas no alcanzaban, y tampoco lo pretendían, a las multitudes, porque poseían una visión sin sentido de misión; los reformadores eran todo lo contrario: asumieron las propuestas humanistas y convirtieron sus críticas en cauce para subvertir el orden establecido. Sin Humanismo no hubiese habido Reforma, ya que de la acción del Humanismo sobre el pensamiento y el sentimiento religiosos nació la Reforma protestante. No afirmamos que la Reforma surgiera de tendencias humanistas (es el fruto de la experiencia subjetiva de fe de un ex monje agustino), sino que el Humanismo proporcionó a la Reforma soporte para su desarrollo histórico, un *ethos* cultural, religioso y ambiental que facilitó su venida al mundo y procuró su fácil asimilación por una parte importante de la población europea.

La manida tesis de los *abusos de la Iglesia*, corrupta y mundana, para motivar el cisma luterano no resulta convincente a tenor de los abundantes movimientos reformadores que tuvieron lugar durante el siglo XV y comienzos del XVI en toda Europa. Ciertamente los abusos y la corrupción fomentan el rechazo y la desafección, pero no son causa directa de la defección. Los abusos, con mayor o menor intensidad, siempre han estado presentes en el transcurrir eclesiástico dando lugar a protestas, discusiones y rebeliones, pero ninguna herejía surge para denunciar las taras y escándalos de la Iglesia, sino la decadencia de la vida religiosa, la laxitud de la existencia cristiana y el mal creer. Afirma Lutero:

> Hay que distinguir muy bien entre la doctrina y la vida. Nosotros vivimos mal como mal viven los papistas. No luchamos contra los papistas a causa de la vida sino de la doctrina […] Mi quehacer, mi combate, se centra en saber si los contrincantes transmiten la doctrina verdadera. (WATr 1, 294–295, 624).

Las causas son, por tanto, religiosas. La Reforma fue un movimiento de cariz fundamentalmente *doctrinal* que con tenacidad y beligerancia insistió en la necesidad de corregir el desviacionismo teológico de la Iglesia medieval que, a juicio de Lutero, habría abandonado su identidad prístina y verdadera en un proceso histórico degenerativo de abdicación de la verdad evangélica. La empresa consistió en restaurar la genuina fe cristiana (no en crear una nueva doctrina) volviendo a los orígenes perdidos. El germen de la Reforma no fue la reforma de la Iglesia, sino la renovación de la fe. En este empeño el clima generado por el Humanismo prestó a la Reforma un servicio inestimable.

2 El Humanismo al servicio de la Reforma

Teniendo presente que los *encuadres* son siempre deficitarios y arbitrarios, fijamos en el tránsito del siglo XV al XVI el período de transición del Medioevo a la Modernidad, ya que la búsqueda de la verdad y la adquisición de conocimiento consiste ahora en plantear y desarrollar preguntas nuevas que traen consigo nuevos problemas, mientras que para la mente medieval (y renacentista) el criterio de autoridad era el factor decisorio (las Escrituras, la Tradición o la Antigüedad). Ahora el engrandecimiento de los límites de la mente humana y su capacidad creativa se mide por la experiencia (González Sánchez, 2017). Las hazañas de navegantes y conquistadores ponen en evidencia errores compartidos por autoridades acreditadas (Lactancio, Agustín, etc.) y corroboran hipótesis no cristianas como el ridiculizado globo terráqueo de Martín de Bohemia de 1490. Ahora el mundo no es un universo cerrado, sino un misterio por descifrar, y la naturaleza algo que contemplar y estudiar para descubrir las leyes que la rigen por medio de la razón.

Descifrar, descubrir, estudiar… las antaño firmes convicciones se vuelven inseguras, las certidumbres dudas, las preguntas más abundantes que las respuestas, los problemas más interesantes que las soluciones. Todo ello convierte al siglo XVI en más próximo a nosotros que otros siglos más recientes, lo transforma en ascendente que sentimos moderno. El Humanismo se encuentra tras este cambio de paradigma que afecta por igual a toda Europa, aunque se concretará de forma diversa en el ámbito católico y el protestante. Como hemos advertido, adquiere características propias en diversos países (Alemania, España, Italia…) porque no se trata de un sistema cerrado definido solo por el contenido, sino de una forma de ser y de pensar que centra sus esperanzas en las capacidades humanas confiando en un desenlace venturoso. Por eso, no solo humano, sino humanista.

Lo nuevo se transforma en *culto*, la independencia frente a lo tradicional en *credo* y las ansias de cambio en una posibilidad real. En este sentido, yacen aquí las grandes causas de la Reforma.

El espíritu crítico del Humanismo da pábulo a la *libertad de espíritu* que alcanza a todos los ámbitos de la vida; pero la crítica se realiza a veces con contención y otras de manera radical. El caso de las llamadas *Epistolae obscurorum virorum* (1514–1517) es la expresión más extrema de la crítica humanista contra el monacato, la Escolástica y la Iglesia. El protagonista involuntario, difamado en materia de fe, fue el hebraísta J. Reuchlin por su aprecio y dedicación a las letras judías; el acusador Pfefferkorn, antiguo seguidor del judaísmo reconvertido en fanático adalid de la modernidad. La crítica no solo fue de mal gusto y corrosiva, también abiertamente antieclesiástica. Lortz considera la disputa como "el preludio inmediato de la Reforma" (2008: 85). Quizá esto sea darle demasiada importancia, aunque preparó el terreno para que en determinados ambientes doctos se recibieran con complacencia las críticas, mucho más aceradas e impetuosas, de Lutero.

Al mismo tiempo, los textos aristotélicos, utilizados durante la Edad Media como compendios de sabiduría y sostén del discurso teológico, son cuestionados en su autenticidad y autoridad; ocurre lo mismo con la *veracidad* de la Biblia, se evidencian profusamente las discrepancias entre el texto griego y el texto latino oficial (la Vulgata), dando lugar a una crisis de confianza generalizada que afectaba por igual a la Iglesia, a la política, a la cultura y al derecho, es decir, una crisis que cuestionaba toda la etapa medieval y que fortalecía el argumentario de los reformadores; y ello aunque la intención de los humanistas fuese volver a las fuentes bíblicas y patrísticas para devolverles su esplendor filológico, necesario para alcanzar la auténtica teología y la verdadera piedad. La traducción de Erasmo del Nuevo Testamento (*Novum Instrumentum*, 1516), que revolucionó el humanismo cristiano (Pena González, 2016), ejemplifica perfectamente la situación.

El lema *ad fontes* conduce también a revisar los orígenes patrios, a volver la mirada sobre lo propio, singular y diferenciador. A comienzos del siglo XVI, los humanistas alemanes popularizaron una versión actualizada de la *Germania* de Tácito, estudio histórico y etnográfico de las tierras alemanas, que ensalzaba las virtudes guerreras de las tribus germánicas y que tuvo un gran impacto en la identidad nacional alemana: «el pueblo alemán (al menos el educado) comenzó a apreciar que tenían un pasado, que existía un vínculo común que unía la multitud de estados y principados, y que estos ancestros, tan diferentes de los antiguos romanos, eran como ellos» (Benario, 1999: 7–8). El incipiente nacionalismo alemán se acrecentó con Lutero que vio en él una oportunidad para reducir la autoridad centralizadora de Roma, aumentar los poderes nacionales, invocar el orgullo alemán y sumar a su causa al poder secular: «Todo príncipe, todo noble y toda ciudad deberían sin más prohibir a sus súbditos pagar anatas a Roma y abolirlas del todo, puesto que el papa rompió el pacto e hizo de las anatas un robo en perjuicio y para ignominia de toda la nación alemana» (Lutero, 2018: 176). Sin el apoyo que los príncipes le prestaron, la Reforma no hubiera obtenido el éxito que obtuvo.

La *popularidad* de las nuevas ideas, gracias a la revolución tecnológica que supuso la imprenta, fue una pieza clave tanto para la difusión de los mejores logros humanistas cuanto para multiplicar las probabilidades de triunfo de la Reforma, ya que los reformadores la utilizaron con una eficacia inédita para difundir sus escritos, pero también para orquestar una campaña de propaganda anticatólica cuyo objetivo principal era el papado, descalificado como el Anticristo: «La utilización conjunta de texto e imagen, ya fueran hojas volanderas, libelos, portadas de libros, grabados, carteles, etc., demostró la eficacia de la propaganda evangélica, que logró mover con éxito al pueblo y vencer en el terreno religioso» (Pena Búa, 2019: 286). Que la estrategia fuera adoptada por otros países protestantes, o todavía en plena lucha por la hegemonía del credo evangélico, demuestra su efectividad.

El gusto por la erudición es una característica común al Humanismo, pero en Alemania su sobreestimación como modo de transformación del mundo caló admirablemente hondo. Tuvo como campo de acción las escuelas y, especialmente, las universidades, de fácil acceso para las nuevas ideas porque su patrocinio corría a cargo de los príncipes territoriales[1] y no gozaban de la tradición

1 La Universidad de Wittenberg era de muy reciente creación, fue fundada por el Elector Federico III en 1502 y no obtuvo la confirmación papal hasta 1507. Se la considera la primera fundación universitaria estatal de Alemania.

académica de otros centros europeos en España, Francia o Inglaterra; la mística (Taulero revive nuevamente) a la que va unido el individualismo religioso, que reconoce en ella su fuente fundamental; y algunos monasterios (Joachimsen, 1930: 438–440; Junghans, 1985: 21–23).

La crítica humanista a la tardía Escolástica hacía hincapié en la incapacidad de sus conocimientos para influir en la vida de las personas y mejorarla; se trataba de meras disquisiciones silogísticas apoyadas en un lenguaje técnico sin alcance real, abstraído del lenguaje concreto. En los estudios de humanidades fue introduciéndose con insistencia creciente la lectura de autores clásicos al tiempo que disminuían de los planes de estudio las enseñanzas escolásticas. En un primer momento las controversias no existieron, los escolásticos estaban tan interesados como los humanistas en conseguir un buen conocimiento del latín clásico. Sin embargo, la Escolástica pronto pasó a ser reconocida como el guardián de las concepciones eclesiásticas, y el peligro que de ello se derivó fue la oposición a las concepciones católicas. Si bien es cierto que determinadas formas escolásticas coincidían con contenidos ideológicos eclesiásticos, con lo que el tránsito hacia la hostilidad a lo eclesiástico en general era fácil, no lo es menos que el Humanismo, aunque protestó con razón contra muchas actitudes y normas poco edificantes de la vida eclesiástica, también cometió en su crítica grandes exageraciones. Sin negar las energías cristianas del Humanismo, se llega a la conclusión de que la protesta de lo nuevo frente a una Iglesia muchas veces corrompida, la hostilidad a la Escolástica, el odio al monacato, el rechazo en masa de las prácticas devocionales, etc. es la actitud correcta sin ningún tipo de matización.

En síntesis, el Humanismo hace posible la Reforma al proporcionarle las condiciones necesarias para alcanzar su meta (conocimiento de las lenguas, crítica de las fuentes, lucha contra la Escolástica, sentimiento nacional, etc.) y al afirmar una humanidad libre, ofreciendo así la solución a un problema fundamental de la época: el problema de la libertad cristiana, de la madurez del cristiano, que quería superar la anomalía de que el hombre llegado a su mayoría de edad espiritual siguiera siendo dirigido e incluso dominado por el clero.

Por consiguiente, entre Humanismo y Reforma se producen coincidencias y se crean intereses comunes, ya que la Reforma también contribuyó a la prolongación del Humanismo en un momento en que había sido superado y anulado por las disputas teológicas: el aumento de los estudios clásicos, la creación de nuevas universidades marcadas por el sello humanista, el establecimiento del humanismo bíblico en los cursos de teología y, en fin, porque la Reforma también estaba interesada en la perpetuación de los valores humanistas. Si bien es cierto que las diferencias no afloraron en un primer momento al considerarse los reformadores miembros de este movimiento general que luchaba contra los abusos de la Iglesia y de la Escolástica, la apuesta optimista por las fuerzas naturales del hombre llevada a cabo por el Humanismo chocaría frontalmente contra la negación de Lutero de la libertad humana, de la capacidad de la razón y su afirmación del fideísmo y la teología de la cruz.

No obstante, es necesario advertir, sin poder profundizar en ello porque excede el marco de esta aportación, que la Reforma no fue un movimiento uniforme, y la influencia y pervivencia del Humanismo no es igual en todos los reformadores. Felipe Melanchthon, de formación y talante humanistas, que llegó a Wittenberg en 1518 para ocupar la cátedra de griego, fue determinante a la hora de conseguir un marco visible, menos paradójico y arrebatado, del pensamiento luterano. Su labor como gestor en el marco educativo, que le convirtió en el *Praeceptor Germaniae*, está en armonía con el método pedagógico erasmiano, y su desarrollo teológico, sin dejar de ser luterano, confirma la posibilidad de unir *pietas et eruditio*, es decir, Reforma y Humanismo.

3 Erasmo y la Reforma

A Erasmo se le ha considerado, antes de la aparición de Lutero, el enemigo más peligroso de la Iglesia romana; su talante apaciguador, a la vez que ambiguo en muchas ocasiones, le ha valido críticas de los dos bandos: «no es falsear las cosas simplificándolas excesivamente decir que los luteranos rechazaban a Erasmo como un papista vergonzante y que los católicos le reprochaban haber sido el precursor del luteranismo» (Bataillon, 2000: 35; Zweig, 2006: 24). Se convirtió en santo y guía del Humanismo del norte y tuvo para el movimiento revolucionario que fue la Reforma una importancia enorme. Su actitud entre un *sí* y un *no escéptico* "lleva no solo a un trágico defecto, sino a una actitud sin fuerza y antipática y, además, extraordinariamente peligrosa. Pues Erasmo fue un poder público de primera magnitud" (Lortz, 1963: 145). Con su intento de humanizar la religión, de retornar lo divino a los hombres, de hacer que el camino a Dios fuera fácil, no difícil, desdibujó la mediación de la Iglesia y planteó las exigencias de la Reforma. Se le puede considerar el primer reformador, los de Wittenberg no reformaron, revolucionaron y provocaron la división. Reformador en su reivindicación de la doctrina evangélica para regresar al verdadero cristianismo y, al mismo tiempo, conservador, porque vio en la Iglesia católica la última forma de unidad espiritual en un mundo en derribo.

3.1 Aportaciones teológicas del Humanismo a la Reforma

Para establecer el reforzamiento procurado por el Humanismo a la Reforma hemos de afrontar los planteamientos teológicos de ambos movimientos: ¿existe coincidencia en los principios, motivos y premisas para postular un tipo de teología humanista que, al mismo tiempo, conforme la mentalidad teológico-religiosa de la Reforma? La comprensión de Erasmo de la Sagrada Escritura nos ofrecerá las claves para responder a la pregunta.

En su obra *Ratio verae theologiae* el humanista intenta mostrar cuál es la verdadera teología, cuáles son sus condiciones y cuál es el método que lleva a su elaboración. El método no es otro que la interpretación de la Escritura, ya que esta es la primera fuente de la teología al contener las enseñanzas de Cristo difundidas por los profetas y los apóstoles: «Pero si [frecuentamos continuamente] a los que realmente respiran a Cristo, que inflaman, que viven, que no solo enseñan, sino también practican la verdadera piedad, nos haremos como estos al menos en parte» (2019a: 186,20). Por consiguiente, el teólogo, a la hora de realizar su trabajo, se ocupará de las divinas letras porque su tarea no es proporcionar una comprensión filosófica del cristianismo, sino enseñar a creerlo. Debería ser un hombre que ejerciera una *teología práctica* basada en la Escritura y que, a través del ejemplo, «no con silogismos intrincados, sino con afecto, con la propia expresión y con los ojos, con su propia vida» (Erasmo, 2019b: 117, 15) guiara su enseñanza.

Lo relevante de esta demanda es la crítica erasmiana a la Escolástica, que adulteró la teología cristiana con la filosofía aristotélica y el método dialéctico provocando que la genuina enseñanza evangélica quedara relegada. El método intelectualista de la Escolástica no fomentaría la verdadera piedad, causaría disputas estériles, por ello la única fuente de la teología es la Escritura:

> ¿No se puede llamar platónico el que no ha leído las obras de Platón y sí, en cambio, teólogo, además de cristiano, el que no ha leído la Escritura de Cristo? Por consiguiente, si verdaderamente de corazón somos cristianos [...] ¿Por qué para nosotros hay algo más importante que su Escritura? (Erasmo, 2019b: 122, 10–15).

Su estudio exige el aprendizaje de las tres lenguas bíblicas porque «no hay modo alguno de entender lo que está escrito si ignoras la lengua en que está escrito» (2019b: 154,5), y el manejo que otorgan otras disciplinas humanísticas, como la exactitud en la expresión y en el uso del lenguaje. Erasmo indica, además, cuál es el orden en el tratamiento de los temas: « [...] primero de los Evangelios, después de las Cartas Apostólicas [...]» (2019a: 170,1); primero las enseñanzas de Cristo, después la imitación de esas enseñanzas.

La Escritura para el humanista es un texto literario que se ha confeccionado a lo largo de los siglos, que es recipiente de la doctrina de Cristo y de su anuncio por los profetas y los apóstoles, y del cual podemos hacer un análisis filológico y teológico para extraer sus enseñanzas, de ahí la importancia de la elocuencia y de la teología de la palabra. Dicho de otra manera: la Biblia obedece, como texto literario, en su materialidad escrituraria, a la razón histórico-humana.

Sin embargo, la Escritura es algo más que literatura: es revelación divina. En la *Paráclesis*, obra dedicada a la devoción de la gente sencilla, que llama a vivir las enseñanzas de Cristo en el afán cotidiano de quien se acerca a escuchar lo que dice la Escritura, el humanista afirma: «[…] que al menos adore estas letras [evangélicas] como cofre del Espíritu Santo» (2019b: 136,8). En las palabras de la Escritura Cristo vive y en su proclamación se hace presente de manera eficaz; la palabra posibilita la comunicación, Cristo es el *logos* que se comunica: « […] nada hay más vivo y verdadero que te muestre a Cristo que los escritos evangélicos» (2019b: 136,13).

No estamos ya en el ámbito de la razón, de la erudición o de la filosofía, sino ante la *philosophia Christi* o *caelestis* o *divina*, verdadera filosofía que se realiza en la vida cristiana (Padberg, 1964: 115ss.). Existe, por tanto, una radical diferencia entre esta *filosofía del cielo* y las filosofías humanas, ya que aquella vincula a todos los hombres y puede ser conocida por todos: «Es un viaje sencillo y preparado para cualquier persona. Solo procura traer una mente piadosa y dispuesta, y dotada sobre todo de una fe pura y simple. Solo sé dócil, y habrás avanzado mucho en esta filosofía» (2019b: 113, 2–4); al tiempo que posee la capacidad de llegar a lo más íntimo del hombre y transformar su vida: « […] ¿qué otra cosa es la filosofía de Cristo, que él mismo llama *renacencia*, sino la renovación de nuestra naturaleza ya creada?» (2019b: 124,4).

En esta comprensión de la Sagrada Escritura, que muestra el núcleo del pensamiento humanista, se halla la condición de posibilidad de la Reforma. En primer lugar, la diferencia entre revelación divina y la razón histórico-humana y, en segundo, el interés no solo por el carácter cognitivo del texto también el afectivo y emocional: «[…] estos escritos te traen la imagen viva de su sacrosanto espíritu y a Cristo en persona hablando, sanando, muriendo, resucitando, en fin, te vuelven a todo él presente, de tal manera que no lo verías tan bien si lo tuvieras delante de tus ojos» (2019b:137–138, 16).

3.2 Consecuencias: Revelación y Tradición

La diferencia entre revelación y razón filosófica, sobre la que volveremos, se evidencia también entre revelación y Tradición: la Tradición solo puede provenir de la revelación (Escritura) y solo puede referirse a ella, si ese cordón umbilical se corta, entonces es legítima la crítica a la Tradición, porque estaremos no ante la *caelestis Christi philosophia*, sino ante leyes o disciplinas humanas. Lo que Erasmo subraya con ello es la *historicidad* de la Tradición eclesial, es decir, ha sido elaborada por hombres y, por tanto, es siempre sospechosa, imperfecta, aunque no todos los preceptos de la Iglesia son erróneos para el humanista. Frente a la Tradición se eleva la pureza de Cristo en la Escritura, espejo para comprobar si las prescripciones eclesiales coinciden o no con ella:

> Hay quienes llevan consigo unos principios y obligan a la Sagrada Escritura a servirse de ellos, cuando en realidad los principios de la persona se han de sacar de esta [...]. Hay quienes la arrastran hacia los afectos y costumbres mundanas, y cuando se debe sacar de ella lo que debe hacerse, protegen con esta justificación lo que hacen comúnmente (2019a:176, 2–3).

Erasmo reconoce a la Iglesia, pero obvia algo que es inherente a su naturaleza, a saber, su reconocimiento no es un reconocimiento cualquiera, es obligatorio porque ha sido instituida por Cristo. Su actitud *adogmática* le lleva a contemplar la Tradición, fundamentalmente, como una cuestión de responsabilidad moral, una cuestión de obediencia o desobediencia que afecta a la genuina comprensión de la revelación (Escritura) y que incluye una falsificación de lo que procede de la fuente original debido a los *afectos* humanos. El programa de reforma teológica de Erasmo se basa precisamente en esto, a saber, en la posibilidad y obligación de depurar la Tradición por la Escritura. Difumina el humanista, y se convierte en antecedente de la Reforma, la función normativa de la Iglesia en la interpretación de la Escritura. Que la fe para estar segura requiere una autoridad divina y que esa autoridad es Cristo, es patrimonio común en la Iglesia católica, pero que la autoridad de Cristo se encuentra en las Escrituras garantizada por la autoridad de la Iglesia se le escapa a Erasmo en numerosas ocasiones. Como afirma san Agustín: «Yo, en verdad, no creería en el Evangelio si no me impulsase a ello la autoridad de la Iglesia católica» (PL 42,176).

Sin embargo, el humanista no es un rupturista, y ofrece también una Tradición dogmática vinculada al Símbolo, que debido a su imparcialidad y objetividad, así como a su proximidad temporal a los orígenes, reclama un puesto cercano a la Escritura (2019a:181,2ss.). La característica general de la Tradición: *uso publico receptum*, ante esta *tradición pública* Erasmo guarda respeto.

La diferencia erasmiana de revelación (divina) y Tradición (razón) es asumida y radicalizada por la Reforma. Si el interés del humanista era la vivencia personal de la fe, y para ello la teología y la Tradición tenían que depurarse fijando sus intereses en la Escritura, los reformadores separaron (no diferenciaron) fe cristiana (revelación) y filosofía (razón). La razón solo alcanza a ofrecer una interpretación humana de las leyes divinas, de manera que Escritura y Tradición ya no forman una unidad indisoluble y, por tanto, la Iglesia ya no es intérprete competente de la Escritura. Mientras que la Escritura es la esencia de la revelación cristiana, la Tradición ha sido adulterada por la filosofía. De ello se sigue para la Reforma que la Tradición exegética de la Iglesia es falsa, que la interpretación de la Escritura no obedece al contenido de la misma y, por consiguiente, la doctrina romana no es conforme a las enseñanzas de Cristo.

Se establece así la vigencia de la Escritura (*sola Scriptura*) frente al dogma (Tradición). Como afirmamos, el principio humanista *ad fontes* creía encontrar sobre todo en el Nuevo Testamento, mejor que en los dogmas y en la teología ortodoxa, motivos, ejemplos, consuelos, que condujesen a una piedad más auténtica. Este modo *adogmático* de considerar el dogma fue defendido por los reformadores, que criticaron el envoltorio conceptual (escolástico) de las declaraciones dogmáticas, sin embargo, su contenido fue rechazado acríticamente.

3.3 Revelación y Filosofía

El Humanismo dio origen a un período de renovado interés por la literatura cristiana antigua y los clásicos greco-romanos. Esta vuelta a las fuentes en Erasmo comporta una nueva comprensión de la Antigüedad mediante el hermanamiento entre el cristianismo y la filosofía antigua: "Erasmo vio un mundo clásico iluminado por la fe cristiana" (Aldridge, 1966: 16). La antigüedad cristiana es un *apartado* singular dentro la Antigüedad misma, y abarca desde los orígenes hasta los Padres latinos.

La antigüedad cristiana le proporciona los medios para captar la enseñanza de Cristo en su verdadera comprensión; le proporciona, además, los argumentos con los que rechaza la teología escolástica como una falsificación del cristianismo verdadero, y refuerza su deseo de liberar a la religión de su tiempo de los excesos de la ignorancia y la superstición. Pero en Erasmo no existe oposición insuperable entre lo cristiano y la ética antigua, la filosofía no es *per se* impía, sino que la revelación divina actúa como regla del pensamiento humano y, por tanto, parte del contenido de la filosofía antigua puede coincidir con la fe cristiana; para Erasmo el núcleo es el mismo: Cristo, que es la manifestación más elevada de los ideales y conceptos que se encuentran en la Antigüedad: «Agustín se felicita a sí mismo por el hecho de encontrarse frecuentemente con Platón, no por otra cosa, sino porque sus enseñanzas se acercan mucho a la doctrina de Cristo [...]» (2019a: 167,6).

No obstante, Erasmo sigue también a san Agustín en su obra *De doctrina Christiana* (libro II) cuando mantiene, al mismo tiempo, que la teología aceptará selectivamente las indicaciones de las ciencias humanas; porque son *humanas* su uso será prudente y objetivo, y advierte de la subordinación de la teología a la filosofía pagana:

> «[…] parece totalmente absurdo cuando tratas un asunto que está muy lejos de toda sabiduría mundana, no tener siempre en la boca más que a Pitágoras, Platón, Aristóteles, Averroes y otros autores más profanos que estos, quedarse con la boca abierta ante sus opiniones como [si fueran] oráculos. ¿Es esto embellecer la filosofía de Cristo o más bien presentar otra?» (2019a: 169, 12–13).

Para el humanista, por tanto, junto a la fuente por excelencia que es la Escritura se ubican también la patrística y los clásicos. Este aprecio teológico por la sabiduría clásica no lo hallamos en los reformadores: fe y filosofía son conceptos excluyentes. «La razón no puede alcanzar las cosas invisibles», afirma Lutero (WA 40/III, 51,8), su capacidad solo alcanza a las cosas del mundo y por eso nada puede hacer la razón en el acceso a Dios. Lo que propone el reformador es una nueva forma de teología sin otro apoyo que la palabra divina: porque comprender la misericordia de Dios, ofrecida al hombre *in verbo suo* es lo apropiado de una *theologia supernaturalis*, por oposición a la *theologia rationis* (WA 40/II, 342,7).

Erasmo y la Reforma coinciden en la alta estima que tienen por la Escritura, ambos la consideran la base para las reformas que se han de llevar a cabo y ambos, en los primeros tiempos, parecían estar trabajando para los mismos objetivos. Lutero afirma de Erasmo en una carta fechada en 1517: «Y me complace que condene constante y eruditamente a los monjes y sacerdotes por sus formas inveteradas y su estúpida ignorancia» (WABr 1, 90,16) mientras, el humanista, defendía a Lutero ante el príncipe Federico en 1520 aseverando que su persecución se debía al odio a las *bonae litterae* y al amor a la tiranía: «Fons rei malus est: odium bonarum litterarum et affectatio tyrannidis» (1933: 336,3).

La vuelta a las fuentes de Erasmo no se compadece con la vuelta a la *sola Scriptura* de la Reforma, única fuente y principio formal de la misma. Las diferencias se harían manifiestas en el debate sobre la libertad de la voluntad (*De servo arbitrio*, 1525), al afirmar Lutero la absoluta incapacidad del hombre para alcanzar la salvación. La doctrina de la justificación evangélica (*sola gratia, sola fides*) imposibilita emparentar lo cristiano con la ética antigua o pagana; nada hay de revelación cristiana en la tradición literaria de la Antigüedad.

Sin embargo, parece que Erasmo desde su atalaya literaria fue incapaz de percibir la complejidad del fenómeno reformador y el carácter paradójico de la teología de Lutero: la doble situación del hombre (*simul iustus et peccator*) en el mundo *coram Deo* y *coram hominibus*, resultado que sigue a la caída original y que invalida las capacidades humanas para el acceso a Dios. Esta teología ya aparece formulada en los comentarios de Lutero a *Romanos* en 1515–1516, pero la defendió públicamente en la Disputación de Heidelberg (1518!):

> «No es teólogo ni se le puede llamar así en justicia a quien crea que es posible aprehender las cosas invisibles de Dios a partir de lo creado (tesis 19) […] porque la sabiduría que considera las cosas invisibles de Dios a partir de las obras infla, ciega y endurece totalmente (tesis 22)» (WA 1, 361–362).

4 Humanismo bíblico

La doble condición de la Escritura como obra del Espíritu y como texto literario condiciona la ejecución de la teología. En el primer caso, afirma Erasmo, es el mismo Espíritu quien concede la comprensión: «Errat itaque vehementer, quid credit se consequi posse veram canocicae Scripturae intelligentiam, nisi adflatus eso Spiritu, quo proditae sunt» (LB V, 774E), únicamente cabe creer y adorar lo que la Escritura es; en el segundo supuesto solo puede ser entendida si se conocen las lenguas empleadas en su composición (2019a: 155, 1ss.) y los géneros literarios (2019a: 174, 1ss.). La dimensión literaria de la Escritura conlleva un acceso histórico filológico a la misma que el humanista contrapone al método escolástico.

4.1 Escolástica vs. teología práctica

La opinión general es que Erasmo no poseía un buen conocimiento de la alta Escolástica (Maeseneer, 1963: 149–152); pero no se puede negar que leyó a los grandes autores medievales (Hentze, 1974: 181–184). Tiene gran estima por Tomás de Aquino, le llama «buscador incansable de la verdad» (2019a: 222, 10) y le considera «el más competente de todos los modernos, a quien no desearía tener como enemigo» (2019a: 157,11). Al *Doctor Sutil*, sin embargo, no le profesa el mismo aprecio: « […] preferiría ser un teólogo piadoso como Jerónimo que uno invencible como Escoto» (2019a: 189,11), aunque venera su santidad (2019b: 134, 27).

La cuestión es saber si el humanista rechaza la totalidad de la Escolástica. Su valoración atiende al desarrollo histórico que tiene ante sí: el escolasticismo decadente del final de la Edad Media enzarzado en ociosidades especulativas, dominado por la dialéctica y la filosofía aristotélica (2019a: 187, 6). Lo grave de esta situación de la teología es que no conduce a Cristo, de ahí que sienta como imperiosa la necesidad de reformar el método teológico: volver al texto de la

Escritura y a las fuentes patrísticas, que habían dejado de ser referentes en la Escolástica tardía al deducir el contenido de la teología de las doctrinas o sentencias mediante operaciones lógico-dialécticas. Los reformadores, sin embargo, rechazan todo el período medieval al entender que desde los tiempos apostólicos en la Iglesia reina la impiedad. Asentados en el principio de la *sola Scriptura*, inician una crítica del desarrollo dogmático y del transcurrir histórico de la Iglesia.

La teología especulativa, que trata de investigar racionalmente el misterio de Dios, es rechazada por Erasmo como «impía curiosidad» ((2019a: 152, 10), como contrapartida propone la razón histórico-filológica (*investigatio*), que no es temeraria ni arrogante porque su finalidad no es escudriñar el Misterio, sino buscar su reconocimiento, la fe. Así, la fe se une a la razón (fe *razonable*) para investigar la historia de Cristo, sus palabras, sus hechos…, no porque con ello aumente nuestra ciencia, sino porque en ellos se encuentra la salvación. El centro de gravedad de la teología se ve desplazado, ahora la meta es la piedad no la instrucción (*doctus*). En este sentido afirma de la *christiana philosophia*:

> « [En] esta clase de filosofía, que se encuentra más verdaderamente en los afectos que en silogismos, la vida es más que una discusión, la inspiración es preferible a la erudición, la transformación más que la razón. Solo unos pocos llegan a ser sabios, pero todos pueden ser cristianos, todos pueden ser píos, y –añadiré audazmente-: todos pueden ser teólogos» (2019b: 124, 1–2).

La crítica a la Escolástica forma parte también del acervo reformador. Lutero fue un buen conocedor de la denominada *via moderna* o lógica nominalista, a la que accedió durante sus estudios de filosofía en Erfurt, no así de la *via antiqua*, que sigue fundamentalmente a Tomás de Aquino. La dependencia nominalista del reformador se desprende de sus propias afirmaciones al respecto, ya para oponerse a él, ya para asentir a sus principios (Iserloh, 1977: 43–51). En sentido negativo, esta dependencia respecto del nominalismo occamista se percibe en su oposición al magisterio del más eminente maestro occamista que influyera sobre él, G. Biel, objetivo de los ataques de Lutero contra la teología escolástica, junto con Occam, Escoto y P. d'Ailly (WA 1, 224–225). Lutero se opone a una teología distanciada de la Biblia, entregada a la especulación de la razón y viciada de aristotelismo, que encubre la verdadera naturaleza del hombre y sus potencialidades.

Es, justamente aquí, donde la crítica de Erasmo y de la Reforma se separan: el humanista rechaza la Escolástica por especulativa, ociosa y ajena a las fuentes, y propone una teología práctica, pedagógica y didáctica que lleve a Cristo; Lutero participa de este modo de hacer teología como ciencia práctica pero, mientras Erasmo aplica su método teológico uniendo fe y razón para suscitar ejemplos que orienten la praxis ético-religiosa del creyente, y considera que el lenguaje bíblico no es otra cosa que la presencia de la salvación divina históricamente ofrecida al hombre como *conocimiento* y *deificación*, bienes a los que el hombre accede por la interpretación autorizada de los *signa* de la Escritura; Lutero y los reformadores lo niegan: la *comprensión por el lenguaje* permite alcanzar el sentido del texto (externo), pero no la verdad contenida en él, que se obtiene mediante la acogida que el hombre da a la palabra al escucharla, es decir, mediante la fe: «Christum ese dominum ex auditu tantum habemus in fide» (WA 4, 8,34). La visión reformadora tiene, por tanto, un trasfondo ontológico que va más allá de la perspectiva ético-religiosa del Humanismo: la condición histórica de pecado del hombre, que motiva la esclavitud de la libertad, y comprende la justicia salvífica como *justitia aliena extra nos habitans*, pasiva, extrínseca o forense.

No obstante, para los reformadores la Escritura es también un texto literario, posee un aspecto humano, en el que podemos profundizar utilizando las ciencias humanas (lenguas, gramática, retórica, historia, etc.), al igual que ocurre con todas las realidades mundanas (matemáticas, astrología, física, medicina…) y, en este sentido, y solo en este, se logra la unión de Humanismo y Reforma; de ahí que los intereses intelectuales del Humanismo se vean reflejados en las obras de los reformadores.

4.2 La reforma educativa

El gran gestor de la reforma educativa en el movimiento de Wittenberg fue Melanchthon, apoyado en todo momento por Lutero. De hecho, Lutero ya había introducido cambios en la Universidad de Wittenberg antes de su llegada. Comenzó su carrera docente en esta institución impartiendo clases de filosofía moral (1508) y, una vez obtuvo el título de *Doctor en Teología* (1512), enseñó Sagrada Escritura. La dedicación a la Biblia le acompañará toda su vida y está tras el cambio curricular en la universidad, que asume los criterios humanistas. En una carta fechada en 1517, escribe Lutero: «mi teología, que es la de san Agustín, está ganando terreno y ya domina la universidad. Dios lo ha hecho. Aristóteles está declinando y se encamina hacia la ruina eterna» (WA Br 1,99). Asimismo, en la Facultad de Artes o Filosofía amplió el plan de estudios mediante la introducción de las tres lenguas bíblicas; fue esta circunstancia la que motivó la contratación del joven humanista Melanchthon, sobrino del hebraísta J. Reuchlin y admirador y amigo de Erasmo, para ocupar la cátedra de griego.

La afinidad de Lutero con la reforma pedagógica humanista se evidencia en la entusiasta aceptación que brindó al discurso de Melanchthon en la toma de posesión de su cátedra. El humanista habló sobre *El perfeccionamiento del estudio de los jóvenes* (*De corrigendis adolescentiae studiis*, StA 3, 29–42) inspirándose en la reforma que planteaba Erasmo[2]. Su diagnóstico sobre el estado de la educación fue demoledor: la verdadera filosofía había sido abandonada por el desprecio de la lengua griega, este abandono afecta también a las traducciones de Aristóteles, que están adulteradas, y a la interpretación de su pensamiento, que es falsa. El desarrollo escolástico ha sido inadecuado, el declive de la teología, el pésimo latín y la agonía de todas las disciplinas ha sido su herencia. Las tradiciones humanas, los comentarios y glosas han sustituido a la antigua fe (StA 3, 41). La propuesta melanchthoniana, como la erasmiana, no propugna reemplazar los planes de estudio vigentes, sino lograr que los estudiantes aborden los temas, únicamente, desde las fuentes (StA 3, 40). Esto requiere un buen conocimiento del griego, sin el cual los clásicos y el Nuevo Testamento no se podrían conocer correctamente. Enfatiza, igualmente, la necesidad que tiene el teólogo de saber hebreo y reclama como imprescindible el estudio de todas las ciencias, especialmente la historia porque, según la perspectiva humanista, ofrece ejemplos susceptibles de ser imitados para tener un comportamiento adecuado en la vida privada y pública.

El programa de reforma de Melanchthon coincide con el humanismo bíblico de Erasmo, que Lutero defiende porque supone un acceso directo a la Escritura mediante las lenguas originales:

> «Cuando, nada más desaparecer los apóstoles, cesó el don de lenguas, comenzaron a desvanecerse el evangelio, la fe y toda la esencia cristiana hasta que todo se hundió bajo el papado. Nada extraordinario registró el cristianismo desde el momento en que comenzó la decadencia de las lenguas [...] desde que en nuestro tiempo comenzaron a florecer las lenguas, han ocasionado una luz tan esplendente [...] que el mundo entero se ha maravillado y se ha visto obligado a reconocer que poseemos el evangelio casi con la misma pureza de los apóstoles, que ha sido restituido a su total y original limpieza, que se encuentra en estado más puro que el que gozó en tiempos de san Jerónimo o de san Agustín» (2001a: 223).

La crítica melanchthoniana sin reservas a la teología escolástica, la denuncia del relajamiento de la vida cristiana y la exigencia de renovar los estudios filosóficos

2 Las aportaciones de Melanchthon a la cuestión educativa, escolar y universitaria, fueron: *Encomium eloquentiae* (1523), *In laudem novae scholae* (1526), *De instituendis duobus pueris. Ratio studiorum* (1554), *Privilegia Academiae Lipsiensis* (1440), *De partibus et motibus cordis* (1550). Como apoyo a la labor docente escribió gramáticas griegas y latinas, manuales de retórica y dialéctica, comentarios y ediciones de autores griegos y latinos, obras sobre historia, aritmética, geometría, música, ciencias naturales, filosofía, psicología, ética, derecho y filosofía política; también hizo comentarios bíblicos del Antiguo y Nuevo Testamento.

le valieron el aplauso del reformador (WA Br 1, 192, 11–30). Las aspiraciones humanistas concuerdan con las intenciones de los teólogos de Wittenberg y son un espaldarazo a las innovaciones que Lutero había introducido en la universidad. El reformador no solo hace suyas las ideas de Melanchthon, sino que las radicaliza cuando plantea una reforma integral de las universidades dos años más tarde: «En ellas [...] se enseñan poco la Sagrada Escritura y la fe cristiana, y solo reina el ciego maestro pagano Aristóteles, incluso más que Cristo» (2018: 205). Aconseja que se retiren sus libros de *Física*, *Metafísica*, *Sobre el alma* y la *Ética*, que han «seducido y engañado con sus falsas palabras a tantos de los mejores cristianos» (2018: 205). Sin embargo, es partidario de la lógica aristotélica (dialéctica), la retórica y la poética porque son útiles para que los evangélicos hablen, prediquen y convenzan al auditorio con corrección. Los elementos prácticos, como en el Humanismo, son subrayados frente a los especulativos, al igual que los afectivos y emocionales; el objetivo era persuadir, conmover y provocar afectos.

Entre Lutero y Melanchthon se consolida una amistad muy productiva que va más allá de la reforma educativa, su objetivo era la reforma de la Iglesia y, para ello, la educación debe ponerse al servicio del Evangelio. En este empeño las universidades fueron fundamentales para el avance reformador. En ellas se formaron futuros pastores, políticos, empresarios, profesores... que transmitirían el mensaje luterano en el desempeño de sus oficios[3]. Además, la nómina de Universidad de Wittenberg en los inicios de la Reforma estaba compuesta por acérrimos partidarios de las ideas de Lutero que se convertirían pasados los años en grandes reformadores: J. Agricola, N. von Amsdorf, V. Dietrich, J. Jonas, W. Linck o A. Bodenstein von Karlstadt. Al mismo tiempo que los nuevos criterios educativos se implementaban la matrícula creció exponencialmente: no solo estudiantes de toda Alemania acudían a Wittenberg, también de Europa del este y Escandinavia para escuchar a Lutero y a Melanchthon. A comienzos de 1520, Spalatino informa a Federico, Príncipe Elector de Sajonia, de que 400 estudiantes asisten a las lecciones de Sagrada Escritura de Lutero y entre 500 y 600 escuchan a Melanchthon[4] (Friedensburg, 1926:109).

---

3 Los seguidores de Lutero se convirtieron, mayoritariamente, en profesores de Teología. Ochenta y ocho líderes de las Reformas luterana, calvinista y suiza fueron profesores universitarios desde 1517 hasta el Sínodo de Dortrecht de 1618–1619.

4 La inscripción en la Universidad de Wittenberg supuso el hundimiento de otras universidades alemanas. De 1540 a 1550 se produjo el mayor número de matrículas, que descendería gradualmente a raíz de la muerte de Lutero en 1546.

El gran mérito de la Reforma respecto al Humanismo fue convertir a este en un movimiento popular mediante la renovación educativa de las escuelas, las parroquias y la administración pública. Los habitantes de las aldeas o localidades con poca población recibían, fundamentalmente, formación religiosa en lengua alemana mediante la memorización del *Pequeño Catecismo* de Lutero (1529), que se convertiría en *manual* de formación cristiana para innumerables niños y niñas durante 500 años; en las escuelas de secundaria se mezclaban la formación humanista (artes liberales y lenguas) con la religiosa, y en todos los niveles educativos la enseñanza bíblica era irreemplazable. La Biblia no era un libro para estudiar junto con otros, en la pedagogía reformadora la Biblia ocupaba el centro del sistema, porque en ella la palabra de Dios y su voluntad se revelan.

Se origina así una *confesionalización* del Humanismo que se extenderá por todos los territorios conquistados para Reforma. En este esfuerzo educativo Lutero apeló *A los magistrados de todas las ciudades alemanas, para que construyan y mantengan escuelas cristianas* (1524), explicándoles su obligación de brindar una educación cristiana adecuada a todos los niños, hombres y mujeres, ricos y pobres (2001a: 227). Se trataba de inculcar en todos los niveles sociales el temor de Dios y desarrollar un sentido de deber cívico mediante el estudio de los idiomas y la imitación de personajes ejemplares que las lecciones de historia actualizaban y, junto con todo ello, un fuerte adoctrinamiento religioso.

Los reformadores llevaron a la práctica la teoría educativa de Erasmo, pero los acentos y las prioridades cambiaron. El holandés contempla en la educación un instrumento para cosechar personas eruditas, piadosas, responsables y cristianas. Es decir, personas capaces de pensar por sí mismas y juiciosas; versadas, además, en latín, griego y cultura clásica. El ideal de Erasmo sería una sociedad habitada por *filólogos clásicos*. La realidad fuerza a los reformadores a poner orden en medio del caos general provocado por su desvinculación de Roma. Dilthey afirma que Melanchthon fue «el organizador insustituible en la enseñanza superior alemana en el momento en que había que organizarla sobre los escombros de las instituciones católicas» (1978: 176). Las apremiantes circunstancias condujeron a dar prioridad al orden y a la uniformidad en la educación; o se aceptaba la nueva fe o se emigraba a otro lugar (Sehling, 1914: 5). El espíritu independiente y liberal del Humanismo desaparece, aunque perviven las recomendaciones pedagógicas, y se sustituye por un adoctrinamiento masivo, cuyo pilar fundamental fue la escolarización de la población, sin importar edad o sexo[5].

---

5 Mucho se ha escrito sobre la *liberación* de la mujer en la Reforma debido, precisamente, al interés de Lutero en su educación. Los intereses eran otros. La única posibilidad

4.3 La traducción luterana de la Biblia

El pragmatismo educativo reformador frente a la perspectiva aristocrático-idealista de Erasmo se deja ver también en la traducción de Lutero de la Biblia al alemán. Escribe el humanista: «Desearía que todas las mujercitas leyesen el evangelio, leyesen las Epístolas paulinas [...] ¡Ojalá que, como consecuencia, el agricultor cante [el mensaje evangélico] tras de su arado, el tejedor lo tararee en su telar [...]» (2019b: 115,3ss.). En román paladino diríamos que las palabras de Erasmo son un brindis al sol, algo completamente imposible. La comprensión erasmiana de la Biblia, que describe en su *Ratio*, incluía el conocimiento de las lenguas bíblicas, la interpretación filológica y, especialmente, la alegórica para subsanar las discrepancias de la Escritura. Solo su idealismo podía suponer que esta educación podía ser popular.

A Lutero le convence Melanchthon para traducir el Nuevo Testamento al alemán: «Ph. Melanchthon coegit me ad Novi Testamenti versionem» (WADB 6, XXXII). La edición apareció el 21 de septiembre de 1522, y para la fecha los reformadores ya estaban inmersos en la traducción del Antiguo, que daría lugar a la publicación de la *Biblia alemana* en 1534. La labor realizada por los humanistas, depurando los textos bíblicos y poniendo en circulación nuevas ediciones críticas, sirvió de apoyo a los reformadores. Lutero tomó como base textual para la traducción del Nuevo Testamento la versión grecolatina de Erasmo de 1516. En el prefacio de su edición neotestamentaria, el humanista escribió que anhelaba que las Escrituras llegaran a todas las personas, pero el uso de las lenguas vernáculas lo contempló como un mal menor; si con su empleo el Evangelio llega a más personas, entonces está justificado.

> «Ignora soberbiamente las literaturas modernas. No conoce a Maquiavelo, no lee a Lutero en el texto. En cuanto a Rabelais, que se dice su discípulo, nada prueba que *Pantagruel* haya sido leído por Erasmo. Cuando Gaguin publica la *Historia de los franceses* Erasmo lo felicita por haber escogido escribir en latín. A sus ojos las literaturas modernas no son sino literaturas particulares, limitadas y recientes [...] No adivinó el

---

que tenía la mujer en los territorios reformados era casarse, no se concebía una mujer soltera e independiente. Cuando los monasterios fueron abandonados muchas monjas se incorporaron como esposas a la vida civil, Lutero se casó con una y afirmó con ironía: «me parezco a Abrahán, porque soy el abuelo de todos los hijos de los frailes, sacerdotes y monjas, que engendraron con generosidad. Soy el padre de un gran pueblo» (WA 3, 329). Sin embargo, otras muchas emigraron a territorios católicos para ingresar nuevamente en la vida religiosa huyendo de la sumisión del matrimonio, porque los conventos eran espacios blindados que ofrecían a la mujer independencia y la posibilidad de adquirir cultura.

prodigioso impulso de las lenguas modernas ni comprendió su valor literario. Todavía sueña con una lengua universal: ¡el latín! En eso puede parecer reaccionario e incluso antimoderno» (Halkin, 1971: 89–90).

La intención de los reformadores no era formar peritos en Sagrada Escritura, sino lograr que la proclamación de la palabra llegase a todos los fieles y, sobre todo, la comprendieran. Si para Erasmo solo el hebreo, el griego y el latín merecen ser llamadas lenguas madres de Occidente, Lutero, refiriéndose a su traducción del Nuevo Testamento, considera al hebreo lengua santa al igual que al griego, capaz de santificar «a su vez a todas las demás [lenguas] cuando las traducciones brotaron de ella como de una fuente» (2001a: 222–223). El valor que otorga a las lenguas vernáculas queda patente también en su escrito *Misiva sobre el arte de traducir* (1530): «En mi traducción me he esforzado por ofrecer un alemán limpio y claro [...] He intentado hablar en alemán, no en griego o latín, ya que mi empresa es la de alemanizar» (2001b: 310). El reformador y su equipo de traductores se esfuerzan por saber cómo se dice en alemán lo que el hebreo o el griego expresan, fusionando celo evangelizador y filológica debido, en primer lugar, al enorme énfasis que pone la Reforma en la proclamación de la palabra identificándola con la voz de Dios[6] (*fides ex auditu*) y, en segundo lugar, a que la palabra predicada es para Lutero palabra de Dios solo en la medida en que su proclamación es fiel a la palabra tal como está escrita en la Biblia. Es la autoridad del texto bíblico quien rige todo lo que se habla y se enseña en la iglesia.

Se entiende así porque Lutero, para facilitar la comprensión y memorización de los textos ya fueran leídos o simplemente escuchados, introdujo en sus traducciones no un alemán común o coloquial, sino los giros del habla, el ritmo, la rima, etc. Su lenguaje es el del púlpito y lo que tiene presente a la hora de traducir es la congregación de fieles entorno al ambón; ese es su público y a él dedica sus desvelos. Una anécdota recogida de las *Charlas de sobremesa* ilustra perfectamente cuáles eran los intereses del reformador. Bernard von Dölen, pastor luterano, se quejó a Lutero de que su arrogante auditorio despreciaba la lectura del catecismo:

6 «La Palabra debe ser proclamada. Infinita e indescriptible es la grandeza de la Palabra de Dios, ¡por lo que no podemos agradecerle lo suficiente! Ahora la razón humana piensa: '¡Si pudiera escuchar al Señor, el creador del cielo y la tierra, correría hasta los confines de la tierra!' Escucha, hermano, Dios, el creador del cielo y de la tierra habla contigo a través de sus predicadores. Esas palabras de Dios no son de Platón, ni de Aristóteles, pero Dios mismo está hablando» (WATr 4, 531, 4812).

«El Dr. Martín [Lutero] estaba muy perturbado y se quedó en silencio. Luego dijo: maldito sea el predicador cuya meta en la iglesia sean los temas grandilocuentes, en busca de su propia gloria y deseando egoístamente complacer a una persona u otra. Cuando predico me adapto a las circunstancias de la gente común. No miro a los médicos y maestros, de los cuales apenas hay cuarenta, sino a los cien o miles de jóvenes y niños. Es a ellos a quienes predico, a ellos a quienes me dedico, porque ellos también necesitan entender. Si los otros no quieren escuchar pueden irse. Por lo tanto, mi querido Bernard, procura ser simple y directo; no consideres a los que dicen estar aprendidos, sé un pastor para los jóvenes ignorantes y lactantes» (WATr 3, 419–420, 3573).

5 A modo de conclusión

Erasmo desea aportar con su trabajo intelectual una solución al problema que trae consigo el final de la Edad Media, que afecta a todo Occidente. Los parámetros han cambiado, ya no estamos ante el Humanismo de primera generación, preocupado por un ideal de vida personal y todavía unido umbilicalmente a la época precedente (Huizinga, 1982: 396. 452; Huizinga, 2013: 53). Ahora el desafío es el desmantelamiento de la Iglesia medieval tardía y la necesidad de una nueva reestructuración. Erasmo no está preocupado por normalizar una tendencia cultural determinada a nivel nacional (Renacimiento), sino por reorganizar culturalmente la *res publica christiana* en su conjunto mediante una *educación ilustrada*, armonizando fe y razón (*Philosophia Christi*).

La reconstitución de la comunidad, de una sociedad cristiana, tenía como primer objetivo una reforma cultural destinada a transformar el seguimiento de Cristo en un proceso educativo, es decir, conseguir que los requisitos morales y espirituales de la religión sean el contenido real de la vida del cristiano, de manera que a través del moralismo filosófico se alcanzase el ideal de sociedad cristiana. El medio es una nueva disposición de la doctrina de Cristo que, en el contexto de restauración de la fe primitiva, es idéntica a su esencia, y comporta, como advertimos, una nueva comprensión de la Antigüedad.

El concepto *Humanitas* dice relación a la vida y a la educación así que, una vez que el cristianismo quede liberado de adiciones paganas y se concentre en el Evangelio, llegaremos a la *humanitas christiana*. Esta moralización progresiva del mundo por medio de la enseñanza para llegar a un cristianismo interior, alejado de complicados dogmas, de ritos y ceremonias, coincide con el ideal de vida del protestantismo: la presencia de Dios en la vida y en la actuación de cada persona individual. No obstante, la confianza humanista en las capacidades del hombre para obrar el bien queda sometida en el pensamiento reformador a raíces puramente teológicas. La doctrina luterana de la gracia se desliga de la ética religiosa de Erasmo, evidenciando la diferencia entre la fe que salva y la ética.

En los reformadores el obrar humano queda restringido al universo de relaciones humanas (filosofía natural y ética), la justificación le viene al hombre de la gracia de Dios y de la fe, no de sus propias capacidades. Pero que la salvación provenga de la *sola gratia* no elimina la necesidad de una ética cristiana rigurosa en el luteranismo: obrar cristianamente es posible al creyente, al que vive en Dios. Erasmo propugnaba una piedad verdadera orientada por el Evangelio que se hiciera visible en la vida privada y pública de cada cristiano, los reformadores convirtieron la escucha de la palabra y la lectura del Evangelio en el núcleo de la vida individual y social, incluyendo también la idea de que Dios juzga las obras de caridad, aunque no sean meritorias en orden a la salvación.

La labor de Erasmo como reformador pedagógico se entiende solo desde su condición de cristiano, y tiene como fundamento una visión positiva de la razón, capaz de armonizarse con la fe. Poniendo todo el énfasis del lado lingüístico de la ciencia y renunciando a especulaciones ociosas, el humanista buscaba el renacimiento espiritual del cristianismo. Su meta educativa era lograr una reforma religiosa verdadera y duradera, frente a una religión que consideraba supersticiosa y corrupta. Para esta renovación espiritual estimó que la reforma educativa era de suma importancia: se trataba de desarrollar la *docta pietas*, la única capaz de conducir a la genuina filosofía de Cristo. Pero su propuesta, a diferencia de la reformadora, no pretende imponer la uniformidad y orientar los contenidos hacia una nueva fe, se concentra en la erudición, adolece de pragmatismo y abunda en idealismo; se esfuerza en mostrar la belleza estética y reivindica el valor de la dignidad del hombre *coram Deo*. En Erasmo encontramos ilustración y no experiencias paradójicas y arrebatadas, como en Lutero.

No obstante, también hallamos en Erasmo un espíritu crítico que forma parte de su ataque a la Iglesia y de su empresa de renovación teológica, que vinculó sus ideas con las protestantes en aras a luchar contra la barbarie. Las ideas humanistas generaron un clima propicio para el arraigo de las propuestas luteranas: la lucha contra Aristóteles y la tardía Escolástica, que habían adulterado el contenido de la fe; la crítica de la Tradición eclesial, del papado, de las ceremonias; la fe primitiva estaba perdida, el recurso al texto bíblico como fuente preferente difuminando otras, etc. Esta batería de acusaciones tiene como presupuesto la distinción humanista de revelación (divina: Escritura) y razón (desarrollo histórico: Tradición), que la Reforma radicalizaría al desvincular absolutamente una de otra; así como el énfasis puesto en los elementos afectivos y emocionales que se hallan tras el texto bíblico, más allá de su materialidad escrituraria (externa), que condujo en los reformadores a convertir la fe en el supuesto precomprensivo que hace eficaz salvíficamente la audición de la palabra de la Escritura. Dicho de otra forma: debido a la precomprensión que facilita la fe, esta otorga significación teológica al texto sagrado que, cuando es leído desde la fe, vuelve sobre ella para normativizarla y dirigirla, haciéndola capaz de superar la oscuridad de la palabra bíblica (*verbum crucis*). De ahí surge la conocida afirmación de Lutero: «Sacra Scriptura sui ipsius interpres» (WA 7, 97,23) y el no menos conocido reproche a Erasmo en *De servo arbitrio*: «El Espíritu Santo no es un escéptico y no ha escrito en nuestros corazones dudas u opiniones, sino afirmaciones que son más ciertas y seguras que la vida misma y toda la experiencia» (WA 18, 605, 30–35).

Recapitulamos. Erasmo, a pesar de sus dudas y vaivenes, no es Lutero; Humanismo no es Reforma. La experiencia religiosa de Lutero nada tiene que ver con un Cristo que es el más sabio de todos los filósofos, ni con una humanidad religiosa que es parte de la dignidad del hombre, ni con la perfección del espíritu humano. En el reformador la paradoja se convierte en seguridad religiosa: la justicia de Dios es su gracia y, al mismo tiempo, ese Dios sigue siendo *tremendus et absconditus*; y Cristo es *simplemente* el Redentor del pecado y de la muerte. La teología luterana establece una antítesis absoluta entre razón y fe, y fija la unidad de la Escritura en que la palabra de Dios puede actuar siempre y en todas partes solo en el acontecimiento mismo de redención, a partir de la dialéctica pecado y gracia, ley y Evangelio.

Abreviaturas

LB: *Desideri Erasmi Opera Omnia*, 10 vols., J. Le Clerc ed., Pieter van der Aa, Leiden, 1703–1706.

PL: *Patrologiae cursus completus, series latina*, 221 vols. , Jacques P. Migne ed., París, 1844–1855.

StA: *Melanchthons Werke in Auswahl* [Studienausgabe], 7 vols., Robert Stupperich ed., Mohn, Gütersloh, 1951–1975.

WA: *M. Luthers Werke. Kritische Gesamtausgabe*, Weimar Ausgabe, 1883–1929. *Escritos*, 56 vols.

WABr: *Cartas*, 12 vols.

WADB: *Biblia alemana*, 12 vols.

WATr: *Charlas de sobremesa*, 6 vols.

Bibliografía

Aldridge, John W. (1966): *The Hermeneutic of Erasmus*, EVZ-Verlag, Zúrich.

Bataillon, Marcel (2000): «La situación actual del mensaje erasmiano», en id., *Erasmo y el erasmismo*, Crítica, Barcelona, pp. 31–47.

Benario, Herbert W. (1999): «Introduction», en Herbert W. Benario (ed.), *Tacitus, Germany/Germania*, Aris and Phillips, Warminster, G.B., pp. 1–12.

Dilthey, Wilhelm (1978): *Hombre y mundo en los siglos XVI y XVII*, FCE, México.

Erasmo de Róterdam (1933): «Axiomata Erasmi pro causa Martini Lutheri», en Wallace K. Ferguson (ed.), *Erasmi opuscula. A Supplement to the Opera omnia*, Martinus Hijhoff, La Haya, pp. 333–336.

Erasmo de Róterdam (2019a): «Método para llegar a la verdadera teología», en Inmaculada Delgado Jara y Victoriano Pastor Julián (eds.), *Erasmo de Róterdam. Escritos de introducción al Nuevo Testamento*, BAC, Madrid, pp. 139–192.

Erasmo de Róterdam (2019b): «Paráclesis o exhortación al estudio de la filosofía cristiana al piadoso lector», en Inmaculada Delgado Jara y Victoriano Pastor Julián (eds.), *Erasmo de Róterdam. Escritos de introducción al Nuevo Testamento*, BAC, Madrid, pp. 91–138.

Friedensburg, Walter, (ed.), (1926): *Urkundenbuch der Universitätt Wittenberg*, vol.1:1502–1611, Magdeburgo historichen Komission, Magdeburgo.

González Sánchez, Carlos A. (2017): «El Atlántico, paradigma de la novedad en la época del renacimiento. Imaginario y realidad», *Anos 90*, núm. 45, pp. 23–44.

Halkin, León E. (1971): *Erasmo*, FCE, México.

Hentze, Willi (1974): *Kirche und kirchliche Einheit bei Desiderius Erasmus von Rotterdam*, Verlag Bonifacius-Druckerei, Paderborn.

Huizinga, Johan (1982): *El otoño de la Edad Media*, Alianza Universidad, Madrid.

Huizinga, Johan (2013): *El problema del Renacimiento*, Casimiro Libros, Madrid.

Iserloh, Erwin, (1977): *Lutero e la Riforma. Contributi à una comprensione ecumenica*, Morceliana, Brescia.

Joachimsen, Paul (1930): «Der Humanismus und die Entwicklung des deutschen Geistes», *Deutsche Vierteljahresschrift für Literaturwissenschaft*, núm 8, pp. 419–480.

Junghans, Helmar (1985): *Der junge Luther und die Humanisten*, Vandenhoeck und Ruprecht, Gotinga.

Lortz, Joseph (1963): *Historia de la Reforma*, vol. I, Taurus, Madrid.

Lortz, Joseph (2008): *Historia de la Iglesia*, vol. II, Ed. Cristiandad, Madrid.

Lutero, Martín (2018): «A la nobleza cristiana de la nación alemana (1520)», en Pablo Toribio (ed.), *Martín Lutero. Obras reunidas: 1. Escritos de reforma*, Ed. Trotta, Madrid, 151–218.

Lutero, Martín (2001a): «A los magistrados de todas las ciudades alemanas, para que construyan y mantengan escuelas cristianas», en Teófanes Egido (ed.), *Lutero obras*, Ed. Sígueme, Salamanca, 215–232.

Lutero, Martín (2001b): «Misiva sobre el arte de traducir (1530)», en Teófanes Egido (ed.), *Lutero obras*, Ed. Sígueme, Salamanca, 306–318.

Maeseneer, F. de (1963): *De Methode van de Theologie volgens Erasmus*, Bibliotheca Alfonsiana, Roma.

Padberg, Rudolf (1964): *Personaler Humanismus. Das Bildungsverständnis des Erasmus von Rotterdam und seine Bedeutung für die Gegenwart*, F. Schöningh, Paderborn.

Pena Búa, Pilar (2019): «Francisco Suárez y la propaganda político-apocalíptica en la Inglaterra de Jacobo I: el libro V de la *Defensio fidei*: *El Anticristo*», en Robert A. Maryks y Juan A. Senent de Frutos (eds.), *Jesuits and the Complexities of Modernity*, Ed. Brill, Leiden Boston, pp. 272–299.

Pena González, Miguel A.; Delgado Jara, Inmaculada (coords), (2016): *Revolución en el Humanismo cristiano. La edición de Erasmo del Nuevo Testamento (1516)*, Publicaciones Universidad Pontificia de Salamanca, Salamanca.

Sehling, Emil (1914): *Geschichte der Protestantischen Kirchenverfassung*, B.G. Teubner, Leipzig.

Valcárcel, Amelia (2007): «Vindicación del Humanismo», *Isegoría*, núm 36, pp. 7–61.

Zweig, Stefan (2006): *Erasmo de Rotterdam. Triunfo y tragedia de un humanista*, Paidós, Barcelona.

Dario Testi

Otumba, la gran batalla campal en la conquista de México/Otumba, the Great Openfield Battle in the Conquest of Mexico

Resumen La guarnición de Tenochtitlan, ciudad ocupada en 1519 por los hombres de Hernán Cortés, se rebeló y les sitió en sus cuarteles. El capitán extremeño, tras oponer una resistencia tenaz, se dio cuenta de que no tenía ninguna esperanza de conservar el control de la capital, y decidió abandonarla en secreto. Las intenciones del ejército castellano fueron descubiertas, siendo atacado y aniquilado casi por completo. Los pocos cientos de supervivientes, heridos, hambrientos y sin equipamiento o municiones, tuvieron que medirse en el campo de batalla con la flor y nata de las fuerzas de la Triple Alianza. Cientos de miles de guerreros indios, no obstante, fueron derrotados en el valle de Otumba, sufriendo graves bajas. Este trabajo, para el que se han analizado cientos de documentos, cartas y crónicas, pretende aclarar las modalidades del enfrentamiento. Nuestro objetivo, al mismo tiempo, es comprender cómo fue posible aquel resultado tan inesperado. Intentaremos alcanzar una conclusión lógica y militarmente sensata, a pesar de los escasos datos que los autores españoles y mestizos nos proporcionaron en este caso, y de la ausencia de todo trabajo de microhistoria bélica dedicado por la comunidad académica a esta pugna.

Palabras clave: Hernán Cortés, Otumba, Aztecas, Triple Alianza, 1520

Abstract Occupied in 1519 by the conquering forces of Hernán Cortés, Tecnochtitlan rebelled against the conquistadores and besieged them in their own encampment. After putting up a strong resistance, the captain realised that there was no hope of maintaining control of the city and decided to abandon it in secret. The Castilian army was discovered, attacked and almost completely wiped out. Injured, hungry and without equipment or munitions, the few hundred men who survived had to face the military forces of the Triple Alliance on an open battlefied. In spite of this, hundreds of thousands of Indian combatants were overwhelmed at Otumba and many of their number killed. This work analyses the numerous documents, letters and accounts at our disposal in order to try to shed light on the events of the battle. It is also the aim of this paper to try to understand how such an unexpected victory could have been won. The objective is to reach a plausible conclusion, both from a logical and military point of view, in spite of the little information that Castilian and mestizo authors have left us regarding this specific event.[1]

Keywords: Hernán Cortés, Otumba, Aztecs, Triple Aliance, 1520

1 Doy las gracias a la profesora Sharon Powell por la traducción del *abstract*.

1 Introducción: la *Noche Triste*

En el verano de 1520, el contingente castellano liderado por Hernán Cortés, formado por un millar de europeos y por unos pocos miles de indios auxiliares, fue sitiado en sus aposentos del palacio de Axayacatl, en la gran ciudad de Tenochtitlan. La capital de la confederación de la Triple Alianza (o *Excan Tlatoloyan*) se ubicaba en una isla rodeada por las aguas del lago de Texcoco, y aquel ejército multiétnico se vio aislado y sin posibilidad de replegarse a tierra firme. Los hispanos intentaron escapar de la urbe en la noche del 29 al 30 de junio, pero fueron detectados por las guarniciones mexicas,[2] desencadenándose un violento combate que acabó convirtiéndose en una masacre. La calzada que conectaba Tenochtitlan con Tlacopan, población que se hallaba en la orilla occidental de la laguna, fue el teatro del exterminio de una parte importante de las unidades cristianas. El acontecimiento fue registrado en los anales con el nombre de *Noche Triste,* ya que ambos bandos tuvieron que lamentar numerosas víctimas (*vid.* Sahagún, 2001: l. XII, c. 25). Aun así, el capitán metelinense, buena parte de su cuerpo de oficiales, su intérprete nativa y algunos pelotones de conquistadores sobrevivieron y se reagruparon. Sobre aquel acontecimiento Cortés escribió que «ya no había caballo, de veinte y cuatro que nos habían quedado, que pudiese correr, ni caballero que pudiese alzar el brazo, ni peón que pudiese menearse» (1993: p. 281).

Los hispanos estaban agotados, tras encarar una larga secuencia de asaltos y contraataques; malheridos, «todos corriendo sangre de muchas heridas» (Díaz del Castillo, 2011: c. CXXVIII); y desprovistos de abastecimientos y municiones. Tuvieron que ejecutar el único movimiento estratégico posible, que era salir del valle de México y retirarse a la ciudad aliada de Tlaxcala, que «ya era tenida como su patria, morada, y amparo y defensa del pequeño número de cristianos que habían quedado» (Muñoz Camargo, 2003: l. II, c. 6). Para conseguir aquel objetivo, se veían forzados a dar una vuelta alrededor de la laguna de Texcoco, y medirse con las guarniciones locales de las fuerzas militares de la *Excan Tlatoloyan* (Fig. 1).

No había más opciones. Nada más alcanzar la orilla, los españoles plantaron cara a las fuerzas que les perseguían desde la calzada, y les infligieron una contundente derrota, luchando «bien en orden» (Cervantes de Salazar, 2008: l.

2 En este trabajo hemos sustituido el gentilicio «azteca», rotundamente rechazado por la comunidad científica mexicana, por «mexica», «tenochca», «nahua» y «culhúa». Asimismo, hemos usado «confederación de la Triple Alianza» o «*Excan Tlatoloyan*» en lugar de «imperio azteca», y «*tlatoani*» en vez de «emperador».

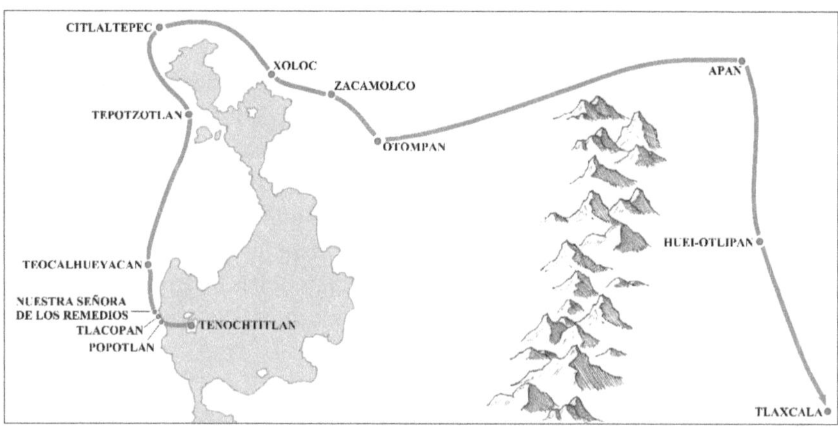

Fig. 1. Mapa con algunos de los topónimos más importantes interesados por la retirada del contingente de Cortés, de Tenochtitlan a Tlaxcala.

IV, c. 125). Quedó demostrado que las formaciones castellanas conservaban una importante superioridad sobre los indios, a nivel táctico y técnico, a pesar de la aplastante desventaja numérica que padecían (*vid.* Lameiras, 1994). Los jinetes, durante el asedio del palacio de Axayacatl, en Tenochtitlan, no fueron de gran utilidad, pues no habían dispuesto de los espacios necesarios para maniobrar. Mas en campo abierto, en la zona de Tacuba, volvieron a causar graves daños al enemigo y lograron ahuyentarle, ya que «los de a caballo, como estaban en campo raso, eran señores de él» (Cervantes de Salazar, 2008: l. IV, c. 126). La infantería pesada que, como de costumbre, estaba siendo protegida por los centauros, se fortaleció en un cerro fortificado, rechazando todo intento de los nahuas por desalojarla.

En consecuencia, el contingente hispánico dio una primera señal de que había sobrevivido y de que seguía siendo una maquinaria bélica formidable y temible en aquel contexto polemológico. Alva Ixtlilxochitl encontró una razón metafísica para justificar dicha victoria inesperada, explicando que «la Reina de los Ángeles los favoreció y socorrió» (2000: c. LXXXIX). En realidad, cabe la posibilidad de que el grueso de la guarnición local estuviese acuartelado en Tenochtitlan, y que Tacuba estuviese protegida por un número reducido de efectivos. Por ejemplo, algunos autores afirmaron que los lugareños ni siquiera plantearon resistencia alguna contra los invasores, probablemente, por no disponer de las fuerzas necesarias para hacerles frente (*vid.* Herrera, 2014: d. II, l. X, c. 12). López de Gómara nos relató que los mexicas, con mucha probabilidad, «no se atrevieron a pelear en lugar anchuroso» (1954: p. 202; *vid.* Cervantes de Salazar, 2008: l. IV, c. 123), donde no habrían tenido las ventajas tácticas de las que disponían en el contexto urbano de la capital. De ser así, los castellanos tuvieron que recuperar el orden y cargar contra los culhúas que les habían perseguido desde la calzada, justo antes de que las unidades locales volvieran a formarse y a replegarse en la metrópoli.

Cortés se veía forzado a emprender la marcha en dirección a Tlaxcala antes de que las tropas de la Triple Alianza abandonaran Tenochtitlan en masa para perseguirle; posiblemente, se trataba de cientos de miles de hombres armados, exaltados por la victoria recién conseguida en la calzada de Tacuba. Los ibéricos fueron respaldados por los pocos miles de indios auxiliares que quedaban con vida, y socorridos por los otomíes de la zona, un grupo étnico que no toleraba el yugo al que la confederación le había sometido (*vid.* Barlow, 1987: p. 113).

Formaron y se pusieron en marcha. Los heridos se mantenían en el centro del escuadrón de infantería pesada, mientras que las cuadrillas de jinetes se ocupaban de ahuyentar a los pelotones adversarios, que se acercaban para disparar salvas de armas arrojadizas. Los mexicas se limitaban a acosarles por medio de pequeñas patrullas, que les perseguían sin descanso, aunque sin intervenir con el grueso de sus fuerzas para destruirles. Este hecho, según Solís, se debió a que Cuitláhuac, el nuevo *tlatoani* de la Triple Alianza, estaba atareado en celebrar las ceremonias fúnebres de los dignitarios que habían perecido durante la *Noche Triste*, muchos a manos de los propios culhúas (2006: l. IV, c. 19).

Cabe la posibilidad de que los estrategas de la *Excan Tlatoloyan* supiesen que los enemigos habían penetrado en un área poco poblada del valle de Anahuac y que, por tanto, pudiesen encontrar la muerte por falta de abastecimientos, aún en ausencia de un gran ataque tenochca (*vid.* Hassig, 2006: p. 121). Igualmente, es de suponer que estuvieron más preocupados por elaborar un plan para volver a subyugar a los vasallos que se habían rebelado, lo cual, en aquel momento, debía parecer más importante que darle el golpe de gracia al capitán extremeño y a los suyos (*vid.* Bennassar, 2002: p. 94). En todo caso, la victoria táctica de la *Noche Triste* no se convirtió en un éxito estratégico definitivo, porque los castellanos quedaban con vida y tenían una oportunidad, aunque remota, de intentar una nueva invasión.

2 Antes de la batalla de Otumba

El contingente hispano vivió algunos días de marchas agotadoras, en las que los hombres se vieron forzados a nutrirse de los caballos que perecían, incluyendo las tripas y los cascos; hasta se produjeron incidentes sangrientos en el reparto (Cervantes de Salazar, 2008: l. IV, c. 128; Cortés, 1993: p. 285; Fernández de Oviedo, 2011: l. XXXIII, c. 14). Llegaron a una llanura en las proximidades de la ciudad de Otompan, que los cronistas llamaron Otumba, el 7 de julio de 1520; en realidad, la lámina 26 del *Lienzo de Tlaxcala* registró el topónimo Temalacatitlan (*Lienzo de Tlaxcala*, 1892: l. 26). Se trataba de un pelotón al borde del colapso, que, de haberse verificado determinadas condiciones, aún podía tener la esperanza de rechazar las oleadas de ataques de la infantería rival.

La flor y nata de las fuerzas militares de la Triple Alianza, con sus oficiales de mayor rango, sus cuerpos de élite y sus curtidos veteranos, iba a enfrentarse con unos pocos cientos de soldados. Aun así, cabe destacar que muchos de los altos cargos bélicos mexicas habían encontrado la muerte durante la masacre del *Toxcatl*, los asaltos al palacio de Axayacatl, las luchas urbanas en Tenochtitlan, y la violenta refriega de la *Noche Triste*; por tanto, el ejército indígena había sido descabezado (*vid.* Sahagún, 2001: l. XII, c. 19). Además, Moctezuma había sido asesinado, probablemente por los propios culhúas, y Cuitlahuac había sido reconocido como el nuevo líder de la confederación, aun antes de que su predecesor pereciera. Aquello tuvo que causar algunos problemas de legitimidad y enfrentamientos internos entre lo que quedaba de la nobleza local (*vid.* Lameiras, 1985: p. 82). Este conjunto de dificultades podía reflejarse también en el campo de batalla, mas ningún autor supo o quiso explicarlo; en todo caso, el desafío militar para los castellanos seguía siendo extremo.

Cervantes de Salazar afirmó que las corazas de algodón de los indios eran tantas que el valle parecía blanco, y podía pensarse que había nevado (2008: l. IV, c. 129). Este detalle, de ser cierto, nos permitiría entender que no eran campesinos, que solían pelear en taparrabos, ni altos cargos militares o miembros de los cuerpos de elite, cuyos uniformes eran variopintos y muy decorados (*vid.* Conquistador anónimo, 1858: p. 372). Se trataba de aquellos que Orozco y Berra definió como «aspirantes» (1880: p. 460), es decir, cadetes, cuya formación bélica y cuya experiencia no eran suficientes para encarar a los hispanos, primariamente, en campo abierto. De todos modos, no hay que olvidar que las fuerzas de elite, al igual que en cualquier ejército de la historia, constituían una minoría en las unidades nativas. En consecuencia, la abundancia de uniformes blancos no debe considerarse necesariamente como una señal de la ausencia de los cuerpos más curtidos y experimentados. No debían faltar las águilas (*cuauhtli*) y los jaguares (*ocelotl*), los *quachic* y los *otomitl*, o sea, algunos miembros más conocidos de las que con un término actual podríamos atrevernos a definir como «fuerzas especiales» (*vid.* Alvarado Tezozomoc, 2001: c. XXIX).

Las tropas locales formaron «en una campaña espaciosa donde podían pelear sin embarazarse» (Solís, 2006: l. IV, c. 20). El campo abierto solía ofrecer a las fuerzas de la Triple Alianza los márgenes indispensables para que sus decenas de miles de guerreros maniobraran. Los tlaxcaltecas, en los enfrentamientos que habían precedido a la llegada de los castellanos al valle de México, habían demostrado que encarar a la infantería pesada en un desfiladero no era la solución más adecuada. Si bien podían detener las cargas de la caballería, y entorpecer los movimientos de las cureñas de la artillería, no estaban en condiciones de servirse de su superioridad numérica para rodear al adversario; al mismo tiempo, se agolpaban, ofreciendo un blanco perfecto para los tiradores y los artilleros cristianos (*vid.* Durán, 1990: c. LXXII). El campo abierto era el terreno más adecuado también para la caballería, aunque el número de los hombres a caballo, sobre todo en este hecho de armas, era particularmente reducido. Por último, los indios, en aquellas circunstancias peculiares, llevaban una gran ventaja por medirse con los conquistadores en un territorio que les era conocido.

Los oficiales con mayor graduación de la confederación, al decir de algunos de nuestros cronistas, reunieron entre 200 000 (*vid.* Alva Ixtlilxochitl, 2000: c. LXXXIX) y 600 000 (Aguilar, 2002: p. 187) combatientes, si bien es posible que estas cifras incluyeran a los porteadores y a otros civiles. Estaban divididos en pelotones, cada uno con su caudillo, probablemente según la ciudad a la que pertenecían, y todas las unidades obedecían las órdenes de un oficial superior (*vid.* Cervantes de Salazar, 2008: l. IV, c. 129).

Nadie, en el contingente cortesiano, creyó que habría podido acabar aquel día con vida (*vid.* Durán, 1990: c. LXXVI), lo que se debía a la notoria inferioridad numérica que sufrían contra sus contrincantes y, a la vez, a las condiciones en que se encontraban sus armas, animales, equipamientos y ellos mismos. De todas maneras, Díaz del Castillo subrayó que se trataba de fuerzas castellanas y que, por tanto, nunca dejaban de confiar en sus capacidades. Comentó que «cuando lo oímos, bien que teníamos temor, pero no para desmayar ni dejar de encontrarnos con ellos y pelear hasta morir» (2011: c. CXXVIII). No hay que olvidar que Guicciardini escribió que las unidades españolas eran de las mejores de su tiempo, al lado de las suizas y las alemanas (Guicciardini, 1988: l. IX, c. 8). Torquemada, además, afirmó que los cristianos no tenían ninguna posibilidad de rendirse y de quedar con vida, así que no tenían otra opción que luchar hasta la victoria o la muerte. De haberse entregado habrían sido sacrificados en lo alto de una pirámide; «diferentemente pelea, el que sabe que puede alcanzar perdón, cuando le venzan, que el que sabe que ha de morir, aun después de vencido; porque este, con la certidumbre de su muerte, procura dejarla bien vengada (2013: l. II, c. 75)».

Cortés, si bien era consciente de sus escasas posibilidades, pretendió tomar todas las medidas pertinentes. Al formar, tuvo que disponer sus hombres en una línea larga y estrecha, en un intento por retrasar el momento en que fueran rodeados por completo; «avanzó prolongada la frente del escuadrón para que fuese unido el cuerpo del ejército con las alas de la caballería» (Solís, 2006: l. IV, c. 20; *vid.* Clavijero, 2010: l. III, c. 140). Asimismo, ordenó «que no acometiese nadie ni se desordenase por ninguna ocasión que hubiese» (Muñoz Camargo, 2003: l. II, c. 6). Volvió a dividir sus fuerzas en contingentes que maniobraran con un determinado nivel de autonomía (Aguilar, 2002: p. 186), mientras que los jinetes fueron encargados de cubrirles los flancos.

Cabe destacar que la artillería había quedado en el fondo del lago de Texcoco, y que arcabuceros y ballesteros, con toda probabilidad, ya no disponían de municiones, por lo menos parte de la pólvora debía estar mojada, y las cuerdas de las ballestas húmedas e inservibles. Tenían armaduras ligeras, no solían llevar escudos, y no estaban bien entrenados para el uso del estoque; por ende, no podían luchar en primera línea. Los tiradores aliados, probablemente arqueros, honderos y lanzadores de dardos y jabalinas, debían tener municiones ya que estaban en condiciones de rescatarlas de los cadáveres de los enemigos. Por el contrario, las ballestas usaban un tipo particular de saeta llamado virote, que era más corto que las flechas, y que el capitán solía solicitar a sus auxiliares indios (*vid.* Díaz del Castillo, 2011: c. CXLVII).

El hidalgo extremeño sabía que todo estaba perdido y, bien por sus capacidades bélicas o bien por la fuerza de la desesperación, eligió la táctica que resultó ser más adecuada. Ordenó a la infantería que mantuviera una actitud ofensiva y que atacara en primer lugar a los oficiales, cuya muerte habría dejado a las tropas indígenas sin su coordinación. Se podían distinguir fácilmente, a causa de sus adornos y sus insignias, que resaltaban por ser muy llamativas, complejas y de gran tamaño (*vid.* Díaz del Castillo, 2011: c. CXXVIII; Mohar Betancourt, 1983).

> Viéndose nuestro capitán Hernando Cortés en tanto aprieto y peligro de perderse él y su gente, y el notable desmayo de los nuestros, determinó entrar rompiendo como entró, por medio de un escuadrón con una lanza en la mano, alzando e hiriendo a una y otra parte a enemigos, matando y atropellando cuanto por delante hallaba, poniendo increíble espanto a sus contrarios (Muñoz Camargo, 2003: l. II, c. 6).

Todos los castellanos eligieron morir luchando, puesto que en el México prehispánico no había posibilidad de rendirse y de mantener la vida; «siempre oí decir que al mayor temor, osar, y que el mayor remedio para vencer es que el que puede ser vencido no tenga cuenta con la vida, y así la experiencia lo ha enseñado que pocos, determinados de morir, han vencido a muchos (Cervantes de Salazar, 2008: l. IV, c. 63)».

Prescott comentó que «anímales esa desesperación extremada que vuelve a los débiles fuertes y a los cobardes héroes» (1900: v. II, p. 204). Si los tenochcas, usando un término anacrónico, hubieran sido algo más maquiavélicos y les hubieran concedido la facultad de retirarse con vida, es posible que los hispanos hubieran rechazado el choque para replegarse a Tlaxcala. Los indios, sin embargo, ni siquiera debieron tener en cuenta la oportunidad de conceder al adversario la opción de replegarse sin pelear, pues cualquier concesión diplomática debió parecer inútil a los estrategas de la Triple Alianza. Los guerreros indígenas eran tantos, que los hispanos, «aunque no hicieran sino degollarlos como a carneros, no bastaban» (López de Gómara, 1954: p. 199).

3 Las fases iniciales de la batalla

Probablemente, la pugna comenzó con un lanzamiento de instrumentos arrojadizos por parte de ambos bandos, mas el volumen de disparos desencadenado por arqueros, jabalinistas y honderos mexicas no tenía parangón (*vid.* Fernández de Oviedo, 2011: l. XXXIII, c. 13). La infantería india emprendió la carga, no obstante, los castellanos, contra cualquier pronóstico, no solo no huyeron, sino que aguantaron el choque y mantuvieron el orden, para pasar al contraataque. De hecho, sus armas seguían siendo de acero, y las protecciones de los lugareños seguían sin estar a la altura.

Cortés supo planear y ejecutar una colaboración perfecta entre los rodeleros y la caballería, aunque los cronistas no nos proporcionaron ciertos detalles que resultarían fundamentales para entender estas dinámicas. Los jinetes habían sido encargados de lanzarse a la carga sin detener sus maniobras, apuntando directamente con las astas a los rostros (Díaz del Castillo, 2011: c. CXXVIII). Una parte de la infantería les acompañaba para evitar que los corceles, al chocar contra la formación rival, fueran rodeados por los indígenas, detenidos y atacados por todos lados (Cervantes de Salazar, 2008: l. IV, c. 130). Los de a caballo, por lo general, tenían que cargar, replegarse y volver a arrollar al enemigo, una y otra vez, hasta derrotarle. En consecuencia, podían penetrar en el escuadrón adversario que, si no se autodesintegraba y huía, estaba en condiciones de cerrarse a su alrededor, de lo que derivaba la importancia de la colaboración con los escudados (*vid.* Testi, 2016: p. 472). Ya en la Grecia Antigua se empleaban en el campo de batalla los *hamippoi* (*ἅμιπποι*), infantería dotada de corazas ligeras y que acompañaba al jinete para protegerle de los ataques de los rivales (Jenofonte, 1984: l. V, c. 13) (Fig. 2).

Por lo menos, en la primera fase de la pugna, la caballería debió cargar frontalmente contra el ejército enemigo para romperlo, supuestamente, sobre sus alas. En caso contrario, los mencionados soldados no habrían logrado seguirles sin abrir la falange que el capitán intentó formar. Tampoco habrían podido mantener el paso si los corceles hubiesen ejecutado movimientos envolventes sobre los flancos o la retaguardia de las unidades adversarias, recorriendo así grandes distancias.

Los de a caballo, a pesar de su escaso número, conseguían abrir algunas brechas en las unidades contra las que cargaban, lo que, en buena medida, se debía a la velocidad y a la potencia del equino, además del impacto psicológico que seguía provocando en las tropas indias. Efectivamente, el peso del asalto recaía en la primera línea, que quedaba a merced de las lanzas de los caballeros y del choque con sus poderosos animales.

Fig. 2. Infante y jinete en la batalla de Otumba. El infante lleva un jubón al estilo indio (*ichcahuipilli*), cota de malla, protecciones de placas para las piernas, adarga, gorjal, yelmo morrión y estoque; el jinete lleva armadura completa de placas de acero y yelmo borgoñota; el caballo lleva testera y petral de cascabeles. El dibujo ha sido realizado a partir de las láminas del *Lienzo de Tlaxcala* y de la *Descripción de la Ciudad y Provincia de Tlaxcala*, de las corazas que se conservan en el Museo Stibbert de Florencia, el Museu Militar de Lisboa, el Museo del Ejército de Toledo, el Museo del Ejército de París, el Museo Metropolitano de Arte de Nueva York, el Museo de Arte de Filadelfia, y el Royal Armouries Museum de Leeds, y de los datos proporcionados por las fuentes literarias.

Con mucha probabilidad, la vanguardia mexica, al no aguantar aquella fuerza de impacto, intentaba replegarse. Al detener la carga y al dar marcha atrás, sin embargo, chocaba contra las líneas posteriores de su formación, que empujaban en sentido contrario. Dicha multitud de hombres, en aquellas circunstancias extremas, perdía tanto el orden como la propia capacidad para maniobrar y luchar, incluso, para respirar, quedándose casi indefensa ante los españoles. El número de los indígenas se estaba volviendo contra ellos, hasta en campo abierto y contando con las demás condiciones favorables que ya hemos mencionado.

Ahora bien, la batalla estaba lejos de terminar, y los mexicas, a pesar de las dificultades iniciales, reaccionaban con violencia. El corcel de Cortés, durante aquellos movimientos, fue herido de muerte, y el caudillo tuvo que montar otra cabalgadura para regresar a la lucha; algunos cronistas nos describieron el animal que seguía coceando y derribando más adversarios que un jinete (*vid.* Muñoz Camargo, 2003: l. II, c. 6). Los tenochcas seguían siendo demasiado numerosos para que la pugna se detuviese, puesto que, al decir del propio capitán, había 25000 por cada castellano (1993: p. 276); los guerreros de la Triple Alianza, oleada tras oleada, volvían a la carga y volvían a ser rechazados, sufriendo en aquellos asaltos unas heridas mortales.

Tenemos que recordar la costumbre de los indígenas de México central de apresar a los enemigos en el campo de batalla para sacrificarles en lo alto de sus templos, a sus dioses paganos, lo que, de alguna manera, les obligaba a disminuir la letalidad de su infantería. Efectivamente, Aguilar, un testigo visual, escribió que «estábamos todos cercados de indios que ya nos echaban mano» (2002: p. 187). Por el contrario, los conquistadores estaban entrenados y acostumbrados a dar muerte al mayor número de rivales en el menor tiempo posible. Esta diferencia del arte de la guerra del Viejo y Nuevo Mundo creó una discrepancia fundamental entre las tácticas de los dos grupos enfrentados. Los autóctonos, según un cálculo de Thomas, en el tiempo que necesitaban para capturar a un contrincante podían eliminar tres (2010: p. 203). A los hispanos, al decir del mismo autor, «les era indiferente el modo de matar a un enemigo: lo importante era matarlo» (2010: p. 274).

Los mexicas, por ser tan numerosos, puede que ni siquiera tuvieran en cuenta la posibilidad de centrar sus esfuerzos en masacrar a los castellanos en vez de capturarles, para acabar de una vez con ellos. Supuestamente, pensaron que estaban a su merced y que habrían logrado apresar a todos los que quisieran, mientras que estos respondían con estocadas y lanzazos letales.

4 El papel de la caballería en la parte central de la pugna

Los jinetes no estaban en condiciones de seguir lanzándose frontalmente contra el adversario, porque habrían sido atrapados entre las dos infanterías enfrentadas, perdiendo el espacio necesario para maniobrar. Supuestamente, como acabamos de ver, abrieron el choque con unas cargas, que desestabilizaron al enemigo antes de que los rodeleros pudieran intervenir y aprovechar aquel desbarajuste. Es probable que la caballería, posteriormente, eligiera otro blanco, mientras la infantería pesada se estaba midiendo en el cuerpo a cuerpo con las unidades mexicas. Debido a la velocidad y a la agilidad de los equinos, sabía escoger el momento y el lugar más adecuados donde atacar, posiblemente, sobre los flancos o la retaguardia rival. En consecuencia, los corceles entraban y salían de los puntos más delicados de la formación india, infligiendo bajas sin detenerse (*vid.* Fernández de Oviedo, 2011: l. XXXIII, c. 3). De esa manera, podían asaltar y replegarse antes de que los contrarios reaccionaran, provocando un estorbo sin fin a las tropas culhúas. Estas, alteradas por la acción continuada de los jinetes, perdían la cohesión y la fuerza de empuje y, al llegar al choque contra los escudados españoles, su capacidad bélica se veía afectada (Díaz del Castillo, 2011: c. CXXVIII).

La tarea principal de la caballería, en aquellas condiciones tácticas, seguía siendo la de romper las alas de las unidades enemigas o, por lo menos, estorbar sus movimientos, con la esperanza de que no rodearan a la infantería castellana. Díaz del Castillo destacó que «andaban a una parte e a otra [...] rompiendo escuadrones» (2011: c. CXXVIII). De todos modos, se trataba de una maniobra que aventajaba a los mismos hombres de a caballo. Estos, hasta que los rodeleros no hubiesen sido cercados por completo, conservaban la oportunidad de replegarse detrás de su formación, en el momento en que la presión a la que el contrincante les sometía fuera demasiado grande (Cervantes de Salazar, 2008: l. IV, c. 130; Chavero, 1888: 880).

> Y los de a caballo, como era el campo llano, ¡cómo alanceaban a su placer entrando y saliendo, y aunque estaban heridos ellos y sus caballos, no dejaban de batallar muy como varones! Pues todos nosotros, los que teníamos caballos, parece ser que a todos se nos ponía doblado esfuerzo, que aunque estábamos heridos y de refresco teníamos otras heridas, no curábamos de las apretar, por no nos parar a ello, que no había lugar, sino con grandes ánimos apechugábamos con ellos á les dar de estocadas (Díaz del Castillo, 2011: c. CXXVIII).

Los mexicas, a pesar del trabajo incansable de la caballería y la infantería, no se desanimaban. A medida que los hombres de la primera línea morían, eran remplazados por tropas frescas, y los conquistadores, en consecuencia, eran agredidos con una fuerza de empuje y con una violencia que no parecían mermar; «parecía un mar proceloso de gente la campaña, y no lo desmentían los flujos y reflujos» (Solís, 2006: l. IV, c. 20).

Los cristianos, por el contrario, debían estar a punto de ver mermadas sus energías, por no disponer de reservas. Cortés, en su relación segunda, explicó que «a nosotros convenía pelear todo el día y ellos peleaban por horas, que se remudaban y aun les sobraba gente» (1993: p. 271). Se trataba de un esfuerzo que no habría sido factible soportar durante mucho tiempo más y los hispanos tenían que encontrar un modo de solucionar aquella crisis o morir intentándolo. Los tenochcas seguían gozando de una ventaja numérica enorme y, según Díaz del Castillo, infligían numerosas bajas a los castellanos, entre heridos y muertos (2011: c. CXXVIII). Con toda probabilidad, la formación de infantería pesada ya estaba rodeada casi por completo, y hubo un momento en que estuvo próximo a romperse, puesto que sus esfuerzos parecían inútiles. Sahagún explicó que los indios «tomaron en medio a los españoles» (2001: l. XII, c. 27), López de Gómara que «los cercaron a la redonda» (1954: p. 204), Cervantes de Salazar dijo «rodeándole el mundo de gente» (2008: l. IV, c. 129) y Alva Ixtlilxochitl afirmó que «no había por donde huir ni retirarse» (2000: c. LXXXIX). Torquemada, incluso, se sirvió de una imagen poética al escribir que «estaban los españoles como una isleta, que está en medio de la mar, combatida de las olas por todas partes» (2013: l. II, c. 54).

5 La última carga de caballería

Cortés debía darse cuenta de que la formación enemiga aguantaba bien las cargas de sus hombres, y que no entró en desbandada, incluso, tras la muerte de numerosos oficiales o «señores señalados» (Díaz del Castillo, 2011: c. CXXVIII). Tenía que haber un general que coordinaba al conjunto, cuya defunción habría podido representar la única posibilidad de los cristianos por salir con vida de aquel combate. El caudillo se apoyó en los estribos, para levantarse en la silla de montar, y divisó al que debía de ser el oficial superior del ejército de la Triple Alianza. Se trataba de *cihuacoatl*, o mujer culebra (*vid.* Torquemada, 2013: l. II, c. 42), que, con su grupo de mando, relumbraba, por reflejar la luz del sol con sus atavíos de oro y plata (Cervantes de Salazar, 2008: l. IV, c. 130). El extremeño acababa de fijar su mirada en el máximo cargo político, militar y religioso de Tenochtitlan, tras el del *tlatoani* (*vid.* Tovar, 2001: l. I, p. 100).

Reagrupó a sus oficiales a caballo y juntos abandonaron a la infantería con la esperanza de que los rodeleros pudieran aguantar el último esfuerzo sin otro apoyo. Los jinetes cargaron contra el objetivo, abriéndose paso hacia el general, ya que los indios iban retirándose, «temiendo como solían, el choque de los caballos» (Solís, 2006: l. IV, c. 21), en lugar de formar y encararles para defender a su oficial. Los de a caballo consiguieron penetrar, y su objetivo era avanzar hasta alcanzar el *cihuacoatl* y darle muerte, estando dispuestos a morir en el intento, porque ya no les quedaba otra opción. En consecuencia, se sintieron libres para utilizar toda su fuerza de choque, pues no necesitaban conservar una vía de huida.

Los corceles penetraron con mayor ímpetu que en las cargas anteriores y Cortés, al final, tuvo al general al alcance de su lanza y le acertó, hiriéndole, aunque fue Juan de Salamanca quien le remató. Recogió el estandarte del mandatario abatido y se lo entregó al caudillo metelinense, que cabalgó entre las unidades rivales para mostrárselo (*vid.* Díaz del Castillo, 2011: c. CXXVIII).

Aquella muerte, junto a la de una parte de sus colaboradores, representó un desastre táctico para los indígenas. El ejército de la *Excan Tlatoloyan* se convirtió en una multitud desordenada y huyó, pero su número, una vez más, se volvió contra ellos, puesto que las tropas se estorbaban y se aplastaban entre sí. Aguilar, refiriéndose a las guerras de los nativos, había dicho que «los enemigos cuando están turbados, mientras más son, más se estorban» (Cervantes de Salazar, 2008: l. II, c. 29); algo parecido subrayó el capitán extremeño, que «más son, más se confunden y embarazan» (Cervantes de Salazar, 2008: l. III, c. 43). Es interesante para nuestra reconstrucción citar un juicio análogo expresado por Herrera.

> Es necesario que los soldados sean antes escogidos, que muchos; y no hay cosa más conveniente, que tener los ejércitos limpios de gente inútil; porque la prontitud, i agilidad, que en la milicia es tan principal parte, no puede consistir en un campo, lleno de todas fuertes de hombres, porque embaraza, y da ocasión al enemigo de conseguir su intento (Herrera, 2014: d. III, l. I, c. 13).

Fernández de Oviedo añadió que «eran tantos que los unos a los otros se estorban, de forma que ni podían pelear ni huir» (2011: l. XXXIII, c. 14). Los mismos nahuas debían ser conscientes de estas dinámicas, ya que en el mito de la destrucción del pueblo tolteca por Tezcatlipoca los habitantes de Tula se dieron muerte mutuamente al escapar; «los que por huir de él se alejaban precipitados unos a otros se atropellaban y también así morían magullados, pisoteados, contundidos unos con otros» (Anónimo, 2002: p. 78).

Así pues, los errores tácticos que los estrategas de la Triple Alianza no pudieron evitar cometer, aún más que la imposibilidad de renunciar a la necesidad de conseguir prisioneros, fueron dos. Por un lado, no les fue posible evitar establecer una conexión entre el resultado final del enfrentamiento y la vida de un solo hombre y su estandarte, lo que debía de ser bastante usual en el México prehispánico. Por lo que sabemos, tampoco había otro oficial que remplazara al *cihuacoatl* para evitar el desastre, en el caso de que este hubiera perecido. Por el otro, habían movilizado un número demasiado elevado de tropas, sobre todo con relación a los pocos cientos de ibéricos que quedaban con vida. Un contingente más reducido y compuesto por unidades de elite, supuestamente, habría gozado de mayor movilidad y, por ende, de más oportunidades de vencer.

Mientras tanto, la infantería castellana y los tlaxcaltecas aprovechaban las dificultades de las fuerzas de la *Excan Tlatoloyan* para perseguirlas y masacrarlas, intentando derribar en primer lugar a los caudillos, y Solís dijo que «siguiose la victoria con todo el rigor de la guerra, y se hizo sangriento destrozo en los fugitivos» (2006: l. IV, c. 20). Díaz del Castillo explicó que él y sus compañeros, en aquel momento, ya no tenían hambre o sed, ni sentían dolor o cansancio, puesto que tuvieron al contrincante al alcance de las espadas, y pudieron vengarse de los sufrimientos que les habían infligido desde el comienzo del asedio del palacio de Axayacatl (2011: c. CXXVIII); López de Gómara añadió que se sentían cansados después de dar muerte a tantos indios (1954: p. 205).

La violencia que los hispanos desencadenaron contra las tropas derrotadas, más allá de la voluntad por vengarse, se debía a un factor estratégico básico. Todas las fuerzas mexicas que hubieran sobrevivido habrían estado en condiciones de volver a reagruparse y a enfrentarse con los conquistadores que, en un nuevo choque campal, habrían podido ser menos afortunados. Si hubiesen tenido que luchar otra pugna como la de Otumba, y no hubiesen conseguido derribar al nuevo oficial superior, habrían podido perecer todos.

6 La formación de infantería pesada

Lamentablemente, los cronistas no fueron minuciosos a la hora de analizar la batalla campal más importante de toda la campaña; el mismo Cortés dedicó pocas líneas a este acontecimiento, en lugar de exaltar su hazaña. En consecuencia, tenemos que acudir al mayor número posible de informaciones a partir de los pocos datos técnicos a nuestra disposición. Cabe destacar que la mayoría de nuestros historiadores no eran testigos visuales ni militares y, con mucha probabilidad, no entendían bien aquellas maniobras; asimismo, los autores soldados no tenían interés por explicarlas.

Suponemos que la infantería castellana y tlaxcalteca se formaron para constituir una falange, en la que los guerreros pudieran ampararse del lanzamiento masivo de armas arrojadizas desencadenado por el adversario, y resistir ante sus asaltos.

En Europa occidental, los miembros de la que se conoce con el término de «infantería pesada» llevaban escudos, corazas y yelmos y, por ende, se movían con cierta lentitud en el campo de batalla, y sus movimientos eran entorpecidos. En consecuencia, por lo menos desde los tiempos de la Grecia Arcaica, constituían un escuadrón cerrado que se suele definir como falange, para disfrutar de las ventajas defensivas derivadas de su panoplia. Cada soldado formaba parte de un conjunto en el que los demás le protegían y él, a su vez, se ocupaba de la protección de los demás. El *olpe* Chigi es un vaso del 640 a. C., que se conserva en el Museo Nacional Etrusco de Roma, en el que vemos representada por primera vez una falange de hoplitas helénicos.

Los soldados de infantería que luchaban en este grupo tenían que coordinar sus maniobras con el objetivo de moverse, atacar y replegarse juntos. Por ende, el hoplita que salía del escuadrón para buscar la gloria, por ejemplo, solía ser víctima del enemigo, como nos relataron fuentes antiguas y modernas (Heródoto, 1999: l. IX, c. 71; Díaz del Castillo, 2011: c. LXIII; García Icazbalceta, 1858: v. 1, pp. 449 y 450). Al embrazar las rodelas, cada línea de la formación constituía un muro de escudos, del que salía una empalizada de armas largas o cortas, según el periodo en cuestión. La falange emprendía una carga controlada contra el adversario, en la que todos los hombres debían marchar siguiendo el mismo ritmo y a la misma velocidad; se ayudaban con unos cantos ritmados y/o con el sonido de instrumentos musicales (*vid. Canto a Huitzilopochtli*, 2002: p. 95). En aquellas condiciones, los soldados se mantenían bajo la protección ofrecida por los escudos y las corazas, mientras asaltaban a los contrincantes con sus armas blancas.

En mérito a las panoplias, los infantes pesados de comienzos de la Edad Moderna acostumbraban a llevar capas superpuestas de armaduras de distintos materiales, y los coseletes de acero eran tan efectivos que la mayor parte de las hojas o cuchillas occidentales no podían penetrarlos. La única manera de derribarles era atravesando las placas metálicas con los virotes de las ballestas o con los picos de las mazas; abollándolas con mazas o martillos, partiendo huesos y causando lesiones por impacto; o bien, acceder a los intersticios entre las distintas placas, como era el caso de las articulaciones y de las viseras de los yelmos, usando estoques o puñales. Además, los soldados estaban en condiciones de superponer distintos tipos de corazas; así, el jubón, farseto o sayo, que era una túnica acolchada para proteger de los impactos; la cuera o coleto, un chaleco de cuero; y la cota de malla, para resguardar aquellos intersticios en los cuales podían penetrar las armas blancas. Cervantes de Salazar explicó que el capitán metelinense, tras desenmascarar el complot de Antonio de Villafaña, jamás volvió a quitarse la cota de malla y la protección acolchada, para la que usó el término «jubón fuerte» (2008: l. V, c. 51); encontramos una mención análoga a esta superposición de capas en *La Florida del Inca* (Vega, 2006: l. II-2, c. 18). Está claro que ninguna hoja de obsidiana conseguía abrirse paso a través de este excepcional sistema defensivo, que combinaba materiales y cualidades distintas (*vid.* Las Casas, 1992: l. III, c. XI, 120).

Ahora bien, los hombres de Cortés no quedaban totalmente protegidos ante los golpes del enemigo. En primer lugar, en mérito a los infantes, no todos eran castellanos, no todos los castellanos eran infantes pesados, y no todos los infantes pesados llevaban armaduras completas, que les protegiera de la cabeza a los pies, teniendo en cuenta su coste, su incomodidad y el desgaste causado por el clima de la zona. Por ejemplo, la gran mayoría de los soldados tenían las piernas desprotegidas, que se convertían en el blanco de los tiradores mexicas (Cervantes de Salazar, 2008: l. IV, c. 109; Herrera, 2014: d. II, l. X, c. 9). Otros podían ser golpeados en la cara, porque no todos llevaban modelos de yelmos que protegieran la totalidad de la cabeza, del cuello y del rostro (*vid.* Díaz del Castillo, 2011: c. XXXIV). En segundo lugar, muchos habían renunciado a la protección de las placas de acero para el jubón o su versión local, el *ichcahuipilli*, que era mucho más económico, ligero, fácil de remplazar y adecuado al clima (Díaz del Castillo, 2011: c. CXXII). Aun así, se trataba de corazas eficaces, que los propios oficiales tenochcas usaban en batalla, y que habían sido proyectadas para resistir ante los choques de las primitivas armas amerindias. Las flechas y los dardos, por ejemplo, «perdían la fuerza entre la misma flojedad del reparo, y quedaban sin actividad para ofender a otro con la resulta del golpe» (Solís, 2006: l. I, c. 9).

Ahora bien, los rodeleros formados sujetaban su escudo con el antebrazo izquierdo; por tanto, el flanco derecho y la retaguardia del escuadrón estaban expuestos a los ataques del adversario. La caballería solía proteger estos sectores vulnerables, pero, en el momento en que se lanzaba a la carga, los escudados se quedaban desprotegidos, como fue el caso del asalto contra *cihuacoatl*.

7 Las maniobras de infantería pesada

Nos resulta particularmente difícil entender cómo fue posible que los infantes ibéricos y aliados, al medirse con tantos enemigos, no fueran rodeados, atacados en sus puntos débiles y aniquilados, prescindiendo de sus protecciones. Damos por sentado que los auxiliares indígenas, primariamente tlaxcaltecas y huexotzincas, lucharon a la manera castellana, quedándose en su unidad a pie firme y evitando lanzarse a la carga desordenada contra los mexicas, tal y como hicieron en las etapas posteriores de la campaña (*vid.* Solís, 2006: l. V, c. 9); aun así, se trataría de un número muy reducido de guerreros.

En primer lugar, puede que los conquistadores desplegaran un cuadrado o un círculo para protegerse por todos los flancos, para evitar ser desbordados en el momento en que los jinetes les abandonaron para emprender el asalto contra los oficiales de mayor rango del ejército rival. Ya Jenofonte, en la *Anábasis*, subrayó que el contingente de mercenarios griegos, protagonista de su obra, formó un círculo (*κύκλῳ*), para cruzar un río bajo los disparos de los arqueros adversarios (2006: l. VII, c. 8, v. 18). Según distintos autores, los propios hispanos habían creado una formación cuadrangular en otros hechos de armas (Solís, 2006: l. I, c. 14; l. II, c. 16; Cervantes de Salazar, 2008: l. II, c. XXXII; López de Gómara, 1954: c. XX; Herrera, 2014: d. II. l. 4. c. 11; Sepúlveda, 1976: l. III, c. 15), de modo que «no había parte que no fuese vanguardia» (Solís, 2006: l. I, c. 14), y, de ser ciertos estos detalles, resulta evidente que estaban preparados para este propósito. Está claro que hacía falta un buen nivel de entrenamiento, de método y de lucidez para ejecutar estas maniobras en cooperación con tropas indias, poco disciplinadas y en medio de una enorme multitud de enemigos. Además, hemos supuesto con Solís que los españoles, al comienzo de la batalla, crearon una línea, y no sabemos si consiguieron convertirla en un cuadrado en el caos de la pugna. Formar cuatro lados disminuía la capacidad de cada lado por resistir ante la carga del contrincante, pues es de suponer que los peninsulares no crearon el cuadrilátero desde el comienzo de la pelea, y que disfrutaron de otras protecciones.

En segundo lugar, cabe la posibilidad de que los tenochcas rodearon a sus contrarios, pero que no lograron llegar al choque cuerpo a cuerpo en todos los lados de su escuadrón. Efectivamente, los ejércitos, muchas veces a lo largo de la historia, se sirvieron de defensas pasivas naturales y/o artificiales para proteger sus puntos débiles e impedir que el adversario los alcanzara. Los hispánicos ya lo habían hecho en las fases preliminares de su penetración en México, como subrayaron algunos autores (López de Gómara, 1954: c. XIX; Herrera, 2014: d. II, l. 4, c. 11; Sepúlveda, 1976: l. III, c. 13; Solís, 2006: l. I, c. 15). En consecuencia, puede que los conquistadores y sus aliados tlaxcaltecas, en la batalla de Otumba, se sirvieran de unas barreras naturales (ciénagas, ríos, forestas) o artificiales (vallas, zanjas, fosos, muros) que hallaron *in situ*, con el objetivo de evitar que las fuerzas de la *Excan Tlatoloyan* les rodearan por completo, aunque los cronistas no lo mencionen. Por ejemplo, sabemos que el valle de Otumba está atravesado por el río San Juan. O bien, y esto explicaría la concisión del relato de Cortés, es posible que el choque fuera tan breve que el oficial superior culhúa sucumbiera antes de que la infantería de la Triple Alianza ultimara su maniobra envolvente, mas nos parece una opción más difícil de probar.

En tercer lugar, podríamos intentar reducir el número de guerreros tenochcas y auxiliares que citaron los literatos. Es de suponer que estas unidades bélicas no habían contado con 600 000 hombres, ni siquiera con una décima parte de ellos, pero, por una vez, podría no ser totalmente lógico cuestionar las cifras proporcionadas por nuestros autores. El valle de Anáhuac era una zona de alta densidad poblacional, sobre todo en comparación con los estándares europeos (*vid.* Smith, 1983: p. 140); el debate sigue abierto, pero puede que en México central viviesen 30 000 000 de habitantes en tiempos de la conquista cortesiana (*vid.* Thomas, 2010: pp. 667–672). Anáhuac era el corazón de la confederación, donde era relativamente fácil movilizar y desplazar tropas, sirviéndose también de la laguna y de las flotillas de canoas (*vid.* Bueno Bravo, 2005). La batalla de Otumba, además, tuvo lugar tras semanas de asedio del palacio de Axayácatl, y los altos cargos militares de la Triple Alianza habían tenido a su disposición el tiempo suficiente para movilizar las fuerzas de por lo menos las ciudades cercanas, como era el caso de Texcoco, Iztapalapa, Xochimilco, Xaltocan etc. (*vid.* Díaz del Castillo, 2011: c. CXXVIII).

En cuarto lugar, Muñoz Camargo nos refirió un rumor, sin creérselo, según el cual no se trataba de unas huestes movilizadas para cerrar el paso hacia Tlaxcala, sino de unas tropas que se habían reunido para celebrar una festividad y que, casualmente, tropezaron con los conquistadores. Toda el área estaba repleta de patrullas y exploradores mexicas, y opinamos que la idea de un encuentro casual carece de fundamento (2003: l. II, c. 6).

En conclusión, en ausencia de datos más concretos, es imposible reconstruir de forma incontrovertible las maniobras de los distintos cuerpos de los ejércitos enfrentados en el campo de Otumba. En todo caso, las batallas seguían determinados patrones, dependiendo de numerosos factores, y es muy probable que no haya muchas más oportunidades que aquellas que acabamos de analizar. Es nuestra opinión que los supervivientes del contingente de Cortés, aunque los cronistas no lo mencionen, se sirvieron de una formación cuadrangular o en arco, y/o de defensas naturales o artificiales, por lo menos, en el momento en que los jinetes dejaron de proteger los puntos débiles de su escuadrón.

Bibliografía

Aguilar, Francisco de (2002): *Relación breve de la Conquista de la Nueva España*, en *La Conquista de Tenochtitlan*, Vázquez Chamorro, G. (ed.), Madrid, Dastin.

Alva Ixtlilxochitl, Fernando de (2000): *Historia de la nación chichimeca*, Vázquez Chamorro, G. (ed.), Madrid, Dastin.

ALVARADO TEZOZOMOC, Hernando de (2001): *Crónica Mexicana*, Díaz Migoyo, Gonzalo, Vázquez Chamorro, Germán (ed.), Madrid, Dastin.

ANÓNIMO (2002): *Canto a Huitzilopochtli*, en *Cantos y crónicas del México antiguo*, León Portilla, Miguel (ed.), Madrid, Dastin.

ANÓNIMO (2002): *El esplendor de Tula*, en *Cantos y crónicas del México antiguo* León-Portilla, M. (ed.), Madrid, Dastin.

ANÓNIMO (1892): *Lienzo de Tlaxcala*, Chavero, Alfredo (ed.), México.

BARLOW H., Robert (1987): *Tlatelolco rival de Tenochtitlan*, México, INAH, UDLA.

BENNASSAR, Bartolomé (2002): *Hernán Cortés, El conquistador de lo imposible*, Madrid, Temas de hoy.

BUENO BRAVO, Isabel (2005): "La guerra naval en el Valle de México", en *Estudios de Cultura Náhuatl*, n. 36, pp. 199–223.

CASAS, Bartolomé de Las (1992): *Historia de las Indias*, en *Obras Completas*, vols. 3–5, Medina, Miguel Ángel (ed.), Madrid, Alianza.

CERVANTES DE SALAZAR, Francisco (2008): *Crónica de la Nueva España*, Barcelona, Linkgua.

CHAVERO, Alfredo (1888): *México a través de los siglos*, vol. 1, México y Barcelona, Espasa y Comp.

CLAVIJERO, Francisco Xavier (2010): *Historia antigua de Méjico*, La Coruña, Orbigo

CONQUISTADOR ANÓNIMO (1858): *Relación de algunas cosas de la Nueva España, y de la gran ciudad de Temestitán México*, en *Colección de documentos para la historia de México*, vol. 1, García Icazbalceta, Joaquín (ed.), México, J. M. Andrade.

CORTÉS, Hernán (1993): *Cartas de relación*, Delgado Gómez, Á. (ed.), Madrid, Castalia

DÍAZDELCASTILLO, Bernal (2011): *Historia verdadera de la Conquista de la Nueva España*, Serés, G. (ed.), Madrid, Real Academia española.

DURÁN, Diego (1990): *Historia de las Indias de Nueva España e islas de la Tierra Firme*, González Varela, F. (ed.), Madrid, Banco Santander.

FERNÁNDEZDEOVIEDO, Gonzalo (2011): *Historia general y natural de las Indias, islas y tierra-firme del Mar Océano*, La Coruña, Órbigo.

GUICCIARDINI, Francesco (1988): *Storia d'Italia*, Mazzali, Ettore (ed.), Milano, Garzanti

HASSIG, Ross (2006): *Mexico and the Spanish Conquest*, segunda edición, Norman, University of Oklahoma Press.

HERÓDOTO (1999): *Historia*, Balasch, M. (ed.), Madrid, Cátedra.

HERRERA, Antonio de (2014): *Historia general de los hechos de los castellanos en las islas y tierra firme del mar Océano*, La Coruña, Órbigo.

JENOFONTE (2006): *Anábasis*, Martínez García, O. (ed.), Madrid, Alianza Editorial.

JENOFONTE (1984): *Obras Menores, Hierón, Los Ingresos públicos, El Jefe de la caballería, De La Equitación, De La Caza*, Guntiñas Tuñón, O. (ed.), Madrid, Gredos.

LAMEIRAS, José (1985): *Los déspotas armados, Un espectro de la guerra prehispánica*, Michoacán, El Colegio de Michoacán.

LAMEIRAS, José (1994): *El encuentro de la piedra y el acero*, Michoacán, El Colegio de Michoacán.

LÓPEZDEGÓMARA, Francisco (1954): *La Conquista de México*, Guibelalde, P. de (ed.), Barcelona, Iberia.

MOHAR BETANCOURT, Luz María (1983): "Trajes de guerrero, Catálogo Comparativo de Matrícula de Tributos y Códice Mendocino", en *Cuadernos de la Casa Chata*, n. 75, pp. 1–150.

MUÑOZ CAMARGO, Diego (1981): *Descripción de la ciudad y provincia de Tlaxcala*, Acuña, René (ed.), México, UNAM.

MUÑOZCAMARGO, Diego (2003): *Historia de Tlaxcala*, Vázquez Chamorro, G. (ed.), Madrid, Dastin.

OROZCOYBERRA, Manuel (1880): *Historia Antigua y de la Conquista de México*, México, Gonzalo A. Esteva.

PRESCOTT, William Hickling (1900): *Historia de la conquista de México*, Madrid, Mercurio.

SAHAGÚN, Bernardino de (2001): *Historia general de las cosas de la Nueva España*, Temprano, J. C. (ed.), Madrid, Dastin.

SEPÚLVEDA, Juan Ginés de (1976): *De rebus hispanorum gestis ad novum orbem mexicumque*, Ramos, D. (ed.), Valladolid, Universidad de Valladolid y Ayuntamiento de Pozoblanco.

SMITH, Michael E. (1983): "El desarrollo económico y la expansión del imperio mexica: una perspectiva sistémica", en *Estudios de Cultura Náhuatl*, n. 16, pp. 135–164.

SOLÍS, Antonio de (2006): *Historia de la conquista de México, población y progresos de la América septentrional conocida por el nombre de Nueva España*, Valladolid, Lex Nova.

TAPIA, Andrés de (2002): *Relación de algunas cosas de las que acaecieron al muy ilustre señor Don Hernando Cortés*, en *La Conquista de Tenochtitlan*, Vázquez Chamorro, G. (ed.), Madrid, Dastin.

TESTI, Dario (2016): "¡Santiago y a ellos! Caballería ligera de Castilla en la conquista de México", en *El legado hispánico, Manifestaciones culturales y sus protagonistas*, vol. 1, VV.AA., León, Universidad de León.

THOMAS, Hugh (2010): *La Conquista de México*, Barcelona, Planeta.

TORQUEMADA, Juan de (2013): *Los veinte i vn libros rituales i Monarchia Indiana*, La Coruña, Órbigo.

TOVAR, Juan de (2001): *Origen de los mexicanos*, Vázquez Chamorro, Germán (ed.), Madrid, Dastin.

VEGA, El Inca Garcilaso de la, *La Florida del Inca*, Sevilla, Extramuros, 2006.

Maria Leonor García da Cruz

Gil Vicente e o Humanismo ibérico/ Gil Vicente and Iberian Humanism

RESUMO Gil Vicente é um dos maiores criadores da cultura portuguesa de Quinhentos (1502–1536). No seu pensamento importa salientar tópicos do humanismo cristão, seja o aprofundamento espiritual e interpretações do dogma, seja a conduta do homem e a responsabilidade pelo seu destino. Num ambiente renascentista, embora não sem a recuperação de alguma moralidade religiosa e política remanescente da Baixa Idade Média, constrói-se a *Frágua do Amor*. O fogo atrai à frágua de Cupido indivíduos e camadas sociais que querem transformar-se. Trata-se de um fogo regenerador e sobretudo no âmbito social. Esta representação contrasta de diversas formas com o cortejo de figuras estereotipadas, embora com algum aprofundamento psicológico, que se desenvolve em cada um dos três autos das Barcas criados anteriormente. A terra do fogo é aí o destino dos malditos, inconscientes dos seus erros e das suas escolhas em vida. O amor também está presente mas é intrinsecamente salvífico e espiritual, o amor de Cristo que salva das chamas do inferno as almas verdadeiramente arrependidas. Entre delitos e pecados nem sempre confessados, a representação do fogo é potente em qualquer dos casos, da condenação eterna a uma hipótese, fundamentalmente humana, de regeneração.

Palavras-chave: Humanismo, Fogo, Amor, Delitos e pecados, Regeneração

RESUMEN Gil Vicente es uno de los grandes creadores de la cultura portuguesa del siglo XVI (1502–1536). En su pensamiento, es importante destacar los temas del humanismo cristiano, sea la profundización espiritual y las interpretaciones del dogma, o la conducta del hombre y la responsabilidad por su destino. En un ambiente renacentista, aunque no sin la recuperación de cierta moralidad política y religiosa reminiscente de la Baja Edad Media, se construye la Frágua do Amor. El fuego atrae, a la fragua de Cupido, a individuos y estratos sociales que quieren transformarse. Es un fuego regenerador y primariamente en el ámbito social. Esta representación contrasta de varias maneras con la procesión de figuras estereotipadas, aunque con cierta profundidad psicológica, que se desarrolla en cada uno de los tres Autos de Barcas creados previamente. Allí, la tierra del fuego es el destino de los condenados, inconscientes de sus errores y decisiones en la vida. El amor también está presente, pero intrínsecamente salvador y espiritual, el amor de Cristo, que salva a las almas verdaderamente arrepentidas, de las llamas del infierno. Entre crímenes y pecados que no siempre se confiesan, la representación del fuego es potente, en cualquier caso, desde la condenación eterna hasta una hipótesis, fundamentalmente humana, de regeneración.

Palabras clave: Humanismo, Fuego, Amor, Crímenes y pecados, Regeneración

Abstract Gil Vicente is one of the greatest creators of 16th century Portuguese culture (1502–1536). His work covers topics such as Christian humanism i.e. spiritual enhancement and interpretations of dogma, people's conduct and their responsibility towards their fate. The *Frágua do Amor* takes place in a Renaissance environment, albeit not without a certain religious and political morality remaining from the Late Middle Ages. The fire attracts individuals and social strata who want to transform themselves to the forge of cupid, which is regenerative, especially within a social framework. This play contrasts in several ways with the series of stereotypes, albeit with psychological depth, developed in each one of the three Boat plays created before. The land of fire is the destination of the damned, unaware of their errors and their choices in life. Love is also present but is intrinsically redemptive and spiritual, the love of Christ that saves those truly repentant souls from the flames of hell. Between often unconfessed crimes and sins, the representation of fire is strong in either case, from eternal condemnation to a fundamentally human hypothesis of regeneration.

Keywords: Humanism, Fire, Love, Crimes and sins, Regeneration

1 Gil Vicente e a crítica dos humanistas

Observador do humano nas suas perspectivas externas e íntimas, Gil Vicente, cuja obra conhecida se inscreve entre 1502 e 1536,[1] desenvolve discursos fortemente representativos da mentalidade renascentista e do humanismo cristão.

Ao trabalhar os conceitos de Deus, símbolos da Paixão, eucaristia, oração, boas obras, livre-arbítrio, insiste na capacidade do homem de criar a sua vida e de atingir o bem e com isso a salvação não dependendo em absoluto da Providência divina ou tão-somente da misericórdia de Deus. Inscreve-se como outros pensadores não apenas peninsulares (mas com leitores ibéricos), numa linha de respeito pela Igreja enquanto instituição intermediária entre Deus e os homens e no dogma católico, vergastando, contudo, em peças devocionais, quanto em tramas profanos, com jogos de palavras e discursos invertidos, usando figuras carnavalescas como o louco, o parvo ou o diabo, desvios de pensamento e de conduta das normas eticamente definidas.

Incluía-se o dramaturgo no mundo da corte portuguesa e do cerimonial da vida cortesã, circulando e actuante na roda imediata da rainha D. Leonor, de D. Manuel e de D. João III e de círculos intelectuais cultos,[2] desenvolvendo as

1 Utilizaremos a edição de Marques Braga (1942–1944), da obra completa de Gil Vicente, confrontando, contudo, com fixação de texto e comentários de Buescu (1984).

2 D. João III será na época e posteriormente largamente enaltecido como mecenas, pela sua atenção à preparação universitária e pelas iniciativas culturais, entre as quais a criação de bolsas que custearam numerosos portugueses em universidades estrangeiras.

suas capacidades de autor, actor e músico. Dominava perfeitamente a língua castelhana em que escreveu cerca de um terço da sua obra, língua essa excelente veículo cultural.

Se bem que Paul Teyssier concluísse que não sendo um humanista, Gil Vicente «respirava o latim no ar ambiente» (1982: 17), Américo da Costa Ramalho vai mais longe, valorizando as influências clássicas que, segundo afirma, não se limitariam a citações feitas em latim ou ao número de nomes referentes à Antiguidade clássica, mas revelando reminiscências clássicas diversas. Continua alvo de polémica a sua formação cultural, sendo, contudo, evidente, como se conclui do estudo de vários filólogos, o carácter experimental do seu teatro quando dramatiza fontes e materiais de diversa proveniência, facto que, aliás, surpreendia os seus próprios contemporâneos (Calderón Calderón, 2003: 135). A falta de concordância continua, no entanto, menos sobre não ter frequentado estudos universitários, mais sobre ter concluído estudos regulares ou possuir uma formação clerical.[3]

Dos diversos investigadores que se debruçaram sobre a cultura intelectual vicentina, e em particular sobre a sua latinidade, contam-se Carolina Michaëlis de Vasconcelos e I.S. Révah (1949, 1950, 1951), tendo a primeira elaborado um catálogo de citações. Não se terá, contudo, chegado a conclusões definitivas, tanto mais que o dramaturgo era demasiado hábil no uso de expressões latinas. Tal como faz com o português e o castelhano, Gil Vicente baralha e altera palavras e frases a seu belo prazer, justificando-se facilmente as incorrecções pela rima, pelo mais fácil acesso à compreensão do auditório ou pela própria intenção cómica. Além disso, como Paul Teyssier (1982) e Luciana Stegagno Picchio (1959) chamaram a atenção, o seu conhecimento de latim não deverá medir-se apenas pela presença textual na escrita, podendo a presença oculta de outros modelos latinos revelar-se também nas obras.

Não admira, pois, que se afirme, e António José Saraiva confirma-o (1992), que não só na língua mas aliás também nos conhecimentos de teologia, ele teria um saber bem maior do que aquilo que mostrava. Nas suas pesquisas sobre Gil Vicente Stephen Reckert (1983: 178) notou a sua assiduidade na

3 Dos diferentes estudos destaque-se em particular Carvalho (1948) e Vasconcelos (1949b). Enquanto Carolina Michaëlis de Vasconcelos considera que o latim de Gil Vicente adviria apenas da Bíblia, do breviário e da liturgia, de outra maneira considera Joaquim de Carvalho a cultura teológica vicentina. Conforme Freitas de Carvalho (1988), por seu turno, há que salientar que a erudição pode constituir um traço de união entre a tradição monástica e o Humanismo, tendo em conta o «humanismo monástico» muito vivo na cultura europeia dos séculos XV e XVI.

leitura e utilização de autores também gregos, religiosos e profanos. Baseia-se fundamentalmente nos estudos de Eugenio Asensio (1953) sobre as fontes das barcas vicentinas e diálogos de Luciano de Samósata e de Costa Ramalho (1963–66/1969; 1980) sobre *Mosco*[4]. Mas é notório o aprofundamento que ele mesmo faz (1983: 179–182) quando compara o autor português ao renano Johann Geiler von Kausersberg (1445–1510)[5], um expoente dos pregadores da época, autor de *Navicula fatuorum* (1510) que terá inspirado alguns elementos do *Elogio da Loucura* de Erasmo e *Navicula penitentie* (1511). Descobre mais semelhanças ao abordar uma colectânea de sermões (1517), onde, aliás, num deles encontra um motivo central do *Auto da Feira* (1527 ou 1528). Confronta, além disso, o *Sermão* de Gil Vicente (1506) com o *Speculum morale*[6], propondo o seu conhecimento através, uma vez mais, de Geiler e encontrando uma coincidência de organização ideológica (Reckert 1983: 185–196).

Deveremos, contudo, também notar que a obra vicentina e o seu humanismo são naturalmente marcados pela época do expansionismo português (Cruz 1993).

Conectado tantas vezes com uma reflexão espiritualizada que aprofunda em algumas das suas obras (total ou parcialmente), em outras, quiçá circunstanciais, enaltece uma ideologia de Corte onde acções bélicas e valores cavaleirescos de cruzada o afastam dos ideais do evangelismo pacífico de Erasmo, apesar de noutros temas a proximidade dos dois pensadores ser visível.[7] No que respeita a formas de conversão, de guerra justa e de evangelização pacífica, Gil Vicente e Erasmo, contudo, parecem distanciar-se. Recorde-se a propósito a *Exortação da Guerra* (1514), o *Auto da Barca do Inferno* (1517), o *Auto da Fama* (1520) com toda uma exaltação dos cavaleiros da fé e da guerra de devoção. Não quer isto dizer que o dramaturgo não revele dúvidas sobre a guerra justa quando se interroga no *Auto da Índia* (1509) sobre as evidências práticas de espírito bélico e de empreendimento comercial da Expansão portuguesa.

---

4 Imitado em a *Frágua d'Amor*, como já Menéndez y Pelayo observara, terá sido certamente lido na versão latina de 1519.

5 Autor, aliás, banido pelo Índice de 1559.

6 Com três edições incunabulares, Estrasburgo 1476, Nuremberga 1485, Veneza 1493.

7 Sobre o pensamento erasmiano saliente-se Mesnard (1977). Note-se que Bataillon (1936/1974 e 1937/1998) e Menendez y Pelayo (2007), afastam o teatro satírico vicentino de Erasmo ou nem o julgam precedente do humanismo cristão, antes atribuem a sua fonte inspiradora à própria tradição anticlerical da época medieval, conforme o recorda Calderón Calderón (2003: 140).

Por outro lado, independentemente de se salientar uma proximidade com o humanismo cristão e com o próprio Erasmo, é clara a sua consciência pré-reformista, por certo reflexo das críticas, angústias e polémicas tão vivas na época e que irão provocar futuras divisões na Cristandade. De há muito se levantam debates no interior da Igreja, e não apenas do ponto de vista disciplinar mas também doutrinário, assim como em círculos de intelectuais, havendo certa consonância entre o «interiorismo afectivo e a inquietação moral dos reformadores católicos do século XV» (Dias, 1960: 16) e o primeiro humanismo dos finais do século XV/inícios do XVI, prolongando-se até Zwinglio, Lutero e Calvino as controvérsias, desde a forma de fixar o texto sagrado até definições dogmáticas extremas.

Juntava-se nos inícios de Quinhentos a uma interiorização da fé – aprofundada por correntes místicas[8] –, o debate sobre o contacto individualizado com as Sagradas Escrituras, sobretudo dadas as controvérsias sobre a sua tradução para a língua vulgar, e em virtude da divulgação pela imprensa da Patrística e de comentários e de traduções de textos sagrados pelos humanistas, toda uma literatura crítica e moralizante daí decorrente.

Tem sido igualmente salientado o franciscanismo de tendência heterodoxa que Gil Vicente manifestamente expressou ao abordar temas bíblicos e sobretudo o culto da Virgem ou na forma como foram utilizados passos lírico-religiosos.[9] Mas, segundo cremos, a mordacidade de Gil Vicente e algumas das suas construções discursivas aproximam-no do discurso erasmiano, seja dos *Colóquios*, seja do *Elogio da Loucura*, utilizando, como já o afirmámos atrás, figuras como o louco, o parvo com as suas diatribes cómicas, ou o diabo que é ridicularizado e ri das loucuras das almas (Cruz et al, 1984).

A crítica emanada dos meios humanistas que desenvolve o combate por uma Igreja reformada é na verdade sentida desde os sínodos medievais, pelos próprios membros da Igreja, esclarecendo-se a necessidade de uma reforma disciplinar. Tal facto terá impacto nos debates conciliares do século XV, durante o Cisma da Igreja, até às reformas preconizadas nos cânones do faseado Concílio de Trento de meados de Quinhentos (Dias, 1960: 33–66). Mas também terá reflexos nos meios seculares ou com estes relacionados. Consulte-se a tal propósito

8 Refiro-me a correntes dos finais da Época medieval como os Irmãos da Vida Comum ou o movimento mais tardio da *Devotio moderna*.

9 Recorde-se o espírito do *Cântico ao Sol* de S. Francisco de Assis no *Breve Sumário da História de Deus* (Vicente, 1527, 2: 185, 9–25).

os debates em Cortes, os inquéritos efectuados em conventos e as denúncias municipais, ou a correspondência trocada entre o Rei de Portugal e o seu agente na Cúria romana.[10]

O discurso de Gil Vicente é assaz livre, bastando para justificá-lo a própria cronologia das suas obras, datadas das primeiras décadas da centúria de Quinhentos, anteriores, pois, ao maior rigor de controlos institucionais pela Inquisição (Marcocci et Paiva, 2013) ou pelos índices de obras proibidas (Sá, 1983). Posteriormente, obras inteiras ou diversas passagens das suas peças acabarão por figurar nesses índices, aliás como obras de Erasmo.[11]

Tal como este e outros pensadores da época, seguidores humanistas a reformadores, denuncia Gil Vicente tudo o que afasta a Igreja do seu espírito primitivo, condena a sua mundaneidade e apego a fontes de réditos, fustigando através de figurações alegóricas ou da construção individualizada e psicológica das personagens, desde monges e párocos a papas e cardeais. Sobressaem nesse sentido obras como o *Auto da Feira* (1527 ou 1528), a *Romagem dos Agravados* (1533) ou o *Sermão* perante a Rainha D. Leonor (1506). Denuncia a venda de jubileus, estações e perdões, e outras formas de remissão dos pecados pela autoridade da Igreja, quando servem apenas objectivos políticos.

Sarcasticamente satiriza certas exteriorizações do culto, quando excessivas e encapotando, num formalismo e ritualismo ocos, ambições pessoais sobretudo (mas não apenas) de membros da Igreja. Condena rezas mecânicas, ofertas, assim como romagens e um adulterado culto dos santos. Também à semelhança dos discursos de outros humanistas são objecto da sua crítica a superstição, a feitiçaria, as artes ocultas, a astrologia.

Fustiga pregadores e suas subtilezas escolásticas, assim como os parodia e a oradores no *Auto de Mofina Mendes* (Vicente, 1515, 1: 128, 8–10) ou no *Breve sumário da História de Deus* (Vicente, 1527, 2: 204, 3–7), à maneira de Erasmo no *Elogio da Loucura* e no *Enquiridion* (Marques Braga, 1942–1944; Cruz et al., 1984: 120). Não é a Igreja enquanto instituição que ataca negando o seu poder

---

10 De recordar ainda importantes reformas da Igreja realizadas na Península Ibérica em coordenação com a política dos Reis Católicos, ou o papel de grandes prelados portugueses, como o Cardeal D. Afonso, irmão de D. João III, Arcebispo de Évora e de Lisboa, cuja acção foi marcante antecipando em décadas as medidas tomadas pelo Concílio de Trento (Cruz, 1994: 93–107; Rosa Pereira, 1994: 417–439; Paiva, 2007: 127–174).

11 Parece consensual que terá tido Erasmo uma influência maior em Portugal já nos finais da década de quarenta, com a fundação do Colégio das Artes (Dias, 1960: 194).

espiritual, mas sim muitos dos seus membros que sem vocação e, poderíamos dizer criminosamente, levam com os seus vícios e práticas, falta de fé e de consciência, a prejudicar a missão eclesial de verdadeira evangelização da sociedade e de salvaguarda do bem comum.

Não obstante a sua ortodoxia inabalável a respeito dos assuntos da fé e do dogma, parece haver circunstancialmente em Gil Vicente uma maior proximidade do misticismo ou de correntes espirituais heterodoxas. Tal acontece ao parecer defender que «a simples pureza moral basta para merecer o Céu» (*Auto da Feira*, 1527 ou 1528) ou «que os méritos da Paixão de Cristo salvam gratuitamente aqueles que pelas obras mereciam o Inferno, inculcando uma adesão mística à Divindade» ou ainda quando transmite «a ideia de que ser-se religioso consiste mais em actuar com espírito evangélico do que assistir ou cumprir os actos externos do culto» (*Auto da Barca do Inferno*,1517) (Cruz et al, 1984: 125). O seu humanismo religioso manifesta-se na sua interiorização do cristianismo.

Através da cultura medieval, manifesta uma sabedoria humanista, reformista (Cruz et al, 1984: 126). Quando canta a Virgem não o faz apenas nos moldes bíblicos e tradicionais mas também como mãe, nos estremecimentos humanos de coração e sensibilidade, de tendência humanista (*Auto de Sibila Cassandra*, 1513) (Freitas, 1938: 205). Como já foi salientado em outros estudos, Alonso Zamora Vicente e Stanislav Zimic terão encontrado semelhança com o cristianismo interior preconizado pelos erasmistas no protagonista da *Comédia do Viúvo* (1524). É Zimic quem afirma que "Sin poseer la erudición clássica, filosófica, literária y teológica de Erasmo, Gil Vicente no obstante revela una espiritualidade humanista muy afín a la de aquél" (2003: 194).

Afasta-se Gil Vicente das teses da Reforma nas referências de louvor aos Santos, sobretudo no *Auto da Barca do Purgatório* (1518) e à Virgem no *Auto Pastoril Português* (1523), ao revelar a crença no Purgatório (*Auto da Barca do Purgatório*, 1518), na Encarnação (*Auto de Mofina Mendes*, 1515), na missa e no mistério da sagrada Eucaristia, na confissão e no livre-arbítrio (*Auto da Alma*, 1518).

As suas críticas acutilantes versam sobretudo a conduta desrespeitosa de fiéis e de homens da Igreja sobre formas de religiosidade e desvios morais e o seu sarcasmo evidencia-se quantas vezes no despertar de um riso catársico a partir da utilização de um discurso que constrói e simultaneamente revela o que o dramaturgo considera um mundo às avessas (Febvre, 1971, 1983; Cruz, 1990). Moderno se mostra quando pretende purificar a Igreja de comportamentos anti-normas, libertando os indivíduos sem vocação de uma conduta anti-natural. Aqui se verifica fortemente a inserção de discursos oficiais invertidos, jogos de palavras, figuras parodiadas ou, intensamente, a amargura e o sarcasmo de cenas e de falas, quantas delas censuradas em sucessivos índices expurgatórios.[12]

2 VÁRIOS PLANOS DE OBSERVAÇÃO E O FOGO REGENERADOR

Busquemos agora em algumas das suas obras, planos de observação, do espiritual ao mundano, em que Gil Vicente intervém com um discurso posicionado ora no pós-morte, na determinação do destino da alma – salvação, imediata ou esperada na praia purgatória, ou perdição eterna – ora na ordem social – na relação com as normas civis e com as normas eclesiais. Selecionámos O *Auto da Barca do Inferno* (1517), o *Auto da Barca do Purgatório* (1518), o *Auto da Barca da Glória* (1519) e a *Frágua do Amor* (c. 1525). Em qualquer dos planos é o humano que se observa na sua fragilidade e cegueira, sensibilidade e (in)consciência, retrato psicológico, angústias, vontade de regeneração, seja esta transformação desejada interior (embora por vezes materializada) e espiritual, seja social, individual e colectiva.

Há reflexões recorrentes em muitas das restantes peças vicentinas.

Na época muito se discute se a salvação é obtida apenas pela graça e justificação ou também pelos méritos manifestados, pelas boas obras, colaborando a conduta humana, na sua espinhosa caminhada para a comunhão com Deus, com a graça divina (Delumeau, 1973; Cunha, 2014). Nos três autos das barcas (1517–1519) o pecador que se apresenta ora ao diabo ora ao anjo acaba por tomar bem consciência de que o seu destino depende da conduta escolhida em vida. Na *Romagem dos Agravados* (1533) Gil Vicente confronta as concepções arreigadas ao destino e à fatalidade de um frade com a defesa do livre-arbítrio e da responsabilidade de cada um pelo seu destino de figuras profanas como as regateiras (5, 235–236, 506–510, 526–530).

No processo da salvação da alma haverá, pois, algo de divino e algo de humano. A escolha de voltar-se para as coisas espirituais e eternas, em última (ou primeira instância) para Cristo, para obter remissão de pecados e delitos, envolve toda a personalidade humana, do pensamento à sensibilidade e à vontade. Tal fica patente no elaborado *Auto da Alma* (1518). Essa opção implica o indivíduo reconhecer o seu pecado, arrepender-se e confessar-se – a Deus ou à sua intermediária, a própria Igreja – aceitando a punição ou expiação e então

---

12 Exemplarmente, no *Auto da Barca da Glória*, algumas frases dirigidas pelo diabo ao bispo serão eliminadas pelo Índice expurgatório de 1581 e o Índex de 1624 será muito mais interveniente nesta obra (Carrilho, 1993: 34).

converter-se intimamente, regenerar-se. Tal significa uma mudança interior radical que o altera em termos de carácter.

No *Auto da Barca da Glória* (1519), por outro lado, altas figuras da Igreja e do Mundo que tiveram em vida uma conduta claramente condenatória e se mostram de início em cena mais lamentosas do que arrependidas, acabam por se resgatar para a salvação precisamente por uma penosa e sincera contrição, mediante o valor da oração e a intervenção da própria figura de Cristo. Aliás, são precisamente representações Deste, o símbolo da Cruz (na vela da embarcação) e a imagem das chagas (nos cinco remos) que operam forte intervenção nas suas almas atormentadas. Dor e contrição e orações ao Redentor conduzem à intervenção divina e ao acto da Graça.

Apela o dramaturgo nesta e em outras obras ao processo de santificação do fiel e da própria Igreja, que no *Auto da Feira* (1527 ou 1528) é claramente acusada de mundaneidade, luxo e cobiça, de mercadejar segundo artes que o diabo bem conhece, dos seus líderes se apresentarem afastados da sua missão de «pastores das almas». A simonia da Igreja é também alvo de menção crítica no *Auto da Barca da Glória* (1519) e na *Romagem dos Agravados* (1533).[13] No *Auto da Feira*[14] apresenta-se extremamente amargurada porque os próprios cristãos lhe fazem guerra, numa clara alusão aos movimentos do humanismo evangélico e da reforma luterana e a actos de violência material como o saque de Roma (Elton, 1982).

Mas não será que parte dos membros da Igreja deveria mudar de ofício pois claramente não adere ao ideal espiritual e apostólico? O erro não estará em parte no ordenamento da própria sociedade? Parece denunciar-se, particularmente na *Frágua do Amor* (c.1525) (Cruz, 2016) a vida forçada pelas circunstâncias que atingiria grande parte dos homens da Igreja, sobretudo os regulares, denúncia essa, aliás, não inédita no interior da própria organização eclesial no que toca a escândalos nas instituições masculinas e femininas. Se no *Auto Pastoril Português* (1523) os maus ministros da Igreja, do cura ao prior e ao capelão, são

13 Terá sido Gil Vicente em Bruxelas em 1531 extremamente acutilante na sua condenação da Igreja numa representação diante do legado do Papa Girolamo Aleandro, que nela identificou ecos de Lutero. Trata-se provavelmente de *Jubileu de Amores,* uma das peças que futuramente seria expurgada e não chegou até nós. Conforme carta arquivada, datada de Bruxelas, 26 de Dezembro de 1531, dirigida a Sanga, o secretário de Clemente VII, estudada por Vasconcelos (1912/1949a). Referenciado por Pereira (2011/27.02.2013).

14 Trata-se de uma obra que sofrerá mutilações na Compilação de 1586. Suprimem-se passagens que se referem a eclesiásticos e à troca de jubileus.

denunciados pelos pastores, atribuindo-se à Virgem recomendações de castigos e referindo-se o pontífice como responsável máximo para o seu concerto, no *Templo de Apolo* (1526) fica óbvia a inutilidade de grande parte do clero, aliás em número excessivo, e dá-se asas à imaginação, ao possibilitar aos monges queimarem as suas celas e às freiras voarem dos conventos, aos clérigos serem feitos de manteiga e expostos ao Sol para derreterem, entre outras soluções mais ou menos jocosas (Vicente, 4: 165, 6–20).

Introduz-se o profano a par do religioso, criando Gil Vicente obras de caricatura assaz contundentes na crítica social, crítica essa relacionada com metodologias catequéticas e regras comportamentais de membros e corpos da Igreja. Note-se que se salienta fundamentalmente a falsidade ou a ineficácia. N'*O Clérigo da Beira* (1529 ou 1530), desmascaram-se rituais e ri-se mordazmente das orações mecânicas tanto do negro alforriado e ladrão quanto do próprio clérigo mundano. Ora a devoção passa pela sinceridade e pela disciplina moral, como se adverte na *Floresta de Enganos* (1536), ganhando significado a oração à divindade pela conduta espiritual e pelo comportamento. Aproximamos de novo Gil Vicente de Erasmo quando no *Auto da Cananeia* (1534) coloca em Cristo certas considerações prévias à oração, salientando o verdadeiro valor desta: «Que o rezar não é ouvido, nem é nada, sem alma estar inflamada e o 'spírito transcendido na divindade sagrada. Nem cuideis que arrecadais por rezar muita oração, se no coração estais fora de contemplação» (Vicente, 2: 246, 6–14).[15]

Como já o dissemos noutro lado, é com facilidade que Gil Vicente se transpõe da materialidade para os mistérios da Paixão, enchendo o palco de diabos à maneira de Hieronymus Bosch, demónios esses que, provocando e vergastando os homens, complementam mensagens moralistas ao mesmo tempo que com os seus discursos despertam o riso. Ironia e sarcasmo acutilantes tornam então cúmplices autor e ouvintes ou leitores e daí resulta um riso catársico (Martins, 1978; Huizinga, 1985) sobre problemas de consciência e de comportamento fora das normas.

Talvez que eclesiásticos transformados em leigos, satisfazendo a sua vontade e os seus instintos naturais humanos, alguns direccionados para o bem comum, viessem a encontrar o caminho da felicidade terrena e, quiçá, a par de uma conversão eficaz, o das boas obras e o da salvação da alma…

---

15 No discurso de Erasmo encontra-se o mesmo sentido: "No el grito de los lábios, sino el deseo ardiente del espíritu es el que hiere – como voz penetrante – los oídos de Dios" (Erasmo, 1995: 69).

Com esta problemática, debrucemo-nos então mais de perto sobre as quatro obras acima referidas e sobre um elemento que lhes é comum, o fogo, que actua no homem em vida ou após a morte como condicionante punitiva, expurgatória ou regeneradora.

É possível, assim, atermo-nos à representação do fogo do ponto de vista ideológico-religioso – enquanto meio de punição ou de expurgação no pós-morte nos três autos das barcas de Gil Vicente (1517–1519, 2) – e, em contrapartida, como instrumento de transformação do homem em vida e por intermédio desta regeneração individual e colectiva como meio de transformação da ordem social – na *Frágua do Amor* (Vicente, c.1525, 4). Esta análise implica ponderar-se concepções do mundo e da eternidade, em sensibilidades e concepções ideológicas mais elaboradas, assim como da vida civil e moral, na esfera do indivíduo e do colectivo.

2.1 Pecados e delitos humanos

Como se afirma pela voz do diabo no *Auto da Barca da Glória*, chegam ao cais de embarque, após a morte física, na primeira peça da trilogia, o *Auto da Barca do Inferno* (1517), sobretudo homens e mulheres de ofício, além de um fidalgo, todos destinados ao Inferno e na segunda peça, o *Auto da Barca do Purgatório* (1518), vilãos, que ficarão penando na praia purgatória. Na terceira peça, o *Auto da Barca da Glória* (1519) é a vez de figuras de elevada linhagem e alto estado, leigos e religiosos, cujo sofrimento e arrependimento intimamente ligados à adoração e às preces perante as insígnias da Paixão de Cristo os conduzem ao resgate e à salvação.

A cena, em qualquer das três peças, situa-se numa ribeira ou cais de embarcações, «temeroso cais» segundo o *Auto da Barca do Inferno* (2: 81, 7), rio muito escuro na designação do *Auto da Barca do Purgatório* (2: 86, 6).

Variam as designações relacionadas com o Inferno, com o batel que a ele se destina, com os condenados. No *Auto da Barca do Inferno*: Ilha perdida (2: 41, 7), Inferno (2: 41, 14; 57, 7; 70, 10; 78, 5; 79, 15), infernal comarca (2: 49, 19), porto de Lúcifer (2: 53, 1), terra dos danados (2: 55, 4; 73, 7); terra dos demos (2: 70, 11), Negros fados (2: 73, 3), Lago dos cães onde os escrivães prosperam (2: 73, 4), Satanás (2: 78, 11), penas infernais (2: 74, 8). Mais directamente relacionado com o fogo utilizam-se termos como: fogo (2: 57, 12), fogo ardente (2: 58, 12), fogo infernal (2: 65,21), Barca ardente (2: 48, 4), cozer no Inferno (2: 57, 7), fragoados (2: 73, 10).

No *Auto da Barca do Purgatório* localizam-se os malditos da primeira viagem como «no mais fundo da ribeira são penados» (2: 86, 14–15). O Taful, sempre em vida arrenegando, blasfemando, de Deus e da Santíssima Trindade, da Virgem, vê desta maneira o destino sentenciado pelo anjo: «arderás no fogo ardente, com toda a ira de Deos» (2: 122, 18–19).

No *Auto da Barca da Glória* elaboram-se mais as imagens, aliando ao fogo do Inferno o terror dos tormentos. O diabo indica ao conde e depois ao rei os fogos («fuegos» (2: 130, 6; 138, 19); «fuego» (2: 132, 6) que se vêem e onde se consumirão as figuras de alto estado, o «fumo espesso» (2: 130, 8) que fará com que percam as vaidades; indica ao duque a «puente ardiendo, muy lejos allén del mar, y unas ruedas volviendo de navajas, y heriendo» (2: 135, 1–4), «tormentos» (2: 136, 11); "infierno" (2: 140, 2); «despeñados, que echam daquelas alturas» (2: 145, 7–8). Naturalmente que na fala do diabo se trata de um «enfierno bendito» (2: 147, 3) e a sua de uma «santa embarcacion» (2: 152, 6). Ao bispo mostra o diabo «umas calderas de pez, adonde os cocereis, y la corona asareis» (2: 149, 19–21). Trata-se de um barco muito escuro na descrição do arcebispo (2: 154, 10); este ficaria eternamente «en agua que herverá» (2: 155, 21); o cardeal iria ver seus iguais «á las penas infernales» (2: 159, 12) e o diabo declara-lhe: «oyes aquel gran ruido nel lago de los leones? Despertad bien el oido: vos sereis allí comido de canes y de dragones» (2: 159, 25–26; 160, 1–3). O diabo prevê a ida do papa beijar os pés de Lúcifer e aponta-lhe os tormentos: «Veis aquelos azotar com vergas de hierro ardiendo, y despues atanazar? Pues allí hábeis de andar para sempre padecendo» (2: 164, 11–15), levando o pontífice a desejar não ter nascido ou que Deus o tivesse consumido «como el fuego á la cera» (2: 165, 5). Identifica-se o Inferno a «ardores» (2: 166, 24) e o cais a «foz malina» (2: 169, 3).

Contraposto ao batel do diabo e aos fogos infernais apresenta-se no *Auto da Barca do Inferno* o batel divinal ou santa caravela, «dos gloriosos» (2: 75, 9); do Paraíso (2: 80, 4), a «barca da vida» (2: 81, 10). A ela se destinam nesta primeira peça apenas o parvo – por ter agido e errado sem malícia, ser um simples – e os fidalgos cavaleiros da Ordem de Cristo – que pereceram numa guerra pela fé, merecendo paz eterna.

No *Auto da Barca do Purgatório* o Menino, inocente, é o único que entra logo no batel dos anjos.

No *Auto da Barca da Glória*, a embarcação apresenta-se com toda uma carga simbólica, ostentando os cinco remos dos anjos com as cinco chagas, e serão várias as invocações por diversas figuras de passagens da Paixão de Cristo. Afirma o bispo «O remos maravilhosos, o barca nueva segura, socorro de los llorosos; o barqueros gloriosos, en vos está la ventura» (2: 152, 7–11). A embarcação é designada de «gloriosa» (2: 158, 5), e a vela identificada com a piedade (2: 161, 18). Na verdade o clímax atinge-se quando, já de partida, os anjos desferem a vela e esta evidencia um crucifixo pintado perante o qual todas as altas personagens se prosternam e oram fervorosamente. Por fim é o surgimento do próprio Cristo ressuscitado que os salva repartindo por eles os remos das chagas.

O fogo e as brasas também enformam o Purgatório na visão vicentina, num ardor sentindo pelas almas tanto numa sensibilidade exterior quase material como num sofrimento interiorizado. Há uma certeza, porém: é que não será uma dor eterna mas sim temporária, penitencial e expurgatória. No *Auto da Barca do Purgatório*[16] diz o anjo ao lavrador: «andes assi purgando nessa ribeira, até que o Senhor Deos queira que te levem pera si nesta bateira» (2: 98, 1–5). Também a lavradora e regateira deveria purgar, pois só a oração não bastava: «teras angústia e paixão, e tormento em gran maneira…será tua dor lastimeira, como ardendo em gran brasio. De fogueira» (2: 105, 4–5, 8–10). O pastor também iria purgar «ao longo do rio em gran fogo, merecendo» (2: 113, 8–9), para depois ser recolhido e levado na embarcação do anjo. Não deixa de reclamar: «Senhor, se eu não tenho frio, pera que hei d'estar ardendo?» (2: 113, 11–12). A pastora menina deveria ir «ao longo desse mar, que he praia purgatória» para na altura que Deus determinasse os anjos a passassem da «pena» à «eterna glória» (2: 118, 18).

Note-se que o mundano e o espiritual entrecruzam-se numa avaliação ética. O trabalho árduo em vida de certas camadas, além de comportamentos compensatórios de faltas cometidas, parece contribuir para aliviar a sua penitência no Purgatório. Por outro lado, num discurso invertido em que o diabo considera o Inferno o paraíso do enforcado, este supunha que a estada na prisão, no Limoeiro, fora já o seu Purgatório. Trata-se, naturalmente de uma situação inusitada.

Mas avaliando as almas que chegam ao cais e sobretudo os candidatos ao batel infernal no *Auto da Barca do Inferno*, de que pecados e delitos são acusados e que avaliação se faz, numa balança de perdas e ganhos, do arrependimento, de penitências espirituais, de castigos civis?

16 Melhor seria designar esta obra por *Auto da Praia Purgatória* segundo Stephen Reckert (1983: 89–94) pois na realidade na trilogia existirão sempre apenas dois batéis, um com destino ao Paraíso, o das almas de salvação imediata, outro ao Inferno, descrito à maneira das pinturas de Hieronymus Bosch (referidas por Cruz, 2018), o das almas condenadas, ficando na praia, até os pecados serem expurgados por inteiro, as almas destinadas ao Purgatório, isto é, as da salvação adiada.

- O fidalgo de solar, aparece com um moço carregando uma cadeira que por ter servido também na Igreja é rejeitada pelo diabo – fia-se nas rezas encomendadas; já o pai embarcara para o Inferno; é acusado pelo anjo de tirania e desprezo pelos humildes; fora soberbo e vaidoso; iludido pela adoração da mulher; conhecera o onzeneiro;
- O onzeneiro, por seu turno, carregando um bolsão, revela-se lamentoso do dinheiro que deixou em arcas e é considerado parente do diabo segundo este, fora sempre ajudado por Satanás e, como dissemos, conhece o fidalgo;
- O sapateiro, carregado de formas, insiste que morrera confessado e comungado e assistira a inúmeras missas, mas o diabo esclarece quantas falsidades ele escondera e quanto no seu ofício roubara o povo por mais de trinta anos; aliás, confessar não por inteiro e ouvir missa enquanto rouba é seguir o caminho da perdição, ficar escrito no «caderno das ementas infernais» (2: 57, 8–9);
- O frade, bailando e com uma moça pela mão, sinal da sua mundaneidade, julga que o hábito e os salmos rezados pesarão na sua salvação; diz-se cortesão e namorado, demonstra excelência no esgrimir, fora castigado no convento mas na sua conduta não temera o Inferno. Desconhece-se o castigo que recebera mas por certo a expiação das faltas incluíra a oração, oração esta que tudo indica não fora convicta;
- A moça acompanha Frei Capacete;
- A alcoviteira Brízida Vaz, carregada de feitiços, mentiras, roubos e jóias e sobretudo de moças (muitas criadas para membros da Igreja), pensa que os açoites lhe bastaram e que o seu destino iguala ao de muita gente; convertera mais moças que Santa Úrsula e lhes achara dono. Fora castigada várias vezes pela justiça terrena, vestindo a carocha, pelo que se deduz da sua conversa com o corregedor;
- Numerosas moças acompanham a alcoviteira;
- O judeu com um bode às costas cuja passagem quer comprar ao diabo, pretende ir na mesma embarcação que a alcoviteira, apela à autoridade do fidalgo a quem chama de meirinho, corregedor, coronel, é desmascarado pelo parvo pelo desrespeito pelos lugares e dias santos. Seguirá fora da embarcação. Nem se aproxima da segunda barca;
- Há referência a uma outra personagem que provavelmente iria também na embarcação se aparecesse, um escrivão da fazenda referido pela alcoviteira e conhecido do corregedor (2: 77, 10)
- O corregedor, por seu turno, carregado de processos, logo apelidado de amador de perdizes, desautoriza o diabo, apela a um meirinho do mar. O papel dos processos é considerado ótima isca para o fogo do Inferno. A mulher aceitara peitas dos judeus. Ele desprezara e sugara os lavradores. Conhece a alcoviteira pelos processos em que esta estivera metida. Ainda tenta comprar o diabo.

A confissão volta a ser alvo de referência, desta feita entre o corregedor e o procurador. Enquanto este a julgara necessária só quando moribundo, não se apercebendo que era a sua situação já extrema, o corregedor confessara-se mas ocultando os roubos, julgando assim mais fácil uma absolvição. O procurador, letrado, apercebe-se da existência da segunda embarcação e para ela se encaminham em vão.

O parvo avalia-os, acentuando, na sequência do anjo, serem homens de cultura, mas acusa-os de receptadores de peitas e de desrespeito pela religião.

Finalmente o enforcado que escutara mais as palavras do tesoureiro da moeda que as de qualquer guia espiritual, julga que o Limoeiro e a forca iriam expurgá-lo supostamente de todos os roubos, livrando-o de Satanás e conduzindo-o logo ao Paraíso, sendo o seu baraço santo. Desconhecia a ribeira e qualquer referência a barqueiros. O Purgatório teria sido o Limoeiro. Nem se apercebe da segunda nau.

Podemos fazer aqui um breve ponto de reflexão: em vida há uma noção, embora nem sempre represente uma consciência profunda (Bernardes, 2018), de que as acções malignas – pecados e delitos – irão pesar no destino das almas. Daí levar-se uma conduta equívoca ou enganosa, pelo menos para enganar a Igreja: confessar-se, ir à missa, rezar. Ganham-se, assim, também falsas garantias como as das missas encomendadas…

Por outro lado, julga-se que os castigos temporais apagam as condutas vis: açoites, repreensões, castigos no convento, estada no Limoeiro. A expiação, os castigos na terra, confundem-se com a expiação dos pecados, o que, segundo Gil Vicente definitivamente não resulta.[17]

O que origina no *Auto da Barca do Purgatório* (1518) o destino infernal? Cobiça, simonia, inveja e tirania, sempre em crescendo; blasfemar e arrenegar do sagrado.

A embarcação do diabo fora reformada e aumentada, mas o diabo considera-a ainda insuficiente pois «Quanto mais se chega a fim do mundo, a todo o andar, tanto a gente he mais ruim» (2: 84, 14–16). Nas matinas do Natal encontra-se, contudo, com os remos quebrados, em seco, o que representa uma oportunidade acrescida para as almas escaparem ao destino infernal.

Também no *Auto da Barca da Glória* entre delitos e pecados salienta-se a negligência com Deus e com os humildes, a tirania do conde que fora com os

---

17 Confronte-se a posição deste pensador com o que na época talvez não fosse tão definido a nível das mentalidades, isto é, uma nítida distinção entre delito e pecado, conforme estudo de Bartolomé Clavero (1990).

«pobres riguroso» (2: 133, 11), a crueldade do imperador, o orgulho do bispo, a soberba do papa, a ambição do arcebispo e do cardeal, a cobiça de dinheiros, a simonia, a mundaneidade e a luxúria daqueles que deveriam ser pastores de almas.

A melhor advogada para a alma pecadora afirma-se a Virgem no *Auto da Barca do Purgatório*, aliás como de novo se valoriza largamente no *Auto da Barca da Glória*, mas só a oração não basta, embora se diga nesta mesma peça que as preces retardam o trabalho da morte (López Castro, 1999), no tocante aos grandes da terra.

Seja como for, conforme se salienta em muitas obras de Gil Vicente e uma vez mais no *Auto da Barca do Purgatório*, a conduta em vida marcara o destino dos malditos assim como dos padecentes na praia purgatória:

- Assim o reconhece a regateira lamentando-se de em vida não se ter arrependido suficientemente e pensado no penar futuro;
- O lavrador com o arado às costas, apresenta-se de consciência limpa, defende a sua conduta, honradez e muito sacrifício. Lembra injúrias e tiranias que se fazem aos da sua condição. Não se sente temeroso. Defende-se das acusações do diabo de acções que terá reparado em vida. Lembra orações, peregrinações e esmolas;
- Com o pastor, recorda-se de novo a importância das orações, algumas das quais a personagem já soubera fluentemente, esquecendo outras ou parte delas (Rodrigues, 1999: 138). A sua crença em Deus e na Igreja parece forte e afirma não ter matado nem furtado, trabalhado bem, não ter mexericado nem concluído uma conduta menos própria.
- A pastora menina, por seu turno, revela a sua assiduidade à eucaristia identificando Deus como «redondo» e «alvinho» (2: 117, 15 e 17).

2.2 Diferentes planos de observação e a especificidade da *Frágua do Amor*

Num ambiente bem diferente do passado no pós-morte quando as almas se confrontam com um destino que até certo ponto as surpreende mas que foi em parte determinado pelas suas acções em vida, se constrói a *Frágua do Amor* de Gil Vicente. Nos autos das barcas são pouquíssimas as personagens que não carregam crimes e delitos, do roubo à tirania, confundindo-se no seu pacote de má conduta comportamentos éticos condenados pelas normas civis e pela moralidade religiosa.

Curiosamente muitos dos condenados, ao Inferno sobretudo, leigos ou religiosos, sabiam que se condenavam na perspectiva social – recorde-se os açoites de uns, os castigos de outros – mas também do ponto de vista da sua relação com a Igreja – assistiam a missas, rezavam mais ou menos e ao confessarem-se omitiam acções negativas para que não se lhes fosse negada a absolvição. Há pois aqui dois planos mundanos: um na relação com as autoridades civis, outro na relação com a instituição eclesial intermediária entre Deus e os homens. Mas, note-se, que subjaz um terceiro plano, o espiritual, que de certa forma deriva dos anteriores e que remete para a salvação ou perdição pós-morte, para a eternidade, seja esta de felicidade ou de absoluto sofrimento. E esse terceiro plano parece pouco compreendido pelos personagens em cena sejam sapateiros e regateiras, corregedores e procuradores, reis ou bispos.

Os malditos que embarcam na barca do Inferno já em vida conheciam a dimensão de terror do Inferno (Minois, 1997; Lopes, 2005, 2011) mas embora a maioria venha consciente de ter praticado o mal supõe, todavia, que se salvaguardara negociando contrapartidas com a Igreja através de rezas e de dádivas ou de omissões. Parece não se terem consciencializado do permanente olhar divino – daquele olhar que Hieronymus Bosch pela mesma altura colocava nas suas pinturas fosse no centro da tábua de uma mesa fosse nas alturas muito acima da *Carroça de feno* em torno da qual giravam os poderosos e os humildes da terra, mais ou menos tentados, mais ou menos resistentes aos sussurros do demónio (Cruz, 2018).

- Daí a surpresa dolorosa no *Auto da Barca do Inferno* de estratos médios ao serem rejeitados pelos anjos e, recalcitrantes contudo, sujeitarem-se ao destino da embarcação infernal;
- Daí no *Auto da Barca da Glória* os remoques e críticas contundentes que os estratos superiores ouvem e cuja justeza reconhecem, humilhados perante a verdadeira majestade que é Deus que vêem revelada na Paixão de Cristo. Ao valor intrínseco do simbolismo cristão se apegam finalmente, na encruzilhada final, revelando o seu verdadeiro sofrimento e arrependimento;
- Daí, finalmente, no *Auto da Barca do Purgatório* a esperança que os anjos dão, um certo conforto, a camadas mais humildes que sofreram em vida trabalhando arduamente e procurando emendar ou compensar erros com atitudes mais dignas e que acabam, mais ou menos conformados, deambulando por um tempo indeterminado, mas temporário, na praia purgatória.

A contraproposta que se apresenta na *Frágua do Amor* é outra, marcadamente mundana, a nível da sociedade humana que vive e que deve achar um caminho justo para a sua felicidade terrena, sem medo da morte como Gil Vicente afirma.

Sabe-se que na dramaturgia vicentina, a par de peças devocionais e de trechos de inspiração tradicional, incluem-se elementos renascentistas mesmo que alguns de raiz medieval, exaltando-se valores humanos individuais, introduzindo-se a par de tipos sem problemas de natureza psicológica e de interiorização outras figuras com uma personalização bem vincada e expressão individualizada da paixão humana, desenvolvendo-se uma crítica pré-reformista ou quiçá erasmiana que acompanha a sátira moralizadora, contrapondo-se o popular e o cómico ao litúrgico e ao cavaleiresco, parodiando-se superstições e ritos mecânicos, usando-se referências mitológicas e clássicas conectadas ou não com o sagrado, criando-se alegorizações de forças e formas da natureza.

O pensamento de Gil Vicente denota bem uma época de transição e poderemos afirmar que na *Frágua do Amor* (c. 1525) o ambiente é plenamente renascentista.

Em cena actuam ferreiros com seus martelos e serranas com tenazes para trabalhar na bigorna graças a uma fornalha que permite regenerar defeitos e vícios, físicos e morais, de gente inconformada ou arrependida.

Neste caso são indivíduos desajustados da norma ou do seu ideal vocacional que querem melhorar, mudar o seu estatuto, mostrando-se descontentes com o modo de vida que levam e pretendem renascer por efeito da frágua do Amor.

A grande fornalha do Amor que Cupido monta inspirado na união das virtudes de D. Catarina com o ideal nobre de D. João III, permite expurgar defeitos, físicos ou não, quantos deles motivados por condutas desonestas, e gerar figuras renovadas e regeneradas.

Cupido, deus do Amor «que todos os bens ordena» (4: 99, 4), tão poderoso quanto o considera outro autor, Alciato, nos seus *Emblemas* (desde 1531), criança esclarecida ágil e veloz, às escondidas de Vénus terá voado a Castela a tomar um castelo angelical e perfeito, D. Catarina, para o rei de Portugal. Na verdade, apesar de apelidado de capitão não terá efectuado qualquer conquista ou acto de força pois o castelo já fora cedido pacificamente podendo ele colocar as armas portuguesas no seu coração. Além disso, de visita, terá levado ao Imperador e aos seus domínios concórdia, esperança e alegria. Enfim, operara obras divinais no dizer da mãe, transformando esta notícia as aflições de Vénus em prazer.

Mas Cupido não fica por aqui. Pretende mudar os homens, refundir a gente portuguesa, fazer um mundo novo nesta época de novos governantes escolhidos por Deus, e para isso cria uma grande forja onde funcionarão como ferreiros quatro planetas com seus martelos, ajudados por serranas ou gozos de amor com suas tenazes. São eles Mercúrio, Júpiter, Saturno e o Sol. Terá havido, por certo, intencionalidade na escolha dos planetas dado que se ligam (conforme podemos confirmar na mais tardia *Iconologia* de César Ripa) à ressurreição, ao raio e castigo benevolente, à mutação, ao tempo e à velocidade, ao calor e à renovação, à dissolução da corrupção:

- Mercúrio, filho de Júpiter na mitologia, mensageiro, rápido, deus da eloquência, do comércio e dos viajantes, da abundância, personificando a inteligência e com capacidade de ressuscitar os mortos (Ripa, I: 165);
- O próprio Júpiter, rei dos deuses, filho de Saturno, mutante e deus do trovão, portador do raio e do castigo com liberalidade e benevolência (Ripa, I: 168–169);
- Saturno, deus da renovação periódica e libertação, ligado também à abundância; ao tempo (Ripa, I: 170);
- O Sol, considerado aqui como por astrónomos gregos, como planeta, considerado como Sol invicto deus do Império romano, que se liga à pujança e renovação e à dissolução da corrupção (Ripa, I: 167).

O Amor sobre todos domina, incluindo o próprio fogo.

A transformação pela frágua do Amor ocorrerá segundo o desejo de cada qual em renovar-se ou transformar-se (4: 113, 1–2), em emendar-se (4: 113, 4), pressupondo-se sem o medo da morte. Parece haver aqui uma inequívoca valorização do profano e da natureza humana. A regeneração pode dar-se a nível do físico, até da idade, da cor… para que o indivíduo se torne feliz. O fogo da Frágua é vivo e ardente segundo as cantigas das serranas e para que logo se acenda apela, excitadíssimo, o negro que deseja tornar-se branco.

Claro que esta temática do desejo de transformação em vida, embora vincadamente laicizada nesta peça, não deixa de estar ligada a questões teológicas e dogmáticas. Depreendem-se dos autos das barcas e também da *Frágua do Amor* questões que abalaram o pensamento europeu em Quinhentos como a do livre-arbítrio. A este propósito não apenas se deve salientar o debate Erasmus *versus* Lutero mas igualmente ter em conta outros pensadores. Também Loyola contribuiu para o debate livre-arbítrio *versus* predestinação. Luís de Molina, anos depois, sem eliminar a responsabilidade moral do homem pelas suas escolhas e a importância de tais escolhas para a salvação da alma, será capaz de conservar o papel da divina providência.

Na óptica vicentina, rigorosa observadora do humano nas suas perspectivas externas e íntimas, como já o afirmámos, o homem não depende em absoluto da Providência divina ou tão-somente da misericórdia de Deus, antes tem possibilidade de criar a sua vida e de atingir o bem e com isso a salvação. Livre-arbítrio, boas obras, fé, oração, Deus, símbolos da Paixão, eucaristia, comentam-se em discursos fortemente representativos da mentalidade renascentista e do humanismo cristão.

Há figuras que se apresentam para a transformação, outras, dada o seu estatuto social, enviam discretamente pajens ou um parvo em seu lugar para que a forja se desloque aos seus solares. Ignora-se o pedido de uma alta figura como o Marquês de Vila Real que, todavia, Cupido considera já perfeito, enquanto se goza com a ajuda de um parvo e no diálogo com pajens com figuras que pretendem rejuvenescer ou que o desejam mas sem que se lhes mexam na fortuna, como o Conde de Marialva, que ainda deseja conseguir aumentá-la.

Mas importa mais as que se apresentam em cena:

- O negro, cristão baptizado de nome Fernando, pede que se acenda logo o fogo (4: 113, 23) para que ele seja transformado num homem branco. Espera tudo menos ver-se transformado num elegante homem branco mas com fala da Guiné, levando-o a desejar tornar à sua primitiva forma. Uma vez mais parece que a transformação física completa não é a que se pretende com a forja do Amor. A mutação deverá advir de um desejo mais de ordem superior, sobretudo com vista ao bem comum, à transformação da ordem social para benefício de todos. Talvez que a transformação do negro não fosse conveniente e que a das elites parecesse apenas supérflua.[18] O mesmo não acontecerá, contudo, com entidades simultaneamente singulares e colectivas – o conjunto de magistrados na figuração da Justiça e o conjunto de frades mencionado por dois deles;
- Voluntariamente entra em cena para ser refundida e refeita a Justiça, aproveitando a ocasião festiva de uma Rainha de tanta honra para se renovar. Simbolicamente com a vara da justiça e a balança quebradas, a velha corcovada pretende mãos menores para não continuar a absorver dádivas e deixar de ouvir os pedidos das elites, elites essas que, segundo Júpiter, a deviam concertar mas a fazem mais entortar. Em sucessivas caldeações, são-lhe retiradas galinhas, perdizes, bolsas de dinheiro e mais escória representando as peitas recebidas. Embora temerosa, prosseguirá o seu caminho esbelta e bem aconselhada;
- Depois da Justiça entra em cena a Igreja, na figura de um frade, antigo carpinteiro da Ribeira que deseja voltar a tornar-se leigo mas, note-se, fidalgo, para o que oferece peitas. Oficialmente representa um colectivo de frades que considera demasiado numeroso devendo grande parte deles refundir-se em homens de guerra para combater os mouros. Oficiosamente é um homem apaixonado. Um segundo frade aparecerá também referindo um colectivo de

---

18 Na obra de Gil Vicente acaba por reflectir-se tanto a sociedade estamentária como o sopro renovador renascentista que reconhece novas actividades e a mobilidade social (Cruz, 1990; Pereira, 1998), confirmando-o como homem de tempos de transição.

sete mil que desejariam colocar de lado questões de consciência e de disciplina monacal para antes gozar a vida mundana (folgar, jogar, casar).

Na *Frágua do Amor* o fogo não é um castigo nem um tormento, antes um meio de regeneração, permitindo aos ferreiros martelar formas e extirpar discrepâncias. Ao fim e ao cabo, é um meio de transformar grupos sociais e instituições – seja a Justiça, seja a Igreja –, reordenando pela purificação a sociedade.

Trata-se de uma transformação que alia o humano ao poder do Amor valorizando-se este na representação de uma grande frágua, de um fogo vivo e regenerador. Aqui a expurgação advém do comportamento voluntário das personagens, isto é, fundamenta-se no livre-arbítrio humano e é no plano humano que actua.

3 Considerações finais

Utilizando técnicas de discurso e de encenação diversificadas no seu teatro, ora revelando reminiscências clássicas ora recuperando uma moralidade religiosa e política da Baixa Idade Média, um discurso profano ou de espiritualidade, quantas vezes entrecruzado, Gil Vicente usa palavras e frases de sarcasmo e de denúncia a par de humanistas e de reformadores do seu tempo.

Ao selecionar o *Auto da Barca do Inferno*, o *Auto da Barca do Purgatório*, o *Auto da Barca da Glória* e a *Frágua do Amor* para análise, procurámos avaliar fé e consciência nas personagens construídas, consciência essa que se sopesa a nível individual e colectivo, em argumentação individualizada e de algum aprofundamento psicológico, assim como numa observação do dramaturgo tendo em vista ameaças e a salvaguarda do bem comum.

Num atentado à salvação individual da alma mas também à ordem social cristã, através de normas civis e eclesiais, revelam-se nos autos das Barcas delitos e pecados que foram cometidos e mais ou menos confessados em vida, agora plenamente expostos no tempo pós-morte, e que serão decerto expurgados no fogo da praia purgatória (numa sensibilidade exterior e sofrimento interiorizado), motivo de tormento eterno no fogo infernal, ou, por intervenção da graça divina, resgatados mediante profunda contrição e orações.

Mas também em pleno ambiente renascentista, sob a influência explosiva do Amor, expõe Gil Vicente na *Frágua do Amor* a força do livre-arbítrio humano na regeneração do homem ainda em vida e, com isso, no resguardo de uma sociedade humana melhor. O fogo da frágua ao reordenar os homens segundo a sua vocação, chegando em certos casos a reafirmar ou a reorientar o seu estatuto social, ajuda a prevenir pela correcção da conduta o destino individual pós-morte, alicerça a missão eclesial e a execução da justiça numa sociedade regenerada, assegura na sabedoria humanista do dramaturgo, a felicidade humana.

Bibliografia

Alciato (1531/1993), *Emblemas*, ed. Santiago Sebastián, 2ª ed., Madrid, Ediciones Akal.

Asensio, Eugenio (1953): «Las fuentes de las Barcas de Gil Vicente», *Bulletin d' Histoire du Théâtre Portugais*, IV, n. 2. (1974): em *Estudios portugueses* (intr. José V. de Pina Martins), Centro Cultural Português, Paris, pp. 59–77.

Bataillon, Marcel (1936/1974): «Une source de Gil Vicente et de Montemor: la méditation de Savonarole sur de Miserere», *Bulletin des Études Portugaises*, III, 1–36. Em *Études sur le Portugal au temps de l' humanisme*, Paris, pp. 155–170.

Bataillon, Marcel (1937/1998): *Erasme et l' Espagne. Recherches sur l'histoire spirituelle du XVIe siècle*, Librairie Droz, Genève.

Bernardes, José Augusto Cardoso (2018): «As Barcas, de Gil Vicente, cinco séculos depois», Criticón (Toulouse), 134, pp. 35–49. Disponível em http://hdl.handle.net/10316/85263.

Buescu, Maria Leonor Carvalhão (1984): *Copilaçam de todalas obras de Gil Vicente* (intr. norm. texto), Imprensa Nacional-Casa da Moeda, Lisboa, 2 vols.

Calderón Calderón, Manuel (2003): «Temas y formas del teatro castellano de Gil Vicente», em *Gil Vicente 500 anos depois. Actas do Congresso Internacional realizado pelo Centro de Estudos de Teatro da Faculdade de Letras da Universidade de Lisboa*, Imprensa Nacional-Casa da Moeda, Lisboa, vol. 1, pp. 131–147.

Carrilho, Ernestina (1993): *Glória*. Vicente – Colecção dirigida por Osório Mateus, Quimera Editores, Lisboa. E-book 2005.

Carvalho, Joaquim de (1948): *Os sermões de Gil Vicente e a arte de pregar*, Ocidente, Lisboa.

Carvalho, José Adriano Freitas de (1988): «Erudição e espiritualidade no século XVI em Portugal. Nótula a propósito da Imagem da Vida Cristã, de Fr. Heitor Pinto, O.S.H.», em *O Humanismo Português. 1500–1600. Primeiro Simpósio Nacional 21–25 de Outubro de 1985,* Publicações do II Centenário da Academia das Ciências de Lisboa, pp. 653–681.

Clavero, Bartolomé (1990): «Delito y pecado. Noción y escala de transgresiones», em *Sexo barroco y otras transgresiones premodernas*, Alianza Editorial, Madrid, pp. 57–89.

Cruz, Maria Leonor García da (1990): *Gil Vicente e a Sociedade Portuguesa de Quinhentos – Leitura Crítica num Mundo de «Cara Atrás» (As personagens e o palco da sua acção),* Gradiva, Lisboa.

Cruz, Maria Leonor García da (1993): «Gil Vicente e o Império», em João Medina (ed), *História de Portugal*, Ediclube, Amadora, IV, pp. 333–40.

Cruz, Maria Leonor García da (1994): «Alguns elementos sobre a situação eclesiástica em Portugal nos começos do reinado de D. João III», em *Actas do Congresso de História no IV Centenário do Seminário de Évora*, Instituto Superior de Teologia/Seminário Maior de Évora, Évora, vol. II, pp. 93–107.

Cruz, Maria Leonor García da (2016): «Gil Vicente and Thomas More's construction of a perfect community: 'Frágua d'Amor' in the imagination of a new world», em M.Rosário Monteiro, Mário S. Ming Kong et M.João Pereira Neto (eds.), *Utopia(s): Worlds and Frontiers of the Imaginary*, CRC Press, Taylor & Francis Group, Boca Raton, Londres, Nova Iorque, Leiden, pp. 275–279.

Cruz, Maria Leonor García da (2018): «Contexto Ideológico de Representações nas Artes: de Bosch e Gil Vicente a More, Maquiavel e à *Emblemata* de Alciato», *Revista História, Histórias. Revista do Programa de Pós-Graduação em História - UnB*, vol.6, n.11 (Jan.Jun), pp. 67–89.

Cruz, Maria Leonor García da, S. Marta Pinheiro et Maria J. Teles (1984): *O Discurso Carnavalesco em Gil Vicente*, GECpublicações, Lisboa.

Cunha, Samuel (2014): «Erasmo, Lutero e o Livre-Arbítrio», *DISCERNINDO - Revista Teológica Discente da Metodista*, vol.2, n.2 (Jan-Dez.), pp. 53–66.

Delumeau, Jean (1973): *Naissance et Affirmation de la Réforme*, 3 ed., PUF, Paris.

Dias, José Sebastião da Silva (1960): *Correntes de Sentimento Religioso em Portugal (séculos XVI a XVIII)*, Universidade de Coimbra, Coimbra, Tomo I.

Elton, G.R. (1982): *A Europa durante a Reforma 1517–1559*, Presença, Lisboa.

Erasmo de Rotterdam (1995): *Enquiridion. Manual del caballero cristiano*, Biblioteca de Autores Cristianos, Madrid.

Febvre, Lucien (1971): *O Problema da Descrença no século XVI. A Religião de Rabelais*, Ed. Início, Lisboa.

Febvre (1983): *Au Coeur Religieux du XVIe Siècle*, Le Livre de Poche Biblio Essais, Paris.

Freitas, Maria Múrias de (1938): «A Virgem Maria na obra de Gil Vicente», *Revista da Faculdade de Letras*, 5, pp. 203–210.

Huizinga, Johan (1985): *O declínio da Idade Média*, 2 ed., Ulisseia.

Lopes, Rui Oliveira (2005): *Imagens para edificar: Modelos didácticos na pintura portuguesa do Renascimento* (Dissertação de Mestrado, Faculdade de Belas Artes da Universidade de Lisboa)

Lopes (2011): «Imagens do terror e a construção da Moralidade» em C. P. Cruzeiro et R. O. Lopes (eds.), *Arte e Sociedade*, Faculdade de Belas-Artes da Universidade de Lisboa, Lisboa, pp. 54–75.

López Castro, Armando (1999): «Gil Vicente y su actitud ante la muerte», em Javier Guijarro Ceballos (ed.), *Humanismo y literatura en tiempos de Juan del Encina,* Universidad de Salamanca, Salamanca, pp. 385–398.

Marcocci, Giuseppe, et José Pedro Paiva (2013): *História da Inquisição Portuguesa (1536–1821),* A Esfera dos Livros, Lisboa.

Martins, Mário (1978): *O Riso, o Sorriso e a Paródia na Literatura Portuguesa de Quatrocentos*, ICP, Lisboa.

Menendez y Pelayo (1880–83/2007): *Historia de los heterodoxos españoles*, Homo Legens, Madrid.

Mesnard, Pierre (1977): *L'essor de la philosophie politique au XVIe siècle*, 3 ed., Lib. Phil.J.Vrin, Paris.

Minois, Georges (1997): *História dos Infernos*, Teorema, Lisboa.

Paiva, José Pedro (2007): «Um príncipe na diocese de Évora: o governo episcopal do cardeal infante D. Afonso (1523–1540)», *Revista de História da Sociedade e da Cultura*, 7, pp. 127–174.

Pereira, Isaías da Rosa (1994): «Uma figura histórica mal conhecida: o Cardeal-Infante D. Afonso (1509–1540)», em *Actas do Congresso de História no IV Centenário do Seminário de Évora,* Instituto Superior de Teologia/Seminário Maior de Évora, Évora, vol. I, pp. 417–439.

Pereira, João Cordeiro (1998): «A Estrutura Social e o seu devir», em João J. Alves Dias (ed.), *Nova História de Portugal: Portugal do Renascimento à Crise Dinástica*, Editorial Presença, Lisboa, V, pp. 277–336.

Pereira, Silvina (2011/ 27.02.2013): «Gil Vicente em Bruxelas», *JL*. Disponível em: http://visao.sapo.pt/jornaldeletras/bloguesjl/dramasimperfeitos/gil-vicente-em-bruxelas=f708935 [16/06/2019]

Picchio, Luciana Stegagno (1959): «Questioni Gilvicentine», *Cultura Neolatina*, XIX-3.

Ramalho, Américo da Costa (1963–66/1969): «Algumas observações sobre o latim de Gil Vicente», *Humanitas*. Em *Estudos sobre a Época do Renascimento*, Coimbra.

Ramalho, Américo da Costa (1980): *Estudos sobre o século XVI*, Fundação Calouste Gulbenkian – Centro Cultural Português, Paris.

Reckert, Stephen (1983): *Espírito e Letra de Gil Vicente*, Imprensa Nacional-Casa da Moeda, Lisboa.

Révah, I.S. (1949): *Les sermons de Gil Vicente. En marge d' un opuscule du professeur Joaquim de Carvalho*, Lisboa.

Révah, I.S. (1950): «La Source de la Obra da geração humana et de l' Auto da Alma», *Bulletin d' Histoire du Théâtre Portugais.*

Révah, I.S. (1951): *Recherches sur les Oeuvres de Gil Vicente*, tome I: *Édition critique du premier "Auto das Barcas"*, Lisboa.

Ripa, Cesare (1593/1996): *Iconología*, 2ª ed., Edicines Akal, Madrid, 2 tomos.

Rodrigues, M. Idalina Resina (1999): *De Gil Vicente a Lope de Veja. Vozes cruzadas no Teatro Ibérico*, Teorema, Lisboa.

Sá, Artur Moreira de (1983): *Índices dos livros proibidos em Portugal no século XVI*, Instituto Nacional de Investigação Científica, Lisboa.

Saraiva, António José (1992): *Gil Vicente e o fim do teatro medieval*, 4 ed., Gradiva, Lisboa.

Teyssier, Paul (1982): *Gil Vicente – o autor e a obra*, Instituto de Cultura e Língua Portuguesa /Ministério da Educação e das Universidades, Amadora.

Vasconcelos, Carolina Michaëlis de (1912/1949a): «Notas Vicentinas 1. Gil Vicente em Bruxelas ou O Jubileu de Amor», *Notas Vicentinas*, Ocidente, Lisboa.

Vasconcelos, Carolina Michaëlis de (1949b): *Notas vicentinas: preliminares duma edição crítica das obras de Gil Vicente*, Rev.«Ocidente», Lisboa, 2 tomos.

Vicente, Gil, *Obras Completas*, pref. notas Marques Braga, Lisboa, Livraria Sá da Costa – Editora, 1942–1944, 6 vols.

Zimic, Stanislav (2003): «El teatro religioso de Gil Vicente», em *Gil Vicente 500 anos depois. Actas do Congresso Internacional realizado pelo Centro de Estudos de Teatro da Faculdade de Letras da Universidade de Lisboa*, Imprensa Nacional-Casa da Moeda, Lisboa, vol.1, pp. 181–196.

Martha Blanco González

Manuel de Faria e Sousa: entre la exégesis humanista y el ensayo/Manuel de Faria e Sousa: Between the Humanistic Exegesis and the Essay

RESUMEN Con sus glosas a la poesía lírica de Camões, Manuel de Faria e Sousa estableció no solo un área de confluencia literaria y cultural entre España y Portugal, sino un nuevo paradigma de comentario guiado por el autoelogio, que lo convertiría en uno de los más singulares exégetas de la época áurea. En sus anotaciones, el luso expone sin mesura cada una de las facetas de su ejercicio, desde la de intérprete hasta la de versificador, pasando por las de traductor y editor de su poeta predilecto. Si bien su labor como crítico permaneció años en el olvido, llegando incluso a ser desaconsejada por numerosos académicos, cabe ahora revalorizar sus juicios —muchos de ellos atinados— y rescatar a este autor clave, tanto para la difusión y la recepción de la obra camoniana como para el estudio de la poesía española del siglo XVI.

Palabras clave: Faria e Sousa, exégesis, autopromoción, *Rimas várias*, crítica revalorizada

ABSTRACT With his glosses to Camões' lyric poetry, Manuel de Faria e Sousa laid down not only an area of literary and cultural confluence between Spain and Portugal, but a new paradigm of comment guided by self-praise, which makes him one of the most unique exegetes of the golden age. In his notes, the Portuguese exposes without measure each of the facets of his exercise, from the interpreter to the versifier, through those of translator and editor of his favorite poet. Despite of the fact that his work as a critic remained years in oblivion, even discouraged by many academics, it is worth to revalue his judgments — many of them accurate — and to rescue this key author, both for the dissemination and reception of the Camonian work and for the study of Spanish poetry of the 16th century.

Keywords: Faria e Sousa, exegesis, self-promotion, *Rimas várias*, revalued criticism

1 Introducción

En 1685 y 1688, salen a la luz los comentarios a las *Rimas várias* de Luís de Camões. Estos servirán a Faria e Sousa (1590–1649), el más prolífico anotador del poeta luso, para desplegar su peculiar método de exégesis subjetiva, enmarcada en un contexto de humanismo tardío que se aleja del de los siglos XV y

XVI. Una de sus vertientes innovadoras es el amplio espacio que se concede a sí mismo y a su propia obra dentro de estos apuntes que rezuman erudición, y, no en todos los casos, severidad. Sousa, no solo es un puente entre España y Portugal, sino entre el comentario humanista a los clásicos y el ensayo, renegará a menudo de la objetividad, de la exactitud y del rigor filológico en favor de datos históricos y anécdotas —a veces casi *novellae*—, mas sin renunciar, a la vez, a exhibir su pericia y capacidad relacional con casos traídos también *a fortiori*. La fanática devoción por *su Poeta* y el autoelogio como rasgo identificador lo alejarán del comentario pedagógico de los siglos precedentes, el cual degrada conscientemente dirigiéndolo al ensayo, que tendrá su máxima expresión en el siglo ulterior. La modernidad del erudito, , se palpa en su notable egolatría a lo largo de todo el comento y, además, en algunos rasgos que pasaremos a esclarecer a continuación, como son la actitud desafiante en su crítica a los comentaristas previos,* su familiaridad con el lector, el uso de la ironía o la fiabilidad parcial que dedica a los manuscritos manejados, en favor de exaltar a Camões o de seguir su criterio personal.

El intérprete parangonará al poeta luso con los clásicos grecolatinos no solo con el fin de canonizarlo, lo cual hace ya desde el título —«Luís de Camões príncipe de los poetas heroicos y líricos de España»—, sino también para encumbrarse a sí mismo como exégeta.[1] Como gramático, si bien sigue los principios de *lectio*, *enarratio auctorum*, *emendatio* e *iudicium* del comentario antiguo, tiende a hipertrofiarlos en beneficio de su parecer.

* Este trabajo se inscribe en el marco del proyecto *La poesía hispano-portuguesa de los siglos XVI y XVII: contactos, confluencias, recepción* (FFI2015-70917-P), financiado por la Agencia Estatal de Investigación (AEI) y el Fondo Europeo de Desarrollo Regional (FEDER, UE).

Fundamentalmente a Herrera. Al mismo tiempo que rivaliza con él, y paralelamente postula a Camões como «príncipe de los poetas» frente a Garcilaso, mantiene con el sevillano una relación de continuidad y emulación. Además de enaltecer a un poeta, ambos añaden a las notas filológicas, otras de tipo erudito acerca de todas las ramas del saber y manifiestan un notable orgullo idiomático. Las principales diferencias radican en la parte lúdica de las anécdotas, ausente esta en Herrera, y en la tendencia de Sousa a hablar de sí mismo y editar tanto sus poemas como los que otorga a su maestro.

1 *Cf*. Michel de Montaigne, *Les essais*: «c'est moi que je peins»; «je suis moi-mesme la matiere de mon livre» (2007: 27).

2 todos los caminos llevan a Sousa

Sostenía en su *Retrato* Moreno Porcel,[2] panegirista de Sousa, que este se lamentaba cuando recordaba un suceso de su infancia, ocurrido antes «que saliese de las mantillas». Relataba el portugués que una vecina labradora le había metido las manos en el ojo de la muela de un molino mientras estaba en funcionamiento, acaso con el propósito de despertar su habilidad e ingenio. Tal evocación lleva al comentarista a inferir que «si aquella rueda pudo obrar algo, más fue para mí la penosa de Ixión que la de la próspera Fortuna» (s. f.: 13): sus manos se habían convertido en un suplicio y se debería a ellas hasta su muerte. Esa vida, volcada en la escritura, se convierte en coartada ideal para aprovechar cualquier ocasión a lo largo de las anotaciones —venía haciéndolo ya desde su *Fuente de Aganipe*— con el objetivo de recordar al lector su bagaje intelectual: cantidad ingente de autores consultados, extraordinaria cosecha literaria, motivaciones, buen hacer, y, en fin, la propedéutica en que se apoya para llevar a cabo su vasta exégesis.

2.1 Producción literaria propia

En palabras del panegirista, su producción manuscrita la conformaban «Cuarenta y siete libros (estos son los que están a ser) a ciento y diez pliegos uno con otro, y es lo menos, contienen más de cinco mil pliegos. Siendo muchos de ellos copiados de a cinco y a seis veces (y estos los mayores), bien se puede dar cuatro a cada uno, con que las copias de ellos montan veinte mil pliegos» (s. f.: 37). Por otro lado, Sousa, proclive a airear su ardua labor, se encargaba de dejar constancia de ello en el «Prólogo» de las *Rimas*:

> cincuenta libros escribí en el espacio de veinticinco o veintiséis años. Pero bien puedo decir que cada uno de ellos me llevó los propios veintiséis años [...]. [En] 1634 me hallaba con casi cuarenta libros en borradores tan confusos, que mil veces perdí la esperanza de poder lograr tanta vida que los pudiese reducir de las tinieblas a las luces [...]. Así que, trabajando continuamente a un mismo tiempo en tantos libros, puedo bien decir que uno me llevó el tiempo que todos y todos el de uno, porque así como hubo

2 *Retrato de Manuel de Faria y Sousa, Cavallero del Orden Militar de Christo y de la Casa Real. Contiene una Relación de su Vida, un Catálogo de sus Escritos, y un Sumario de sus Elogios, recogidos de varios Autores*, s. l. [Madrid], s. f. [¿1649?]. Para la materia biográfica ténganse en cuenta, además, la introducción de Glaser (1975) y los trabajos de Asensio (1978), Pires (1996) y Ramada Curto (2007).

> poco espacio entre el principio, le hubo también poco entre el fin de cada uno de ellos (§ 2, 4).[3]

Señala también que, en 1620, a los treinta años de edad, quemó nueve o diez y, en 1623, otros «tres o cuatro, y reparé a otros que, con este beneficio, me parecieron capaces de algún poquito más de vida. Y esto me sucedió principalmente en aquellos que ya habían logrado la impresión, por dar a entender que conocía yo mis yerros» (§ 2).

Esa tendencia a la vanagloria por parte del anotador rara vez está justificada, si no nunca. Clara muestra de ello se da en los apuntes al verso «E de novo tecendo a antiga história» (XII 4) de la canción 10 («Vinde cá meu tão certo secretário»),[4] en los que Sousa desplaza el foco de atención de su adorado poeta para volverlo hacia sí mismo:

> Quisiera [Camões] verse en la primera edad para escribir de nuevo sus amores. Yo para ninguna cosa deseo remozarme, pero muchas veces digo que, si me hallara con veinte años menos, volviera a comentar la *Lusíada* y dijera otro tanto sobre aquel poema como lo que ya dije. Y deseo vivir algunos años para poner en limpio trece tomos que tengo en borradores después de haber sacado de ellos treinta y nueve; y si los borradores se pudieran entender de otro que no yo, ni ese deseo tuviera. ¡Tanto se hacen amar trabajos propios! (III, 93).

Aun cuando agradezca que otros valoren su esfuerzo, el fin último será el de ensalzarse como literato: «me han de confesar los castellanos (y no lo hacen pocos, que esta honra les debo yo) el haber campeado bien por su lengua, siendo el extraño que en ella publicó más escritos» (II, 266).

2.2 Autopromoción: anotador impar

No dichoso con lo anterior, el erudito va mucho más allá, y en ello reside gran parte de la modernidad de su exégesis. Cabe recordar que, ya en su edición a *Os Lusíadas* no solo había hecho que estampasen su retrato[5] al lado del de

---

3 En las llamadas a las *Rimas várias* comentadas por Sousa (1685, 1688) se indicará el parágrafo cuando nos refiramos a los preliminares de la obra; fuera de estos, reflejamos tomo y página.

4 Corroboran la autoría las impresiones de 1595 (f. 38v) y 1598 (f. 45v). Asimismo, se registra en el índice del *Cancioneiro do Padre Pedro Ribeiro* (n.º 78) y en el manuscrito *Juromenha* (f. 104v).

5 *Cf.* Bernardo de Balbuena, *Grandeza mexicana*: el argumento que articula en su elogio de la capital novohispana viene individualizado en los elementos paratextuales de la obra, entre los que destaca la efigie del autor, que se presenta acompañada de los lemas «Nobilitas sola est atque unica virtus» y «Summa laboris habet», extraídos de la sátira III 8 de Juvenal y el *Ars amatoria* de Ovidio (1. III, 404).

Camões —equiparándose así al épico poeta—, sino que en aquella va inserto, entre las «Advertencias» y el «Prólogo», un «Elogio al comentador» a cargo de Lope de Vega que ocupa nada menos que veintiséis parágrafos, entre los que se encuentra aquella conocida sentencia del fénix en la que afirmaba que

> así como Luís de Camões es príncipe de los poetas que escribieron en idioma vulgar, lo es Manuel de Faria de los comentadores en todas las lenguas, porque ningún comento a poeta tan profundo salió de una sola mano tan cabal como este. Homero, Virgilio, Horacio, Ovidio, Dante, y otros, aún no están acabados de comentar habiendo salido de muchas manos, y el Camões, solo de esta, lo queda de manera que no necesita de otra (1639: § 1).[6]

Su alta calidad de comentarista, a juzgar por estas declaraciones tomadas del «Prólogo», es algo que el propio Sousa tiene más que asumido: «Así como fui el primero en publicar comentarios ajustados al poema heroico, sin hallar algunos a que arrimarme ni luz que seguir, lo soy ahora con estas mismas condiciones sobre estos poemas varios, porque para estos comentos no he tenido algún socorro». Consciente de la magnitud de sus anotaciones y escudándose a este respecto de posibles críticas, confiesa luego que no tiene duda de que «ellos parecerán prolijos, como parecieron a algunas personas los de la *Lusíada*», para posteriormente excusarse, pues «no se puede llamar largo lo que es necesario, sino lo que es superfluo.[7] Y creo (si no me engaño) que no hay aquí sobras» (§ 18).

No obstante reconocer que puede haber dejado lugares sin dilucidar, «sé que no le habré entendido en algo», se justifica a renglón seguido: «pero ¿quién en el mundo lo entendió todo? Basta haber hecho mucho, y, si he de decir la verdad, imagino que no hice poco» (§ 10). La consideración sobre su buena labor no queda relegada, desde luego, a los preliminares de la obra. Y es que, en vista de la eminente estima hacia su experiencia, «ventajosa a la de muchos (y cierto que no vive en mí ninguna centella de arrogancia)», no resulta extraño que asegure estar capacitado para «juzgar de los estilos de más de cuatrocientos poetas [...] griegos, latinos, italianos, franceses y españoles, pues no los leí así como quiera al vuelo, sino repetidas veces, con mucha ponderación del modo de proceder de cada uno» (IV, 134). Lo curioso es el lugar que escoge para encumbrarse: en las apreciaciones que abren las «Octavas de Santa Úrsula», previamente atribuidas a Diogo Bernardes en sus *Várias Rimas ao Bom Jesus* (1594). En este punto Sousa rehúye de toda objetividad para abandonarse al entusiasmo y atribuírselas

6 Consúltense, para su relación de amistad con el exégeta y sendos elogios, Rodríguez Cepeda (1980) y Núñez Rivera (2011, 2018).

7 «No conviene gastar tiempo en alumbrar el día con candiles» (I, 258).

a Camões bajo un criterio, cuando poco, cuestionable.[8] Rara vez se muestra tan seguro de la autoría de su poeta como en esta ocasión en la que, precisamente, yerra. Después de advertir —sin aportar prueba alguna— de que el texto se solía asociar con Camões antes que con Bernardes y de obsequiarnos con el susodicho autoelogio, por si no bastase, arroja el guante a todo aquel que dude de sus palabras.[9]

Casos análogos al anterior irrumpen en cada uno de los cinco tomos que conforman la obra. El postrero, tanto de las *Rimas* como de este apartado, tiene lugar en los apuntes a la égloga séptima («As doces cantinelas que cantavam»),[10] donde el crítico eleva su figura sobre todos los comentaristas previos con total naturalidad, sosteniendo que «ningún comentador explicó a su comentado con tales diligencias como las con que yo explico el mío» (V, 312).

2.3 El método

De la metodología nos da cuenta en su relato autobiográfico, intitulado *Fortuna* y editado por Edward Glaser, en 1975.[11] Aquella consistía en aprender de memoria, redactar varias veces el comentario —sin ayuda de copistas en ninguno de sus estadios— llegando a sumar en ocasiones hasta seis borradores, para posteriormente llegar al original en limpio con destino a las prensas. Si bien sigue el mismo modelo que en sus anteriores notas, en las *Rimas* su inquina hacia los demás comentaristas se vuelve más mordaz, sobre todo cuando se dirige a

---

8 Los argumentos de los que se vale para no reconocer la *Historia de Santa Úrsula* entre las rimas del limiano brillan por su ausencia y se reducen a lo que sigue: « ¿Quién será tan insensato que, de lo limpio de ellas, y alteza, y afectos y hermosuras, no vea que jamás pudo llegar a las sombras de estas luces un ingenio tan ratero?» (IV, 134).

9 «Si hubiere quien presuma de semejante empleo (que no habrá, porque sé bien lo a que cada uno se entiende hoy), lléguese a mí, que yo en el espacio de tres horas le mostraré el grado en que cada uno está con los magisterios y holgareme mucho de que haya quien me venza en esto, porque realmente deseo aprender y sé bien que ninguno llega a alcanzar tanto que no pueda haber otro que alcanzase más. Y esto es lo que no quieren saber muchos ignorantes que, nadando en charcos, piensan sacar las arenas del profundo océano» (IV, 134).

10 La composición forma parte del elenco básico de las ediciones quinientistas. En lo tocante a la tradición manuscrita, se incluye entre de los títulos asignados a Camões en el índice del *Cancioneiro do Padre Pedro Ribeiro* (n.º 90).

11 Se conservan, además de la del hispanista, dos copias manuscritas: una en la Biblioteca Pública e Arquivo Distrital de Braga (Ms. 163); otra en la Real Academia de la Historia (Ms. 9/5117), cuyo título difiere del de las anteriores (Bouza, 2001: 28).

Herrera, lo que lo sitúa, dentro de la polémica en torno a las *Anotaciones*, en el bando del Prete Jacopín.[12]

Los excursos a los géneros poéticos que introduce en la obra provienen, en gran parte, de los ya presentes en su *Fuente de Aganipe* y, aunque no de forma tan acusada, de su edición a *Os Lusíadas*, sobre los que el autor realizó supresiones, adiciones y modificaciones de algunos argumentos. A sus notas anteceden los preliminares, que se componen de las «Advertencias, para que se lean con toda luz estos comentarios», seguidas del «Prólogo», la «Vida del poeta», el «Juicio de estas rimas» y el «Discurso».[13] Además, añade una amplia introducción a los géneros proporcionando al lector una especie de preceptiva de cada uno en particular. La clasificación de autores tanto clásicos como toscanos, españoles y portugueses, referida aquí y en el resto de la obra, contribuye a establecer, bajo el prisma del luso, una noción global de la poesía española de los siglos XVI y XVII.[14]

La *imitatio* será el principio que reine a lo largo del comento, en el que las citas de pasajes análogos de otros autores se entretejen con las del poeta y su intérprete. Sobre los innumerables *loci* que aporta, aclara Sousa en el «Prólogo» que «tal vez habrá treinta, y aun cincuenta, y aun ochenta sobre un lugar solo; y estos tan propios (ninguno violento u ocioso) que se puede dudar cuál de ellos

---

12 Prueba de este posicionamiento la constituye el comentario que elabora sobre la voz *epitafio*, donde recurre a la tercera égloga de Garcilaso. El anotador sevillano advertía sobre dicho término que se había usado erróneamente en lugar de *inscripción*, lo que dio lugar a una de las observaciones del de Burgos, quien argumentaba que Herrera no estaba en lo cierto «porque, si el que lo dijera fuera un pastor, parece que llevabais algún camino por ser esta voz peregrina y no usada de los pastores; mas es Garcilaso el que lo dijo, no debajo de persona pastoril, sino de la suya» (Observación n.º 32). Tamayo, por su lado, compartía esa postura: «no está puesta esta voz sin decoro en este lugar, pues esta *stanza* está en nombre de G. L.» (Gallego Morell, 1972: 657); y Sousa, saliendo en más férrea defensa del toledano, la de ambos: «aunque el tal Herrera erró crasamente porque Garcilaso es el que habla allí, haciendo relación sin que en ella hablen pastores, cuando lo dijese en persona de alguno sería impertinencia culparle de esto, porque valen más los yerros de Garcilaso que los aciertos de Herrera. Ni esto es yerro: es voluntad del autor, y, cuando él es de esta jerarquía, no hay que pedirle cuenta» (V, 251).

13 Hans Flasche menciona a Servio, comentarista de Virgilio, como uno de los posibles modelos del portugués para elaborar sus apuntes. Aquel «exigia para a explicação dum autor a consideração de sete assuntos: poetae vita, titulus operis, qualitas carminis, scribentis intentio, numerus librorum, ordo librorum, explanatio» (1973: 15–16).

14 En concreto hasta 1649, año en que el autor fallece.

vio el Poeta, o si los vio todos» (§ 11). Ya en las «Advertencias», tras esclarecer las abreviaturas, aludía a los «casi infinitos lugares» que refiere de Camões y otros poetas, e imponía su superioridad a ese respecto: «Si el que fuera leyendo los casi infinitos lugares [...] no hallare alguno que él acertó a hallar, no por eso se tenga por más o nos tenga por menos docto, acordándose de que él halló ese solo y yo hallé todos los que van aquí» (§ 7).

Cabe indicar que el empeño del exégeta se nos revela en la concepción que tiene de la obra de Camões, a la que define como una «perpetua armonía» que solamente puede ser desentrañada con ayuda de sí misma. Es decir, la totalidad de la producción literaria del poeta viene a reflejarse en cada una de sus partes. Guiado por el ingenio, Sousa pretenderá evidenciar la intertextualidad que se da en las *Rimas várias* con las propias rimas, dando así prueba al lector de lo encomiable de su tarea. Como cabría esperar, también él participaba de esta idea desde el «Prólogo»:

> [Yo no diré más de lo que juzgue quien lo leyere, que, a no ser ciego, yo fío que se admire de las casi innumerables remisiones que en estos comentarios se hacen de unos lugares a otros para la inteligencia de ellos, de que claramente se infiere aquella perpetua armonía que digo están haciendo entre sí. Siendo pues tantos los lugares ajenos que traigo, son aún más los que cito del propio P[oeta] para explicarle en lo más difícil [...]. Porque a algunos comentadores ha sucedido mostrar ingenio en la explicación de algunos lugares de sus poetas, pero no mostraron con lugares de ellos mismos que había sido aquel su pensamiento; y aquí nos aventajamos, porque no salimos sin prueba semejante de esas demostraciones de ingenio y de agudeza (§ 15).

2.4 Injerencias del *yo*

2.4.1 Proyección personal

Al igual que Camões, Sousa está presente en cada *locus* comentado: incluso cuando se refiere a aquel, reivindica su figura: «*mi* Poeta», «*mi* Maestro». La personalidad del crítico se interpone en el texto de formas muy dispares.[15] Una de ellas es a través de la relación de cercanía que mantiene con el lector, manifestando esta con interpelaciones: «Díganme los delgados, ¿por qué? Dirán que por amarla y verla con pena que la obligaba a llorar. Eso quien quiera lo dirá, y no es eso. Yo lo he de decir [...]» (I, 23), «Pregunto ahora a los sutiles, ¿cuáles aves fueron estas de que se valió Silvio en su augurio que tan cierto vino a salir? Ya me confiesan que no lo saben; y porque yo lo sé, se lo quiero decir. Digo que estas

15 Véase Lemos (1966).

aves eran cisnes. ¿Y cuáles cisnes? Los ilustres poetas» (II, 281);[16] o expresada mediante el uso del tono coloquial: «Vuelvo al cuento» (III, 109).

En ciertas composiciones opta por rendirse a su sensibilidad: «Maravillosa imagen de lo profundo de una desventura» (I, 8); «Viva todo el Parnaso, que desde sus fundamentos hasta hoy no se escribió soneto igual a este. Pesa mil arrobas de majestad, de elegancia, y de imágenes y de bellezas» (I, 118); «Es maravilloso este soneto» (I, 144); «Lastimosísima memoria» (IV, 124); «Petrarca en el "Triunfo de la Muerte", cap. 2, donde finge que, apareciéndole su Laura después de muerta ya gloriosa, tuvo con ella un coloquio; el cual está lleno de ternísimos regalos, que, leyéndole yo muchas veces, ninguna fue sin lágrimas» (V, 247). Su humildad, aunque apenas visible, también saldrá a relucir, si bien con pinceladas de ironía: «yo no me corro de confesar que ignoro muchas cosas, y así digo que no acabé más de entender este soneto, que acaso será fácil a otros entendimientos» (II, 324).

Asimismo, los comentarios están repletos de vivencias que no duda en relatar, dando cuenta, como se verá en los fragmentos que siguen, de los lugares en que residió: «Cosa es de admiración el nacer rosas en nieve, y por eso se admira el verlas por diciembre y enero en Lisboa, y otras partes de Portugal. Y también las he visto yo en Madrid (que es más) este año de 1645» (I, 126); «en Roma [...] el Ángel [San Miguel] pude yo ver bien y, con que está a buena luz y muy de cerca de la vista, parece una finísima iluminación puesta debajo de un cristal» (I, 187); «Sonlo también aquellos gusanillos que llaman luciérnagas, de que una noche en un jardín de Génova vi tantos juntos por el aire que le alumbraban como estrellas si durase su luz [...]. Una suerte de tierra, y moho y hongos hay que lucen de noche, como yo vi en mi patria siendo muchacho» (IV, 15).

Otro de los rasgos característicos de su estilo, como se ha avanzado, es el uso del tono satírico e irónico. Este, fácilmente apreciable, vendrá expresado tanto por medio de calificativos como a través de agudezas. Oscilante entre lo serio y lo irrisorio, su dominio se percibe sin ningún esfuerzo entre sus chanzas, las cuales dirigirá de forma totalmente indiscriminada. Sirva el pequeño muestrario que aquí compilamos como confirmación del variado tenor de sus comentarios y el humor con que cuestiona algunos tópicos.

---

16 *Cf.* Luis Alfonso de Carvallo, *Cisne de Apolo*: «Dije que el cisne era ave, porq[ue] este es su ser, co[n] el cual se declara el del poeta. Porque sie[m]pre por las aves, por sus alas y vuelo, fue significado y entendido el alto ingenio y contemplación subida. Esto se echa bien de ver en Horacio, cuando yéndose engolfado en altos y profundos pensamientos, sutiles y delicadas imaginaciones, dijo q[ue] se iba convirtiendo en ave» (1958: 66).

El blanco crítico se centrará desde las mujeres: «Escribió [Camões] este soneto en alabanza de cuatro damas,[17] y, por no ofender a alguna, igualó a todas. Algunas hay que aun así se dieran por ofendidas, porque el decir a una que otra es tan hermosa como ella viene a ser un gran riesgo» (I, 102) y los poetas: «lo que se dice haberse oído del cisne es un graznido antes horrible que armónico; y de esta suerte son cisnes algunos presumidos de escritores, que creyendo halagan y admiran a los oyentes con sonoras voces, los aturden con hórridos estruendos. Pero voceen todos en hora buena y por fe creamos que cantan» (I, 100), «Francisco de Sá y Miranda, que no menos que el Bernardes fue impotente para engendrar tales hijos» (II, 289), hasta los filósofos: «muy escandalizadas me tienen las orejas algunos a que he oído decir: *Como yo muriere, más que me echen en un muladar*. ¿Es de creer que estos viven con memoria de que hay otra vida? ¿Es de creer que adoran otra cosa que la carne? Pues, siquiera por lo mucho que la quieren viva, no la debieran querer dar a los perros después de muerta» (IV, 93), pasando por la irónica lectura de ciertos mitos, como se observa en este fragmento sobre la fábula de Letea y Óleno, en el que Sousa se burla de la historia ovidiana:

> [...] y es que, presumida Letea de hermosa, llegó a despreciar las deidades hermosísimas. Y ellas, castigándola de esta locura (si estas locuras se castigaran hoy así muchos castigos hubiera, no solamente de damas, sino de señores tan necios que se imaginan dioses), la expusieron a ser convertida en piedra. Óleno, que la amaba de veras, quiso tomar en sí esta pena porque la hermosura rara de su querida Letea no faltase al mundo: cosa al mundo muy importante; y era muy celoso del bien universal el buen Óleno (I, 65).

2.4.2 Exhibición

Si nos fiamos de nuestro autor, parece ser que su enciclopédica interpretación emana de la necesidad de expresar su indignación por ver, en las obras de los anotadores que le precedieron, «tantos lugares sin propósito y poesías propias y de amigos» («Advertencias», § 8).[18] Sea como fuere, poco atinó el crítico con

---

17 «Pelos extremos raros que mostrou», según todas las impresiones; Sousa, por su parte, recoge la variante «Por os raros extremos que mostrou» (soneto I 44). La composición, de autoría probada, forma parte del corpus camoniano desde la *princeps* (1595). La rúbrica «Cam. A quatro damas» acompaña al texto en el manuscrito 12-26-8/D 199 de la Biblioteca de la Real Academia de la Historia (f. 172v).

18 También llamará la atención a Pedro de Espinosa, al que nombra implícitamente: «el tomo que intituló de *Flores de poetas ilustres españoles* un ingenio que se tuvo a sí propio por tan ilustre y por tan florido, que de ninguno hay en él tantas obras como de él mismo» (II, 289). El listado de poemas en el florilegio lo encabezan Góngora, Martín de la Plaza, Lupercio de Argensola, Quevedo y —no le faltaba mucha razón

tales declaraciones: no solo colma las notas de autocitas, sino que se nos presenta asaz diestro en la tarea, dando cuenta de las más heterogéneas llamadas a su propia cosecha.[19]

Su originalidad, como vemos, le servirá de pretexto: «Esto mismo me sucedió en otro retrato [...]. Y porque semejante pensamiento no es común en los poetas, tomo licencia para copiar aquí los más de los lugares en que en aquel poema atienden a lo propuesto». Tras esto, reproduce nada menos que nueve octavas y parte de otras siete (II, 212–213). A veces simplemente se suma al uso de determinadas figuras: «Esto entendido superficialmente es hipérbole, de que yo también usé» (II, 229). Llaman más la atención casos en los que el comentarista, en vez de valerse de pasajes de los autores pertinentes a tal lugar, los aúna de esta guisa, sin aludir a ninguno de ellos: «Muchos han dicho esto, y pues yo de todos lo he tomado, diré lo que ellos dijeron con decir lo que dije» (II, 259). Además, aprovecha cualquier momento para sacar a relucir su faceta de traductor: «No me hallo ahora con este libro, y así ha de servir en su lugar mi traducción de él» (II, 272); «Y porque yo la traduje, y sobre eso la dilaté [...], usaré aquí de mi traducción» (II, 327).

Por otra parte, se dan casos de acumulación de composiciones sobre un mismo tema: «Este fue el asunto de algunos sonetos míos». Tras mencionar catorce, agrega: «y otros que excuso citar»; pese a ello, el valor que concede a su propia obra hace que continúe: «pero no puedo ni debo dejar de poner aquí el 92» (II, 288). Ocasionalmente, acaso movido por el orgullo, hace referencia a una de sus obras y nos proporciona algún detalle: «Conforme a este mi parecer (y cada uno tenga el que quisiere) dije en mi *Albania* (libro de prosa portuguesa)[20] poco después del lib. 1 esto [...]. Y en el lib. 17 (son veinte los de este volumen) [...]» (IV, 27). Igualmente, se explaya esclareciendo alguno de sus sonetos y brindándonos datos sobre su composición: entre los que hizo acrósticos, dice, «hay

---

a Sousa— el propio Espinosa. Un exhaustivo examen de la antología puede verse en Molina Huete (2003).

19 Algo que ya había hecho Herrera, aunque en contadas ocasiones y de manera más discreta. Una de ellas tiene lugar cuando trata de ilustrar un pasaje de la égloga primera de Garcilaso: «Aunque esta estanza tenga imitación de Virgilio y de estos dos lugares de la *Arcadia*, parece toda si no traducida, a lo menos contrahecha de la primera *Piscatoria* de Sannazaro; y por haber vuelto los mismos versos en una égloga que intitulé *Amarilis*, pondré aquí ambos lugares» (2001: 738).

20 Señalaba Lope en su «Elogio al comentador» que esta obra, «sin ser de príncipes ni pastores, imita dichosamente a todos los que escribieron con más acierto en este género de poemas como Heliodoro, Boecio, Boccaccio, Sannazaro, y otros» (1639: § 5).

tres al modo de este de mi P[oeta], llevando un acróstico por defuera y otro por de dentro, y sujetos a mayores dificultades. Uno de ellos es este [...]. Tiene [...] un modo de proceder áspero». Después de explicarlo, aclara: «Cuando lo hice no tenía tanta vista como hoy, y hoy que tengo más alguna no quiero fatigarme en ello, que a querer lo consiguiera bastantemente» (II, 263–264).[21]

A veces se siente obligado a declarar que él ya había descrito lo mismo antes que otro autor.[22] Así, después de traer versos de Camões, Virgilio, Estacio, Dante, Benivieni, Garcilaso, Montemayor, Francisco de la Torre, y señalar que este

21 En lo tocante a los acrósticos, es obligado rescatar el siguiente apunte en el que Sousa tiene a bien posponer la interpretación al texto de su poeta, pues ve la necesidad de exteriorizar su ingratitud hacia las críticas recibidas por su poema *Nenia* (1644). El comentado desaparece momentáneamente para dejar paso al que, una vez más, solo ansía reafirmarse. Primero informa al lector sobre dicha composición, la cual fue escrita a la muerte de doña Isabel de Borbón y consta de «casi 200 estancias de sextas rimas»; luego nos pone en situación, confesando que «así como le aplaudieron muchos, le murmuraron otros tantos», para posteriormente dejar entrever su altanería: «de aplausos y murmuraciones hice siempre igual estimación, que es hacer ninguna, porque ni ellos me alteran, ni ellas me perturban». Acto seguido echa por tierra sus palabras: «pero sobre ellas diré algo», y emprende su embestida: «¿Quién es tan ignorante que cuando ve un poema de 200 estancias con principio, medio y fin, con invención considerable, con descripciones varias, con afectos, con imágenes, con pensamientos, y con elegancia heroica, cual lo pedía el argumento real, que no sufra lo que no le agrada aun cuando sea escrito libremente y no con el rigor de no poder hablar en cada seis versos con otras letras que las seis?». Tras esto, aclara que las críticas recibidas se basaban en que repetía algún vocablo y, por otro lado, usaba algunos no admitidos, a lo que argumenta sin fundamento: «Las no admitidas quiérolas yo admitir; las repetidas, si nunca hicieron caso de eso hombres grandes, aun en lo llano, ¿cómo lo harían en tanta dificultad?». No obstante conceder más adelante «que sean defectos esos», lejos de dolerse, culmina de este modo su diatriba: «ven acá, ignorante, entiende que si supieras algo no te embarazaras en esas motas y tuvieras que admirar en lo que se ve logrado en un poema largo sujeto a tal prisión. Inténtalo, y luego sabrás lo que es. Ven acá, bárbaro, ¿dónde hasta hoy has visto obra alguna sin defectos, aun de las que caminan por lo llano? Ni pienses que pienso yo escribir sin ellos, porque donde sin ellos no quiso Dios que escribiese algún hombre mortal, no había yo de ser privilegiado. Tengo defectos, mas los que lo son no conoces tú, conózcolos yo (a lo menos los más) y no los puedo remediar, porque no soy divino, sino humano» (II, 263).

22 *Cf.* Fernando de Herrera, *Anotaciones*. Especialmente cuando reclama para sí la prioridad con respecto al Brocense, pues a pesar de no publicarse hasta 1580, ya había comenzado sus *Anotaciones* en 1569. Es bien sabido que Francisco Sánchez se le adelantó (1574, 1577), no obstante, lo hizo con unos comentarios filológicos muy concisos, propios del gramático, incomparables con la monumental obra herreriana.

último lo hizo «mejor que todos»,[23] apostilla: «En verdad que aún este autor no era aparecido[24] cuando yo, a imitación de ese lugar que ahí queda de Estacio, había dicho [...]» (I, 96), haciendo notar su primacía. Por otro lado, el cierre de ciertas glosas puede tener lugar con una frase prepotente como: «A lo menos no hay olas difíciles de esta clase que yo no haya sondado, y aun he descubierto otras que ningunos sondaron jamás» (II, 253); o con alguna en la que se finge humilde, denotando falsa modestia: «yo, con envidia, remedando a todos» (II, 327). Esta muletilla que reitera indica que, como buen humanista, imita, pero lo que Sousa se propone es superar al modelo. Trata de postularse como la más alta cumbre de una trayectoria, de la que da la mejor versión; de ahí que su poeta y él abran y cierren todas las referencias, como máximos exponentes de un uso compartido.

Otra de las prácticas que vapuleará de los exégetas antecedentes es la presunción de erudición. Ya lo había hecho en la «Tabla de los autores que se traen en este comento», hacia el final de su edición a *Os Lusíadas* donde, de forma velada, polemizaba con Pellicer:

> Materia de risa es que de los autores citados en un libro se haga tabla por hacer ostentación de lo leído, y mucho más si ellos se citaron no solo sin necesidad precisa, sino aun sin propósito, con la mira solamente a que la tabla sea grande y sobre modo lo es si acaso se sabe que los tales libros citados nunca llegaron a las manos de aquellos que los citan, como clarísimamente nos lo muestran muchas obras y tablas frescas (1639: col. 663).[25]

De nuevo, Sousa se muestra proclive a hacer aquello que critica; baste recordar aquellos «más de cuatrocientos poetas» que atrás dejamos. Si bien es probable que el portugués haya consultado directamente los originales de una gran cantidad de autores, así como cancioneros manuscritos y misceláneas que en la

23 Coincide esa valoración con la que triunfará en el siglo XVIII. Velázquez de Velasco confunde a Quevedo con Francisco de la Torre, entendemos que por llevar a puerto en 1631 la publicación de sus obras. Lo hace en el capítulo que dedica a la oda, en el que comenta que el primero imita a Garcilaso «principalmente en las que publicó con el nombre supuesto del Bachiller Francisco de la Torre» (1754: 132). Un año antes había editado un volumen con las *Poesías que publicó D. Francisco de Quevedo Villegas [...] con el nombre del Bachiller Francisco de la Torre*, a las que precede un discurso donde pretende dilucidar esa autoría. Sedano, en su *Parnaso español: colección de poesías escogidas de los más célebres poetas castellanos* (1768–1778), suscribirá la misma tesis. Más información en Pérez-Abadín Barro (2013).

24 Aunque «ya hacia 1588 tramitaba la solicitud de autorización para imprimir sus versos, según figura en un registro del Archivo General de Simancas», las *Obras del Bachiller Francisco de la Torre*, editadas por Quevedo, constituyen el primer testimonio de su actividad poética (Pérez-Abadín Barro, 2003: 375).

25 Analiza la pugna Núñez Rivera (2018).

actualidad solo conocemos gracias a su testimonio, eso no excluye, de acuerdo con Leyva, «que manejara, además de la obra de Ravisio Textor, la *Polianthea* de Nanio Mirabellio (1503), el *Naturalis Historiae Compendium* de Francisco Titelman (1535) o la colección de *Facetiae motti et burle di diversi signori et persone private* en alguna de sus muchas ediciones, obras, por otra parte, fáciles de hallar en todas las bibliotecas» (1989: 212).

Al que sí descalificará de forma explícita es a Herrera, llegando a tacharlo de miserable e ignorante. En las «Advertencias» de las *Rimas*, donde reproduce parte de las que se encontraban en su comentario de 1639, no solamente mantiene lo dicho allí, sino que lo amplifica. Aunque más que conocido, recogemos el pasaje:

> El miserable Herrera hallose con un poco de ingenio (aunque durísimo) y con otro tanto estudio de las letras humanas (aunque mal digerido), y quiso que su estudio y su ingenio campease[n] en comentar a Garcilaso. Pero como él no le entendió (ni alguno de los que en él se emplearon), pasando de claro en claro los lances poéticos, y de estudio recóndito y de recónditas imitaciones, se fue a asir de palabras que el poeta dijo casualmente y sobre ellas gastó el tiempo ociosa, y vana, y pueril y miserablemente. Si esto no es así, haya hombre de juicio que me diga si al decir Garcilaso *cristal*, sin imaginación de tocar historia ni de aludir a cosa alguna, necesita de que se trate de cómo se engendra el cristal, y dónde le hay mejor, y lo de qué sirve, y que dentro en un cristal se quedó una mariposa. *Quid ad rem?* Esto es, pues, lo de que constan aquellos comentos. Podíamos decir: justo es que se perdonen a Herrera esas ociosidades, porque declaró muy bien a su poeta en lo sustancial. Yo así lo dijera si eso fuera así, pero quedarse virgen el poeta en la sustancia y consumir un libro en cosas de que el poeta no se acordó cuando escribía, téngolo por insigne ignorancia hija de la ambición de mostrar ciencia (§ 9).

Con todo, Sousa hará exactamente lo mismo. Así pues, se demora en explicar algunos términos, como ocurre, por ejemplo, con la voz *marchetada*, empero dice detenerse por ser «únicamente portuguesa». No solo nos aporta el significado, «taracea», sino que se toma la molestia de describir en qué consiste tal técnica artesanal, además de decir sobre qué tipos de material se elabora y en qué lugares son más comunes cada uno de ellos, sin renunciar a interponer, claro está, algunas vivencias propias en sus aclaraciones:

> Viene a ser como pintar con madera en madera, esto es, grabando en una tabla algún dibujo, llenarse después las grabaduras con pedacitos de otras maderas de varios colores [...]. Lo que hay mejor de esto es de la India Oriental, como se ve de los escritorios que de allá nos traen, compuesto[s] de algunas menudencias notables. También esto se hace en piedras, aunque no tan menudamente, mas mucho, de que vi algunas buenas en Roma y también en el Palacio Real de Madrid. De otro modo se hace, y es que en la tabla no hay grabadura, sino que toda queda cubierta con la labor de aquellos pedacitos y, acabada ella, aparece perfectísima pintura con claros y sombras. De esta suerte son los

escritorios de Alemania y lo que se llama labor mosaico, que es de pedrezuelas, de que en Roma se ven grandes cosas, y singulares entre ellas la Barca de San Pedro con Cristo y los Apóstoles y el Ángel San Miguel, ambas piezas en la Iglesia Mayor [...]. También se hacen semejantes pinturas con plumas de varios colores en las llamadas Indias Occidentales, al modo que, con matices de sedas varias, se hacen varias figuras (I, 187).

3 Impresos y manuscritos: el peso del estilo

3.1 Sousa editor

Bien que censure las enmiendas del Brocense y Tamayo de Vargas a la poesía de Garcilaso,[26] el portugués será el primero que tome por buena la *lectio* que más le convenza, amparándose, con frecuencia, en testimonios que no explicita. Al igual que Francisco Sánchez se apoyaba en el libro de mano de Tomás de Vega, Sousa aducirá manuscritos que sin duda manejaba, pero en los que no siempre reside la mejor lectura. Sus correcciones no se basan en un cotejo ni *recensio*, sino que tienden a ser *ope ingenii*, como solía ocurrir en el siglo XVII. Pasemos a casos concretos. En el soneto I 88 («Esforço grande igual ao pensamento»), después de señalar que el verso 11 reza «obra por certo rara de natura» en el impreso,[27] tiene a bien modificarlo por «obra por certo da celeste altura». Sugiere luego que «pudo el P[oeta] haberlo dicho a la luz de Garcilaso, égloga 2: *Una obra sola quiso la natura hacer como esta*»,[28] para rematar: «pero yo le pongo aquí como le hallé manuscrito, pareciéndome mucho más propio para la hermosura y castidad de este héroe» (I, 173). Seguimos sin conocer a qué testimonio se

26 «Tocaremos también en la gran ciencia de algunos anotadores de Garcilaso, que no hallaron en él qué decir sino enmendarle en palabras a título de varias lecciones. El último fue hasta ahora D. Tomás Tamayo, que sobre este soneto dice le puso como cree se ha de leer, por estar vario en todas las impresiones. Él en todas está de una manera menos en la de Sánchez, que dice tenía él de mano mejores lecciones y que así le imprimió con cuatro enmiendas. Y este es el que pone Tamayo, con que pudiera decir le ponía como Sánchez, y no como le pareció se debía leer, dando a pensar que descubrió nuevos mundos. Y los descubiertos por Sánchez importan bien poco» (II, 221).

27 La edición de las rimas camonianas que manejó para este texto no puede ser otra que la de 1598. Dan cuenta del soneto el manuscrito *Apenso* (f. 14r) y los cancioneros de *Cristóvão Borges* (f. 69v) y *Luís Franco* (f. 202r).

28 Curiosamente, más adelante criticará ese mismo lugar («Una obra sola quiso la natura/ hacer como esta, y rompió luego apriesa/la estampa do fue hecha tal figura», vv. 781–783) declarando que «poquísimo favoreció Apolo en estos tres versos a Garcilaso, porque hay en ellos redundancias y mal número» (II, 329).

refiere; los que hemos dejado en nota, por su lado, comparten la variante con la citada edición.

En la égloga 7, estancia 25, muda los versos «imaginando, como que acordara/d'um sonho arrancando da alma un grito» por «disse, qual se em tal ponto despertara/de horrendo sonho com pesado grito», explicando que «estos dos versos están así en un manuscrito y uso de ellos porque con los impresos está muy embarazada la cláusula» (V, 318). Aquí parece que se delata: se trata de una corrección *ope ingenii*, pero el autor alega un testimonio para autorizarse. Para Hart, el anotador «rejects the printed version of these lines because he dislikes the hyperbaton which doubtless recalled to him the *obscurity* he dislikes in Góngora (1974: 36).[29]

Veamos ahora cómo hace lo contrario en la siguiente enmienda de la misma égloga. En la estrofa 27 troca «animal, erva verde ou pedra dura», verso de las ediciones *quinhentistas*, por «água, pedra, arbor, flor, ave, alma dura» y comenta que «solo por este verso y otro de la e[stancia] 54 precio yo mucho haber hallado un manuscrito en que está esta égloga [...] porque, de las cosas nombradas en este verso, por esa orden va tratando en las estancias» (V, 320). Propone, así, reemplazar el verso de la *princeps* por un plurimembre, acorde con la estética manierista, en la que en efecto se encuadra Camões.[30] A la acumulación de elementos se suma aquí la de acentos: caen en la primera sílaba y en las pares desde la cuarta, resultando, por tanto, forzados.

Más adelante, en la estrofa 54 a la que aludía, los versos de los impresos, «das aves, pedras, águas vos contei,/sem me ficar bonina, fera ou ave», pasan a ser modificados por estos del supuesto manuscrito: «de águas, de pedras, de árvores contei/de flores, de almas feras, de huma, outra ave», concluyendo que la versión manuscrita «está mucho mejor [...] porque hizo dos versos de las palabras de que había hecho uno en la e[stancia] 26, que es: *água, pedra, arbor, flor, alma dura*. Con este verso propuso, y con estos dos muestra que satisfizo a la propuesta, repitiendo en ellos por orden lo dicho en esotro, con que esto queda armonioso» (V, 332). La corrección es un tanto inverosímil, pues el último verso que Sousa reproduce tiene más de once sílabas, salvo forzosos acentos y sinalefas.

Esporádicamente, la erudición toma protagonismo en su labor de editor para rechazar ambas lecturas, tanto la impresa como la manuscrita. A pesar de sus muchas extravagancias, la detección de todos los dechados que puedo haber

29 Estudios sobre el antigongorismo del comentarista en Cisneros (1987) y Plagnard (2017).

30 Sobre la caracterización del manierismo, véase la interesante revisión de Aguiar e Silva (2012).

seguido Camões, sumada al incuestionable conocimiento que poseía de los clásicos y las poéticas vigentes, prueban su sólida formación humanística. A ella debemos aportaciones como la que sigue, en la que Sousa se encarga de resolver el problema textual gracias a la fuente:

> No *humor*, sino *amor* dicen todas las ediciones constantemente, y constantemente erraron todas y el manuscrito. *Humor* ha de decir, y por eso lo puse así, gobernándome por dos razones; una, porque es propiedad de la luna; otra, porque el P[oeta] va trasladando a B. Tasso en aquella oda ya citada, y en ella [...] dice: *tu d'humor dolce l'herbette humida nutri*. Y por ser esto lo cierto dejaré de aprovecharme de la voz *amor*, que servía mucho a lo que voy mostrando (III, 120).

3.2 Atribuciones autoriales

Con la finalidad de rebatir la paternidad de algunos textos, los criterios que tiene a bien seguir son, principalmente, el estilístico y valorativo, que radica en su gusto personal, y el biográfico —se arguye que de raigambre inventiva— para el que se apoya en tópicos y generalidades que se alejan de datos precisos o reales.[31] Otras veces opta por un criterio objetivo: para adjudicar a Camões un poema, aduce que en el manuscrito que maneja forma parte de una serie con atribución expresa, aunque, eso sí, nunca lo identifica. Además, tiende a la *camonización* y a alterar lo que copia, claro indicio de su falta de precisión filológica, que resta credibilidad al conjunto. Al igual que antes, aquí el luso seguirá lo que dicte el manuscrito solo cuando se le antoje, favoreciendo así el maremágnum de sus notas y a Camões, en detrimento de otras muchas obras y poetas.

Para ello jugará, a menudo, la carta del estilo, como sucede en el soneto II 13, que lleva el número 20 en las *Flores* de Bernardes, «Um firme coração posto em ventura». En su línea arrogante, afirma que «es materia de risa el ver que llegase a pensar le había de tener por suyo quien conociese de estilo». Además, señala que hay variantes entre los que imprimió el limiense y los que él reproduce en su obra, pues los tomó «de mejores copias» (II, 207). Tal composición no aparece

31 Lo hace, por ejemplo, en el soneto «Brandas ágoas do Tejo, que pasando» (II 8 en su edición, n.º 27 en las *Flores do Lima* de Diogo Bernardes), que Sousa data en 1550, año en que su poeta decide partir para las Indias, o 1553, cuando finalmente deja su patria, aunque en realidad el poema contenga tópicos amorosos y no haya en él ningún detalle concreto que pueda dilucidar tal interpretación. O cuando argumenta, con el fin de adosar pasajes a algún verso o fragmento, que «son muchos los lugares en que mi P[oeta] se queja de lo que su querida se negaba a correspondencias de amor» (II, 270), que no hace sino elevar un tópico, en este caso las quejas del amante no correspondido, a la categoría de rasgo biográfico.

en las ediciones *quinhentistas* camonianas y, asimismo, está excluida de las del siglo XX. Se publica por primera vez de la mano de Álvares da Cunha (1668), quien muy probablemente había consultado los borradores inéditos de Sousa para la tercera serie,[32] y se mantiene en las ediciones del Visconde de Juromenha (1861) y Teófilo Braga (1873–1874, 1880). A Bernardes aparecerá atribuido en el *Cancioneiro Juromenha* (f. 122r), mientras que en el *Libro de sonetos y octavas de diversos auctores* (1598) va sin encabezamiento (f. 17v).[33]

Algo similar sucede con el soneto III 17, «Mil veces entre sueños tu figura». Según el anotador, el manuscrito que maneja «dice que es de Francisco de Sá y Miranda» y añade que «sus obras andan impresas y yo no le veo entre ellas, ni cuando entre ellas le viese le tuviera por suyo, porque no alcanzó él jamás a escribir versos mayores tan limpios como estos», para concluir que el estilo le indica que es de su maestro (II, 329). El texto se nos presenta anónimo tanto en el manuscrito *Juromenha* (f. 43v) como en el del Escorial (f. 4v). Después de que Michaëlis de Vasconcelos sostuviese en su edición a las *Poesias* mirandianas que Sousa debía haberse limitado a dejarlo en «Francisco de Sá», que podía señalar tanto a Miranda como a Sá de Meneses, Barbara Spaggiari, en su edición del *Cancioneiro Juromenha*, nota que el soneto es precedido por «Vuelve Filis hermosa a este llano», de autoría controvertida —poema atribuido también a Sá de Meneses— y «Quién dará a mis ojos una fuente», que lleva por rúbrica «Otro soneto de Fr.^{co} de Sá». Así, expone que «a breve sequência, tal como é organizada no ms. Jur, fornecendo uma atribuição explícita a cada soneto, parece convalidar a autoria do Conde de Matosinhos» (2018: 793). Sea como sea, no hay rastro alguno de la atribución defendida por el exégeta portugués.

Tampoco disponemos de tradición manuscrita que respalde la pluma camoniana en «Novos casos de amor, novos enganos»,[34] donde Sousa volverá a reprender al del Lima, y no solo por la polémica autorial. En cuanto a sus sonetos manifiesta que «de los que realmente son suyos, no se hallará uno que sea soportable», valiéndose de lo dicho por el propio Bernardes: «el lugar de esta su confesión es en una de sus cartas en que va censurando los que se introducen a versificar sin saber el cómo esto se consigue, y fenece una cláusula así: *E inda*

32 Otra posibilidad —a juzgar por las rúbricas de algunos textos— apunta a la consulta, por parte de ambos, de los mismos manuscritos camonianos, patente esta en las dos series previas (Costa Pimpão, 1973: XLIII).

33 Ms. ç-III-22 de la Real Biblioteca de El Escorial.

34 N.º 77 en las *Flores do Lima*, II 9 en la impresión de Faria e Sousa. Aparece por vez primera en la tercera serie de Álvares da Cunha.

eu não estou bem no soneto».[35] Esto le basta para confirmar que los poemas de autoría cuestionada son en realidad de Camões, «porque ellos son como deben ser, y por el estilo» (II, 204).[36] No obstante hacer referencia a los manuscritos que coteja, a falta de evidencias, tendríamos que fiarnos de él. Anónimo en *Juromenha* (f. 78r), el poema se le asigna al limiano en el índice del *Cancioneiro do Padre Pedro Ribeiro* (n.º 39).

Hay algún caso singular en que el comentador opta, sorpresivamente, por ceder, como sucede en su interpretación al soneto I 95, «Aquela que, de pura castidade».[37] Los versos que dan cierre a la composición, «que dando breve morte ao corpo humano,/tenha sua memória larga vida», le hacen recordar el final del soneto escrito en alabanza de Ercilla por Isabel de Castro y Andrade: «Que, a troco dúa breve e honrada morte/co seu divino estilo, esclarecida/deixará vossa fama eternamente». El luso, que elude la posibilidad de que semejante poema sea obra de una mujer, sugiere la hipótesis de que bien lo pudo haber compuesto Camões «en nombre de ella porque él empezaba a florecer entonces y el estilo puede ser suyo». Afirma que fue escrito en loa del autor «cuando imprimió la primera parte de su *Araucana*» (I, 182), acaso con la intención de cuadrar fechas: en realidad, la composición ve la luz en la edición *princeps* de la tercera parte, publicada en 1589, nueve años después de la muerte de Camões. La alabanza dirigida al épico debió de escribirse poco antes de esa nueva impresión en tres partes de la *Araucana* ex profeso.

Sousa, al tiempo que insiste en no concedérselo a la poetisa, se inclina un poco más hacia la idea de que el texto sea camoniano —sencillamente no contempla

---

35 Lo cierto es que el verso dice «E inda bem não cayo nos sonetos» (carta 27, v. 51). En las notas a las «Octavas de Santa Úrsula» aparecerá correctamente. Allí agregará que, «quien no sabe hacer sonetos, también no sabe hacer canciones, octavas ni redondillas» (IV, 135).

36 A este último recurrirá en más lugares. Por ejemplo, cuando declara que los sonetos III 37, III 38 y III 39 están en nombre del Infante don Luís, para seguidamente apostillar que «nadie habrá que conozca de estilo que no crea que son de mi P[oeta]» (II, 343–344).

37 Clasificado por Azevedo Filho entre los de «autoría camoniana contestada» (1985: 205) y, por tanto, excluido del corpus irreductible de la lírica de Camões. Pese a no incluirse en la edición de Álvares da Cunha (1668), aparecerá tanto en las decimonónicas como en las del siglo XX. En cuanto a la tradición manuscrita, se hacen eco del poema el *Cancioneiro de Luís Franco* (anónimo, f. 230v) y el índice del *Cancioneiro do Padre Pedro Ribeiro*, aquí bajo los títulos asignados a Bernardes (n.º 47), si bien no forma parte de sus *Obras completas*.

otra—[38] aunque evita confirmarlo: «yo no creo que mujer hizo este soneto, y menos en aquella edad, ni que en ella hubo hombre que le pudiese hacer tal sino mi P[oeta]». Mas, quizás consciente del absurdo, razona que, de ser escrito por ella, «será gustoso el saberse que ya en aquel tiempo tuvimos una mujer que escribía un tan limpio soneto» (I, 182); de ahí que se sume, sin todavía saber que habría bandos, al lado de la crítica que la tiene por «señora portuguesa», habiendo nacido en Pontedeume.[39]

4 Poetas como blanco crítico: algunos Juicios valorativos

Como se ha venido viendo, la actitud polémica de Sousa hacia otros autores recorre absolutamente toda su obra. No solo dirige los ataques contra sus predecesores, sino que su honestidad le hace juzgar hasta al propio Camões. Así, reconoce que el soneto «Sete anos de pastor Jacob servia» le parece de «los medianos suyos, porque en los primeros doce versos no hay cosa considerable más de la limpieza en la relación desnuda del caso. Solamente los dos últimos (también no muy poéticos)» (I, 74). Aquí otras muestras: «recopilación de todos los agentes sembrados por el soneto, mas no por orden, debiendo ser por ella para cabal perfección» (II, 208); «Dudo solo si él es de mi P[oeta], aunque le hallo en los manuscritos [...]; y es que lo mejor de este soneto viene a ser el cuartel segundo» (II, 272); «el epíteto de roncas toma mi P[oeta] de Virgilio [...], pero, aunque sea de Virgilio, nunca me pareció muy propio, porque aquel canto [de las cigarras] tiene mucho de agudo y nada de ronco» (I, 138). Más adelante, en la exégesis al apócrifo «Guardando em mi a sorte o seu dereito» saldrá a la luz el soneto 26 de Garcilaso, «Echado está por tierra el fundamento», el cual no duda en criticar por su rima: «no pasaré sin advertir que Garcilaso en este soneto cometió un descuido reprehensible, y es usar en los tercetos dos consonancias usadas en los cuarteles» (II, 279), despiste en el que también había incurrido Camões, tal como nota Sousa.[40]

---

38 *Cf.* Soneto III 33. Tras reconocer que el manuscrito identifica como autor al Infante don Luís, explica: «bien lo puede ser, mas yo le pongo por de mi P[oeta], así porque claramente son suyos otros que andan con nombres ajenos». Aun sacando a relucir su falta de seriedad, todavía se queda con tinta para rematar con un despreocupado «y sea de cual fuere» (II, 340).

39 Algunas cuestiones biográficas sobre la condesa de Altamira pueden verse en el estudio de Carré Aldao (1916).

40 «Bem junto dele, um velho reverente/cos giolhos no chão, de quando em quando/lhe dava a verde folha da erva ardente,/que a seu costume estava ruminando./Um Brámene, pessoa preminente,/pera o Gama vem com passo brando,/pera que ao grande

Cabe aquí destacar la contraposición que se produce en muchos de sus embates hacia los poetas en general, en los que una parte de su crítica viene mitigada por la otra. Basten, como botón de muestra, los casos de Manuel Correa, Sá de Miranda, Castillejo, Francisco de la Torre, Boscán y Fray Luis de León. Del primero nos dice que, «aunque este hombre era tenido por muy docto, yo, en viéndolos [sus comentarios a *Os Lusíadas*], no dudé de que lo sería en otras ciencias, ni de que en esta era ignorante» («Prólogo», § 2); «agudamente dijo esto [...] entre sus groserías de estilo» Miranda (I, 173); en un pasaje del denuesto «Contra la Fortuna en tiempo adverso», tras admitir que Castillejo lo hizo «por extremo bien», precisa: «cosa que le sucede rarísimas vezes» (I, 65); en cuanto a Francisco de la Torre, confiesa que «tiene espíritu poético, mas pocos o ningunos pensamientos», y Boscán, por su parte, lo que posee son «delgados conceptos, pero el número, y elegancia, y espíritu poético ninguno» («Discurso», § 15); por último, acerca de las odas de Fray Luis de León, opina que «escribió muchas con juicio», pero, por otro lado, «con alguna sequedad» (III, 117).

5 Revaluación

Lógicamente, los juicios de Sousa y su elevada autoestima le pasarían factura. Menéndez Pelayo, su equivalente decimonónico, se despacha a gusto con él en su *Historia de las ideas estéticas en España*: le llama «extravagantísimo portugués, áspero y maldiciente», «separatista», «arbitrista»; afirma luego que era un hombre «de enorme lectura», «de agudo ingenio, de inmensa memoria y de ningún juicio»; en cuanto a su gusto, señala que «era malo y depravado»; y concluye que «profesaba tal hombre sobre la poesía las ideas más extrañas y desvariadas» (1974: 825–826).

Aun con todo, don Marcelino comparte una de las opiniones con el anotador que más quebraderos de cabeza ha dado a la crítica garcilasiana, esto es, la identificación del seudónimo Nemoroso. Defendía el luso que se trata del propio Garcilaso,[41] quien se desdoblaría en los dos pastores: el que se queja de la traición de Isabel Freire y el que llora su muerte.[42] Menéndez Pelayo, ya en sintonía con

---

príncipe o apresente,/que diante lhe acena que se assente» (*Os Lusíadas*, VII 58). *Cf.* Fernando de Herrera, *Anotaciones*: «Este es lánguido y casi muerto verso, y muy plebeyo modo de hablar. Y fue común falta en aquella edad no solo de los nuestros, pero de los toscanos, acabar el soneto no con la fuerza y espíritu de los cuarteles, sino floja y desmayadamente» (2001: 421–422).

41 Coincide con Sá de Miranda, cuya égloga 5, titulada «Nemoroso», fue escrita a la muerte del toledano.

42 Tesis compartida actualmente por estudiosos como Lapesa (1948).

Sousa, asumía en su *Antología de poetas líricos castellanos* que «no es verosímil, ni posible siquiera, que la divina lamentación de Nemoroso, que es lo más tierno y apasionado que brotó de la pluma de Garcilaso, sea el eco o el reflejo de una pasión ajena [...]. Garcilaso ha puesto en aquellas estancias todo su corazón, y habla allí en nombre propio» (1908: 58).

Sánchez de las Brozas, que participa de su juicio sobre el anagrama parcial del seudónimo Salicio, afirmaba por otra vía que el nombre de Nemoroso se asocia a Boscán, argumentando que «*nemus* es el bosque» (Gallego Morell, 1972: 281). Herrera, en su afán de contradecir al de Salamanca, argüía que

> Salicio [...] ya es común que se entiende por Garci Lasso mismo.[43] El otro, que llora la muerte de su ninfa, es Nemoroso, y no como piensan algunos es Boscán, aludiendo al nombre: porque *nemus* es bosque. Pues vemos en la égloga segunda, donde refiere Nemoroso a Salicio la historia que mostró Tormes a Severo, que el mismo Nemoroso alaba a Boscán. Y en la tercera lloró Nemoroso la muerte de Elisa (2001: 695).

Se equivocará justo después al identificarlo con don Antonio de Fonseca: «Elisa [...] es doña Isabel Freire [...] y así se deja entender, si no me engaño, que este pastor es su marido» (2001: 695). Para el exégeta portugués, ambos pastores se identifican con el poeta en tanto que Galatea y Elisa representarían a Isabel Freire (V, 212).

Sus hipótesis sobre la identificación de los pastores tienden a aceptarse generalmente en la actualidad. Pero su aporte a la exégesis del de Toledo no se queda ahí. Fue también el primero en proponer la identificación de Albanio con el duque de Alba, algo demasiado evidente que, sin embargo, ni el Brocense ni Herrera osaron postular. Hoy en día comparten su argumento algunos eruditos como el propio Menéndez Pelayo, Keniston, Navarro Tomás, Gallego Morell o Bienvenido Morros. Tales coincidencias, por otra parte, no se dan en autores como Roig, que identificó a Salicio con Miranda en su conocido artículo « ¿Quiénes fueron Salicio y Nemoroso?»,[44] o Iglesias Feijoo, quien, en su «Lectura de la égloga I» (1986), entendía que el texto garcilasiano debe ser leído prescindiendo de los supuestos *autobiographici modi*.

---

43 Así comenzaba Sousa su hipótesis: «*Salicio* es Garcilaso, del *cilaso* sale *Salicio*, repitiendo la *i*. Sus anotadores dijeron que Salicio era Garcilaso, mas no el cómo lo era, y ahora lo digo yo, como también a vueltas de traer tantas veces este ilustre P[oeta] le declaro, ilustro y comento en muchas cosas que ellos no alcanzaron» (V, 211).

44 «El estudio de la égloga *Nemoroso* confirma que Salicio representa a Sá de Miranda. Entre los pastores que participan a esta égloga figura uno llamado Salicio. Garcilaso ha muerto hace un año. Sería ilógico que Sá de Miranda lo hiciese hablar y, más aún, para hacer el elogio de sí mismo» (1978: 18).

Cabría desentrañar, en medida de lo posible, las conjeturas de Sousa para poder vislumbrar hasta qué punto el exégeta es un pionero de la reciente crítica revalorizada. Es obligado recordar otro acierto del portugués, señalado por Pérez-Abadín, al ser el primero en situar bien cronológicamente a Torre, pues ya había datado su poesía «en los últimos decenios del siglo XVI, atendiendo a los *estilos de las edades*, sin que nadie reconociese la prioridad de su advertencia», que no sería citada hasta 1913 (2013: 234).[45]

Pese a las críticas casi generalizadas o la falta de interés que ha suscitado en los estudiosos de la literatura, principalmente por su autopromoción, su actitud desafiante, o por atribuir a Camões numerosos sonetos expoliados a otros autores,[46] deben reconocérsele su prolijidad y su empeño, este último, difícilmente parangonable. Es muy cierto «que se alababa mucho, y creemos que fuera mejor haberse alabado menos»;[47] bien es verdad, también, que esa actitud le sirvió de acicate para distanciarse de los preceptistas previos y la exégesis humanista, y será, en última instancia, la encargada de consolidarlo como lo que desde las mantillas estaba destinado a ser: un comentador barroco.

Bibliografía

Asensio, Eugenio (1978): «La autobiografía de Manuel de Faria y Sousa», *Arquivos do Centro Cultural Português*, núm. 13, pp. 629–637.

Azevedo Filho, Leodegário A. de (1985): *Lírica de Camões. 1. História, metodología, corpus*, Imprensa Nacional/Casa da Moeda, Lisboa.

Bouza, Fernando (2001): *Corre manuscrito. Una historia cultural del Siglo de Oro*, Marcial Pons, Madrid.

Camões, Luís de (1973): *Rimas*, edición Álvaro J. da Costa Pimpão, Atlântida Editora, Coimbra.

Carré Aldao, Eugenio (1916): «Una poetisa gallega del siglo XVI: doña Isabel de Castro y Andrade, Condesa de Altamira», *Boletín da Real Academia Galega*, núm. 110, pp. 39–42; núm. 111, pp. 73–77; núm. 112, pp. 105–110.

Carvallo, Luis Alfonso de (1958): *Cisne de Apolo*, edición Alberto Porqueras Mayo, Instituto Miguel de Cervantes, Madrid.

45 A la misma conclusión que el portugués llegarían en el siglo XVIII Pedro Estala (1786) y Moratín (1788).

46 Declara que no desea quitarle su fama a nadie, «antes aumentársela si pudiere» (II, 268), mas solo lo aplica a su poeta. En el lado opuesto tenemos a Wilhelm Storck y Carolina Michaëlis, los encargados de aquilatar, desde finales del XIX, el corpus camoniano.

47 Moreno Porcel (s. f.: 55).

Cisneros, Luis Jaime (1987): «La polémica Faria-Espinoza Medrano. Planteamiento crítico», *Lexis*, XI, núm. 1, pp. 1–62.

Curto, Diogo Ramada (2007): «Uma autobiografia de Seiscentos: a Fortuna de Faria e Sousa», en id., *Cultura escrita. Séculos XV a XVIII*, Imprensa de Ciências Sociais, Lisboa, pp. 145–188.

[Fernández de Velasco, Juan] (s. f.): *Observaciones del Licenciado Prete Jacopín vecino de Burgos. En defensa del príncipe de los poetas castellanos Garci-Lasso de la Vega, natural de Toledo, contra las anotaciones que hizo de sus obras Femando de Herrera poeta sevillano* [Ms. 6454 de la BNE], s. e., s. l.

Flasche, Hans (1973): *O método de comentar de Manuel de Faria e Sousa (contributo para a interpretação d'Os Lusíadas)*, Comissão Executiva do IV Centenário da Publicação de «Os Lusíadas», Lisboa.

Gallego Morell, Antonio (1972): *Garcilaso de la Vega y sus comentaristas*, Gredos, Madrid.

Glaser, Edward (1975): *The «Fortuna» of Manuel de Faria e Sousa. An Autobiography*, Aschendorff, Münster.

Hart, Thomas R. (1974): «The Literary Criticism of Manuel de Faria e Sousa», *Kentucky Romance Quartely*, núm. 21, pp. 31–41.

Herrera, Fernando de (2001): *Anotaciones a la poesía de Garcilaso*, edición Inoria Pepe Sarno y José M.ª Reyes Cano, Cátedra, Madrid.

Iglesias Feijoo, Luis (1986): «Lectura de la égloga I», en Víctor García de la Concha (coord.), *Academia Literaria Renacentista. IV. Garcilaso*, Universidad de Salamanca, Salamanca, pp. 61–82.

Lapesa, Rafael (1948): *La trayectoria poética de Garcilaso*, Revista de Occidente, Madrid.

Lemos, Esther de (1966): «Faria e Sousa, comentador das *Rimas* de Camões», *Boletim da Academia portuguesa de Ex-Libros*, núm. 11, pp. 1–17.

Leyva, Aurelia (1989): «La *preceptiva* de un comentador barroco. A propósito de Manuel de Faria y Sousa», en *Homenaje al profesor Antonio Gallego Morell*, II, Universidad de Granada, Granada, pp. 201–212.

Menéndez Pelayo, Marcelino (1908): *Antología de poetas líricos castellanos*, XIII, Sucesores de Hernando, Madrid.

Menéndez Pelayo, Marcelino (1974): *Historia de las ideas estéticas en España*, I, Consejo Superior de Investigaciones Científicas, Madrid.

Molina Huete, Belén (2003): *La trama del ramillete. Construcción y sentido de las «Flores de poetas ilustres» de Pedro de Espinosa*, Fundación José Manuel Lara, Sevilla.

Montaigne, Michel de (2007): *Les essais*, edición Jean Balsamo, Michel Magnien, Catherine Magnien-Simonin y Alain Legros, Gallimard, París.

Moreno Porcel, Francisco (s. f.): *Retrato de Manuel de Faria y Sousa, Cavallero del Orden Militar de Christo y de la Casa Real. Contiene una Relación de su Vida, un Catálogo de sus Escritos, y un Sumario de sus Elogios, recogidos de varios Autores*, s. e., s. l. [Madrid].

Núñez Rivera, Valentín (2011): «Sobre géneros poéticos e historia de la poesía. Los *Discursos* de Faria e Sousa (De la *Fuente de Aganipe* a las *Rimas* de Camoens)», *Edad de Oro*, núm. 30, pp. 179–206.

Núñez Rivera, Valentín (2018): «Un último testimonio del desengaño *de senectute*: Lope en la biografía de Faria e Sousa (con Camões al fondo)», *Criticón*, núm. 134, pp. 141–157.

Pérez-Abadín Barro, Soledad (2003): «Al margen de las *Obras* de Francisco de la Torre», *Revista de literatura*, LXV, núm. 130, pp. 375–390.

Pérez-Abadín Barro, Soledad (2013): «Francisco de la Torre por Quevedo: interferencias de su recepción en el siglo del Buen Gusto», en José Lara Garrido y Belén Molina Huete (eds.), *La poesía del Siglo de Oro en el Siglo de las Luces. Estudios sobre recepción y canon de la literatura española*, II, Visor, Madrid, pp. 213–266.

Pires, Maria Lucília Gonçalves (1996): «Manuel de Faria e Sousa: autobiografias e retratos», en id., *Xadrez de Palavras. Estudos de Literatura Barroca*, Cosmos, Lisboa, pp. 159–172.

Plagnard, Aude (2017): «A conversão de Manuel de Faria e Sousa ao antigongorismo na constituição de um campo literário lusocastelhano», *e-Spania*, núm. 27. Disponible en: http://e-spania.revues.org/26742 [19/06/2019].

Rodríguez Cepeda, Enrique (1980): «La relación Camoens, Lope de Vega y Faria y Sousa», *Quaderni Portoghesi*, núm. 7–8, pp. 207–222.

Roig, Adrien (1978): «¿Quiénes fueron Salicio y Nemoroso?», *Criticón*, núm. 4, pp. 1–36.

Silva, Vítor Aguiar e (2012): «Para a revisão do conceito de Maneirismo», en Maria do Céu Fraga et al. (orgs.), *Camões e os contemporâneos*, Centro Interuniversitario/Universidade dos Açores/Universidade Católica Portuguesa, Braga, pp. 19–34.

Sousa, Manuel de Faria e (1639): *Lusíadas de Luis de Camoens, príncipe de los poetas de España*, I-II, Juan Sánchez, Madrid.

Sousa, Manuel de Faria e (1685): *Rimas várias de Luis de Camoens, principe de los poetas heroycos, y lyricos de España [...] commentadas por Manuel de Faria, y Sousa, cavallero de la Orden de Christo*, I-II, Imprenta de Theotonio Damaso de Mello Impresor de la Casa Real, Lisboa.

Sousa, Manuel de Faria e (1688): *Rimas várias de Luis de Camoens, príncipe de los poetas heroycos, y lyricos de España […] commentadas por Manuel de Faria, y Sousa, cavallero de la Orden de Christo*, III-V, Imprenta Craesbeeckiana, Lisboa.

Spaggiari, Barbara (2018): *Cancioneiro Juromenha*, Fundação Calouste Gulbenkian, Lisboa.

Velázquez de Velasco, Luis José (1754): *Orígenes de la poesía castellana*, Oficina de Francisco Martínez Aguilar, Málaga.

María Asunción Sánchez Manzano

Estructuras expositivas en tratados neolatinos sobre la naturaleza 1550–1600/ Literary Arrangement in Neo-Latin Treatises on Natural Philosophy 1550–1600

Resumen La exposición de las teorías científicas en la segunda mitad del siglo XVI siguió diversos modelos antiguos. La elección de cada uno dependía de la materia, de las fuentes doctrinales, y de la intención de convencer de las opiniones propias. A través de la comparación entre tratados de Biesius, Cardano, Telesio, Cornelio Gemma y Patrizi se distingue la eficiencia de las estructuras elegidas por la ciencia humanista.

Palabras clave: Composición literaria, Ciencia humanista, siglo XVI.

Abstract Diverse ancient works influenced the literary composition of treatises on nature in the second half of sixteenth century. Depending on the contents, the academic sources, and the aim of persuasion, each writer chose a structure of composition. It is worth to compare treatises on nature by Biesius, Cardano, Telesio, Cornelio Gemma, and Patrizi to set out the most efficient procedures to expose humanist science.

Keywords: Literary composition, Humanist science, Sixteenth Century.

El estudio literario de las obras científicas del humanismo se ha integrado en el comentario y contextualización de su contenido. La dificultad del acceso a algunos tratados poco atendidos por los historiadores de la ciencia, y no editados modernamente por su complejidad, reviste el interés de observar, también en la estructura de la exposición, la impronta de los clásicos. En la segunda mitad del XVI, encontramos algunas obras *De rerum natura*, cuyas formas de composición e imitación ofrecen un testimonio de la tradición clásica.

1 Principales modos de exposición en los textos humanistas sobre la naturaleza.

La renovación del conocimiento en la segunda mitad del s. XVI aprovechó la preparación de la lengua latina para conseguir un instrumento dócil del pensamiento. La difusión de la enseñanza de los preceptores humanistas facilitó la regularidad en los usos gramaticales, mientras que la nueva lexicografía recogía los ejemplos que animaban la exposición académica. En esta fase de difusión del humanismo estudiaremos la diversificación de los modos en que la imitación de la tradición literaria antigua daba soporte a los contenidos de la nueva ciencia de la naturaleza. Dejando a un lado la investigación de las fuentes, es posible reconocer la diferencia estructural y las intenciones polémicas, persuasivas o celebrativas de las obras sobre la naturaleza.

Las formas de exposición generalmente más adecuadas en el ámbito académico que podemos distinguir en los textos humanísticos serían las siguientes:

1) La disputa, que partía de una tesis, para la que se buscaban objeciones en los tratados y comentarios; después, se solucionaban estas objeciones para llegar a una conclusión. Esta estructura era habitual en el estudio del derecho y de la teología. En cuanto que la teología tutelaba la perspectiva cosmológica y cosmogénica, afectaba a la composición de los tratados sobre Física. La resolución correcta de las objeciones permitía un resultado concluyente. El punto de partida había sido la *quaestio*, el pensamiento formulado en forma de problema o de duda. Así, por ejemplo, encontramos la obra de Andrea Cesalpino *Peripateticarum quaestionum libri quinque* (Venetiis, apud Iuntas, 1571). La multiplicación de las *quaestiones* sobre un mismo tema o tesis evitaba un tratamiento sistemático de las causas últimas que pudieran explicar el problema, porque faltaba una jerarquía de conceptos por los que dilucidar una determinada cuestión en relación con las demás del mismo tema. En una parte del estudio de la naturaleza, en los textos sobre medicina, encontramos una pervivencia parcial de este modo de exposición en el antiguo género del razonamiento sobre las controversias doctrinales, que Marco Antonio Zimara empleó en 1530 para sus *Solutiones contradictionum in dictis Averrois super Colliget*. Las autoridades de Averroes y Avicena ofrecían una perspectiva sobre la naturaleza humana distinta de la que ofrecían los anatomistas a partir de Vesalio. La medicina tenía sus propios modelos en el corpus galénico, además de los géneros consolidados en la tradición medieval. Erasmo cuando tradujo los escritos propedéuticos de Galeno (1541) y dio acceso a una clase de magisterio de autoridad, no propiamente filosófico según del concepto contemporáneo de esta disciplina, pero totalmente relacionado con ella en el mundo antiguo. Además, la tradición del corpus hipocrático y la griega de los comentarios del aristotélico, confrontada con los estudios neoplatónicos renacentistas, complicaba el rastreo de las fuentes antiguas. Así, una obra cuya composición por este motivo resulta difícil de explicar es *De naturae philosophia seu de Platonis et Aristotelis consensione libri quinque*, de Sebastián Fox Morcillo (Lovaina, ex oficina Jacobi Puteani,

1554) donde se recogía un estudio de controversia breve que tuvo cierta difusión, con reediciones en París (1560) Wittebergae (sumptibus haeredum Bartolomaei Vogelii& Andreae Hoffmannii, 1594) y Lugduni Batavorum (ex oficina Jacobi Marci, 1628). También el estudio de Giacomo Zabarella *De rebus naturalibus* ([1590] 2016) se difundió rápidamente desde la Universidad italiana de Padua. El capítulo trigésimo octavo (*Liber de mente agente*) de esta obra puede ser un buen ejemplo, cuando adoptaba la estructura de la *disputatio* tradicional.

2) En segundo lugar, la forma del diálogo, muy extendida en el humanismo, que de un modo particular se podía imitar en las obras filosóficas de Platón, Cicerón y de Séneca. Se trataba de una exposición muy elaborada en cuanto a la jerarquía de los conocimientos expuestos. Jean Fernel (Hirai, 2011: 46–79), escribió *De abditis rerum causis* (París, 1548 y 1551[2]) como un diálogo de tres amigos, Eudoxos, Brutus y Philiatros tratando de encontrar los fundamentos del pensamiento sobre el mundo. La viveza del diálogo facilitaba la persuasión. La revisión de los textos patrísticos durante la primera mitad del XVI había favorecido la recuperación de un diálogo fluido en latín (Godard, 2001; Kushner 2004), un mayor rigor en la argumentación, y un uso del lenguaje que reforzaba el modelo de los diálogos ciceronianos que mostraban las opiniones sostenidas por las escuelas helenísticas. A través de estos diálogos se facilitó el acceso a otras corrientes filosóficas de la Antigüedad distintas de la aristotélica y la neoplatónica.

3) La forma versificada, que alcanzó una notable influencia en la tradición cultural, especialmente en los poemas didácticos. En el texto lucreciano se encuentran modos de razonamiento como la analogía, la repulsión entre los términos o contradicción, además de la búsqueda de las causas (Markovic 2008: 90–99; 100–108). La dimensión científica de la Física epicúrea fue admitida en la segunda mitad del XVI, una vez que los textos ciceronianos habían animado la reconstrucción del abanico de las doctrinas filosóficas antiguas. La expresión poética de la relación del hombre con el universo en que vive puede ser un modo de conocimiento en el que la percepción del mundo se hace sensible.

4) Formas sentenciosas, que, como los aforismos hipocráticos, fueron muy comentadas. La forma sentenciosa de los escritos escépticos se adaptaba mal al progreso de las exposiciones razonadas del diálogo humanista sobre la naturaleza. Esta forma era más propia de la Ética que de la Física, aunque algún tiempo después, con la posición predominante de la matemática en el acceso a cualquiera de las ciencias de la naturaleza y de las ciencias aplicadas

a los oficios y a la navegación, adquiriera una importancia fundamental, a partir de los axiomas, en las leyes de la Física.

5) La diatriba, debate, o controversia sobre alguna obra publicada. La actitud polémica de la diatriba de Lucrecio coincidía con alguna de las *Disputaciones Tusculanas* de Cicerón y animaba la relación con el oyente o lector, que se sentía interpelado por tales argumentos. En este estilo de discurso polémico había un modelo más que procedía de la literatura griega, a través de Plutarco, y se observa en el discurso *Contra Colotes*, que ha sido una de las fuentes principales para el conocimiento de la Física epicúrea. En ocasiones, se recurría a la crítica de las doctrinas más conocidas de la Antigüedad para potenciar la persuasión de las ideas.
6) El comentario de las obras antiguas, que proporcionaba una ocasión de presentar las opiniones propias en el marco de la exposición de la autoridad clásica, y favorecía la renovación de la lectura, de acuerdo con la actualidad de los temas debatidos. No se pueden entender los otros géneros de exposición sin el trabajo previo de los comentaristas. La técnica del comentario filológico que se perfilaba durante el s. XVI amplió, considerablemente, los objetivos de la investigación sobre las fuentes clásicas. Por eso, a través del estudio de las obras *de rerum natura* encontramos el resultado de una larga serie de comentarios desde el Medievo occidental y el bizantino.
7) *Exercitatio*, un género que alcanzaría gran desarrollo posterior, aunque no corresponde al modo de tratamiento de la materia *de rerum natura* en su conjunto. Giulio Cesare Scaliger eligió este género para colección de estos discursos *Exotericarum exercitationes* aportó al curioso modo de comentario crítico, desordenado respecto al plan expositivo de la obra comentada, pero con una intención de persuadir mediante la adición de ejemplos más que con la discusión de las autoridades. La *exercitatio* había sido un género trabajado por Juan Luis Vives para llevar a la práctica sus ideas sobre la pedagogía de la cultura latina. En principio, la *exercitatio* era una aplicación de la doctrina retórica para conseguir una paráfrasis (a veces, traducción) de un texto, en ocasiones, con el propósito de la imitación literaria. Por tanto, se trataba del género científico más abierto a la introducción de toda clase de materias, especialmente no filosóficas, pero también de interés didáctico. La obra de Scaliger tenía un carácter polémico, pero se nutría con gran diversidad de contenidos, a la manera de Plinio y de los escritos griegos antiguos sobre cuestiones naturales, pero añadía erudición farmacológica, geográfica, así como algunos resultados de experiencias físicas y químicas. Se trata de acumular ejemplos, compararlos para sugerir una interpretación favorable a la tesis que se pretende demostrar. Por otro lado, ofrece un aspecto descriptivo

de los objetos estudiados, cuya integración en una visión de la naturaleza del mundo no se presenta de manera inmediata, y queda de la parte del lector la confirmación o refutación de las opiniones y las autoridades.

En el reconocimiento de los planes expositivos de las obras científicas humanísticas se distinguen también los argumentos y las demostraciones, que revisten la materia al tiempo que la transmiten con fidelidad.

2 Las obras *de rerum natura* y sus recursos expositivos

La irrupción de los textos clásicos en la tradición de estos estudios incidió en los intentos de integrar aún más coherentemente las noticias sobre la naturaleza del *corpus* aristotélico y las derivadas de otros autores antiguos desde la filosofía. El orden de los contenidos puede comenzar desde las realidades a nivel de Tierra o desde lo celeste. Aunque en lo ya expuesto hemos distinguido diferentes estructuras para la explicación de los contenidos científicos sobre la naturaleza, la abundancia de motivos y matices de las principales obras de la segunda mitad del XVI exige un comentario más detallado.

Siguiendo el orden cronológico, destacaremos a continuación las características estructurales de estas obras junto con las diferencias perspectivas desde las que abordan la transmisión de conocimientos sobre la naturaleza. La forma versificada no es exclusiva en la obra de Nicolaus Biesius *De universitate libri tres*, dedicada a Felipe II, sino que combinaba también un comentario que alcanzaba en alguno de los libros mayor relieve que el poema; a veces, se reducía a una anotación a pie de página, pero es frecuente que el comentario se alargue un par de páginas al menos. A través del vocabulario y de la métrica aplicada se observa la recepción de Lucrecio y de Ovidio, aunque el sentido del poema responde a la tradición neoplatónica. En los propósitos declarados por Biesius al comienzo se encuentra la importancia del mensaje para los gobernantes (Biesius 1556: 13)[1]:

Res populi pariter privataque cuncta gubernant
Vt decet et nocuas avertunt undique causas
Quod si doctrina careant, haec cuncta labascent
Horrendoque cadent subito causa tumultu.

1 La inspiración de esta tirada es lucreciana, especialmente, del verso *omnia cum belli trepido concussa tumultu*: Lucr. 3, 832; 5, 550; 6, 121; 6, 287; 6, 543; 6, 665.

Se trata de dar una visión de la verdadera imagen del mundo en su variedad e integridad, modelando la naturaleza con la luz y el número (Biesius, 1556: 18)[2]:

Vos mundi hoc imo conclusi carcere densis
E tenebris vultus multa caligine tectos
Cernitis. Hos caeli radiis insculpit in istam
Materiam et factis numquam contenta refingit
Natura in variam speciem: si nunc placet illa
Altera mox pingit, rursusque expungit in omnem
Effigiem assiduo motu sese omnia vertunt.

El comentario que acompañaba a los versos desarrollaba la cohesión entre todos los aspectos del mundo considerados por Biesius, siguiendo el orden desde el caos primigenio hasta la sociedad humana, respetando la autoridad de las grandes figuras de la Antigüedad[3]. Determinado por la tradición aristotélica, el itinerario comprendía los portentos meteorológicos y astrales (Biesius, 1556: 56–65). En el segundo libro, las explicaciones del comentario se complicaban, e incluso se insertaba un dibujo sobre la Geometría terrestre calculada en la observación de los astros (Biesius, 1556: 73–75). Considerando los pesos, medidas y proporciones, el aspecto de la realidad parece diferente en este libro[4], aunque comienza en él una interpretación alegórica del neoplatonismo de Proclo, que aprovechaba la astrología y la mitología clásica. De este modo, el poema culminaría con la representación de los mares y el Zodiaco[5]. La descripción del hombre a través de la música y las percepciones sensoriales completaba la perspectiva anterior. A pesar de confirmar insistentemente la interpretación racional de la realidad (por ejemplo, en la decisión de Biesius, 1556: 43 *Verum nos haec non sensibus, sed ratione potius investiganda putamus*) mediante la teoría de los números (Biesius, 1556: 219). La representación del número tres expresaba al mismo tiempo

2 Obsérvese la imitación de los versos lucrecianos 2, 14; 2, 47; 2, 55; 2, 795; 3, 87, sobre todo 4, 312; 4, 453–459 y 6, 262–267 y de la *Metamorfosis* ovidiana 2, 5; 2, 12; 8, 875.

3 Por ejemplo, en la invocación (Biesius, 1556: 37): *Multos Roma dedit, multos quoque Graecia magnos/ Invictosque viros multaeque fuere potentes/ Vrbes et populi et late crescentia regna/ Nunc ubi sunt?*

4 Así defendía la importancia de su aportación (Biesius, 1556: 79): *Si quis disciplinas omnes humanas recte consideret, non poterit eam quae de rebus aethereis est reliquis longe non anteferre. Tanto nimirum aliis ómnibus haec nobilior est, quanto caelum praestat elementis, quantoque causa suis potior est eventis.*

5 Aclaraba en el centro de esta composición la discordia respecto del amor cósmico, recurriendo a los himnos homéricos, y a los mitos de Prometeo y de Orfeo (Biesisus, 1556: 90–104): *Veteres per Saturnum et Prometheum intelligebant Deum in omni aeternitate se contemplantem.*

conceptos racionales y tradición mitológica poética[6], como veremos más adelante en la obra de Cornelius Gemma.

Sobre la serie de obras científicas de Girolamo Cardano (2002), escribió esta *De rerum varietate libri XVII*, que se publicó en Basilea (1557) y después en Aviñón (1558). Otra de sus obras sobre la naturaleza, *De subtilitate* (Núremberg 1550) es citada abundantemente en *De rerum varietate*, como esta fuera un complemento de la anterior, y tuvo amplia repercusión a partir de la crítica del humanista Giulio Cesare Scaliger[7]. En *De rerum varietate* el esquema estructural está determinado por la tradición pliniana, aunque sus fuentes son muy diversas. Al final de la obra (Cardano, 1558: 879), bajo el epígrafe *Causa scribendi hos libros et eorum utilitas* exponía la intención con que lo había compuesto:

> *Somnio monitus sum, ut in tres libros dividerem, atque ea ratione, ut in primo de naturalibus, in secundo, de artificiosis, in tertio de supranaturalibus aut quae his similia sunt, tractarem.* (...) *At cum de nominibus, alphabeti ordinem sequimur.*

La disposición de los contenidos añadía al final de cada capítulo una sección de *miracula* de esa condición natural[8], sean los distintos elementos, o las piedras preciosas (sobre *mirabilia* del hombre 1558: 410). Como la organización que se anunciaba en las primeras páginas recogía el criterio de la simpatía y la antipatía, aunque las diferencias eran ocasionales y no sujetas a un sistema, las comparaciones se sucedían enlazando el discurso de una en otra. El comienzo también presentaba un fundamento en la discusión lógica entre lo universal y lo particular que se había tomado de Ar. Met. I, 989ª, 1004ª-1005a:

---

6 Los versos donde esta preferencia se explicita de manera más clara son (Biesius, 1556: 39): *Ast haec referant divinam corpora causam/ Terno etiam gaudent numero, triplicique tenentur/ Mensura et triquetris constant haec omnia primis/Formis, perfecto quae sint conclusa rotundo/Exprimit hoc monadis cum sit sine fine figuram./Sic monas atque trias sunt magna exordia rerum.*

7 Luc Deitz (2010) recogió la bibliografía anterior más interesante sobre la injerencia de Scaliger en la recepción de las obras de Cardano (Deitz 2010: 129), desde la crítica al estilo latino de este (2010: 131–132), hasta el modo de estructurar y exponer los contenidos que difundía a través de ellas. Ahora bien, este artículo se centra, muy pedagógicamente, en la crítica de Scaliger ensombreciendo la aportación de Cardano al debate sobre el acceso al conocimiento de la naturaleza a través de los resultados de experiencias tradicionales e incluso novedosas, que atrajeron a muchos. Deitz destacaba, ante todo, la abusiva animosidad de Scaliger.

8 Amaranta Sanguar García (2017: 37–38) desvelaba las fuentes de un tratado con el título de *Fisionomía* escrito en esta época, indicando los contenidos de secretos de la naturaleza como parte constitutiva de las obras sobre la naturaleza. Recogía entre ellas una cuyos contenidos y título parece a primera vista más acorde con la imitación de *Georgica* de Virgilio, la Agricultura general de Gabriel Alonso de Herrera.

> *Vniversum hoc, sive si unum, sive plura; et si unum, seu finitum, an infinitum; et si finitum, an aliquid extra se habeat, an nihil; et si quippiam extra se, an mobile, an immobile; sit quoque, genitum vel ingenitum. Et si plura, finitane numero, an infinita.*

El debate de cualquiera de estas cuestiones se resolvía a través de la acumulación de ejemplos tomados de cualquier región del espacio terrestre o celeste, o bien de los órganos del cuerpo humano (Cardano, 1558: 7) *propter mundi et humani corporis similitudine*. La descripción de cada apartado no estaba sujeta a definiciones previas, sino que alternaba con noticias incluso históricas (como la del rey de Escocia en 1558: 28 o la de Francisco I de Francia 1558: 59; Eduardo VI de Inglaterra 1558: 376). El acopio de datos marcaba la extensión o la reducción de cada apartado sin que dominara una estructura clara. Por eso no es equiparable el comentario sobre las aguas, de las que explicaba la condición de lagos, ríos, canales y tuberías (Cardano, 1558: 45–71), a la que ofrecía del elemento Tierra (Cardano, 1558: 24–44). Como conocía las utilidades que se daban al agua en sus diferentes estados y localizaciones, añadía a su exposición algunos aparatos para aprovecharla. En varios capítulos se razonaba sobre el movimiento, pero además se reserva un libro completo a este tema, en el que aparecen distintas ilustraciones geométricas por las que se infieren las características del movimiento del aire y del fuego (libros noveno y décimo). El comentario sobre los metales y sus propiedades físicas se acomodaba a la descripción de las cualidades de la percepción humana, sin esperar a la sección correspondiente a la parte central de la obra, dedicada al estudio del ser humano (libro octavo) que se recogía en un apartado general *De sensu* (Cardano, 1558: 395–397). El apartado dedicado a explicar el sentido de la vista le ofrecía la posibilidad del estudio de la perspectiva, pero Cardano (1558: 400–406) lo componía de acuerdo con los tópicos del género demostrativo. En *De homine* separaba características comunes y exclusivas del hombre respecto de los animales, y además de la posición erecta del cuerpo, la risa y el habla, destacaba las manos por su utilidad (Cardano, 1558: 374–375). Tanto de animales como de plantas se consideraba sobre todo su utilidad para el hombre y su cuidado (Cardano, 1558: 166; 240; 268; 355). Muy característica del ser humano en esta obra, además de la actitud ante la muerte, era la búsqueda de la felicidad (Cardano, 1558: 380–381). Este comentario no extraña cuando se conocen las obras anteriores de este autor, que había destacado desde los años treinta por sus horóscopos y predicciones[9]. A partir del decimocuarto libro, *De divinatione occultiore* hasta el décimo sexto, *De rebus praeter natura admirandis*

9 Anthony Grafton y Nancy Siriasi (2001: 93) han explorado el origen de tales predicciones en la obra de Cardano: «In 1534 he issued a short Pronostico in Italian in which he predicted a variety of events for the subsequent two decades».

se referían los saberes menos evidentes. En esta parte de la obra, Cardano criticaba a Johannes Tritheim, de quien dice que era *mendacior Agrippa, inanior Raymundo Lulio* (1558: 598), considerando una de las escasas citas no tradicionales. Los oráculos y profecías todavía se entendían parte de la *Geomantia* (paralela a la quiromancia, con un gráfico detallado 1558: 722), del desciframiento de la naturaleza. Para esta interpretación, Cardano distinguía los datos recogidos sobre el comportamiento de cada uno de los cuatro elementos, los animales (especialmente los salvajes) y el hombre. Esta perspectiva práctica que combinaba la descripción del mundo con el aprovechamiento de todos los recursos descubiertos por el hombre a lo largo del tiempo distinguía la obra de Girolamo Cardano sobre la naturaleza.

Con *De natura iuxta propia principia*, tanto en la primera edición de 1565, como en las versiones posteriores reformadas, Bernardino Telesio revisaba la teoría aristotélica desde el punto de vista del calor. La obra alcanzó una difusión considerable. La acción del calor en el universo es el punto de partida de un discurso que sortea la fundamentación original de las teorías antiguas. Se comentan sucesivamente sentencias, tomadas del corpus aristotélico, especialmente de la *Física*, *De generatione* y *De caelo*, que dan título los capítulos. Este modo de exposición doctrinal no se diferenciaría del comentario y de la disputa académica (si esta se desarrollara con orden y exposición de citas de las autoridades), pero se enfocan solamente sobre la doctrina peripatética. Discrepaba, ocasionalmente, del Estagirita en razón de que las citas escogidas del corpus le interesaban en tanto que refrendaban su propia teoría, mientras que no dudaba en resaltar lo que no le convenía. Por encima de la persuasión de su mensaje distinguimos una actitud diferente ante la naturaleza, que destacaba en el proemio: *non ratione, quod antiquioribus factum est, inquirendam, sed sensu percipiendam et ab ipsis habendam esse rebus*. Puesto que el calor es muy sensible a los sentidos externos y externos, la exploración de esta realidad facilitaba un comentario reversible, en el que los textos antiguos hablaban por él. En todo caso, este enfoque planteaba, no una descripción, sino una narración de las percepciones, especialmente en el libro tercero, en el quinto y especialmente el séptimo. La densidad del pensamiento se traslada a la expresión.

El contraste con el discurso de Francesco Patrizi es evidente en el modo de la escritura. La serie de sentencias declarativas de Telesio se detenía a menudo en la obra de Patrizi para insertar preguntas (tales como *Quid apparet*?, *Quid ergo concludendum*?) antes de avanzar en la exposición. La *Nova de universis Philosophia* sumaba varios trabajos parciales (*Panaugia, Panarchia, Pancosmia*) correspondientes a los niveles de lo real en que el universo obtiene su forma completa y su mantenimiento. La parte de *Panaugia* presentaba la luz en vez del calor, que es la base de la teoría de Telesio, deduciendo e induciendo a partir de las percepciones, de una manera gradual los efectos de la luz[10]. A diferencia del consentino, Patrizi refería literalmente textos de la filosofía antigua griega, bíblica y zoroástrica. En cambio, en los primeros capítulos de la parte segunda, titulada *Panarchia*, adoptaba la forma tradicional de la *quaestio* académica, y el razonamiento es principalmente deductivo. A partir del libro décimo tercero, adoptaba la forma del comentario aristotélico continuado. En la *Pancosmia* citaba autores contemporáneos por sus aportaciones al conocimiento astronómico. Las preguntas retóricas de los libros anteriores apuntaban los problemas todavía no resueltos, formulando hipótesis a partir de las observaciones y constatando la insuficiencia de las respuestas que se encontraban en los textos antiguos: la unidad de los cielos, la continuidad entre el aire y el cielo, el motivo del brillo y la luz de las estrellas… Patrizi demuestra un conocimiento detallado de las propuestas de cada una de las escuelas antiguas sobre la Física, que se muestra también en la serie de las autoridades citadas. El recorrido de *Pancosmia* no surge desde la corteza terrestre hacia lo alto, sino que las especulaciones sobre lo ultraterreno preceden a los cálculos sobre los movimientos del aire y de las aguas para terminar con la discusión del lugar y el movimiento de la Tierra. Las críticas se expresan con rotundidad a partir de la revisión de los textos (Patrizi, 1591: 149): *Sed quidnam rationi consonantius est, partesne an totius moveri motum? An vero totum ad motum partium? Quod caeci vidissent, Aristoteles non vidit.*

Por su parte, la obra de Cornelio Gemma, hijo del cosmógrafo Gemma Frisius (Hirai, 2011: 104–107), pretendía alcanzar la persuasión a través de una aplicación del método platónico y de los esquemas derivados del árbol porfiriano, donde se sitúan los distintos ámbitos de la percepción del universo. Gemma dedicaba su obra *De natura divinis characterismis* (Amberes, Plantino 1575) al noble Carlos de Croy, hijo de Antonio de Croy y Margarita de Lorena. Entre otras dedicatorias que preceden a la obra, se encuentra un poema en dísticos de Benito Arias Montano, del que el lector avisado puede abstraer el contenido del asunto (vv. 13–20):

Quae supera et mediae quae continet ambitis aethrae
Quaeque abdit caeco Daedala terra sinu
Ipsa placent coniucta sua spectataque mole
Ipsa placent variis partibus et numeris:

---

10 Recorría en la exposición los aspectos diferentes que planteaba la observación de la luz desde lo opuesto a la luz, desde lo transparente, desde las sombras parciales, desde los efectos de la luz en los medios físicos. Al final de esta sección, en el libro noveno, consideraba la “luz incorpórea”.

Sed nunc grata magis meliusque ornata placebunt
Nominis accessu, Gemma operisque tui.
Ambiguum mihi fit, niteat num partibus orbis
Pluribus, anne tuum dotibus ingenium.

En la integración del mensaje que pretende transmitir, el número tres contribuía a la cohesión para dotarlo de un rigor científico. En el preámbulo aparecía ya el esquema del número tres, que se empleará en adelante (1575: 2), con un resumen previo característico de la literatura didáctica antigua: *Posterior sub Iani trifrontis imagine respectuque ad praesens saeculum, praeteritum atque futurum doctrinam Paraphysicen perspicio.* De esta manera, se procede de lo más general a lo más particular al terminar la obra con la ilustración de los sucesos portentosos que estima que han sucedido en Bélgica. Esta constante del número tres, se repite insistentemente desde el prefacio (1575: 6), acompañada de una referencia al *De praesagiis* galénico, que sostenía la tesis del autor.

Luego estos dos aspectos nos ofrecen desde el principio las claves de interpretación de la visión del universo, que se despliega en el primer libro como base de lo que denomina «cosmocrítica»[11]. El objetivo de la persuasión se proyecta en la estructura claramente, pues Gemma introducía un orden por teoremas, leyes, reglas, *memorationes*, cánones que numeraba, para conseguir un efecto de rigor metodológico, y confirmaba su doctrina en cada capítulo con conclusiones y resúmenes. Al final, declara una *peroratio* con el resumen de la utilidad de su propuesta de interpretación de la naturaleza (Gemma, 1575: 221–224). De este modo, la exposición avanzaba sobre unos fundamentos doctrinales, que determinan el *scopum* de la naturaleza en el lector (Gemma, 1575: 25) *Sed tamen, ut Galeno interpreti placet, omnis quaestio ad posteriorem, atque dignissimam referatur, velut primarium scopum.* El fundamento galénico se empleaba al mismo tiempo como soporte de la observación de la naturaleza como si fuera un organismo al que el médico debiera diagnosticar. En el segundo capítulo esta actitud hacia la materia que trata se explicita de manera más clara: *Divina signacula naturae rebus impressa discamus.*

11 La incorporación de descripciones de la naturaleza para juzgar su mensaje recuerda la adaptación del género de los *secreta* que se advierte en la segunda mitad del XVI, tal como se observa en el análisis de fuentes efectuado por Amaranta Saguar García (2017: 39–41). Otra afinidad con esta clase de tratados son las recetas de destilaciones que se ofrecen, los consejos para componer pequeños artefactos o construir figuras geométricas (Cardano, 1558: 430–498), así como aprovisionarse de útiles de escritura (Cardano, 1558: 644–659) así como la preparación de mermelada y perfumes (1558: 660–670).

Así se introducían en la explicación «*teoremata*» que se formulan y se refutan uno a uno ordenadamente. Pero esos signos del universo se explican a través de una escala de siete grados que proyectan la observación desde la «cárcel del mundo», a modo del mito platónico de la caverna. Renunciaba a explicar su fundamento doctrinal, que representa solo esquemáticamente (Gemma, 1575: 48):

> (...) *Nos quo res facilius tota sub aspectum veniat, divisiones imaginum, quae modo ab ipsa essentia ducebatur, cum aliis ex accidentium ratione conflatis (ut sunt innumeri) istic in unum fere sintagma redegimus.*

A pesar de la limitación de cada avance en la exposición, determinado por la pauta del platonismo (1575: 26; cita a Ficino y a Fracastoro), a partir del segundo libro, la apertura a una muestra mucho más amplia del perfecto orden del organismo universal, se despliega como paso necesario para demostrar que, si el mundo es coherente, sus alteraciones son un síntoma significativo. Esta visión general se exponía en cuadros sucesivos (Gemma, 1575: 47–53) sobre las causas y efectos, esencias y accidentes, junto con los modos, lugares y tiempos de aparición de las alteraciones, y el nombre diagnóstico que se les correspondería, en una semiótica inequívoca. Rechazaba, explícitamente, la Astrología supersticiosa (Gemma, 1575: 59–60), pero encontraba en los datos transmitidos desde la Antigüedad huellas de la veracidad de algunas de sus observaciones. Los signos interpretables se encuentran en el hombre, en el universo natural y en la sociedad (Gemma, 1575: 48). Por eso, después de tratar de explicar las eclosiones atmosféricas y el halo solar, por analogía se centraba en la aparición de alteraciones sociales (Gemma, 1575: 121). De nuevo se trata de tres ámbitos donde la realidad comunica a quien lo interprete los mensajes de aviso para la sanación de todas las irregularidades indeseables. Esa *Geomantia* que mencionaba Cardano se extiende en la obra de Cornelio Gemma a través de esquemas de llaves sobre la interpretación del universo, que denominaba *syntagmata*. Así los signos de la Luna y en los astros, los animales y el hombre (Gemma, 1575: 50–51; 53–56) en cuyo entorno se producían los avisos de insurrecciones y guerras en el cuerpo social (Gemma, 1575: 52). A partir de este concepto del mundo, desplegaba una explicación acorde de las anomalías que encontraba en la naturaleza y en los seres. Como médico, le interesaban especialmente el cuerpo humano y su anatomía, contemplada en sus experiencias de disección[12].

---

12 Revisaba las deformidades en cuerpos adultos y en los fetos abortados, intentando adivinar sus causas (1575: 84–95) y seguía los textos hipocráticos y galénicos respecto a la Meteorología, Vulcanología y los sueños que presagiaban calamidades (1575: 106–112).

En cambio, la tentación de vincular esta exposición doctrinal a la corriente alquímica, cada vez más evidente en la ciencia de su tiempo, en virtud de su autoridad profesional en Medicina, refutaba uno de los argumentos de esta tradición respecto de los tres componentes activos reconocidos por los seguidores de tales teorías (Gemma, 1575: 35): *Medicinam novam se somniasse in populo iactitant manca pariter et absurdissima demonstratione tria rerum elementa ponentes, Salem, Sulphur et Mercurium.* Pero, mostraba también el interés de su tiempo por los cometas, su génesis y materia, que juzga con el título de *astra corruptibilia.* Este fenómeno celeste se desplegaba entre los signos naturales más evidentes a la interpretación, según el método de Gemma, a partir de los sucedidos en Bélgica (1575: 174–180). Los tipos de cometas, ilustrados con dibujos, se ordenaban *ex numero et magnitudine, ex loco, ex tempore*, y por clases de similitud (1575: 200–214). Al exponer hipótesis y teorías se resistía a citar textos contemporáneos, aunque al final en el *corollario* (Gemma, 1575: 117), manifestaba su opinión y la completaba a continuación con un dibujo de la consunción de los cometas en la proximidad del Sol:

> *Sic enim et illud efficitur, partes circuli lactei (quae syderum refractiones apparet et quaedam minutissimae stellae) saepe inter se cogi posse vi syderum superiorum, iterumque coactas dissolvi absque vel inflamationis, vel phlegmasiae nota in ullo fomite prorsus elementari.*

Observamos que la estructura está ordenando los contenidos de cada apartado de acuerdo con la disputa académica, pero se añade en el interior de un esquema en el que Gemma intentaba formular leyes (1575: 122–126) y diseñaba un método con cinco reglas (1575: 127–138). Por coherencia con la tradición de la analogía, reunía con este germen metodológico una escala de la sociedad a los efectos de probar que su teoría funcionaba de la misma manera en la naturaleza, en el hombre individual y en el cuerpo social (1575: 143); el grado inferior está ocupado por la plebe, por encima de la cual se encuentran, al modo platónico, los magistrados, y el rey por encima de los otros dos, pero Gemma en su perspectiva sitúa todavía más allá de los anteriores, las *aspiratio caelestis* y la mente-voluntad divina que abarca todo lo anterior.

3 Conclusiones

De la comparación de las obras que consideraban la realidad en su conjunto se advierte un predominio de la visión del mundo que ambicionaba integrar la descripción aristotélica de una manera nueva. El foco principal de los contenidos comprendía la realidad percibida por los sentidos humanos junto a lo extraordinario y lo misterioso. La forma del poema, inspirado en las obras antiguas, no podía expresar en detalle el conocimiento que proporcionaba la experiencia cultural, de ahí que la prosa de notas y comentarios diera cabida a una perspectiva teórica que articulaba racionalmente y con ayuda de los números aspectos más concretos (Biesius). La estructura de composición más ordenada se distinguía por el empleo de axiomas, teoremas, corolarios y conclusiones, y aunque no era la más común, fomentaba insistentemente la persuasión, según veíamos en la obra de Cornelio Gemma o la de Patrizi. La técnica de comentario corroboraba cualquier argumento de exposición, cuando para el debate de las ideas no se elegía ni el diálogo ni la controversia. La referencia explícita a textos de autoridades descuidaba la identificación de los problemas y su resolución, en tanto que ilustraba el pensamiento del autor; este cambio respecto a la tesis y la disputa académica flexibilizaba las demostraciones. La acumulación de ejemplos y casos, de acuerdo con una estructura sencilla de opuestos y analogías era menos concluyente que la secuencia de sentencias descriptivas de los niveles de realidad que sostenía la tradición de las principales escuelas antiguas.

Bibliografía

Biesivs, Nicolaus (1556): *De universitate*, Antverpiae, apud Martinum Nuntium.

Cardano, Girolamo (1558): *De rerum varietate libri XVII*, Avinioni, per Matthaeum Vincentium.

Cardano, Girolamo (2002): *Mis libros*, Francisco Socas Gavilán (ed.), Madrid, Akal.Deitz, L. (2010): «*Magnus animi tui candor*, or: How Julius Caesar Scaliger told Geronimo Cardano that he was a fool», en Laureys, M.-Simons, Roswitha (eds.) *Die Kunst des Streitens*, Bonn, Bonn University Press, 127–144.

Galeno, Claudius (1541): *Kl. Galenou pergamenou Protreptikos logos pros tas technas; Peri aristesdidaskalías; Hoti áristos iatros kai philosophos. Adiecta est versio Latina Ad bonas artes exhortatio; De optimo docendi genere; Quod optimus medicus idem sit & philosophus. D. Erasmo Roterodamo interprete*, París, apud Christianum Wechelum.

Gemma, Cornelius (1575): *De naturae divinis characterismis*, Antverpiae, Plantin.

Godard, Anne (2001): *Le dialogue à la Renaissance*, París, Presses Universitaires.

Grafton, Anthony-Siriasi, Nancy (2001): «Between the Election and My Hopes: Girolamo Cardano and Medical Astrology», en Newman, William R.-Grafton, Anthony (eds.) *Secrets of Nature. Astrology and Alchemy in Early Modern Europe*, Cambridge Mass., MIT Press, pp. 69–131.

Hirai, Hiro (2011): *Medical Humanism and Natural Philosophy. Renaissance Debates on Matter, Life and Soul*, Leiden-Boston, Brill.

Kushner, Eva (2004): *Le dialogue à la Renaissance: histoire et poétique*, Ginebra, Droz.

Markovic, Daniel (2008): *The Rhetoric of Explanation in Lucretius'* De rerum natura, Leiden-Boston, Brill.

Piazzi, Lisa (2009): *Lucrezio: Il* De rerum natura *e la cultura occidentale*, Nápoles, Liguori.

Patrizi, Francesco (1591): *Nova de universis philosophia*, Ferrariae, Apud Benedictum Mammarellum.

Saguar García, Amaranta (2017): «Las fuentes de Fisionomía natural y varios secretos de la naturaleza de Jerónimo Cortés en el contexto de la divulgación científica de finales del siglo XVI», en Gernert, Folke (dir.) *Adivinos, médicos y profesores de secretos en la España áurea*, Toulouse, Presses Universitaires du Midi, pp. 33–43.

Scaliger, Giulio Cesare (1576): *Exotericarum exercitationum libri quindecim. De subtilitate ad Hieronymum Cardanum*, Francfort, apud Andrea Wechelum.

Telesio, Bernardino (1587): *De natura iuxta propia principia libri novem*, Neapoli, apud Horatium Salvianum.

Zabarella, Giacomo (2016): *Iacobi Zabarellae Patavini De rebus naturalibus libri XXX quibus quaestiones quae ab Aristotelis interpretibus hodie tractari solent, accurate discutiuntur* 1590, José Manuel García Valverde (ed.), Leiden, Brill.

José Manuel Vélez Latorre

Álvaro de Cadaval y el ambiente cultural de Galicia en los siglos XVI y XVII/Álvaro de Cadaval and The Cultural Environment in Galicia in the 16th and 17th Centuries

RESUMEN Cuando se hace balance de los rasgos del Humanismo la Galicia del Renacimiento y el Barroco, en el marco del Renacimiento Español, se comprueban una serie de constantes que la marcan. El nacimiento y consolidación de la Universidad de Santiago (frente a otros polos poderosos como Salamanca y Alcalá), el erasmismo y la reacción antierasmista y la cerrazón que supuso; la irrupción de los jesuitas y su *ratio studiorum* como rivales de las propias Universidades. En este contexto, resaltamos la importancia de la figura de Álvaro de Cadaval Sotomayor, profesor y escritor de poesía neolatina, aún no suficientemente conocido ni estudiado. Las relaciones con Portugal, los viajes y la circulación de libros posibilitaron a este humanista la recopilación de una biblioteca con ejemplares que caerían bajo la prohibición del *Índice* poco después. Aunque no fue Compostela el único centro cultural de la Galicia del XVI, en ella se resumen una serie de circunstancias y conflictos que definen una especie de 'humanismo provincial' compostelano y galaico, que se prolonga hacia el siglo XVII.

Palabras clave: Humanismo Español; Erasmismo; Literatura Neolatina; Universidad de Santiago; Álvaro de Cadaval.

ABSTRACT The author wants to outline some defining features of Humanism and Renaissance in the Spanish region of Galicia, in the frame of the Spanish Renaissance of the 16th Century. Some important facts are: the birth and consolidation of the University of Santiago de Compostela (under the shadow and rivality of other powerful Universities such as Salamanca and Alcalá de Henares); the spread of Erasmism and the subsequent anti-Erasmist reaction from the Catholic Church (Inquisition) and the Monarchy, and the atmosphere of narrow-mindedness which this reaction brought; and the intrusion of the Jesuits and their *ratio studiorum* as rivals to the Universities. In this context, the author wants to emphasize the importance of Álvaro de Cadaval Sotomayor (1500?-1575), a University professor and a neo-latin poet (a figure that lacks a research in depth). He collected an interesting library; some of the books he possessed were later forbidden in Spain. Other interesting neo-latin works were produced in Galicia, in the 16th, 17th and 18th centuries. We may speak of a certain 'provincial Humanism' around Santiago de Compostela, in these times, with very peculiar features and consequences.

Keywords: Spanish Humanism; Erasmism; Neo-latin literature; University of Santiago de Compostela; Álvaro de Cadaval.

1 Introducción

Cuando, en nuestros días, un investigador se propone escudriñar sobre lo propio, definitorio y característico del Humanismo en el Renacimiento de la España y la Galicia del siglo XVI y XVII, resulta curioso que debamos partir del famoso título del ensayo de Victor Klemperer, *Gibt es eine spanische Renaissance? (¿Existe un Renacimiento español?)* de 1927, que él respondía negativamente. Un ensayo sin duda antiguo y olvidado, pero que nos gustaría recordar al comenzar esta exposición. No se puede negar que los conflictos ideológicos, políticos y religiosos, que llevaron a la cerrazón intelectual que podemos resumir como 'las medidas de 1559', impidieron que España accediese a la libertad de pensamiento y de acceso pleno al espíritu humanista, representado por Erasmo de Rotterdam. En este sentido, el Humanismo en Galicia no es diferente del marco ibérico e iberoamericano en que se encuentra. Sin embargo, queremos indicar algunos de estos rasgos que afectan especialmente a Galicia, y ejemplificar algunos de ellos en la figura del humanista y poeta neolatino Álvaro Cadaval de Sotomayor, que constituye, sin duda, la figura que mejor simboliza el acceso de nuestro Antiguo Reino a las nuevas *litterae humaniores.*[1]

En primer lugar, el Humanismo en Galicia tiene como base la Universidad de Santiago, que en principio es una evolución de una escuela medieval. A partir de dos fundaciones, el Estudio Viejo de Lope Gómez de Marzoa, y el Colegio de Santiago Alfeo fundado por Alonso III de Fonseca, comienza a adquirir una estructura universitaria, aunque modesta. Es un centro menor, sin duda "provincial", derivado del interés del Cabildo Catedralicio. No es uno de los grandes centros universitarios que se consolidarán o surgirán en esta época, favorecidos por el poder político, como Salamanca, Alcalá, Sevilla, Valladolid…

Sin embargo, resulta divertido pensar que nuestra Universidad surge, en cierto modo, en una línea anticisneriana. Porque Alonso de Fonseca fue un hombre más próximo a nosotros: un eclesiástico que cayó en las tentaciones de la carne, y un humanista generoso que llevó sus fundaciones universitarias, aparte de a Santiago, a Salamanca y Toledo; un humanista curioso que admiró a Erasmo

1 Sobre Cadaval, su vida y sus obras, ver: Díaz y Díaz (1996), Vélez Latorre (1998, 2003), Ogando Vázquez-Carnicero (2018).

y llegó a invitarle a venir[2]. Muy alejado de ese rigorismo ascético y absolutista de Cisneros; Cisneros, ese humanista tan amigo de los libros que hizo quemar todos los Coranes y manuscritos en árabe que encontró…[3]

Frente a ese estatismo de Cisneros, frente al "cerrarse en España", tenemos un rasgo contrapuesto: las relaciones con el exterior, los viajes. Porque otro importante rasgo del Humanismo en Galicia (como en España) es la importancia de los viajes. Los maestros viajan, pasan de una ciudad a otra, de una Universidad a otra, y los libros e ideas con ellos. Los 'humanistas viajeros' son una figura importante en nuestro Renacimiento. El propio Cadaval es uno de ellos.

Otro rasgo que define a la Galicia del Renacimiento es que no hay un centro cultural único. A pesar de la importancia de Santiago, surgen otros centros, como Mondoñedo (con la figura de Fray Antonio de Guevara), Ourense (donde estableció Cadaval escuela de latinidad). En Santiago, Monterrey, Ourense, Montederramo y Monforte se establecen importantes colegios jesuíticos… Además, surgen pequeñas escuelas de latinidad en diversas villas gallegas, y tienen su importancia en esta época[4].

2 Las relaciones con Portugal

Las relaciones con Portugal marcaron también al Renacimiento gallego. No solo porque humanistas como Cadaval marchen a Portugal y estén allí activos como maestros y escritores, incluso publicando allí sus obras. Hay que recordar que el intercambio de intelectuales entre Portugal y España (sobre todo Salamanca) siempre había sido fluido. El final de la Casa de Avís, la asunción por parte de Felipe II de la corona de Portugal y la pérdida de la independencia de este país significó mucho y afectó de modo diverso a numerosos intelectuales. En el caso de Cadaval, no pudo hacer peor elección. Realizó poemas de alabanza a los monarcas y otros personajes de la Casa de Avís, incluso a don Antonio el Prior de Crato, y al perder Portugal su independencia quedó en una situación muy incómoda, pues había apostado justamente por el bando perdedor. Incluso

2 Sobre Alonso de Fonseca III y sobre su mecenazgo cultural, ver García Oro-Portela Silva (2000).

3 Para un debate esclarecedor sobre la imagen de Cisneros en la historiografía del Humanismo y el Renacimiento Español, incluidos sus "aspectos oscuros", véase el documentadísimo estudio de Eisenberg (1992[1993]).

4 Sobre los centros culturales del humanismo en la Galicia del siglo XVI, ver Rey Castelao (1998). Para una visión crítica del humanismo en Galicia, que compartimos en gran manera, ver Rey Castelao (2001).

cuando apuesta por el bando ganador, el de Felipe II, se permite un poema en alabanza de Rodrigo o Ruy Gómez de Silva, que estaba opuesto al Duque de Alba y representaba el llamado 'partido ebolista'[5]. No es extraño que Cadaval no obtuviese respuesta a su solicitud de realizar la *Descripción del Reino de Galicia* dentro del proyecto geográfico de Felipe II, que tantos interesantes resultados produjo[6]. Hay que recordar que el resultado de alinearse con los independentistas portugueses también afectó a otro gran escritor gallego del Renacimiento, Jerónimo Bermúdez, el autor de *Nise lastimosa* y *Nise laureada,* quizá el mejor de los tragediógrafos españoles del XVI, preso en A Coruña por el Duque de Alba y perdonado tras irse de monje al monasterio de Peña de Francia, en Salamanca, donde realizó un desmedido ditirambo del Duque en su *Hesperodia.*

3 El conflicto entre la Universidad del Cabildo y los jesuitas

Otro aspecto del Humanismo Renacentista en Galicia es el conflicto entre la vieja Universidad y los Jesuitas, que llegan en época de Felipe II a asumir un enorme porcentaje de la enseñanza superior en diversas ciudades y villas de los Reinos hispánicos, con su *ratio studiorum* que, ciertamente, es un gran avance pedagógico, pero supone una clonación y una uniformización cultural de las élites muy opuesta a la libertad un poco azarosa de las lecturas escolares que había antes.

Fue un milagro que toda la Universidad de Santiago no fuese capturada por los Jesuitas hacia 1580; solo el bendito conflicto entre el Cabildo y la nueva Orden posibilitó una especie de 'bicefalia' en nuestra Universidad, entre los Colegios de Fonseca y San Jerónimo (del Cabildo) con la Teología y Cánones por un lado; y el enorme complejo jesuítico entre Mazarelos y la Algalia con la Gramática, por otro. Esta bicefalia duró hasta mediados del siglo XVIII, y los conflictos que provocó alimentaron polémicas muy interesantes en los siglos XVI, XVII y XVIII[7]. Podemos decir que Cadaval, en la segunda época en que tuvo cátedra en Santiago, 1570–1573, fue quizá el último maestro de Gramática y Letras anterior a la llegada de los Jesuitas a Santiago, con afán de ofrecer una formación que competía directamente con la de la propia Universidad, ofreciendo su propia *'ratio studiorum'* y acabando con la relativa libertad de los maestros universitarios. El carácter fantástico de la literatura neolatina de Cadaval hubiera sido imposible bajo la férula de la Orden.

---

5 Sobre estos conflictos, ver Martínez Millán (1992), pp. 125–149.

6 Sobre este proyecto de Cadaval, ver Ogando Vázquez (1975).

7 Una buena panorámica de estos conflictos en: Rivera Vázquez (1989)

4 El Humanismo en Galicia: breve catálogo de la producción de literatura neolatina

Cinco son las principales producciones de la literatura neolatina en Galicia: las obras de Álvaro de Cadaval Sotomayor (1500?-1575), la *Égloga de Virgine Deipara* (solo en parte en latín)[8], los textos en latín de las *Fiestas Minervales*, los *Poemas de los Alumnos del Colegio de Irlandeses en honor a Bermúdez de Mandiáa* (1729), y el *Carmen Patrium sive Pontevedra* de Hermenegildo Amoedo. De ellos, dos son producciones jesuíticas, y tres no lo son. Se reparte así la producción neolatina galaica entre los dos polos de la Universidad de los siglos XVI al XVIII.

5 Humanistas y viajeros

Gran importancia tuvieron en el Humanismo gallego intelectuales viajeros llegados de otras tierras de España, figuras a veces aventureras, y otras veces enviadas por los reyes o por eclesiásticos importantes. Citemos al extremeño Vasco Díaz Tanco de Frejenal, que estuvo en Ourense, fue escritor, impresor y otras muchas cosas, e imprimió allí algunas obras importantísimas en la Historia de la imprenta en Galicia. También a Fray Antonio de Guevara, obispo de Mondoñedo, y al malagueño Licenciado Molina, Bartolomé Sagrario de Molina, el autor de la *Descripción del Reyno de Galizia y de las cosas notables del.* No podemos extendernos en este apartado, pero sí queremos recordar que el propio Álvaro de Cadaval viajó por Portugal, y tuvo relaciones con humanista portugueses.

6 Conclusión

Nuestros humanistas viajeros disfrutaron todavía de la posibilidad de que cayesen en sus manos libros que luego serían censurados o entrarían en el *Índice de Libros Prohibidos.* Es conmovedor leer el testamento de Álvaro de Cadaval, y ver el listado de sus libros: su conocimiento del griego, la amplitud de sus intereses (que se extienden desde la Teología a la Geografía) y sobre todo la variedad increíble de procedencias, hacen que tengamos aquí un modelo de maestro universitario del Renacimiento inicial que encontramos también en otras figuras, como el madrileño Juan López de Hoyos (por cierto, otro maestro que tuvo que enfrentarse a los jesuitas), cuya biografía ha escrito en un hermosísimo y muy lúcido libro el profesor Alfredo Alvar Ezquerra[9]. La llegada definitiva de la

8 Véase ahora la edición y estudio de ALONSO ASENJO (2018).

9 Alvar Ezquerra, 2014.

Inquisición a Galicia (1574) fue algo más tardía que en otros Reinos, aunque de igual efecto devastador[10]. El propio Álvaro de Cadaval fue investigado en Portugal sobre su posible erasmismo o luteranismo. Si hay una obra que debería leer toda persona antes de comenzar a trabajar sobre el Humanismo, es *Erasmo en España* de Marcel Bataillon. Y no está mal consultar esos ejemplares terriblemente censurados de las obras de Erasmo que tenemos en la Biblioteca de la Universidad de Santiago. Quiero cerrar este trabajo diciendo que podemos preguntarnos aún, con Victor Klemperer, si existió el Humanismo en Galicia y en España. Somos uno de los pocos países de Europa en que no tenemos una edición moderna y decente de los *Colloquia* de Erasmo, con la que podamos trabajar con nuestros alumnos. Cuando la tengamos, quizá el Humanismo haya empezado como debe ser en España.

Bibliografía

Alonso Asenjo, Julio (Ed.) (2018): *La "Égloga de Virgine Deipara"/Estudio y edición de Julio Alonso Asenjo*, Servizo de Publicacións e Intercambio Científico da Universidade de Santiago de Compostela, Santiago de Compostela.

Alvar Ezquerra, Alfredo (2014): *Un maestro en tiempos de Felipe II. Juan López de Hoyos y la enseñanza humanística en el siglo XVI*, La Esfera de los Libros, 2014.

Díaz y Díaz, Manuel C. (1996): "Alvaro de Cadaval, primer latinista de la Universidad de Santiago: Unas notas", *Cuadernos de estudios gallegos*, núm.108, pp. 323–359.

Eisenberg, Daniel (1992 [1993]): "Cisneros y la quema de los manuscritos granadinos", *Journal of Hispanic Philology*, núm. 16, pp. 107–124.

Gil Fernández, Luis (1981): *Panorama social del humanismo español (1500–1800)*, Ed. Alhambra, Madrid.

García Oro, José – PORTELA SILVA, Mª José (2000): *Los Fonseca en la Galicia del Renacimiento,* Ed. Toxosoutos, Noia (A Coruña).

Martínez Millán, José (1992): *Instituciones y élites de poder en la Monarquía Hispana durante el siglo XVI*, Publicaciones de la Universidad Autónoma de Madrid, Madrid.

Ogando Vázquez, Xulio Francisco (1975): "La *Descripción y Geografía de Galicia* del humanista Álvaro de Cadaval", *Boletín auriense*, núm. 5, pp. 113–126.

---

10 Un buen resumen de los efectos de la Inquisición sobre la actividad de los humanistas se puede leer en Gil Fernández (1981), pp. 429–468.

Ogando Vázquez, Xulio Francisco-CARNICERO MÉNDEZ-AGUIRRE, Justo (2018): *Álvaro de Cadaval Valladares y Sotomayor. Humanista y erasmista gallego, (ca. 1512–1575). Su biblioteca e impresos*, Museo Arqueolóxico de Ourense-Grupo Marcelo Macías, Ourense.

Rey Castelao, Ofelia (1998): *A Galicia Clásica e Barroca*, Ed. Galaxia, Vigo, 1998,

Rey Castelao, Ofelia (2001): "¿Gallaecia fulget? el Reino de Galicia en el humanismo de Carlos V", en Martínez Millán, José (coord..), *Congreso internacional Carlos V y la quiebra del humanismo político en Europa (1530–1558)*, Sociedad Estatal para la Conmemoración de los Centenarios de Felipe II y Carlos V, Madrid, pp. 435–464.

Rivera Vázquez, Evaristo (1989): *Galicia y los Jesuitas: sus colegios y enseñanza en los siglos XVI al XVIII*, Fundación Barrié de la Maza, La Coruña.

Vélez Latorre, José Manuel (1998): "Álvaro de Cadaval (1500?-1575): el albor de la poesía latina renacentista en Galicia", en Maurilio Pérez González et al. (coord., ed.), *Congreso internacional sobre Humanismo y Renacimiento*, Vol. 1, León, Universidad de León, pp. 677–680.

Vélez Latorre, José Manuel (2003): "Un curioso poema neolatino: la "Ichthyoatyrannis" de Álvaro de Cadaval, y la geografía de un humanista", en Ferran Grau i Codina (ed. coord.), *La Universitat de València i l'humanisme: "Studia Humanitatis" i renovació cultural a la Europa i al nou món*, Universitat de València, Valencia, pp. 741–750.

Jesús M. Nieto Ibáñez

Fábulas mitológicas en la Sagrada Escritura. La exégesis humanística de Lorenzo de Zamora*/ Mythological Fables in the Holy Scripture. The Humanistic Exegesis of Lorenzo de Zamora

RESUMEN La *Apología contra los que reprehenden el uso de las humanas letras en los sermones y comentarios de la Santa Escritura* del cisterciense Lorenzo de Zamora, publicada en 1604, hace una defensa del empleo de los autores clásicos, además de los bíblicos y patrísticos, en la exégesis de la sagrada Escritura. En concreto es este trabajo se comentan varios ejemplos donde el humanista se sirve de Sirenas, Faunos, Titanes y Centauros, entre otros personajes mitológicos, para aclarar el significado de determinados pasajes bíblicos.

Palabras clave: Exégesis bíblica, Tradición clásica, Humanismo, Patrística, Lorenzo de Zamora

ABSTRACT The *Apología contra los que reprehenden el uso de las humanas letras en los sermones y comentarios de la Santa Escritura* of the Cistercian Lorenzo de Zamora, published in 1604, defends the use of classical authors, in addition to biblical and patristic, in the exegesis of the Holy Scripture. Specifically, this work discusses several examples where the humanist uses Mermaids, Fauns, Titans and Centaurs, among other mythological characters, to clarify the meaning of certain biblical passages.

Keywords: Biblical exegesis, Classical tradition, Humanism, Patristic, Lorenzo de Zamora

1 Lorenzo de Zamora y el humanismo cristiano

Letras humanas y letras divinas, letras profanas y letras sagradas, este es el gran debate con el que se encuentran varios de los humanistas cristianos en la España del XVI, y es ahí donde se sitúan las coordenadas intelectuales del cisterciense Lorenzo de Zamora, que va a ser objeto de este capítulo. Este es autor del único discurso exento y de una extensión importante, conocido en esta época, que tiene la defensa de los clásicos como argumento, *La Apología contra los que reprehenden el uso de las humanas letras en los sermones y comentarios de la Santa*

* Este trabajo se ha realizado dentro del Proyecto de Investigación FFI2015- 65007-C04-4-P, financiado con fondos FEDER.

Escritura, publicada en 1604. En esta obra se hace una defensa del empleo de los autores clásicos, además de los bíblicos y patrísticos, en la exégesis de la Sagrada Escritura (Fuente Fernández, 1996).

El "Humanismo cristiano", dentro de las diversas corrientes del Humanismo, se centra en el texto bíblico y en la literatura patrística, sin olvidarse de los autores clásicos (Lourdaux, 1972: 57–77). El cisterciense Lorenzo de Zamora, formado en la escuela de Alcalá, hace compatible su admiración por la cultura clásica con la doctrina cristiana en su exégesis de la Sagrada Escritura. En este artículo se comentarán varios ejemplos donde el humanista se sirve de Sirenas, Faunos, Titanes y Centauros, entre otros personajes mitológicos, para aclarar el significado de determinados pasajes bíblicos.

En efecto, el humanismo cristiano tiene como objeto fundamental de su estudio la Biblia, que se materializa en la exégesis de la Escritura y en la predicación. Se trata de un Humanismo orientado a la interpretación del texto de las Escrituras siguiendo los nuevos métodos filológicos.[1] La exégesis bíblica reúne en sí gran parte del saber humanista: la crítica textual y la recuperación de los textos antiguos, la teología, la erudición bíblica, la literatura de los Padres, en forma de citas de autoridad, y los textos de autores profanos que sirven para ilustrar la doctrina expuesta.

Pocos son los datos que se conocen de fray Lorenzo de Zamora: nace en Ocaña en la primera mitad del siglo XVI y muere en Alcalá en 1614. No se tiene certeza de la fecha exacta del nacimiento, pero, como al fallecer contaba con aproximadamente sesenta años, puede fijarse el 1554 como año probable (López, 2008: 161). El primer dato preciso que tenemos de su vida es su investidura en la orden del Císter en el Monasterio de Santa María la Real de Huerta, en Soria, en 1581 (Rodríguez y Martín, 1988, López, 2006 y López, 2008)[2]. El hábito lo recibe de manos del ilustre humanista Luis de Estrada, que va a ser uno de sus maestros en su andadura por las humanas letras. Junto al monasterio de Santa M ª de Huerta y la orden del Císter el otro enclave importante en la formación y la práctica exegética de Lorenzo de Zamora es la Universidad de Alcalá, que representa uno de los momentos de mayor esplendor del humanismo hispano (De Pascual, 1996)[3].

---

1 Los estudios bíblicos son un componente importante para entender el Humanismo español del siglo XVI (Morocho Gayo, 1998).

2 Esteban (1963a y 1963b) da la fecha de 1561.

3 Importante es la actividad de Lorenzo de Zamora como visitador de algunos monasterios cistercienses de Cataluña (Ferrando, 1962).

2 La *Apología* de las humanas letras

La *Apología* mencionada consta de treinta y ocho capítulos estructurados en tres partes, en los que valora los pros y los contras del uso de los clásicos en la exégesis, desembocando en cinco reglas que deberán regular el uso de las letras humanas, "algunas reglas, con que se condene al abuso y el uso, como honesto y conforme a razón, se acredite".

En la Segunda parte, "en que se pone la resolución desta duda y las razones que en su favor hacen", es donde Lorenzo de Zamora detalla su idea sobre esta práctica y método de análisis de pasajes bíblicos mediante el uso de los autores paganos. La metodología es similar a la de los Padres griegos y latinos, que intentaban hacer compatible fe y razón e interpretar las Escrituras a la luz de la sabiduría pagana:

> Y pues esto es así (como en tan largo discurso se ha visto) ¿qué justicia hay por que se condene el uso de las buenas letras, no siendo las verdades suyas contrarias a las que la iglesia enseña? De lo que usaron todos los santos de la iglesia griega y latina desde el tiempo de los apóstoles cómo queda probado.

Lo más original de esta parte y de todo el escrito son sus cinco reglas, cuyo respeto facilitará un uso lícito y honesto de las humanas letras. Las reglas van argumentadas por una serie de razones, que también se numeran[4].

En el capítulo XXVII, el autor resume su original postura con el título "Censura contra los que condenan el estudio de las humanas letras", confesando su pasión por las estas, de modo que para poner el broche a esta parte prefiere, dirá él, no usar sus propias palabras, sino la de otros, de escritores patrísticos, que también han hecho esta crítica contra los que se oponen al empleo de los clásicos, como son Jerónimo, Ambrosio y Gregorio de Nacianzo.

De las cinco reglas, tendremos en cuenta en este trabajo aquellas que se aplican al comentario de los casos de seres mitológicos. La primera regla permite servirse de los autores paganos en aquellos puntos en que estos se ajustan a la razón y que no estén en contradicción con la fe, pues la verdad es solo una, "Hay joyas preciosas en las letras humanas y quiere Dios que como a injustos poseedores se las quitemos, como lo han hecho casi con un consentimiento general todos los santos de la Iglesia griega y latina desde el tiempo de los apóstoles, y se hace ahora". Los clásicos son joyas, flores, tesoros, etc… Está claro, si de ellos

---

4 Las reglas van numeradas de la primera a la tercera, falta la cuarta, sigue con la quinta y añade una última, sin numerar. Las razones también presentan un error de numeración: van numeradas correctamente de la primera a la quinta, falta la sexta y se pasa a la séptima. De esta última razón no depende ninguna regla.

se han aprovechado los Padres, también lo pueden hacer, con más razón, los predicadores del momento.

De la primera regla y de la segunda, "que el uso de las humanas letras ha de guardarse, y es que solo del oro y piedras preciosas de los gentiles puede usarse", es decir, hay que buscar las mejores ideas en los autores y textos de la Antigüedad, se deduce la regla tercera, a saber, el hecho de que es lícito y provechoso utilizar lo que los paganos han tomado de la Escritura. Lorenzo de Zamora se detiene en varias expresiones contenidas en los autores clásicos, que provienen de la sabiduría judeo-cristiana, como el conocido lema délfico, *nosce te ipsum,* que para algunos autores, como Basilio o Antonino de Florencia, está tomado de Moisés o Job, respectivamente, y lo mismo ocurre con varias máximas pitagóricas.

De esta regla deriva la cuarta razón, que es la que explicará los casos comentados en este trabajo. De acuerdo con ella en la Divina Escritura aparecen temas muy comunes y propios de las humanas letras. Se trata de lo que llama "cosas fabulosas, que debajo de la corteza tienen divinos secretos retirados".

La quinta regla[5] complementa la razón anterior, pues, a su juicio, hay lugares del Antiguo y Nuevo Testamento que no pueden explicarse ni entenderse bien sin echar mano de las letras humanas: "de las letras humanas puede usarse para declarar los lugares de la Escritura o para responderlos, pero ha de ser de cuando en cuando". El cisterciense elogia a las letras humanas, que son "plata fina", y se extiende en hacer exégesis de numerosos pasajes bíblicos, de Proverbios, Reyes, Jeremías, Apocalipsis, Ezequiel, Isaías, etc., exclamando, "¿Cómo entenderé yo aquel lugar de… si no leo la costumbre que trae …?"[6]

El uso de las letras humanas no solo es permitido por Dios, dirá Lorenzo de Zamora, sino que es persuadido por él: "Y pues esto es, siga cada uno lo que quisiere, siga a Rufino, siga a otros émulos de las buenas letras, que yo el consejo de los gloriosos santos y, lo que es más, del santo dellos seguiré guardando la moderación y tasa que se ha dicho".

La inclusión en el comentario exegético de seres mitológicos hay que relacionarlo con la actitud de censura a la poesía que se observa en el autor (Nieto,

5 De la regla tercera pasa a la quinta, falta la regla cuarta. Hay una última regla, que no viene numerada. Esta repite la anterior, pero precisa el momento y el lugar de los sermones donde se puede hacer exégesis escriturística con el apoyo de los autores clásicos.

6 "Innumerables ejemplos pudiera traer a este propósito, pero este libro está lleno dellos y así basten escritos, para que se eche de ver la necesidad que hay del uso de las letras humanas para entender los lugares dificultosos de las divinas".

2017).[7] En la *Apología*, que estamos comentando, la poesía es un elemento importante en la crítica del uso de los clásicos por parte de los cristianos. A pesar de la decidida defensa de los clásicos, sin embargo hay un rechazo repetido a la poesía, en general, y grecolatina en particular. Estas críticas a la poesía las toma Lorenzo de Zamora de los propios filósofos paganos y se acumulan en la primera parte. Al comienzo de su discurso se recuerda el hecho, conocido y repetido en los autores humanistas, de que Platón proponía expulsar a los poetas de su República, incluso a Homero. El testimonio de Plutarco también es traído a colación para recordar la expulsión de Arquíloco de Esparta y la opinión que Anónimo tenía de Tirteo. Para el cisterciense está claro: si los propios autores paganos valoraban así la poesía, los cristianos no pueden hacer algo distinto. Además de las referencias a los dos autores griegos está la de Cicerón y la de escritores patrísticos, como Teodoreto, Zacarías de Mitilene y Justino Mártir, junto con los propios Salmos de David.

En la segunda parte de la *Apología*, al exponer las reglas que se han de seguir para poder usar de los clásicos en la exégesis y predicación, el autor recomienda buscar las mejores ideas en los autores y textos de la Antigüedad e incluye otra crítica a la poesía, no tan generalizada, sino más delimitada, pero esta vez en boca de los propios poetas, del propio Ovidio. Ahora no se rechaza a todos los poetas y toda la poesía, sino solo aquella que no es "ni oro ni piedra preciosa". Por ello rechaza expresamente a los poetas "tiernos y enamorados" por su obscenidad y mal ejemplo. Lorenzo de Zamora se queja del abuso que en su época hay de la poesía, a la que llama "invención satánica", uso luciferino de gente vagabunda y sin concierto. Menciona a Ovidio, *Ars amatoria*, las tragedias de Eurípides y las ternuras de Catulo, todo ello destruye el alma, como una polilla. La poesía es un veneno mortífero que ataca, sobre todo, a las jóvenes con el deseo del amor. En efecto, en el autor la crítica se dirige de manera especial contra los versos obscenos e impúdicos. Las calificaciones son tan peyorativas que llaman la atención en el contexto de la actitud que, en general, defiende Lorenzo de Zamora para el uso de los autores clásicos, incluidos algunos poetas: "carcoma del espíritu", "muerte de corazones", "saetas que atacan el pecho", "lascivos", "deshonestos", "pestilencia que contamina", "plagas", "basilisco", "errores", "mentiras", etc.

Junto a estas críticas de tipo moral son importantes las citas de la Escritura contrarias a la poesía, como mentira y falsedad, en su uso en la exégesis y en la predicación[8]. Con esta censura se busca distinguir entre la verdad y la mentira,

---

7 Sobre el debate de la literatura de ficción en los autores de este período puede verse el artículo de Frau García (2002).

8 Jb 13, 7.

entre la realidad y la ficción. La crítica es moral, pero también literaria, dentro de un contexto más amplio de crítica de la ficción literaria, como mentirosa e inútil, y de la defensa de la moral y verdad cristianas (Ruiz Pérez, 1995).

Mediante unos versos de Ovidio del *Ars amatoria* (III 403–404) sobre la función del poeta se censura a la poesía por ser un género literario de ficción. La poesía cuenta aquello que es imposible y que solo se lo llegan a creer los necios, especialmente todo aquello que tiene que ver con la mitología y los seres fantásticos e increíbles. Por ello, de la crítica a la poesía se pasa directamente a la censura de los mitos, por su inmoralidad y por su incredulidad, algo que está en íntima conexión con ello.

A pesar del cúmulo de críticas a la poesía, sin embargo, en su argumentación hay una clara contradicción. Se apoya en varias ocasiones en san Pablo, el apóstol de los gentiles, que él mismo reconoce que se sirve de los poetas griegos y no se avergüenza de ello ni le parece que esto sea un agravio a la divina Escritura. Escribiendo a su discípulo Timoteo[9], avisándole del ingenio e inclinación de los cretenses, san Pablo cita en sus cartas versos de Calímaco, Menandro y Arato, entre otros, de modo que los predicadores pueden hacerlo también con toda justificación.

Precisamente esta es la actitud que, a pesar de las críticas, se impone en Lorenzo de Zamora: acepta a determinados poetas y determinados pasajes en los que aparecen seres mitológicos, que, aunque sean de ficción, tienen un valor oculto que puede explicar su aparición en pasajes de la Escritura.

3 La exégesis de los "seres fabulosos" en la Escritura

Pasaremos seguidamente al comentario de algunos ejemplos donde Lorenzo de Zamora aplica este método exegético a los motivos mitológicos. Los textos presentan siempre es la misma estructura: fuentes y testimonios clásicos del elemento mitológico en cuestión, para pasar luego a los pasajes bíblicos, donde aparecen de una forma más o menos explícita estos seres fantásticos, cuya interpretación se ilumina con la exégesis de los Padres de la Iglesia.

Como hemos expuesto anteriormente, es con la cuarta razón, dentro de la tercera regla, con la que se explican algunos elementos de humanas letras que se hallan en los textos bíblicos: "y, aunque según la máscara y corteza son cosas fabulosas, pero debajo de la corteza tienen divinos secretos retirados". ¿Cuáles

9 Tim 1, 12–13: *dixit quidam ex illis, proprius ipsorum propheta, Cretenses semper mendaces, malae bestiae, ventres pigri, et testimonium hoc verum est.*

son estas cosas fabulosas? El autor selecciona pasajes escriturísticos con menciones más o menos veladas a sirenas, sátiros, titanes, gigantes y centauros.

La versión de la Vulgata ha eliminado estas referencias a esos seres mitológicos y los ha sustituido por otros "seres reales" conocidos por el lector, o más bien ha sido la *Septuaginta* la que ha buscado verter el término hebreo por otro griego con unas claras resonancias, de tipo mitológico, en el ámbito helenístico. De esta forma se ha procedido a buscar el sentido alegórico de la fábula grecolatina para extraer un sentido cristiano.

La conocida fábula de las sirenas (Apéndice, Texto 1), "invención de Homero", repetida después por Ovidio[10], Estacio[11] y Policiano[12], se lee también en Jeremías 50, 39, quien al describir la destrucción de Babilonia dice que habitarán en ella avestruces, *et habitabunt in ea strutiones*. Este texto de la Vulgata lo traduce Cantera "por eso habitarán allí las fieras con los chacales y morarán en ella los avestruces", sin embargo en los *Setenta* (Jer. 27, 39) consta θυγατέρες σειρήνων, "hijas de las sirenas". El texto bíblico, al menos el latino de la Vulgata, ha omitido el término "sirenas" y lo han sustituido por "avestruces" y "chacales".

Sin embargo, el autor cisterciense va más allá y dirá que la palabra que en el hebreo corresponde a *strutiones* es IAGHANAH (יענה), que en la versión griega quiere decir "sirenas". La *Septuaginta* mantiene el término σειρῆνες que también lo sigue san Ambrosio[13] y Teodoreto[14], que lo hace equivalente a los demonios, "que con la dulzura del deleite con que nos engañan llevan perdida el alma a los peñascos del infierno". Por tanto, sirena es sinónimo de avestruces, demonios, dragones, hienas, chacales, pero también simboliza lugares abandonados, lúgubres, "como algunas tierras que cuentan los poetas, que son alojamiento y nido de sirenas". A su vez, hay que tener en cuenta que los chacales y avestruces son conocidos por su lúgubre grito.

De Zamora añade el testimonio de Malaquías 1, 3, *hereditatem eius in dracones deserti*, y el autor precisará que en lugar de esta palabra está en el hebreo *thanim* (תנים), que se traduce como *in filias sirenum*[15]. Los *dracones deserti* son

10 *Met.* XII 87–88.

11 II 10.

12 *Silvae* XXXIII 306–307.

13 *In Luc.* 4, 15.

14 *In Ierem.* 81, 745, 15

15 San Ambrosio, *In Luc.* 4, 15, y *Fid.* 3, 1, 21.

los "chacales del desierto", vertido en griego como "dragones del desierto", o las *filias sirenum* son las "avestruces", traducidas como "hijas de las sirenas"[16].

Las sirenas están representando la destrucción y ruina. Para confirmar este sentido incluso se utiliza un salmo del profeta David (43, 20): *humiliasti nos in loco afflictionis*. "en un lugar de chacales", ἐν τόπω κακώσεως, *in loco sirenum*, traslada Áquila, según precisa Lorenzo de Zamora, "humilllástenos Señor en este mar tempestuoso, de infortunios y borrascas lleno, para volver de nuevo a ese golfo de las sirenas", *Humiliasti nos in loco Thanim, in loco draconum*. Ambrosio[17] así lo interpreta y también trae a colación la fábula de las sirenas, tomada de Homero, "acomodando a la dulzura de las adulaciones del mundo, que cuando abrimos a sus voces el oído, va el alma engañada a dar al traste en los bajíos de la eterna muerte[18]".

Algunos pasajes del profeta Isaías son más claros en este sentido: "aún más expresamente usa el profeta Esaías desto, donde dice (13, 22), *et habitabunt sirenes in delubris voluptatis*", "y aullarán las hienas en sus alcázares y los chacales en sus palacios de placer". En estos oráculos contra las naciones de Isaías a las sirenas se añaden otros seres mitológicos comentados también por Lorenzo de Zamora un poco más adelante, como los sátiros y los centauros. En la traducción de la *Septuaginta* se vierte así:

> καὶ ἀναπαύσονται ἐκεῖ σειρῆνες, καὶ δαιμόνια ἐκεῖ ὀρχήσονται, καὶ ὀνοκένταυροι ἐκεῖ κατοικήσουσιν, καὶ νοσσοποιήσουσιν ἐχῖνοι ἐν τοῖς οἴκοις αὐτῶν·
> Y la Babilonia, que el rey de los caldeos llama espléndida, quedará lo mismo que cuando Dios destruyó a Sodoma y Gomorra… y allí reposarán sirenas, y allí danzarán demonios, y allí vivirán onocentauros, y en sus casas anidarán erizos.[19]

Estos dos versículos son muy diferentes del hebreo, como en tantas otras ocasiones. El traductor griego introduce a las sirenas y a los onocentauros o asno-centauros[20], σειρῆνες, ὀνεκένταυροι, sirenas en hebreo son avestruces (יענה) y

16 El texto griego de Miqueas 1, 8, en las lamentaciones sobre las ciudades de la Tierra Baja, incluye la misma expresión ποιήσεται κοπετὸν ὡς δρακόντων καὶ πένθος ὡς θυγατέρων σειρήνων·

17 *In Luc.* prf. 4

18 Baltasar de Vitoria, en *Primera parte del teatro de los dioses de la gentilidad*, III, en el cap. IV, dedicado a las sirenas, reproduce un texto similar a todo este párrafo, con las citas de las mismas fuentes y autores. En varios sermonarios del siglo XVIII encontramos textos prácticamente inspirados en él.

19 Cfr. la traducción de Jerónimo en su *Comentario a Isaías* VI 234.

20 El término es un hápax en griego. No está claro a qué se refiere el traductor, quizá a un tipo de demonio de aspecto zoomórfico.

onocentauros (*iim*, אחים) búhos o autillos. En los oráculos contra las naciones, en este caso contra Babilonia, el avestruz y el chacal eran asociados a la devastación. Por su parte, los sátiros eran probablemente demonios en forma de cabritos. Unos y otros forman parte de unas imágenes convencionales para referirse al abandono y desolación final, similares a las que Isaías en 34, 11–17 presenta para describir la fauna en el juicio contra Edom, como pelícanos, alcaravanes, lechuzas y cuervos.

De este mismo texto de Isaías se extrae el uso de otro ser mitológico, el de los centauros (Apéndice, Texto 2). Los poetas Lucano[21], Virgilio[22], Estacio[23] y Ovidio[24] son traídos como testimonio de la habitual presencia de estos personajes en sus versos. La traducción de los Setenta, "y allí vivirán onocentauros, y en sus casas anidarán erizos" se corresponde con la Vulgata *et respondebunt ibi ululae in domibus eius*, "y aullarán las hienas en sus alcázares y los chacales en sus palacios de placer". Lorenzo de Zamora lo interpreta así "aquellos palacios, que antes estaban entoldados con tapices y colgaduras diferentes, agora serán nidos de Centauros; los que antes eran alcázares suntuosos, casas de caballeros principales, solares conocidos de descendencia ilustre, donde el blasón de la nobleza antigua se conserva entero, será como aquellas chozas donde se dice que los Centauros moran". San Jerónimo (*Comentario a Isaías* VI 235) precisa que el término onocentauro solo aparece en los LXX, mientras que *tres reliqui interpretes ipsum posuere verbum Hebraicum iim quos nos in ululas vertimus*, es decir, como búhos o autillos.

El mismo método se aplica para la interpretación de las apariciones en el texto sagrado de faunos o sátiros (Apéndice, Texto 2), "¿Qué cosa más común entre los poetas que los Faunos o Sátiros, qué cosa más usurpada tras cada verso de los poetas?", como se lee en Ovidio[25], Silio Itálico[26], Tito Calpurnio[27] o Claudiano[28], cuyos versos refiere el cisterciense como prueba de ello.

Lorenzo de Zemora reproduce de nuevo parte del ya citado texto de Isaías 13, 21, *pilosi saltabunt ibi*, "los llenos de pelos andarán saltando allí". El término de la

21 VI 386–387.
22 *Georg.* II 455–456.
23 IX 220–225.
24 *Met.* XII 219.
25 *Fast.* II 193
26 *Pun.* V 626.
27 I 5.
28 *Rapt. Pros.* 3, 15.

Vulgata[29], *pilosi*, el autor cisterciense lo equipara a *Fauni vel Satyri*. La traducción española de Cantera lo anota como "sátiro", aunque más bien sería una especie de "demonio peludo", "y llenarán sus casas los búhos, y morirán en ella los avestruces y los sátiros danzarán allí"[30], en cambio, la *Septuaginta* contiene δαιμόνια, "demonios", como se ha señalado más arriba, ἀναπαύσονται ἐκεῖ σειρῆνες, καὶ δαιμόνια ἐκεῖ ὀρχήσοντα "y allí reposarán sirenas, y allí danzarán demonios". *Pilosi* traduce el termino griego δαιμόνια, que a su vez vierte el hebreo *sirim* (שׂעירים), que es interpretado como sátiro o fauno.

De nuevo la interpretación del texto hebreo, siguiendo la sabiduría patrística, apunta a este término, que para san Jerónimo[31] quiere decir Faunos o Sátiros, "indica que el lugar quedará tan solo y despoblado como los lugares donde dicen que los Faunos y Sátiros se alojan". En este caso a Lorenzo de Zamora le sirve más la interpretación de los Padres, no ya el propio texto de la *Septuaginta*, que no contiene el vocablo "sátiro". El *Comentario a Isaías* de Jerónimo precisa que *pilosos autem qui dicuntur Hebraice sirim, Theodotio erectis et stantibus pilis interpretatus est. Symmachus et LXX daemonas transtulerunt* (VI 235).

Los Titanes, que en opinión de Zamora son muy comunes en los poetas, también se pueden encontrar en la Biblia (Apéndice, Texto 2). Tras citar unos versos de Ovidio, *Concitat iratus validos Titanes in arma*[32], de Horacio *Ut impios Titanes, immanemque turbam fulmine sustulerit caduco*[33] o de Claudiano, *Quis in cestis aperis Titanibus aures?*[34] se aborda la exégesis de algunos lugares bíblicos donde se puede rastrear su presencia. En el caso de los Titanes también se observa la diferencia entre el texto hebreo, que se vierte en la Vulgata, y el de la *Septuaginta*. En concreto se cita el pasaje de 2 Sam. 5, 22, donde se menciona el valle de Refaím, "todavía volvieron los filisteos a subir y se esparcieron por el valle de los Refaím". San Jerónimo en el comentario de Oseas[35] dice que la palabra hebrea Raphaim en la versión de los *Setenta* aparece como Titanas, que se corresponde

29 *Et pilosi saltabunt ibi; et respondebunt ibi ululae in aedibus eius, et sirenes in delubris voluptatis.*

30 Cantera en nota dice que no se sabe a ciencia cierta de qué animales se trata. Se puede pensar en chacales y lobos.

31 *In Is.* 5, 13, 21.

32 *Fast.* III 798.

33 *Carm.* III 4.

34 I 66.

35 *In Am.* 2, 5

con 2 Reyes 5, 22 de los *Setenta*, ἐν τῇ κοιλάδι τῶν τιτάνων, "ya todavía volvieron los extranjeros a subir y se dejaron caer por el Valle de los Titanes"[36].

Para Jerónimo[37], según precisa Lorenzo de Zamora, "estos nombres y otros semejantes son comunes a los poetas, y en sus fábulas tienen la raíz y causa de sus significaciones… tiene retirados debajo de su corteza altísimos misterios".

El Génesis 14, 5 también parece recoger el término, pero unido al de gigantes o en lugar de este, *et percusserunt Raphaim, id est, Titanes sive Gigantes*, en la Vulgata, *percusseruntque Raphaim in Astarothcarnaim, et Zuzim cum eis, et Emim in Save Cariathaim*, "el año decimocuarto llegó Kerdolaomer y los reyes coaligados con él, y derrotaron a los refaítas en Asterot-Qarnayim, a los zuzíes en Ham, y a los emeos en la llanura de Qiryatáyim…" καὶ κατέκοψαν τοὺς γιγάντας, "y destrozaron a los gigantes de Astaroth Karnain", en la *Septuaginta*. Los refaítas de la Vulgata son los gigantes de los *Setenta*.

Esta interpretación aparece también en exégetas judíos, citados por Lorenzo de Zamora, "dieron al traste con aquellos monstruos poderosos, mataron aquellos Gigantes, dice Rabi Abrahán y Abenezra, que solo el verlos causaba espanto y tanta turbación en el corazón de los que miraban, que morían luego del sobresalto"

El profeta Isaías 14, 9 presenta asimismo un pasaje donde Jerónimo[38] interpreta gigantes, como también traducen los *Setenta*, *suscitabit tibi Raphaim, Titanas, sive Gigantes*. En Vulgata, Is. 14, 9, *suscitavit tibi gigantes*, "despierta para ti a los espíritus de los muertos", el traductor de la *Septuaginta* interpreta el término hebreo רפאים "espíritus de los muertos" como gigantes, "desde lo profundo del Hades se ha vuelto amargo al salir a tu encuentro, se han levantado contra ti los gigantes, los que han dominado la tierra, los que expulsaron de sus tronos a todos los reyes de las naciones", ὁ ᾅδης κάτωθεν ἐπικράνθη συναντήσας σοι, συνηγέρθησάν σοι πάντες οἱ γίγαντες οἱ ἄρξαντες τῆς γῆς οἱ ἐγείραντες ἐκ τῶν θρόνων αὐτῶν πάντας βασιλεῖς ἐθνῶν. La equiparación de Titanes con Gigantes es habitual en varios comentaristas y autores eclesiásticos[39].

Las discrepancias entre el texto hebreo y el de los *Setenta* son muy acentuadas en este pasaje de Isaías, como muy bien precisa el comentario al respecto de san

---

36 Lorenzo de Zamora anota también el c. 13 del Éxodo, donde se trata del valle de los Titanes, y el c. 9. Sin embargo, en estos pasajes bíblicos no se hace referencia al Valle de los Titanes, ni de los Gigantes ni de Rafaín. San Ambrosio en la obra citada anota la cita de II Reg. 5, 22 y 23, 13, pero nada del Éxodo.

37 *In Gal.* 1, 373.

38 *In Is.* 6, 14, 7.

39 Por ejemplo, Isidoro, *Etim.* XIV 32.

Jerónimo, que sigue muy de cerca Lorenzo de Zamora. El autor griego ha hecho la sustitución de los términos hebreos por otros griegos adaptándolos libremente al contexto de la mitología helénica.

4 A modo de conclusión

A pesar de la crítica y censura a la poesía de los autores clásicos, vemos cómo Lorenzo de Zamora es capaz de desentrañar las palabras ocultas que subyacen en la Sagrada Escritura, y sabe descubrirlo gracias a los propios poetas griegos y latinos y a la sabiduría patrística. No hay un rechazo ni una condena total y absoluta de la mitología ni de las fábulas, pues en ellas hay sabiduría oculta que hay que saber buscar para un fin exegético. La actitud de Lorenzo de Zamora es la propia de los propios Padres apologetas, que se sirvieron de los argumentos clásicos buscando en ellos su rentabilidad cristiana. Las humanas letras cumplen así su cometido como ayuda necesaria para las divinas letras en el Humanismo cristiano de Lorenzo de Zamora.

Bibliografía

De Pascual, Francisco Rafael (1996): «Respuesta del císter al Humanismo español del siglo XVI», en *Cipriano de la Huerga. Obras completas. IX*, Universidad de León, León, pp. 287–400.

Esteban, Luis (1963a): «Los escritores hortenses», *Cistercium, 83*, pp. 264–302.

Esteban, Luis (1963b): «Venerable Fray Luis de Estrada, monje, abad y maestro espiritual del Renacimiento español», en Luis Esteban (ed.), *III Centenario de Fray Luis de Estrada*, Santa María de Huerta, 1963, pp. 15–118.

Ferrando, Lorenzo (1962): «Actuación de Lorenzo de Zamora en los monasterios del Císter de Cataluña», *Cistercium*, 14, pp. 317–321.

Frau García, Juan (2002): «La poética de la ficción en la teoría literaria de los siglos XVI y XVII», *Philologia Hispalensis*, 16, pp. 117–135

Fuente Fernández, Francisco Javier (1996): «Apología por las letras humanas (1604), de Lorenzo de Zamora», en F. R. de Pascual (ed.), *Humanismo y Císter. Actas del I Congreso Nacional de Humanistas españoles*, Universidad de León, León, pp. 263–276.

Jerónimo, *Comentario a Isaías*, edición de J. Anoz, Madrid, BAC, 2007.

La Biblia griega. Septuaginta, edición de N. Fernández Marcos y M. V. Spottorno (coords.), Salamanca, Sígueme, 2011–2016.

López, Raúl (2006): «Lorenzo de Zamora: nuevos datos para el primer inventario completo de sus obras y escritos», en M. Martín y G. Santana (eds.), *El Humanismo español, su proyección en América y Canarias en la época del Humanismo*, Universidad de Las Palmas de Gran Canaria, Las Palmas de Gran Canaria, pp. 69–93.

López, Raúl (2008): «Lorenzo de Zamora. Documentos para una bibliografía», en J. M. Nieto y R. Manchón (eds.), *El Humanismo español entre el viejo mundo y el nuevo*, Universidad de Jaén y Universidad de León, Jaén-León, pp. 161–173.

Lorenzo de Zamora, *Monarquía mística de la Iglesia cristiana, hecha de jeroglíficos, sacados de las humanas y divinas letras*, Valencia, Patricio Mey, 1604.

Lourdaux, Willem (1972): «Dévotion moderne et humanisme chrétien», en *The Late Middle Ages and the Dawn of Humanism outside Italy*, eds. G. Verbeke y J. Ijsewijn, Leuven University Press-Martinus Nijhoff, Leuven-La Haya, pp. 57–77.

Morocho Gayo, Gaspar (1998): «La filología bíblica del Humanismo renacentista: continuidad y ruptura», en Maurilio Pérez González (coor.) *Actas Congreso Internacional de Humanismo y Renacimiento*, I, Universidad de León, León, pp. 127–154.

Nieto Ibáñez, Jesús Mª. (2017): "La censura de la poesía en el Humanismo cristiano: la Apología del cisterciense Lorenzo de Zamora", *Romanische Forschungen*, 129, pp. 45–56.

Rodríguez, Evangelina y Martín, José (1998), *La Saguntina o Primera parte de la historia de Sagunto, Numancia y Cartago*, edición crítica, introducción y notas, Caja de Ahorros de Sagunto, Sagunto.

Ruiz Pérez, Pedro (1995): «La expulsión de los poetas. La ficción literaria en la educación humanista», *Bulletin Hispanique*, 97, pp. 317–340.

Sagrada Biblia, edición de F. Cantera y M. Iglesias, Madrid, BAC, 1979.

Apéndice

Texto 1

§. XIV. La cuarta razón se funda en el uso de la divina Escritura, en la cual se traen muchas veces puntos, que en las humanas letras muy comúnmente se hallan. Y, aunque según la máscara y corteza son cosas fabulosas, pero debajo de la corteza tienen divinos secretos retirados. ¿Qué cosa más común entre los poetas que la fábula de las sirenas? Invención de Homero[40]. Della usa Ovidio en sus *Metamorfoseos*[41]:

Acheloiadumque relinquit sirenum scopulos, etc. Y Estacio[42] diciendo: *Non se tergeminum Sicula de virgine carmen.* Y Policiano[43] más largamente las celebra en estos versos: *Cuiusque Acheloia Cirene gestiet innocuo divina poemata cantu flectere, etc.*

Pues desta usa el santo profeta Jeremías[44], donde tratando de la destrucción de Babilonia dice que habitarán en ella avestruces, *Et habitabunt in ea struthiones.* Y la palabra que en el hebreo corresponde a *struthiones* es IAGHANAH, que según traslada el griego quiere decir sirenas; y esta edición sigue san Ambrosio[45] y conforme a ella la entiende san Teodoreto[46] de los demonios, que con la dulzura del deleite con que nos engañan llevan perdida el alma a los peñascos del infierno. Desta usa el profeta Malaquías[47], por quien haciendo Dios cargo a su pueblo de lo mucho que le debía dice que hizo la herencia de Esaú, habitación y morada de los dragones del desierto, *Et hereditatem eius in dracones deserti.* La tierra que podía labrarse, cultivarse y dar fruto, hízela cueva de dragones, *in dragones.* En lugar desta palabra está en el hebreo *thanim*, *in filias sirenum*, y así lo lee san Ambrosio[48], he hecho la tierra fértil de Esaú, morada de sirenas. Y aludiendo a esto trasladan otros, como Pagnino[49] afirma en su *Tesoro*, *In fabulas et in narrationes*, que es como si dijera: esta es deuda, pueblo mío, que no solo escogí a Jacob (de quien se deriva el blasón de vuestra nobleza), siendo el

---

40 Home. Odisse. 12 mg.
41 Ovid. 12 Meta. mg.
42 Statius 2 Sil. mg.
43 Politian. mg.
44 Hiere. 50 c. mg.
45 S. Ambr. in prefa. c. 14 S. Lucas mg.
46 S. Theod. mg.
47 Malac. 1 c. mg.
48 2 Ambr. Super Psa. 43 mg.
49 Pagnin. In Thesau. mg.

menor, y no habiéndolo merecido, sino que dejé a Esaú y sus posesiones, las que eran montuosas, las he dejado solas, sin que haya quien las habite ni las labre; y los campos fértiles/[30] y abundantes, donde pudieran criarse gentes valerosas y pujantes, que os hicieran perpetua guerra, turbando la tranquilidad y sosiego de que gozáis en vuestras casas, he los puesto como algunas tierras que cuentan los poetas, que son alojamiento y nido de sirenas.

Aún más expresamente usa el profesa Isaías[50] desto, donde dice: *Et habitabunt sirenes in delabris voluptatis*. Llegará a tanto la destrucción y ruina, que allí ternan las sirenas sus albergues; los templos donde se juntaban a gozar de sus pasatiempos y deleites serán nidos de sirenas y de pájaros silvestres. Fuera desto el real profeta David[51] para ponderar mucho las miserias del mundo, donde los santos andan oprimidos y humillados, dice: *Humiliasti nos in loco afflictionis*. Humilllástenos Señor en este mar tempestuoso, de infortunios y borrascas lleno. *Humiliasti nos in loco Thanim in loco draconum*, trasladan algunos, en este mar, en cuyos golfos y cavernas viven dragones monstruosos y fieros. *In loco sirenum*, traslada Áquila[52] en este golfo y habitación de sirenas. Y este sentido aprueba, engrandece y explica san Ambrosio[53], y para interpretación suya trae la fábula de las sirenas, tomada de Homero[54], acomodándola a la dulzura de las adulaciones del mundo, que cuando abrimos a sus voces el oído, va el alma engañada a dar al traste en los bajíos de la eterna muerte.

Texto 2

§. XV. ¿Qué cosa más común entre los poetas que los Faunos o Sátiros (o sea verdad lo que dellos refiere Plinio[55] y Pausanias[56], o no), qué cosa más usurpada tras cada verso de los poetas? *Idibus agrestes fumant altaria Fauni*, dijo Ovidio[57]; *Fauni Apeninicolae fugere ad littora*, dijo Silio Itálico. *Ruricolae accedunt Fauni, viridesque Napaeae*, dijo Mantuano[58]. *Pervia cornigeri fecere altaria Fauni*, dijo

---

50 Isai. c. 13 mg.
51 Psal. 43 mg.
52 Aquilas mg.
53 S. Ambros. in praefa. 4 cap. Lucae mg.
54 Homer. li. 12 Odis. mg.
55 Plin. li. 7 c. 7 mg.
56 Pausan. li. 1 mg.
57 Ovi. 2 Fas. mg.
58 Mantuab. mg.

Tito Calpurnio[59]. *Naiades et placidi mirantur numina Fauni,* dijo Claudiano[60], y casi todos los poetas dicen lo mismo. Pues de Faunos hace mención la sagrada Escritura en Isaías[61], amenazando a Babilonia, *Et pilosi saltabunt ibi*, los llenos de pelos andarán saltando allí. *Pilosi, Fauni, vel Satyri*,/[31] explican comúnmente todos, y así lo entiende san Jerónimo[62], porque la palabra hebrea, como advierten Mercero y Zabarelo en el Tesoro[63], quiere decir Faunos o Sátiros acerca de los judíos. Y conforme a esto, lo que el profeta quiere decir es que allí andarán los Faunos y los Sátiros saltando; que donde antes estaban los teatros públicos, aquellas calles tan pobladas de diversidad de oficios, aquellas plazas que antes solían ser mercados francos de cuanto bueno en todo el mundo se criaba, ferias comunes de lo más granado y precioso que todas las naciones tenían, agora quedará tan desierto, tan solo y despoblado como los lugares donde dicen que los Faunos y Sátiros se alojan.

¿Qué cosa más común entre los poetas que los Titanes? ¿Qué cosa más recibida dellos? *Concitat iratus validos Titanes in arma*, dijo Ovidio[64]. *Quid in cestis aperis Titanibus aures?* Dijo Claudiano[65]. *Ut impios Titanes, immanemque turbam Fulmine sustulerit caduco,* dijo Horacio[66]. Pues destos se hace mención en la sagrada Escritura (dice san Ambrosio[67]) en el capítulo 13 del Éxodo[68], donde se trata del valle de los Titanes, y en el c. 9[69]. Y san Jerónimo en el comentario de Oseas[70] dice en comprobación desto que la palabra hebrea Raphaim, que está en el 2 de los Reyes[71], trasladan los griegos Titanas, y esta translación aprueba él mismo en el comentario de la *Epistola ad Galatas*[72], y dice que estos nombres y otros semejantes son comunes a los poetas, y en sus fábulas tienen la raíz y causa de sus significaciones. Pero como en el principio desta razón advertimos,

59 Ti. Calfur. mg.
60 Claudiab. mg.
61 Isaiae 13 c. mg.
62 S. Hieron. mg.
63 Mercerus Zabare. in Thesauro mg.
64 Ovid. 3 de Fast. mg.
65 Claudian. mg.
66 Hora. li. 3 Carminum mg.
67 S. Amb. in praefatio super Lucae 4 mg.
68 Exo. c. 13 mg.
69 Exo. c. 9 mg.
70 Hiero. super 5 c. Oseae mg.
71 2 Reg. 23 mg.
72 S. Hier. super ad Galat. 3 mg.

aunque son vocablos muy comunes con las fábulas de los poetas, tienen retirados debajo de su corteza altísimos misterios. Del mismo nombre se usa en el Génesis[73], *Et percusserunt Raphaim, id est, Titanes, sive Gigantes.* Dieron al traste con aquellos monstruos poderosos, mataron aquellos Gigantes, dice Rabí Abrahán y Abenezra[74], que solo el verlos causaba espanto y tanta turbación en el corazón de los que los miraban, que morían luego del sobresalto. Aquellos, cuya vista bastaba a entorpecer los brazos de los contra-/[32] ríos y dejarlos flacos, débiles y sin fuerzas, dice Rabí Salomón[75]. Del mismo nombre usa el real profeta David[76], *Nunquid mortuis facies mirabilia? nunquid Raphaim?* Del mismo usó el profeta Isaías[77], *Suscitabit tibi Raphaim, Titanas, sive Gigantes*, como trasladan los Setenta[78] y san Jerónimo[79], y en otros innumerables lugares, que se traen en el *Tesoro* de Pagnino.

Qué cosa más usada entre los poetas que los centauros. *Illic semiferos Ixionadas Centauros foeta,* dijo Lucano[80]. *Ille furentes Centauros letho dormivit,* dijo Virgilio[81]. *Semifer aerea tales Centaurus ab Ossa*, dijo Estacio[82]. *Nam tibi saevorum saevissime Centaurorum*, dijo Ovidio[83]. Pues destos usa Isaías[84], *et respondebunt ibi ululae in domibus eius*, responderán las abubillas en sus palacios. *Respondebunt Onocentauri*, trasladan los 70[85], y es como si dijera: aquellos palacios, que antes estaban entoldados con tapices y colgaduras diferentes, agora serán nidos de Centauros; los que antes eran alcázares suntuosos, casas de caballeros principales, solares conocidos de descendencia ilustre, donde el blasón de la nobleza antigua se conserva entero, serán como aquellas chozas donde se dice que los Centauros moran.

---

73 Genes. 14 mg.
74 Rabbi Abraham Abenezra mg.
75 Rabbi Salomon mg.
76 Psalm. 88 mg.
77 Isai. 14 mg.
78 Septuaginta mg.
79 S. Hiero. mg.
80 Lucan. li. 6 mg.
81 Virgilius 2 Georg. mg.
82 Statius li 5 mg.
83 Ovidi. 12 Meta. mg.
84 Isaiae 13 c. mg.
85 Septuaginta mg.

Álvaro Cabanas Varela

El avaro y la avaricia en la literatura del siglo XVII: figuras del vicio en la lírica jocosa de Quevedo/The Miser and The Greedy in 17th Century Literature: Vice's Figures in Quevedo's Mocking Poetry

Resumen La figura del avaro y la reflexión en torno a la avaricia recorren una parte significativa de la literatura de Francisco de Quevedo. Habituales en sus textos narrativos y líricos «serios», poseen un envés cómico en la lírica satírico-burlesca o bien en la prosa lucianesca y picaresca. Pese a las diferencias elocutivas y los distintos propósitos de cada género, la riqueza y la variedad de tales manifestaciones permiten constatar que se trata de un asunto de relieve en el pensamiento quevediano.Su interés por la codicia y sus efectos está relacionado con su faceta de humanista, con sus múltiples lecturas e imitaciones del mundo antiguo y de la *Biblia*: la figura del avaro transita desde el apóstol traidor y despensero, Judas Iscariote; bebe de los rasgos del avaricioso en la tradición satírica grecolatina, con los epigramas de Marcial o la *Antología Griega*; y se transforma para adaptarse al siglo XVII. Tal actualización del tipo literario crea un estilo original, exclusivo de Quevedo, por medio de una creatividad lingüística que carece de parangón. Dada la importancia del tema en la obra de Quevedo, este trabajo se centrará en algunas manifestaciones significativas del avaro y la avaricia en su poesía satírico-burlesca.

Palabras clave: *Agudeza, avaricia, Quevedo, satírico-burlesca, siglo XVII*

Abstract The figure of the miser and the discussion about greedy go through a big part of Francisco de Quevedo's literary work. They are frequent in his narrative and grave lyrical texts. Moreover, they have a humorous reverse in mocking and satirical lyrical poetry, and also in the picaresque and in the tendency which follows Luciano's prose. In spite of expressive differences and dissimilar purposes related to each genre, the richness, and the variety of such manifestations allow us to verify that this is a central topic in Quevedo's thought.His interest in the greedy and its effects are related to his humanist studies, his multiple readings and imitations of the classical world and the *Bible*. The figure of the miser comes from the disloyal apostle, Judas Iscariote. Furthermore, it is also based on the features of the ancient miser, like in Marcial's epigrams or the *Greek antology*. However, Quevedo adapts this classical topic to XVIIth century society. As a result, he creates an exclusive and original style by using his linguistic creativity which has no precedents. Due to the importance of the subject in Quevedo's literature, this essay will focus on some significant manifestations of the miser and the greedy in his mocking and satirical poetry.

Keywords: *Greedy, mocking and satirical, Quevedo, sharpness, XVIIth century*

1 Estado de la cuestión: algunos antecedentes literarios

Avaricia, lujuria, gula, soberbia… son algunos de los grandes vicios morales criticados a lo largo de la historia de la humanidad por un conjunto muy amplio de oradores, filósofos y literatos. Su presencia, y la de las figuras por ellos afectadas, no es exclusiva del ámbito filosófico-moral, sino que abarca también textos jocosos.

Un rápido recorrido retrospectivo permite descubrir algunos de los primeros personajes que encarnaron la avaricia. En el ámbito religioso, la *Biblia* introduce ya a un avaro modélico: Judas Iscariote, quien traiciona a Cristo el día de la Última Cena.[1] En el relato bíblico se acusa al apóstol de tener relación con el diablo y se lo tacha de *exemplum* de avaro. Su traición se interpreta como un acto condicionado por la avaricia, pues Judas vende a Jesucristo a los sumos sacerdotes por dinero, según el evangelio de san Mateo; en el de san Lucas, se afirma que el demonio entró en Judas para incitarle a la traición. En suma, su codicia le hace quererlo todo y no rechaza ni la bendición de Cristo, aunque sabe que lo va a traicionar, ni el pacto con el diablo para venderlo. Quevedo hace hincapié en esta cuestión en *Virtud militante*, diciendo (Rey, 2010: 546): «literalmente entiendo deste lugar que abren la boca a la mano de Dios, y juntamente el corazón a Satanás».[2]

La tradición literaria acoge a estos tipos deleznables que encarnan vicios, por ejemplo, la sátira latina y los epigramas, con autores como Marcial, Persio o Juvenal; y también la literatura griega, donde proliferan motivos semejantes (Sánchez, 1924; Crosby, 1978; Schwartz y Arellano, 1998: LI). En *El Parnaso español*[3],

---

1 Las referencias a este personaje y a su traición se encuentran en tres de los cuatro evangelios sinópticos: *Mateo* 26,14–16; *Marcos* 14,10–11 y *Lucas* 22,1–6.

2 Se han establecido relaciones entre Judas y el demonio que pueden haber servido como base a Quevedo para caracterizar al Dómine Cabra en el *Buscón*, asunto al que volveré más adelante.

3 Libro editado por González de Salas, por primera vez en 1648, que recoge dos tercios de la obra lírica de Quevedo (seis de las nueve musas en total), clasificando las composiciones en capítulos en función de su temática. Aldrete, el sobrino de Quevedo, completa la edición en 1670, en el volumen titulado *Las tres musas últimas castellanas*. La clasificación de sus textos poéticos pudo partir del propio autor.

en los preliminares de la musa Terpsícore[4], el editor, González de Salas, subraya que Quevedo se sirvió de modelos clásicos, entre ellos del epigrama. Según Plata (1999: 227), mimos y epigramas fueron dos géneros latinos muy imitados en las letrillas de nuestro autor, en tanto los bailes se asociaban más con la cultura literaria autóctona de Grecia. Esta importante tradición satírica, también, se percibe en muchas composiciones «jocosas» de Talía[5], un hecho relacionado con el conocimiento que Quevedo acreditó sobre la lengua y la cultura clásicas.

El epigrama, tanto el griego como el latino, con Marcial como exponente del género, ejerció una influencia notable. Varios investigadores han percibido «las deudas concretas de algunos de estos poemas satírico-burlescos de Quevedo con los epigramas de la *Antología griega*» (Plata, 1999: 227). El posible motivo es que las sátiras antiguas y los epigramas se constituyen sobre los equívocos, de igual modo que lo hacen las composiciones de Quevedo que siguen la estela de las clásicas.

Como sabemos que Quevedo se basó en la literatura clásica latina, en concreto en la obra de Marcial, Persio, Juvenal y Horacio para concebir sus textos morales (Rey, 1995), es lógico suponer que una cuestión capital en el pensamiento quevediano, la avaricia, haya merecido también la atención de aquellos modelos. Plata (1999: 228–229) dice que, entre algunos de los temas que los autores del mundo antiguo y Quevedo tienen en común, podemos encontrar la «condenación de la riqueza y la avaricia (Marcial en concreto)», la «mofa de los que adulan al que posee dinero», también la «burla del nuevo rico», y sin dejar de lado la «sátira de profesiones y oficios», muchos de los cuales son utilizados por Quevedo como iconos que encarnan a la avaricia. Así lo corroboran Schwartz y Arellano (1998: LIII), refiriéndose a las «máscaras», personajes «tipo» asociados a un vicio moral en concreto, recuperados por Quevedo, como la *pidona* o el hombre delgado acompañado de un perro identificado con el envidioso.

En la literatura griega destaca la figura de Ateneo de Náucratis, quien, en el libro XIII de sus *Deipnosofistas*, ya incorpora el motivo del avaro y su capa raída, tan característica, presente también en Berni, escritor italiano que (entre otros) pudo inspirar algunas composiciones de Quevedo (Cacho, 2003).

A la influencia de la tradición grecorromana se superpuso la de autores posteriores a ella, pero anteriores al siglo XVII, también interesados por el motivo de la avaricia. Destacan los italianos, primeros que recuperaron la tradición de Grecia y Roma. Precisamente el poeta Berni, proclive a la caricatura, incluye en

4 Musa V de *El Parnaso español*, que contiene composiciones satírico-burlescas.
5 Musa VI de *El Parnaso español*, que contiene composiciones burlescas.

algunas composiciones rasgos descriptivos de los avaros reiterados en Quevedo, como los de Cabra. Plata (1999: 240) señala las similitudes entre un soneto del autor italiano donde habla de una gorra muy gastada y un traje tan consumido que parecía «tan sin pelo», y la descripción de clérigo del *Buscón* cuyo bonete «era de cosa que fue paño», y su sotana «tan sin pelo». Ambas descripciones traslucen la avaricia de los personajes que, aun en caso de necesidad, se niegan a gastar.

Como sucede en otros ámbitos de la literatura quevediana, las posibles huellas que encontramos de la presencia del mundo clásico, o las tradiciones anteriores, se convierten en evidencias cuando se localizan ejemplares de libros que el autor poseyó y anotó; lo que permite reconstruir su biblioteca hipotética.[6] Plata (1999: 231–232, 238) demostró que Quevedo tuvo al menos un ejemplar de las obras de Berni y de Ateneo, igual que otras pertenecientes a otros autores mencionados, como se deduce de la venta de una colección de libros al Monasterio de San Martín de Madrid. En concreto, en la biblioteca de este edificio, se encontraba al menos un ejemplar de los libros aludidos previamente.

2 Entre lo moral y lo satírico, entre la prosa y la lírica[7]

Quevedo toma el tradicional motivo de la avaricia, y lo adapta a la realidad del siglo XVII. La importancia que nuestro autor concede a este clásico motivo es tan grande que su tratamiento traspasa las fronteras entre los distintos géneros y subgéneros literarios.

2.1 Prosa moral

Dentro de la prosa moral, obras como *Las cuatro fantasmas de la vida* o *Que hay Dios y Providencia divina* incluyen interesantes referencias al concepto de la avaricia.[8] No obstante, en este subgénero, el tratado más significativo es *Virtud*

6 Sin afán de exhaustividad, menciono solo el catálogo de 59 t ítulos elaborado por Fernández y Simões (2011), a propósito de los libros que componían la biblioteca de este autor.

7 A partir de este punto, todas las citas que incluya de la obra poética de Quevedo, proceden de la edición de Blecua (1981). Como recoge la totalidad de su poesía, organizándola por subgéneros líricos y numerando las composiciones, indicaré solamente el número del poema junto con los versos concretos a los que me refiera, para una lectura más ágil.

8 Remito, respectivamente, a la edición de Rey y Alonso (2010: 328–329) y a la de Alonso (2018: 611).

militante, que dedica un capítulo entero al vicio, como bien advierte su título completo: *Virtud militante contra las cuatro pestes del mundo: invidia, ingratitud, soberbia, avaricia.* La mayoría de los trazos de estos personajes en las obras mencionadas están relacionados con el no gastar, ni siquiera en lo necesario: son frecuentes los cuerpos sumidos en una delgadez aterradora, cubiertos por ropajes extraordinariamente desgastados; aquejados de enfermedades recurrentes y sin tratamiento médico… La caracterización demuestra que el avaro solo desea tenerlo todo, por el afán de acumularlo y para que los demás no posean nada. Quevedo, al tiempo que retrata a ese tipo deleznable para que sepamos identificarlo, lanza una advertencia para que huyamos de él y no incurramos en el mismo vicio. Este se evidencia en el siguiente pasaje de *Virtud militante* (Rey, 2010: 542–543):

> Yo conocí un avariento. Perdónole el nombre porque le conocieron otros muchos. Tenía cuatro mil ducados de renta y más de treinta mil a ganancias forzosas y seguras; en el logro, no en la conciencia. Su vestido era tal que antes obligaba a los que no le conocían a darle limosna que a pedírsela. Los pobres antes le temían que le demandaban. No tenía criado ni criada, ni gastaba otra luz que la del día, porque el sol se la daba de balde; acostábase de memoria, comía de lo más barato que hallaba en el público aderezado. Tenía un sobrino solo, y, por no sustentarle (o él, amedrentado el estómago de su sustento), servía a un oficial. Vile enfermo algunas veces, y no se curaba con otra cosa sino con la cuenta que hacía de lo que ahorraba en no llamar médico ni pagar barbero ni botica.

En sus tratados morales, Quevedo no se limita a caracterizar al codicioso con trazos próximos a los de sus obras burlescas, sino que ofrece argumentos para detestar la avaricia más que al resto de los pecados. La codicia conlleva otras de las peores actitudes que muestra el ser humano: quien es avaro no yerra solo una vez, sino que es doblemente condenable por ser punto de encuentro de más de un vicio, como se aprecia en este fragmento tomado de *Virtud militante* (Rey, 2010: 555):

> ¿Queréis ver cuán populoso es este pecado, que por él se gobiernan todos los demás? Es tal que a las mismas pestes las apesta. ¿Quién no conoce la avaricia de la lujuria, que con el interés y por el oro y las galas atropella la honra y la castidad? La avaricia hace mercancía la fe conyugal en el adulterio, la virginidad en el estrupo; hace los cuerpos venales en las rameras. La soberbia es la más rica tienda de su trato. Por el poder y el tesoro y el puesto preferido y la opulencia la arma contra Dios. La invidia por ella ceba en su proprio corazón sus dientes, ella la arma de veneno los ojos, ella se los desvela. La gula aprendió de la avaricia a no tener por alimento el que no es tesoro o no lo costó, no gusta de lo sabroso si no es caro. No tiene por comida la que no costó un patrimonio; no mata la sed con el vino o agua en el barro si no la bebe en cristal u oro, porque tiene asco del vaso que o no es joya o caudal.

2.2 Lírica moral[9]

En el ámbito de la lírica moral, Quevedo utiliza formas discursivas muy variadas para denunciar este pecado. El soneto «Quitar codicia, no añadir dinero» (42) constituye un ejemplo de estrategia reflexiva: todo el poema consiste en un razonamiento para convencer al lector de que, para enriquecerse, no hay que añadir más a lo que ya se tiene, tal como demuestran los siguientes versos:

Quitar codicia, no añadir dinero,
hace ricos los hombres, Casimiro.
Puedes arder en púrpura de Tiro
y no alcanzar descanso verdadero.
Señor te llamas; yo te considero,
cuando el hombre interior que vives miro,
esclavo de las ansias y el suspiro,
y de tus proprias culpas prisionero.
Al asiento de l'alma suba el oro,
no al sepulcro de oro l'alma baje,
ni le compita a Dios su precio el lodo. (vv. 1–11)

El segundo terceto de la composición encierra el verdadero mensaje, para el lector y para Casimiro, interlocutor moral al que la voz poética se dirige. Esta estrofa final reitera el mensaje previo con tono sentencioso: «Descifra las mentiras del tesoro,/pues falta (y es del cielo este lenguaje)/al pobre, mucho, y al avaro todo» (vv. 12–14).[10]

En este campo, la silva fue otra de las modalidades poéticas preferidas por Quevedo sobre todo debido a sus características métricas: el número no finito de versos, junto a la carencia de un tipo de rima concreto, además de la falta de un esquema métrico predeterminado. Estos factores le proporcionaban al escritor áureo la libertad de la que tanto gustaba para dar vida a sus textos más reflexivos. «Dónde vas ignorante navecilla» (138) es una silva muy interesante por su interlocutor aparente (un objeto, un barco); por lo afectuoso del diminutivo, que tiñe de un tono cercano, amistoso, la exhortación moral; y por el adjetivo que la acompaña: es «ignorante navecilla», que desconoce los peligros que la acechan.

9 Remito a la edición de Rey (1999) de la *Poesía moral (Polimnia)* de Quevedo.

10 No parece posible deslindar los matices que diferenciarían la avaricia («al avaro todo», v. 14) y codicia («Quitar codicia», v. 1) en los textos de Quevedo; como se aprecia, por ejemplo, en este texto, transita de la una a la otra haciéndolas equivalentes. Atendiendo a este hecho, utilizaré ambos términos indistintamente, en un sentido amplio que no cabe interpretar como una estricta sinonimia.

El propósito de este texto no es otro que advertir de los peligros de la mar al codicioso, quien se siente atraído por esta y las riquezas que esconde en su interior. Los versos 13–24 sintetizan la idea principal. Cuando Quevedo dice «mira que a cuantas olas hoy te entregas/les das sobre ti imperio si navegas» (vv. 17–18), trata de transmitir su contraria opinión a emprender un viaje a través de las aguas, al tiempo que ataca la codicia, pues ella motiva la partida. Tal ataque se materializa en: «Qué codicia te da reino inconstante,/siendo mejor ser árbol que madero/y dar sombra en el monte al caminante,/que escarmiento en el agua al marinero?» (vv. 13–16). La persuasión se basa en una clara oposición entre placeres únicamente posibles en tierra (caminar bajo la sombra) frente a una situación de catástrofe para el marinero, motivada por la codicia. Esta se alude en la estrofa siguiente, cuando habla de los leños que visten las arenas de las playas, donde todavía se encuentran los huesos de sus dueños. El término «leños» remite a las embarcaciones naufragadas que yacen en la costa (metonimia *pars pro toto*), con todos los tripulantes fallecidos en su interior, víctimas del mar y de su propia avaricia.

La idea de la ambición como instigadora de la travesía marítima se retoma en los versos 49–54. La voz lírica pretende suscitar una reflexión para que los navegantes abandonen la idea de su viaje, tratando de mostrarles las consecuencias negativas que se derivarán de su decisión: «mira el seno del mar enriquecido/de tesoros y joyas, heredadas/del codicioso mercader perdido». Se intenta hacerles ver que su avaricia no tendrá el resultado que anhelan, pues ellos no serán capaces de traer las riquezas consigo, sino que la ira del mar se las arrebatará junto con su vida.

Los versos citados enlazan con el final del poema (vv. 61–66). Quevedo busca hacer una advertencia final, síntesis de la idea expuesta, con la palabra «tritones», porque estos anfibios tienen la particularidad de poder elegir su medio: tierra o agua. Quevedo alude aquí al ser humano, quien también puede tomar la decisión de permanecer en tierra o navegar. La finalidad de estos últimos versos no es nada más que dejar claro, tanto al lector como a los navegantes decididos a partir, que están destinados al fracaso.

2.3 Prosa jocosa

Centrándonos ahora en el ámbito satírico-burlesco, no es solo la lírica el único género que denuncia la avaricia, sino que en la prosa se localizan algunos de los avariciosos icónicos, como el dómine Cabra, del *Buscón*, o el Caballero de la Tenaza, protagonista de las *Cartas del Caballero de la Tenaza*, obra burlesca breve. En ambos casos, la onomástica es significativa, pues delata su condición de avarientos. Tenaza recibe este nombre porque su comportamiento recuerda al de una tenaza, que todo lo agarra y nada suelta. Por su parte, a Cabra se le relaciona con la cornucopia, construida a partir del cuerno de la cabra Maltea, y utilizada para obtener todo lo deseado, principal interés de un avariento. En el caso de este último, son también reveladores sus trazos físicos, presentados a través de metáforas basadas en motivos que traslucen avaricia. El extracto que se introduce a continuación recoge la conocida caracterización de este personaje (Cabo, 1993: 67–68):

> Él era un clérigo cerbatana, largo solo en el talle; una cabeza pequeña; los ojos, avecindados en el cogote, que parecía que miraba por cuévanos, tan hundidos y escuros, que era buen sitio el suyo para tiendas de mercaderes; la nariz, de cuerpo de santo, comido el pico, entre Roma y Francia, porque se le había comido de unas búas de resfriado, que no fueron de vicio porque cuestan dinero; las barbas, descoloridas de miedo de la boca vecina, que, de pura hambre, parecía que amenazaba a comérselas; los dientes, le faltaban no sé cuántos, y pienso que por holgazanes y vagamundos se los habían desterrado; el gaznate, largo como avestruz, con una nuez tan salida, que parecía se iba a buscar de comer forzada de la necesidad; los brazos, secos; las manos, como un manojo de sarmientos cada una; mirado de medio abajo, parecía tenedor u compás, con dos piernas largas y flacas; su andar, muy espacioso: si se descomponía algo, le sonaban los güesos como tablillas de San Lázaro; la habla, ética; la barba, grande, que nunca se la cortaba por no gastar, y él decía que era tanto el asco que le daba ver la mano del barbero por su cara, que antes se dejaría matar que tal permitiese: cortábale los cabellos un muchacho de nosotros. Traía un bonete los días de sol, ratonado con mil gateras, y guarniciones de grasa; era de cosa que fue paño, con los fondos en caspa. La sotana, según decían algunos, era milagrosa, porque no se sabía de qué color era. Unos, viéndola tan sin pelo, la tenían por de cuero de rana; otros decían que era ilusión: desde cerca parecía negra, y desde lejos entreazul. Llevábala sin ceñidor; no traía cuello ni puños. Parecía, con esto y los cabellos largos y la sotana y el bonetón, teatino lanudo. Cada zapato podía ser tumba de un filisteo. ¿Pues su aposento? Aun arañas no había en él. Conjuraba los ratones de miedo que no le royesen algunos mendrugos que guardaba. La cama tenía en el suelo, y dormía siempre de un lado por no gastar las sábanas. Al fin, él era archipobre y protomiseria.

En relación con la delgadez antes mencionada, Cabra responde plenamente a dicho tópico: se define a este hombre como «clérigo cerbatana» (Cabo, 1993: 67), dejándonos intuir una complexión física de extrema flaqueza; pero el lexema «cerbatana» encierra un valor de «vacuidad moral».[11] Esta idea se ve reforzada con las siguientes imágenes: las manos que recuerdan a tallos de arbustos, sus piernas semejantes a un compás o a un tenedor (Wilhelmsen y Ewbank,

---

11 Véanse las notas de Cabo en las páginas citadas.

1998: 50–51). Cabe resaltar la simbología del «gaznate tan largo como el de una avestruz» (Cabo, 1993: 67). Dicho animal se suele asociar con la «gula», porque supuestamente nunca para de tragar; en nuestro contexto, es una gula metafórica, que representa el afán de acaparar todo del avariento (Wilhelmsen y Ewbank, 1998: 53). El pasaje se cierra de modo eficaz con dos neologismos burlescos por adición de un prefijo que en español se asocia usualmente a sustantivos con valor positivo y dignidades: «archipobre y protomiseria» (Cabo, 1993: 68). Tal como hemos comentado, el modelo tomado para la creación del sacerdote es Judas, quien es definido como «protoavaro». Dado que Quevedo considera la avaricia como el pecado más grave, y el que te hace más miserable, el ruin Cabra encarnaría la avaricia en su grado más alto.[12]

Otro buen ejemplo sería el alma del avariento del *Sueño del Juicio Final*, que arrastra con ella el vicio, más allá de la muerte. Tenemos ante nosotros un alma de un avaro que, cuando resucita, lo primero que muestra es un enorme interés por que resurjan con ella todos sus bienes. La delata también la respuesta del diablo después de leer el mandamiento de «no levantar falso testimonio» (Arellano, 2003: 464). Pese a que el resultado final no es favorable para él (va a ser condenado), su única preocupación es no gastar tiempo si no hay beneficio. Podemos verificar esta afirmación en el siguiente fragmento (Arellano, 2003: 464):

> Llegó tras ellos un avariento a la puerta y fue preguntado qué quería, diciéndole que los Diez Mandamientos guardaban aquella puerta de quien no los había guardado, y él dijo que en cosas de guardar era imposible que hubiese peccado. Leyó el primero, «Amar a Dios sobre todas las cosas», y dijo que él solo aguardaba a tenerlas todas para amar a Dios sobre ellas. «No jurar su nombre en vano», dijo que aun jurándole falsamente siempre había sido por muy grande interés, y que así no había sido en vano. «Guardar las fiestas», éstas y aun los días de trabajo guardaba y escondía. «Honrar padre y madre»: -Siempre les quité el sombrero-. «No matar»: -Por guardar esto no comía, por ser matar la hambre comer. «No fornicarás»: -En cosas que cuestan dinero ya está dicho. «No levantar falso testimonio.
>
> - Aquí -dijo un diablo- es el negocio, avariento, que si confiesas haberle levantado te condenas, y si no, delante del juez te le levantarás a ti mismo.
> Enfadóse el avariento y dijo:
> - Si no he de entrar no gastemos tiempo, que hasta aquello rehúso de gastar. Convencióse con su vida y fue llevado a donde merecía.

12 Véase nota 11.

3 Lírica satírica y burlesca

En el ámbito de la lírica satírica y burlesca, asistimos a una serie de episodios en los que Quevedo condena a los avaros y las conductas codiciosas, a través de personajes muy diversos. Para intentar abarcar los aspectos de mayor relieve, es posible establecer una estructura basada en la tipología de personajes satirizados por el autor en sus distintas composiciones: el dinero, Judas, el avaro y la pidona, aparte de otras figuras. Partiendo de ella, resulta interesante también tomar en consideración el tipo de métrica elegido para cada composición, en relación con el propósito de la escritura: la décima y el romance son estrofas adecuadas para desarrollar historias más largas y con episodios; las letrillas resultan idóneas para trasvasar la estructura de la sátira de estados y oficios; sonetos, redondillas y madrigales se caracterizan por un número de versos bastante reducido y una estructura determinada, donde el mensaje conceptista está muy condensado; finalmente, los epitafios, destacan por su sentenciosa brevedad burlesca.

3.1 Dinero

En primer lugar, el propio dinero aparece presentado como un ente animado más gracias a los efectos de la *fictio personae*[13], como podemos apreciar en la letrilla «Madre, yo al oro me humillo» (660). Esta caracterización ya se percibe desde la propia presentación del dinero como «don Dinero», en un ejercicio de ironía, puesto que el «don» se reservaba en la época para personas de alto rango. A propósito de este poema, Alonso (2007: 35) afirma que: «cada verso implica en realidad una atribución de cualidades humanas al dinero». No obstante, el elemento que mejor representa esta afirmación es el empleo recurrente del adjetivo «poderoso», el cual no añade ninguna cualidad al sustantivo, dado que el sintagma en el que aparece es «poderoso caballero», donde el lexema «caballero» ya comporta de forma inherente la idea de poder. Sin embargo, la función de «poderoso» consiste más bien en intensificar las propiedades de un objeto, ya conocidas por los lectores: actúa como un epíteto. Por medio de esta palabra, Quevedo enfatiza más la personificación del dinero, pues dicho adjetivo se aplica mayoritariamente a entes animados (Alonso, 2007: 76–78).

Precisamente, esta personificación del dinero nos permite entender que el dinero posea esos poderes sobrenaturales capaces de invertir el orden lógico de las cosas, como se comprueba al leer los versos «Y pues es quien hace iguales/

13 También llamada prosopopeya, consiste en presentar cosas irracionales con comportamientos propios de una persona.

al rico y al pordiosero» (vv. 29–30) o «pues al pobre lo entierra/y hace proprio al forastero» (vv. 77–78). En ellos, se mencionan sucesos infrecuentes y hasta paradójicos en la realidad: un pordiosero con calidad, un forastero convertido en propio (natural) de un lugar o un ciudadano rico equiparado a un mendigo, sin ninguna diferencia entre ellos; todas parecen situaciones totalmente improbables. Esto es un indicio de otro de sus efectos negativos, pues su presencia altera la realidad y puede sumirla en una especie de caos, como sucede en la letrilla «Pues amarga la verdad» (649), en los versos: « ¿Y quién lo de abajo arriba/vuelve en el mundo ligero?/El dinero.» (vv. 41–43) o « ¿Quién hace de piedras pan/sin ser el Dios verdadero?/El dinero.» (vv. 13–15). En definitiva, todos estos actos son posibles porque se presenta como ente animado en un proceso de personificación.

Los dos textos que hemos mencionado constituyen ejemplos de un tipo concreto de poema, muy cultivado en la época y, en especial, en la lírica satírico-burlesca de Góngora y Quevedo. Ambos escritores insertaron sus letrillas en la tradición de la sátira de estados y oficios, relacionándolas con motivos presentes en los epigramas griegos y latinos. Con todo, existen divergencias entre ambos: Góngora incluye un léxico y unos asuntos más bien procaces, así como ataques contra figuras del clero y sus costumbres perniciosas, mientras que Quevedo se centra más bien en las relaciones amorosas no idealizadas ni representadas de acuerdo con el canon petrarquista, sino enfocadas hacia el tema dominante en las letrillas quevedianas: el dinero (Alonso, 2007: 36).

Sin embargo, la peculiaridad más sorprendente de las letrillas es su estribillo o refrán, que tiene una incidencia importante en la estructura del poema: este recurso juega un papel especial en las letrillas satírico-burlescas de Quevedo porque, a su alrededor, gira toda la composición y en él se plasma el recurso de la *praeparatio*. Su contenido y extensión pueden variar según el caso; en estos poemas es breve y su principal objetivo es resaltar la idea central del texto, con interés de que se fije en el lector (Alonso, 2007: 35). En «Madre, yo al oro me humillo» son dos versos que enfatizan el enorme poder y las múltiples capacidades que tiene el dinero, expuestas en distintas situaciones: «poderoso caballero/es don Dinero» (vv.7–8). «Pues amarga la verdad» cuenta con un sintagma sucinto y alterno: «la Pobreza» (v.7) o «el Dinero» (v.14). Esta dicotomía refleja el contraste entre ambos elementos personificados actuando a modo de síntesis de los efectos que tienen sobre las personas.

Por otro lado, los recursos literarios con que Quevedo compone sus textos se insertan en un contexto histórico en el que el conceptismo constituye la tendencia estética común; la retórica clásica permite a Quevedo una peculiar combinación de ellos que está en la base de su originalidad. Cada poema de Quevedo es una composición novedosa, no por la temática, sino por el empleo de la agudeza y el concepto, a través de las distintas figuras literarias. La primera estrofa de «Madre, yo al oro me humillo» (660) contiene varias, pero nosotros colocaremos el foco en una de las más recurrentes, la dilogía, que se localiza en el siguiente fragmento:

> Madre, yo al oro me humillo,
> él es mi amante y mi amado,
> pues de puro enamorado
> anda continuo amarillo.
> Que pues doblón o sencillo
> hace todo cuanto quiero,
> *poderoso caballero*
> *es don Dinero.* (vv. 1–8)

Esta etiqueta se atribuye a un significante con más de un significado operativo de manera simultánea (Arellano, 1998: 22), como sucede en el verso quinto: «doblón» y «sencillo» aluden a cantidades de dinero, en monedas contemporáneas, y al significado «matemático»: «doblón», como multiplicación de una cantidad por dos, mientras que «sencillo» se refiere a la simple unidad. El juego jocoso se sustenta en el valor monetario superior del «doblón», mayor que el del «sencillo», relación de cantidad equivalente a la que existe entre ellos cuando se usan con su otro significado.

Otros recursos de relieve para construir agudezas son los tropos, en particular, la metáfora y la metonimia (Alonso, 2007: 39). La metáfora quevediana suele implicar una agudeza de semejanza, una asociación entre un término real y uno imaginario. Aparentemente, parece coincidir con la definición convencional de este recurso, pero la diferencia radica en la mayor dificultad que concierne a la agudeza (Arellano, 1998: 17–18).

Este tipo de tropos suelen tener como referente real un personaje que forma parte de la galería de tipos de la sátira de Quevedo, y como término metafórico un animal o un objeto, con finalidad degradante. A pesar de esta tendencia general, no siempre es así, puesto que en nuestro texto se produce el caso contrario en «Poderoso caballero/es don Dinero» (vv. 7–8). No existe un proceso de animalización ni cosificación, sino una transformación del dinero en una persona real. Aun así, existe coincidencia con el tratamiento habitual de las metáforas quevedianas, ya que se localizan los dos elementos que componen la metáfora en el texto (*in praesentia*): el término real sería el dinero y el imaginario el caballero. La semejanza entre estos dos vocablos radica en su poder: un caballero tendía a ser una figura de prestigio (ratificada por el adjetivo «poderoso») y respetada en la sociedad del siglo XVII. Por su parte, el dinero coincide con él en esa idea de poder y reconocimiento.

Por otro lado, la metonimia y la sinécdoque se pueden incluir entre los recursos preferidos por Quevedo en su poesía.[14] Las estrofas segunda y cuarta de «Madre, yo al oro me humillo» contienen ejemplos de sinécdoque que enriquecen el lenguaje como sucede con la metonimia (Alonso, 2007: 58):

> Nace en las Indias honrado,
> donde el mundo le acompaña;
> viene a morir en España,
> y es en Génova enterrado.
> Y pues quien le trae al lado
> es hermoso, aunque sea fiero,
> *poderoso caballero*
> *es Don Dinero.* (vv. 11–18)
> Son sus padres principales,
> y es de nobles descendiente,
> porque en las venas de Oriente
> todas las sangres son Reales.
> Y pues es quien hace iguales
> al rico y al pordiosero.
> *Poderoso caballero*
> *es don Dinero.* (vv. 27–34)

Las referencias a esos lugares no son casuales. «Indias» remite a ciertas regiones de Asia y América, así conocidas hasta el siglo XIX. En el siglo XVII, Europa consideraba a esta área un punto importante para el comercio internacional. Por este motivo, Quevedo ubica aquí el lugar de nacimiento de don Dinero, y el de su muerte en España, a donde se llevaba el beneficio obtenido gracias a estas actividades. La referencia a Génova es bastante significativa, dado que alude directamente a la situación político-económica de la España del XVII: el país había

14 Dados los puntos de contacto que tienen ambos tropos en los tratados de retórica, conviene comentar su funcionamiento. La metonimia consiste en la utilización de una palabra en lugar de otra con la que guarda una cierta relación cualitativa (causa-efecto, continente-contenido, abstracto-concreto, persona-cosa; o también de tipo simbólico). Por su parte, la sinécdoque establece una relación cuantitativa entre dos palabras, a la manera de las metonimias, pero con la particularidad de que la conexión entre formas léxicas responde al patrón parte-todo (o viceversa). Si aceptamos esta precisión, podríamos definirla también, con Lausberg, como: «la metonimia de relación cuantitativa entre la palabra empleada y la significación mentada» (citado por Alonso, 2007: 55–57).

contraído una gran deuda, ocasionada por permanentes conflictos bélicos en sus posesiones territoriales, con banqueros genoveses, que se lucraban con estas actividades comerciales, sin que sus ganancias revirtiesen en territorio español.

En los versos «porque en las venas de Oriente/todas las sangres son reales» (vv. 3–4) nos encontramos con una sinécdoque, donde «sangre» y «vena» son partes del ser humano que aluden a todo el conjunto, a la persona. La combinación de los cuatro lugares mencionados en el poema aclara el sentido de estos versos: lo que se denominaba «Indias» se situaba en la zona oriental del globo; además, era un espacio conocido por su riqueza y lujos, algo que en España solo se asociaba a las clases sociales altas.

Si bien este recurso aporta mayor variedad léxica al poema, en ocasiones, su aparición parece concebida para potenciar la materia jocosa (Alonso, 2007: 58). Cuando dice «Madre, yo al oro me humillo», la sinécdoque entre materia y objeto fabricado persigue, sobre todo, la risa del lector.

En lo que atañe a la metonimia, tenemos un ejemplo en la séptima estrofa, que lleva asociada una agudeza de proporción, es decir, relaciona al sujeto con uno de sus atributos personales: la voluntad (Alonso, 2007: 56). Esta se aprecia donde cuando se menciona «ablanda al juez más severo/poderoso caballero/es don Dinero» (vv. 56–58). El término «juez» apunta en realidad a una parte determinada del mismo: su voluntad, que es lo que de verdad doblega al dinero (Alonso, 2007: 57).[15]

3.2 Judas Iscariote

Centraremos ahora nuestra atención en otro avariento canónico: Judas Iscariote, el primer avariento de la historia (Vilar, 1978). El soneto «Quién es el de las botas, que, colgado» (540) diserta sobre el castigo infligido a Judas por sus actos, en especial su avaricia. El inicio implica una agudeza conceptual basada en la semejanza: « ¿Quién es el de las botas, que, colgado,/es arracada vil de aquel garrote?» (vv. 1–2). La metáfora se establece entre Judas y la arracada, cuya relación se basa en que ambas funcionan como «adorno». La arracada era una «joya con forma de arete de metal (generalmente precioso) que servía de adorno para las orejas». Judas está ahorcado, colgando del garrote, como una arracada en la oreja de una persona. Es significativo el adjetivo que acompaña a la arracada: «vil». Se trata de un epíteto que exacerba todavía más la intrínseca miseria moral que hay dentro del apóstol traidor, obviamente en relación con la enorme

15 No aprecio aquí una relación parte-todo, sino un vínculo entre lo concreto (el juez como persona) y lo abstracto (la voluntad y los principios de este).

avaricia que lo consume. Esta interpretación se sustenta en la identificación de Judas con una joya preciosa a la que se está caracterizando como algo maligno.

A continuación, Quevedo inserta ciertas estructuras sintácticas como las bimembraciones, enlazadas a través de una conjunción coordinante copulativa, que transmite esa idea de adición constante: «¿No es este el de los pobres y el del bote?/Este fue despensero y sacerdote,/y presidió en la hacienda interesado» (vv. 6–8) o «vender el bote, y darles el dinero» (v. 10). La idea de codicia, apoyada por la sintaxis, late intensamente en los versos séptimo y octavo. El plano léxico también contribuye a esta concepción del personaje: todas las profesiones desempeñadas por Judas implican el manejo de dinero.

Existe una agudeza de semejanza basada en la asociación entre dos personajes mancillados por la codicia, Judas y el ministro, donde el hilo conductor es el conjunto de tretas que llevan a cabo para enriquecerse mediante el hurto. Se entiende que Quevedo está lanzando una invectiva general contra los ministros, ladrones de los gobernantes a los que sirven, denunciando una cierta corrupción. Resulta interesante la aclaración «Fue Judas gran ministro, no ratero» (v. 12). Al diferenciarlo claramente de un vulgar ladrón, deja entrever la sutileza con la que robaban los altos cargos políticos: «las migajas dejó, porque atendía/a embolsarse su dueño todo entero.» (vv. 13–14). En este caso, Quevedo no se conforma con una mera condena del vicio mediante un personaje, sino que se inserta, conscientemente, en la sátira contra estados y oficios. Este rasgo aparece con recurrencia en numerosos textos quevedescos.

En la décima «Puede, en tales ocasiones» (674), la voz poética nos inclina a pensar en su avaricia al presentarlo nuevamente como empleado en aquellos oficios que implica el manejo de capital:

> No habrá en Madrid despensero
> a Judas más obligado;
> y, por lo que me ha tocado,
> le daré bolsa y dinero,
> un comprador y un ropero,
> botas le daré después;
> que, olvidando el interés
> de su talega amarilla,
> le tenga toda la villa
> por lencero portugués. (vv. 21–30)

El «despensero» era la «persona encargada de distribuir los bienes», el «comprador» quien los adquiere y, por otra parte, el «ropero» quien vende vestidos hechos. No obstante, lo que nos hace tomar conciencia de su avaricia no son únicamente las profesiones con las que se lo relaciona sino, especialmente, los objetos que porta. El color amarillo de la talega se asocia al que tiene la tez de aquellos que son convalecientes de alguna enfermedad. Como la «talega» es una «especie de bolsa para portar distintos objetos», el adjetivo actúa como advertencia de los peligros del dinero, que ha infectado hasta su bolsa.

Quevedo continúa con la sátira de oficios en los cuatro primeros versos del romance «Los médicos con que miras» (706). En ellos, dirige un ataque contra los médicos, invectiva basada en las frecuentes malas actuaciones de estos profesionales; sus rudimentarias intervenciones, como la sangría o la purga, casi siempre resultaban hiperbólicamente mortales en la tradición satírica (Arellano, 2007: 36–37). Los siguientes versos ponen de manifiesto la crítica que hace Quevedo hacia este colectivo: «Los médicos con que miras,/los dos ojos con que matas,/bachilleres por Toledo,/doctores por Salamanca» (vv.1–4). El motivo principal de esta mala *praxis* es el no gastar, por lo que Quevedo resalta su incompetencia en los versos tercero, y cuarto, donde les otorga simultáneamente un título de escaso prestigio como el de bachiller, en contraste con el de doctor.

3.3 El avariento y la *pidona*

La pareja del avariento y la *pidona* es una de las más productivas para denunciar la avaricia. El romance «Los médicos con que miras» (706) los presenta de modo prototípico. En el caso de la *pidona*, la voz poética describe su fisionomía asociando cada parte a un sustantivo que implica sustracción monetaria, dejando ver que todo su ser está poseído por la codicia. Lo más característico de esta presentación es el uso que Quevedo hace de un tropo muchas veces en combinación con la metáfora: la hipérbole. Este tipo de exageraciones construye una imagen totalmente degradada del personaje, a la vez que reclama la complicidad del lector. Los efectos de la hipérbole en la imagen caricaturesca de esta mujer los percibimos en el siguiente pasaje:

> La boca, que a puras perlas,
> dicen que come con sartas,
> y por labios colorados
> dos búcaros de la maya;
> aquesos diez mandamientos
> (que así las manos se llaman),
> de ejecución contra las bolsas,
> de apremio contra las arcas (vv. 9–16)

El verso décimo pondera el apetito de esta mujer: pide tanto para comer que «come con sartas[16]». Lo mismo sucede con los siguientes, en los que se establece

16 Según *Autoridades*, «la composición de cosas metidas por orden en un hilo, cuerda, ù otra cosa».

una agudeza de semejanza a partir de la coincidencia de color entre los búcaros y los labios de la pidona. Los búcaros eran unos barros que comían las señoras como «golosinas viciosas»;[17] al identificarse con sus labios, podemos hacer dos interpretaciones: por un lado, podemos pensar en ellos como un encanto que utilizan para conseguir sus objetivos;[18] por el otro, son una marca que la etiqueta de avara, por efecto de una metonimia del tipo concreto-abstracto entre labio-vicio de pedir, ya que se pide por la boca. Tal condición será subrayada con los argumentos que siguen, en los que indica que la mujer que pide es propensa a echar mano de los bolsones donde se llevan el dinero, así como a evitar que se abran a toda costa las arcas donde ella lo guarda. En esta línea, conviene destacar la metáfora de «aquesos diez mandamientos/(que así las manos se llaman)», porque el hecho de hacer esta identificación, entre una parte del cuerpo y una ley divina, da más peso a la justificación de su avaricia. Finalmente, los últimos efectos de la hipérbole se perciben en los versos que citamos a continuación, en los que se cuenta cómo cada rasgo de la pidona trasluce avaricia:

La sonsaca de tu risa,
la rapiña de tu habla,
los halagos de tus niñas,
los delitos de tu cara,
el talle de no dejar
un ochavo en toda España (vv. 17–22)

En la letrilla «Si la prosa que gasté» (658), la mujer que pide se presenta como otro personaje avaricioso a través de un juego de palabras, creado por medio de un políptoton y una hipérbole que resultan graciosos para el lector:

Yo sé que si desta tierra
llevara el rey a la guerra
la niña que yo nombrara,
que a toda Holanda tomara,
por saber tomar mejor
que el ejército mayor
de gente más dotrinada.
Solamente un dar me agrada,
que es el dar de no dar nada. (vv. 12–20)

---

17 Remito a la nota 1 del texto citado.

18 Los versos 48–54 del poema aluden al uso de sus atributos personales para llevar a cabo la estafa: «Halagos facinorosos,/que acarician cuando estafan;/brazos que enlazan el cuello,/y en la faldriquera paran».

El término «tomara» posee el significado de «conquistar» mientras que «tomar» presenta el valor de «coger, adquirir». El autor busca la risa, insinuando que la *pidona* está tan acostumbrada a pedir cosas que desea, que podría ser capaz de conquistar una región entera pidiendo. Un poco más adelante este chiste intensifica su carga humorística al entrar en juego la hipérbole. Cuando se menciona que las capacidades de esta mujer llegan a superar a las del ejército, Quevedo insinúa que conviene ordenarle a ella que «tome» Holanda, pues se pasa la vida «tomando» las cosas que pide y así el éxito estará más cerca.

En oposición a este personaje, trataremos ahora de su contrapunto: el avariento que no suelta nada, tal como reflejan los versos veintinueve y treinta del romance «Los médicos con que miras» (706): «"Dame", "Cómprame" y "envíame"/tengo por malas palabras». De igual modo, versos muy apropiados para conocerlo se localizan en el segundo cuarteto del soneto «Que no me quieren bien todas» (563).

Este último texto define al locutor como avaro cuando dice: «Con quien tiene codicia, tengo seso/en pagar soy discípulo del gallo» (vv. 5–6). El verdadero mensaje de estas líneas se camufla por efecto de metáforas y metonimias. Esta última se origina en el primero de estos versos, a través de la palabra «seso», que sustituye un concepto abstracto (afinidad de pensamiento) con el que mantiene una estrecha relación, ya que se entiende que es una cualidad que reside en el cerebro, generando, mediante esta figura retórica, lo que Gracián llamó «agudeza de semejanza» (Arellano, 1998: 19–20). La metáfora entraña una agudeza basada en las semejanzas cualitativas entre los dos términos que la integran: el término real es el «avaro», mientras que el imaginario es el «gallo». Y la asociación establecida se basa en que un gallo es un ave que solo canta, pero nunca pone un huevo, igual que el avariento, quien nunca da nada (Arellano, 1984: 444[19]). La elección de un animal posee un propósito claro, como señala Schwartz (1984: 37): «La animalización de un personaje criticado sugiere diversas connotaciones, pero, en general, es fórmula creadora de comicidad, a la vez que reducción descategorizadora». Cabe mencionar también los términos «inconveniente» y «retenciones» en los versos «y yo ningún inconveniente hallo/en estas retenciones que profeso» (vv. 7–8). Tal como dice Arellano (1984: 444),[20] se trata de dos términos legales que Quevedo introduce con el fin de aportar irónica autoridad a la justificación de la avaricia.

19 Remito concretamente a la nota 6 de esta página.

20 Véanse las notas 7–8 de dicha página.

3.4 Otras figuras en epitafios burlescos y sonetos

Como colofón, se hace una rápida referencia a los epitafios burlescos. Como es sabido, el epitafio era un escrito breve pensado para grabar en las lápidas de las tumbas; Quevedo parodia el subgénero proponiendo una crítica de la codicia que va más allá la vida, como sucedía con el avariento del *Sueño del Juicio Final*. En el poema «En aqueste enterramiento» (805), localizamos dos recursos usuales en este tipo de literatura: la ironía y la hipérbole. Con respecto a la primera, el avaro no puede ser pobre si está envuelto en oro, ni humilde si es rico. Por otra parte, la hipérbole se origina en el verso inicial de la segunda estrofa: «murió con cien mil dolores», donde el numeral enfatiza el gran dolor que padecía, aunque no debe interpretarse literalmente.

«Aquí yace un mal cristiano» (819) resulta otro buen ejemplo de cambio en el propósito de los epitafios de Quevedo de acuerdo con la tendencia a la parodia de la lírica barroca. El poema consiste en una crítica consecutiva de varios vicios encarnados en malos cristianos. La primera de las figuras que recibe el ataque de Quevedo es el escribano. La crítica hacia este personaje se basa en las actividades que realizaban los que practicaban este oficio: ellos se encargaban de dar testimonio de los hechos y acostumbran a representarse entre diversos oficiales de justicia (corchetes, alguaciles, abogados…); si bien tenían una cómoda posición social, abundaban las acusaciones de corrupción, tópicas en la tradición satírica. Los tres primeros versos lo verifican: «-Aquí yace un mal cristiano./-Sin duda fue escribano/-No que fue desdichado en gran manera» (vv. 1–3).

El segundo blanco es el hidalgo, quien podría representar una especie de «autoadulación» al nuevo rico, aunque falsa, puesto que la riqueza de la que ellos presumen no existe. Quevedo arremete contra esta clase social porque la considera la representación de la hipocresía, al estar integrada por nobles que no disponían de capital pero que tendían a presumir de su buena situación económica y de su posición social. Los siguientes versos son significativos: «-Algún hidalgo era./-No, que tuvo riquezas y algún brío./-Sin duda fue judío» (vv. 4–6). En completa armonía con la imagen del hidalgo, está la del caballero, al que se tacha de «menos cuerdo y más parlero» (vv. 9–10).

Seguidamente, pasamos al judío, considerado avariento prototípico desde el principio de los tiempos, a partir de Judas. Por este motivo, la voz poética piensa en un judío una vez que el otro interlocutor le informa de que el mal cristiano tenía riquezas. Es curiosa la correlación que se establece entre los versos séptimo y octavo: «-No, porque fue ladrón y lujurioso./-Ser ginovés o viudo era forzoso». El recurso se establece en «ladrón-ginovés» y «viudo-lujurioso» y la explicación es sencilla. En el segundo, la lujuria corrompe al marido viudo, quien no está ya atado a ningún compromiso de fidelidad. El enlace entre los otros dos términos requiere de un cierto conocimiento de la situación histórica contemporánea para ser comprendido: los ginoveses pasaron a simbolizar la culpa por la crisis económica que atraviesa España, porque de Génova procedían los banqueros que inicialmente concedieron costosos préstamos a la Corona española, obteniendo descomunales beneficios (Arellano, 2007: 34). El poema termina con: «No fue sino poeta el que preguntas/y en él se hallaron estas partes juntas». La aglutinación final de todos los vicios se entiende porque muchos de estos tipos (escribano, judío, ginovés) son codiciosos, y la avaricia reúne a todos los demás pecados.

El último de los avarientos puede resultar extraño, ya que no es una figura que se vincule siempre a la avaricia, salvo en determinados contextos: el pobre. La religión cristiana predica una concepción positiva de la pobreza que entronca con el tópico moral de la vida humilde y alejada de placeres mundanos (*beatus ille*), pero no todos los pobres siguen este camino. El soneto «Con testa gacha toda charla escucho»[21] (529) supone una parodia de este tópico literario, en la medida en que el pobre pide y roba para conseguir su tan ansiado dinero, al estar bajo la influencia de la codicia: «Para tener, doy poco y pido mucho» (v. 5). En el primer cuartero ya tenemos algunos indicios como el uso de «chanza[22]», un término usual en el lenguaje de germanía que es un equivalente de «robo». Con todo, la avaricia aparece combinada con la hipocresía, pues el pobre trata de disimular sus verdaderas intenciones (Arellano, 1984: 392):[23] «para vivir, escóndome y acecho,/y visto de paloma lo avechucho» (vv. 3–4).

El primer terceto vuelve a girar alrededor de la condición de avariento del yo lírico. Otra vez se asocia a la hipocresía, pero también a la lujuria, en clave humorística:

> Niego el antaño, píntome el mostacho;
> pago a Silvia el pecado, no el capricho;
> prometo y niego: y cátame muchacho. (vv. 9–11)

El primero de estos tres versos refleja la hipocresía de un locutor que trata de ocultar su vejez tiñéndose las canas, aparentando lo que no es (Arellano, 1984: 392).[24] Si continuamos leyendo, nos toparemos con una de las situaciones más frecuentes en la vida de los avarientos: no pecar de lujuria porque implica

21 Por tratar asuntos similares, remito a «Pues que vuela la edad, ande la loza» (572).

22 La definición está tomada de *Autoridades*.

23 Remito concretamente a la cuarta nota de esta página.

24 Véase la nota 9, en esta página.

gastar dinero.[25] A pesar de que la situación aquí es algo distinta, la presencia de la codicia es innegable, pues la voz poética peca de lujurioso lo asume como pecado (todo en la dimensión moral), pero se muestra reacio a pagar en la realidad: no remunera el servicio de la mujer.

El último terceto supone un cierre ideal haciendo hincapié en lo avaro que es el locutor, como prueban las metonimias objeto-material del verso inicial: «Vivo pajizo, no visito nicho» (v. 12). «Pajizo» remite a una choza construida a partir de paja mientras que, generalmente, el nicho se construye con materiales buenos, con adornos y proporción; incluso con lujos. Elegir la opción más humilde no es una decisión moralmente idónea, sino el efecto de evitar cualquier tipo de gasto monetario, incluso para invertirlo en su última morada (Arellano, 1984: 392).[26]

Conclusiones

El rápido recorrido realizado a través de la literatura de Quevedo nos ha confirmado lo que anticipábamos al principio de nuestro estudio: el autor no es original al tratar sobre la avaricia y los avaros, pues el tema se abordaba ya en la *Biblia*, a través de Judas Iscariote, y en los epigramas clásicos. Sin embargo, destaca su interés en el mismo y una elaboración estilística peculiar, todo ello siempre en consonancia con la realidad socio-cultural del siglo XVII.

El vicio y el tipo literario se localizan en distintos géneros y modalidades, en la prosa, la poesía y el teatro.[27] En el ámbito narrativo, se ha señalado la presencia de los avarientos en la prosa moral, grave, en *Virtud militante* o *Las cuatro fantasmas*, y también religiosa, en *Que hay Dios y providencia divina*; y en la vertiente burlesca, en el relato picaresco del *Buscón*, con el icónico dómine Cabra, las *Cartas del Caballero de la Tenaza* y el género lucianesco, en los *Sueños*. En el caso de la poesía, la faceta moral está representada por un buen número de poemas, en particular sonetos y silvas. Mientras los primeros condensan enormemente el mensaje y lo transmiten de forma más directa, a causa de su rígida estructura, la silva constituye la forma poética perfecta para reflexionar y exponer planteamientos, debido a su extraordinaria versatilidad. En contraste expresivo con las composiciones pertenecientes a la lírica moral, su contrapartida satírico-burlesca reitera idénticos motivos, pero con un estilo medio-bajo y un propósito abiertamente humorístico.

---

25 Interesa el apartado dedicado a la presentación del dómine Cabra.

26 Véase la nota 12 de esta página.

27 El tema es recurrente también en los entremeses y bailes quevedianos, aunque no hemos podido abarcar su estudio en este trabajo.

Dentro de este ámbito más jocoso, el autor recurre a una gran diversidad de personalidades para reflejar el vicio por medio del uso de diferentes equívocos, creados a partir de metáforas y metonimias, tal como sucedía en la literatura grecolatina, en el caso de las sátiras antiguas y de los epigramas. La huella de los autores clásicos también se percibe en las diferentes maneras de satirizar la avaricia, que muchas veces coincide con los planteamientos del propio Quevedo en cuestiones como la sátira de oficios o la condena de avaros y codiciosos. En relación con esto, cabe mencionar el empleo del epitafio, cuya extensión reducida armoniza a la perfección con el conceptismo quevediano, lo que le permite crear chistes con gran carga humorística empleando un número limitado de palabras. Pese a que los temas son conocidos en la tradición literaria, el estilo de Quevedo carece de fuente conocida, de ahí la fascinación y admiración que despiertan sus composiciones en los lectores. Quevedo consiguió apropiarse, con habilidad conceptista e ingenio literario, de una materia debatida y presentada a través de infinitos cauces a lo largo de los siglos, desde la antigüedad grecolatina.

Bibliografía

Alonso Veloso, María José (2007): *El ornato burlesco en Quevedo: el estilo agudo en la lírica jocosa*, Universidad de Sevilla, Sevilla.

Arellano, Ignacio (1998): *Comentarios a la poesía satírico-burlesca de Quevedo*, Arco Libros, Madrid.

Cacho casal, Rodrigo (2003): *La poesía burlesca de Quevedo y sus modelos italianos*, Universidad de Santiago de Compostela, Santiago de Compostela.

Crosby, James O. (1978): «Quevedo, la Antología Griega y Horacio», en Gonzalo Sobejano (ed.), *Francisco de Quevedo*, Taurus, Madrid, pp. 269–286.

Plata Parga, Fernando (1999): «Contribución al estudio de las fuentes de la poesía satírica de Quevedo: Ateneo, Berni, Owen», *La Perinola*, núm. 3, pp. 225–247.

Quevedo Villegas, Francisco de (1981): *Obra poética*, edición J. M. Blecua, Planeta Barcelona.

Quevedo Villegas, Francisco de (1984): *Poesía satírica-burlesca*, edición I. Arellano, Eunsa, Pamplona.

Quevedo Villegas, Francisco de (1993): *La vida del Buscón*, edición F. Cabo, Crítica, Barcelona.

Quevedo Villegas, Francisco de (1998): *Un Heráclito cristiano, Canta sola a Lisi y otros poemas*, edición I. Arellano y L. Schwartz, Crítica, Barcelona.

QUEVEDO VILLEGAS, FRANCISCO DE (2003): *Sueños y discursos de verdades soñadas, descubridoras de abusos, vicios y engaños en todos los oficios y estados del mundo*, edición de I. Arellano, Obras completas en prosa, Castalia, Madrid.

QUEVEDO VILLEGAS, FRANCISCO DE (2010): *Virtud militante contra las cuatro pestes del mundo: invidia, ingratitud, soberbia, avaricia*, edición A. Rey, Obras completas en prosa, Castalia, Madrid.

REY, ALFONSO (1995): *Quevedo y la poesía moral española*, Castalia, Madrid.

SÁNCHEZ ALONSO, B. (1924): «Los satíricos latinos y la sátira de Quevedo», *Revista de Filología Española*, núm. 11, pp. 33–62 y 113–153.

SCHWARTZ, LÍA (1984): *Metáfora y sátira en la obra de Quevedo*, Taurus, Madrid.

VILAR, JEAN (1978): «Judas según Quevedo (Un tema para una biografía)», en Gonzalo Sobejano (ed.), *Francisco de Quevedo*, Taurus, Madrid, pp. 106–122.

WILHELMSEN, ELIZABETH Y EWBANK, MICHAEL (1998): «El dómine Cabra del *Buscón*: Lectura de las claves simbólicas», *NRFH*, núm. XLVI, pp. 47–65.

Lúa García Sánchez

Quevedo, traductor: el debate crítico en torno a su conocimiento de lenguas clásicas[1]/ Quevedo, translator: the critical discussion about his knowledge of Classical languages

Resumen Francisco de Quevedo (1580–1645) se dedicó tempranamente a labores filológicas y de traducción, las cuales encajaban con el perfil de humanista que trataba de alcanzar en los primeros años del siglo xvii. Su intercambio epistolar en latín con el belga Justo Lipsio, así como sus traducciones de obras en hebreo, griego y latín evidencian este propósito. En este trabajo se presenta un recorrido a través de las diferentes posturas de la crítica en torno al conocimiento que Quevedo tenía de las lenguas de las que traducía. Concretamente, el análisis se ciñe a su dominio de las lenguas clásicas, latín y griego. Este camino —que partirá de los juicios de sus contemporáneos y concluirá con los de la crítica actual— pretende mostrar la complejidad de evaluar el dominio que Quevedo tenía de las lenguas clásicas de la mano de sus contemporáneos, críticos con su labor o panegiristas que lo postulaban como un gran helenista o latinista. Así mismo, se expondrá la necesidad de evitar valoraciones anacrónicas de su actividad traductora y de atender a la heterogeneidad de las técnicas empleadas por Quevedo en sus versiones castellanas de textos grecolatinos.

Palabras clave: Francisco de Quevedo; lenguas clásicas; traducción

Abstract Francisco de Quevedo (1580–1645) worked from the beginning of the seventeenth century in different translations and philological works. These tasks were some of the main practices cultivated by humanists and Quevedo tried to fit in that group of

1 Este artículo es resultado de mi tesis doctoral «Quevedo, traductor de textos clásicos», dirigida por la profesora María José Alonso Veloso y financiada con la Ayuda para la Formación del Profesorado Universitario (FPU17/02936) del Ministerio de Ciencia, Innovación y Universidades. Esta tesis se integra en los proyectos de investigación del Grupo de Investigación Francisco de Quevedo "Edición crítica y anotada de la poesía completa de Quevedo, 1: Las silvas" (Ministerio de Ciencia, Innovación y Universidades, Programa Estatal de Generación de Conocimiento y Fortalecimiento Científico y Tecnológico del Sistema de I+d+i, PGC2018-093413-B-I00; AEI/FEDER, UE); y "Edición crítica y anotada de las obras completas de Quevedo" (EDIQUE), con referencia ED431B 2018/11, del Programa de Consolidación y Estructuración de Unidades de Investigación Competitivas de la Xunta de Galicia para el año 2018, Grupo GI-1373.

European intellectuals. His epistolary exchange in Latin with Justus Lipsius as well as his translations from Hebrew, Greek and Latin are a solid prove of this aim. In this paper a summary of the different critical positions on Quevedo's knowledge of Classical languages is shown. This recapitulation starts from his contemporaries' opinions and concludes with current critical judgments. Its purpose is to demonstrate the complex evaluation of Quevedo's knowledge of Classical languages starting from his contemporaries, since some of them were very critical of this facet and others were panegyrists that present him as a great Hellenist or Latinist. Moreover, it is necessary to avoid anachronical evaluations of his translations and pay attention to the heterogeneity of techniques that Quevedo used in his Spanish versions of Classical texts.

Keywords: Francisco de Quevedo; Classical languages; translation

1 Introducción

Francisco de Quevedo se dedicó tempranamente a labores filológicas y de traducción, las cuales encajaban con el perfil de humanista que trataba de alcanzar en los primeros años del siglo XVII. Su intercambio epistolar en latín con el humanista Justo Lipsio, así como sus traducciones de obras en hebreo, griego y latín evidencian este propósito. Por medio de la traducción, la edición filológica y la anotación erudita —como los comentarios incluidos en su *Anacreón castellano* y en *Lágrimas de Jeremías castellanas*—, labores humanísticas por excelencia, procuraba presentarse como un relevante erudito en el contexto europeo.

Quevedo vierte del hebreo *Lágrimas de Jeremías castellanas*, los *Salmos* de su *Heráclito cristiano* —que se consideran poemas originales, alejados de la traducción literal e incluso de la paráfrasis—, «Lamentándose Job» y el primer capítulo del *Cantar de los cantares*. Cabe destacar, así mismo, su obra *España defendida*, en la que inserta numerosas notas etimológicas que remiten a esta lengua. Además, incluye abundantes apreciaciones sobre voces hebreas en sus obras religiosas en prosa, como *La constancia y paciencia del santo Job* o *Que hay Dios y providencia divina*. Del griego traduce el *Anacreón castellano*, *Epicteto y Focílides en español con consonantes*, pasajes de las *Vidas Paralelas* de Plutarco en su *Primera parte de la vida de Marco Bruto*, alguna oda de Píndaro y fragmentos de la novela *Leucipa y Clitofonte*. Del latín vierte epigramas de Marcial y obras de los dos Sénecas, *De los remedios de cualquier fortuna*, una epístola de Plinio, odas de Catulo y fragmentos de Lucano, Persio y Juvenal. A estas traducciones deben sumarse las copiosas citas latinas y griegas de sus obras en prosa y en verso.

Desde temprana edad Quevedo recibió una notable preparación. Fue alumno de los jesuitas en Madrid y posteriormente en Ocaña y estudió también francés e italiano (Jauralde, 1998: 878). De hecho, tradujo también a partir de estas lenguas vernáculas la *Introducción a la vida devota* de Francisco de Sales y *El Rómulo* de Virgilio Malvezzi.

Tras su paso por Alcalá y Valladolid, alrededor de 1606, Quevedo podía ya considerarse un humanista, si otorgamos a este término el sentido que le confiere, por ejemplo, Baltasar de Céspedes en *El humanista*, de 1600, pues entre las tareas que le pertenecen exclusivamente a este se encuentra elaborar «traducciones de autores de una lengua en otra» (1784: 6), lo cual se enseñaba en la escuela y constituía un paso previo a la *imitatio*. Pero estas tareas humanísticas de Quevedo no se limitaron a estos años de la primera década del siglo XVII, sino que nunca las abandonó por completo.

A falta de un escrito teórico sobre traducción por parte de Quevedo, resultan sumamente esclarecedoras algunas afirmaciones de los textos preliminares de sus traducciones, como la siguiente, perteneciente a la «Razón de esta traducción» de su versión del *Manual* de Epicteto; en ella se observa que el propio traductor hacía saber que se había servido de múltiples versiones, por lo que no consideraba este método de trabajo una técnica recriminable: «Con deseo de acertar en lección tan importante, y con el recato de quien trata joyas, he visto el original griego, la versión latina, la francesa, la italiana [...], la que en castellano hizo el maestro Francisco Sánchez de las Brozas» (1981: 489);[2] o, por ejemplo, la siguiente, que forma parte de la «Advertencia» de su *Anacreón castellano*: «En la parte que he podido, le he castigado, porque mi intento fue comunicar a España la dulzura y elegancias griegas, y no las costumbres» (1981: 247). En esta aserción Quevedo desvela su aspiración de transmitir, por medio de su traducción, una versión adaptada al contexto español contemporáneo que dialogue con la obra original, tanto en sus versos como en sus comentarios.

En este trabajo se presenta un recorrido a través de las diferentes posturas de la crítica en torno al conocimiento que Quevedo tenía de las lenguas clásicas. Este camino —que partirá de los elogios y críticas del siglo XVII, y concluirá con los juicios de los estudiosos actuales— pretende mostrar la complejidad de evaluar el dominio que tenía de las lenguas clásicas de la mano de sus contemporáneos, algunos de los cuales lo desacreditaron como traductor, mientras otros lo alabaron, llegando a referirse a él como «Lipsio de España», en el caso de Lope de Vega en el *Laurel de Apolo* (VII, v. 364). Así mismo, se expondrá la necesidad de evitar valoraciones anacrónicas de su actividad traductora y atender a la heterogeneidad de las técnicas empleadas en sus versiones castellanas.

---

2 Las traducciones de Quevedo se citan por la edición de José Manuel Blecua (1981) de la *Obra poética*, vol. IV, *Teatro y traducciones poéticas*.

Para abordar este análisis resultan esenciales aportaciones sobre el humanismo de Quevedo (Gendreau, 1977; Roncero, 2000; Rey, 2015) o sobre su uso de las fuentes clásicas (Moya del Baño, 2014). Se ha acudido, principalmente, a los estudios sobre las diferentes traducciones quevedianas, pues hasta ahora no se ha realizado ningún trabajo de conjunto que estudie el conocimiento que tenía de latín y griego, abarcando toda su actividad traductora en ambas lenguas. Se presentarán los principales hitos de este debate crítico, siguiendo el orden cronológico: en primer lugar, sobre el griego; posteriormente, sobre el latín, atendiendo en ambos casos a los juicios positivos y negativos en cada época. Cabe señalar que esta cuestión merece un estudio más profundo, cuyo punto de partida será este trabajo.

2 Quevedo y sus conocimientos de griego y latín

Entre los juicios positivos de los contemporáneos de Quevedo en torno a su competencia en lenguas clásicas, destacan aquellas alusiones en las que se elogian su humanismo y erudición, y se mencionan el latín y el griego junto con otras lenguas conocidas por el autor. Cabe destacar los elogios de Vicente Mariner, que lo alaba, por ejemplo, en la epístola nuncupatoria de su traducción del griego al latín del discurso a Helios Rey de Juliano —*Iuliani Caesaris in Regem Solem ad Salustium panegyricus*—, de 1625, versión que había sido impulsada por el propio Quevedo (Villalba de la Güida, 2010: 268).[3] El mero hecho de que Mariner le dedicase a Quevedo esta traducción demuestra la estima que le tenía. En su prefacio Mariner alaba sus conocimientos e ingenio; pese a que ha de tenerse en cuenta el habitual tono hiperbólico de este tipo de textos, tales elogios revelan el aprecio que sentía hacia él este gran helenista y la reputación que había logrado ya Quevedo como humanista y traductor alrededor de 1625, como señala Schwartz (1998: 214).

El humanista Mártir Rizo (1593–1642) también apoyó a Quevedo en más de un texto y, concretamente, en su obra *Defensa de la verdad* (1628) lo respalda en su defensa del patronato de Santiago frente a Morovelli de la Puebla. En este texto le atribuye «gran juicio, gran capacidad, muchas letras y entero conocimiento de las lenguas italiana, francesa, latina, griega y hebrea» (f. 4v). En ese mismo año se imprime *El Fénix y su historia natural*, de José Pellicer de Ossau y Tovar (1602–1679), en la que también alaba a Quevedo como «doctísimo en todas letras y en muchas lenguas» (f. 208v). Este autor, además, incluye

3 Puede consultarse este elogio en la reciente edición de Rey (en prensa).

a Quevedo en la clase «Filólogos latinos y castellanos» del índice de autores de su obra *Lecciones solemnes*.

Resultan reseñables, también, los numerosos elogios del editor de *El Parnaso español* (1648), en los preliminares que preceden a las musas de la edición de la poesía de Quevedo. González de Salas (1592–1651) defiende que no conoce «poeta alguno español versado más, en los que viven, de hebreos, griegos, latinos, italianos y franceses; de cuyas lenguas tuvo buena noticia, y de donde a sus versos trujo excelentes imitaciones» (1969: 91).[4] Además, en los preliminares de la musa Clío indica lo siguiente a propósito de la oda pindárica: «El primero fue, pues, Señor, nuestro poeta, según yo he podido averiguarlo, el que, con aliento erudito, emprendió traer a los números españoles la ternaria estructura de los poetas líricos griegos» (1969: 98).

Todavía en el siglo XVII, cabe mencionar también a Pablo Antonio de Tarsia, que en su obra de 1663 lo elogia desmedidamente: «Estudió demás de la Latina, la lengua Griega, la Italiana, la Hebrea, la Francesa, y la Arábiga, con tanto primor, que fue excelente en todas ellas, y casi las hermanó con la Castellana, en que mostró suma agudeza» (1988: 17).

2.1 Griego

En lo que atañe concretamente a la pericia de Quevedo en griego, cabe comenzar por los juicios de sus contemporáneos, que se pueden dividir entre los panegiristas que lo postulaban como un gran helenista y los críticos con su labor traductora.[5]

Destacan, por ejemplo, los elogios de Vicente Espinel (1550–1624), amigo del autor y de Lope de Vega, que gozaba de gran popularidad y que escribe para el *Anacreón castellano* de Quevedo —una de sus primeras traducciones del griego— un epigrama preliminar cuajado de alabanzas hacia esta versión castellana:[6]

> Quis novus hic nostris splendet regionibus hospes?
> Quem graia indutum vestis Ibera tegit?
> Graecus hic, an ille Hispanus? Sed Graecus uterque:
> Noster uterque sonat; Graecus uterque nitet.

4 Cito por la edición de Blecua (1969).

5 En concreto, para los distintos juicios de contemporáneos de Quevedo y críticos posteriores sobre su helenismo, puede consultarse el trabajo de Camacho y García (1993: 111–115), que elaboran un repaso a través de esta controvertida cuestión de manera previa a su clasificación de las referencias eruditas de literatura griega incluidas en la obra en prosa del autor.

6 Cito por la edición de Blecua (1981: 258).

> Ingenuos versus non deserit ulla venustas;
> Carmina dulcisona plena lepore fluunt.
> Qui legit hos Graecos, credat legisse QUEVEDUM:
> Qui legit Hispanum, Anacreonta legit.
> Tot gemmis similes quid erunt sibi noster et alter?
> Noster lberus Graecus; Graecus et alter lber.
> Num fuit Anacreon noster, Graecusve QUEVEDUS?
> An simul Hispane carmina Graeca docent?
> Nobilis hic noster, sed Graecus nobilis ille:
> Acer hic, et rigidus; mollis at ille fuit.

También se puede leer una alabanza a una traducción del griego de Quevedo en los textos preliminares de la *Primera parte de la vida de Marco Bruto*, concretamente, en la aprobación de Antonio Calderón:

> Traduce don Francisco a Plutarco y le comenta, y aunque aquel autor dijo mucho y bien dicho, muestra don Francisco en la tradución que lo bien dicho se pudo decir mejor; y en el comento, que lo mucho pudo ser más. Y excediendo a Plutarco don Francisco en los discursos, hace que Plutarco exceda a Plutarco en el texto. En esta obra une a la lengua española la majestad de la latina, con la hermosura de la griega, para envidia de ambas y admiración de las demás. (edición de Alonso Veloso, 2012: 700)

El único testimonio del supuesto falso helenismo que aduce Bénichou-Roubaud (1960: 52) atañe al *Anacreón castellano*. Resulta significativo que este testimonio se deba a Góngora y a su soneto «Anacreonte español, no hay quien os tope», de entre 1609 y 1617 (De Paz, 1999: 34). Este poema se titulaba inicialmente «A Don Francisco de Quevedo que quiso traducir un libro en griego, que no entendía». Se insiere en las polémicas de la época[7] y, aunque la autoridad intelectual como helenista de Góngora es dudosa (López Grigera, 1998: 56), Quevedo se le presentaba como un blanco fácil por sus intentos de ser reconocido como humanista (De Paz, 1999: 35):[8]

> Anacreonte español, no hay quien os tope,
> que no diga, con mucha cortesía,
> que ya que vuestros pies son de elegía,
> que vuestras suavidades son de arrope.
> ¿No imitaréis al terenciano Lope,
> que al de Belerofonfe cada día
> sobre zuecos de cómica poesía

---

7 El propio Quevedo también atacó el conocimiento de griego de Góngora en respuesta a este poema (Bénichou-Roubaud, 1960: 52).

8 Cito por la edición de Carreira (2009).

se calza espuelas y le da un galope?
Con cuidado especial vuestros antojos
dicen que quieren traducir del griego,
no habiéndolo mirado vuestros ojos.
Prestádselos un rato a mi ojo ciego,
Por que a luz saque ciertos versos flojos,
y entenderéis cualquier greguesco luego.

Además de este soneto de Góngora, cabe recordar las alusiones satíricas del anónimo Miso Clemidio, que escribe lo siguiente hacia 1628, en una carta sobre la obra *Milicia evangélica* de Manuel Sarmiento de Mendoza, cuyo prólogo había escrito Quevedo:[9] «A don Manuel Sarmiento [...] y en su ausencia al señor de la Torre de Juan Abad, ora sea torre de viento o de Babera, según pronunciamos los podadores, ora sea de Babel, menos que no hay lenguas si no es la de confusión» (1446); «Aplique el auctor, y si el griego no le viene a cuento, reparta con el prologante, que dicen que entiende Anacreón vuelto de jerigonza en romance» (1477); y, más adelante, «Escribo en latín la palabra griega porque trato con gente flaca en esta materia» (1479).

Otros dos testimonios críticos con su helenismo se deben a Juan de Jáuregui (1583–1641) y a Francisco de Trillo y Figueroa (1620–1680), quien, como el propio Quevedo, habría recibido también la influencia de la lírica arcaica griega, como se deduce de su imitación de cuatro poemas anacreónticos en sus *Poesías varias*, de 1652.[10] Jáuregui en *El Retraído* (1635), y Trillo y Figueroa en su *Neapolisea* (1651) emitieron juicios negativos sobre la traducción de Quevedo *Epicteto y Focílides*.

Jáuregui critica la traducción quevediana del *Manual* de Epicteto en *El Retraído*, en respuesta a la obra de Quevedo *La cuna y la sepultura*, que, para su autor, se podía poner en relación con Epicteto (Rico, 2017: 54). Para Jáuregui, se trataba de una versión demasiado libre, y pone en boca del censor, su *alter ego*, las siguientes palabras: «No solo lo pretende seguir sino trasladar, y al fin se parece solo en una cosa que se cuenta en la vida de aquel filósofo, y la trae Policiano en la epístola de su traducción: *fuit enim claudus*».[11] Según Rico (2017: 57),

9 Cito por la edición de Astrana (1946). Este elogio quevediano de la obra de Sarmiento de Mendoza puede consultarse en la edición de Rey (en prensa).

10 Para estas imitaciones de Trillo y Figueroa, véase Schwartz (1999).

11 Poliziano llevó a cabo una traducción al latín el *Manual* de Epicteto, cuya *princeps* data de 1497, que es probable que Quevedo conociese, pero que no parece haber usado, al menos exclusivamente, para su versión castellana en verso.

Jaúregui presenta su objeción sobre el escaso conocimiento de lengua griega de Quevedo «con bastante pedantería y escasa credibilidad».

El poeta gongorino Trillo y Figueroa, en su obra *Neapolisea* (1651), ataca la erudición que, para él, ostentaba Quevedo en su traducción del *Enchiridium* de Epicteto (Ruiz Pérez, 2003: 345):[12]

> Y últimamente veo que le pareció al grande Estoico, Enchiridion, cap. 73, que si Crisipo no hubiera escrito tan escuro, no hubiera quien tanto se gloriase de entenderle: «Si quis intelligentia et explicandi facultate librorum Chrysippi gloriatur, ipse tibi die; nisi obscure scripsisset Chrysippus, nihil haberet ille qui gloriaretur». Palabras que adulteró don Francisco de Quevedo en su Epicteto, como otras muchas, trasladando:
> Si alguno, porque entiende
> los libros de Crisipo y los tratados
> de Aristóteles doctos y admirados,
> se muestra grave y tiene fantasía,
> dirás entre ti mismo: si Aristóteles
> no hubiera escrito obscuro
> y en estilo tan duro,
> este que ignora cosas de importancia
> no tuviera soberbia ni arrogancia.
> Pudiera Quevedo (si pudiera) no levantar testimonio al grande Epicteto culpando a Aristóteles en lo que él ni le culpa ni le nombra, ni de él se acuerda. Yo tengo el texto grecolatino de Simplicio y Jerónimo Uvolfio, de Colonia, 1596, y el capítulo griego es 73, como yo le cito, no 54, como le pone Quevedo, y las palabras son como arriba quedan, sin acordarse de nombrar a Aristóteles, con quien (como en todo) debía de estar mal Quevedo en aquella ocasión.[13]

En el siglo XVIII, cabe destacar el testimonio positivo de Gregorio Mayáns y Siscar (1699–1781), erudito y polígrafo valenciano, en cuanto al helenismo de Quevedo. En su obra *Oración en alabanza de las eloquentíssimas obras de don Diego Saavedra Fajardo*, se refiere a él como «Catholico Luciano» y alaba el estilo de la *Primera parte de la vida de Marco Bruto*, en cuya primera sección traduce las *Vidas Paralelas* de Plutarco.

Mayáns y Siscar poseía una gran biblioteca que contenía impresos y numerosos manuscritos de los principales humanistas españoles, y en su epistolario han quedado huellas de su aprecio por eruditos como Lipsio, Escalígero o los Estienne. Mayáns y Siscar, que poseía un volumen que contenía ocho poemas autógrafos de Quevedo, publicó tres cartas del autor en 1734 y ha quedado

12 Cito por la *princeps* de 1651, fols. 12v-13r.

13 Como demostró López Eire (1982: 242–243) la inclusión de Aristóteles no se debe a Quevedo, sino a una de sus fuentes, la versión del Brocense del *Manual*.

constancia de su interés por publicar más cartas inéditas entonces. Además, mantuvo contacto epistolar sobre, entre otras cosas, el estilo de Quevedo, con Benito Jerónimo Feijoo (1676–1764), quien también tenía a este autor en gran estima y leyó atentamente su obra. Feijoo, además, aduce la autoridad erudita de Quevedo en muchas de sus disquisiciones.

Otro interesante testimonio de la visión que se tenía de Quevedo como traductor de griego en el siglo XVIII es el que ofrece Casimiro Flórez Canseco (1745–1816), catedrático de griego de los Reales Estudios de San Isidro. El Consejo de Castilla encargó a Flórez Canseco un informe sobre el *Anacreón castellano* y, como resultado de esta petición, el helenista presentó en 1786 una contundente crítica en la que negaba que el traductor tuviese conocimientos de griego, por lo que optó por defender que la traducción no era de Quevedo. Este hecho no constituye en sí un argumento contra su helenismo, pues Flórez Canseco llega a negar que sea obra suya por el escaso nivel de griego que aprecia, de lo que se deduce que tenía en buena estima el conocimiento de griego de Quevedo. Sin embargo, sirve para demostrar que analizar algunas de las traducciones quevedianas como versiones fieles al original puede abocar a conclusiones precipitadas sobre los conocimientos de griego del traductor.

Ya en el siglo XIX, destaca la labor de recopilación y análisis de Menéndez Pelayo, quien recogió las traducciones quevedianas en su *Biblioteca de traductores españoles* (1874). Menéndez Pelayo censura diversos aspectos de las traducciones del griego de Quevedo, pero matiza estos juicios negativos con su positiva valoración global de las distintas obras. Critica, por ejemplo, las traducciones del *Manual* de Epicteto y del pseudo-Focílides por su estilo «desaliñado», aunque acepta que, en el caso del *Enchiridium*, Quevedo fue capaz de conservar «el tono austero y grave del filósofo estoico» (1953: 99). De hecho, llega a aceptar que la versión del pseudo-Focílides puede calificarse de «joya preciosa» (1953: 100). Defiende, también, que la traducción de las *Anacreónticas* está «llena de rasgos de mal gusto y harto distante de la sencillez griega», pero concluye que se trata de un «trabajo notabilísimo, que honra en extremo sus conocimientos helenísticos, y en que, por lo general, está bien interpretado el espíritu de Anacreonte, o más bien el de sus imitadores» (1953: 101). Sobre el *Marco Bruto* señala que «la traducción de Plutarco está hecha con esmero, pero se resiente, aunque en grado menor, de los mismos defectos de estilo notados en las ilustraciones» (1953: 103), en alusión a los discursos que intercala Quevedo tras sus traducciones del griego.

Unos años después, Mérimée (1886: 7) defendía en su estudio sobre la vida y las obras de Quevedo que este podía haber perfeccionado su conocimiento de griego de manera autodidacta.

En el siglo XX se suceden estudios sobre las traducciones de Quevedo en los que se alude a su nivel de griego. Entre los críticos modernos que defendieron su destreza en esta lengua se encuentran Astrana (1945: 31, 83, 144 y 557)[14] y Papell, el cual argumenta que «su obra demuestra el dominio que tenía de las lenguas muertas y vivas, especialmente del griego, del latín, del francés, del toscano y del portugués» (1947: 245). Además, Papell caracteriza el *Anacreón castellano* como «obra de gran humanista y de poeta» (1947: 305). Así mismo, Castanien (1958: 572) defiende que la traducción del *Anacreón castellano* revela que estaba familiarizado con el texto griego y que entendía la mayor parte de este.

Gregores (1953–1954: 102–103) defiende que el posible conocimiento de lengua griega de Quevedo se puede apoyar también en las numerosas citas y alusiones de autores griegos, que evidencian sus lecturas en esta lengua clásica, así como en las explicaciones sobre palabras griegas e incluso la creación de neologismos.

A propósito de la traducción del *Enchiridium*, López Eire (1982: 243) sostiene que el hecho de que se sirviese de la traducción previa del Brocense no implica que no conociese la lengua griega. Además, la afirmación de Quevedo de que la versión de Correas era más rigurosa que la del Brocense muestra que sí tenía conocimientos de griego.

Camacho y García (1993: 115) subrayan que la mayor parte de las versiones quevedianas del griego no son traducciones literales, sino paráfrasis, y de ahí que la distancia respecto al original no pueda constituir un argumento sólido para defender supuestas carencias en esta lengua. Además, esgrimen otros datos para corroborar que Quevedo debió de saber algo de griego, como las etimologías que desgrana en su *España defendida* (Camacho y García, 1993: 116–117).

López Grigera (1998: 54) recuerda que en el colegio de la Compañía de Jesús en que estudió tuvo que traducir del griego, e incluso componer en esta lengua y estudiar dialectología, aunque es probable que no tuviese en esta lengua el dominio que poseía en latín.

Por el contrario, Emilio Carilla recoge en su estudio una opinión verbal de María Rosa Lida según la cual «sus conocimientos de la lengua griega (sin dudar de que tradujese directamente) distaron de ser profundos» (1949: 69), aunque admite que los argumentos que podrían sostener esta afirmación —las citas de autores griegos a partir del latín, usuales en la época, y los versos atribuidos a

14 Astrana defiende que la versión del pseudo-Focílides es correcta y que el *Anacreón castellano*, que caracteriza como «uno de los libros más preciosos de Quevedo», contiene una «traducción y comentario, de todo punto insuperables» (1945: 144). Además, alaba el estilo de su traducción *Primera parte de la vida de Marco Bruto* (1945: 557).

Góngora contra su *Anacreón*, que surgen en un contexto de enardecida polémica— no son sólidos.

Ante este estado de la cuestión, la estudiosa Bénichou-Roubaud (1960) se propone analizar de modo meticuloso una de las traducciones quevedianas del griego, el *Anacreón castellano*, para comprobar si puede arrojar luz sobre el helenismo de Quevedo, y sus conclusiones tampoco son favorables. Entresaca cuatro casos en los que Quevedo modifica el sentido de los versos originales y concluye que no era un gran helenista, sino que «manejaba la lengua griega con bastante torpeza», aunque no la desconocía por completo (1960: 69). Sin embargo, reconoce que el propio Quevedo era consciente de estas licencias, como demuestra la calificación de «paráfrasi» (1960: 72).

Gendreau (1977) concuerda con Bénichou-Roubaud (1960) y considera superficial el conocimiento que tenía de griego. Balcells (1988: 39) también sostiene que entendía griego con gran dificultad y alaba que citase las versiones latinas que seguía, pero censura que le sirviesen, según él, para sustituir el griego como texto de partida. También López Ruiz (1998: 60) defiende que Quevedo alrededor de 1609 no dominaba el griego «en grado suficiente» para traducir las *Anacreónticas* y el pseudo-Focílides.

En los últimos años diversos investigadores han revisado las conclusiones previas sobre el conocimiento que Quevedo tenía de griego, y la conclusión es unánime: sus habilidades le permitían leerlo y transcribirlo, manejaba polianteas y ediciones griegas, si bien no se pueden comparar sus conocimientos con los de su amigo Vicente Mariner u otros relevantes filólogos como Lipsio, Erasmo o Estienne (Schwartz, 1999: 269). Tanto quevedistas como helenistas han reivindicado la calidad de las traducciones del griego llevadas a cabo por Quevedo.

Schwartz (1999: 269), con la que concuerdan Pérez Jiménez (2011: 126), que revisa el trabajo de Bénichou-Roubaud (1960), o Izquierdo (2013: 237; 2019: 325), se ha referido a la necesidad de reconsiderar la declaración de que no sabía griego, dado que, a su juicio, se basa en una visión anacrónica de las prácticas de traducción de inicios del XVII, ligadas a la formación de los humanistas áureos.

También en los últimos años Moya del Baño (2006: 702, nota 21) ha defendido que el conocimiento de griego de Quevedo era «más que mediano», lo cual no está reñido con que en sus traducciones no reflejase el texto griego original de manera fiel, lo que sería una licencia y no fruto de su supuesta ignorancia.

Además, las coincidencias entre las traducciones de obras griegas de Quevedo y sus correspondientes versiones latinas previas no deben emplearse como argumento para desmentir que, como afirma el propio traductor, tuviese a la vista y se sirviese del texto griego, pues se trata de traducciones correctas. Y en numerosos pasajes emplea un lenguaje propio que muestra su autonomía con respecto al texto latino. En abundantes ocasiones, las soluciones de Quevedo en sus traducciones evidencian su percepción de matices en los términos griegos que no recogían las traducciones previas, muestran que respeta en mayor medida las estructuras sintácticas del griego, o bien se trata de decisiones que responden a posibles errores de lectura del texto original, lo que también demuestra que traducía a partir de él. Estas apreciaciones llevan a Pérez Jiménez (2011: 126) a concluir que, al menos el Quevedo del *Anacreón castellano*, de sus primeras traducciones, sí era un helenista, idea con la que concuerda Méndez (2014: 249).

2.2 Latín

En cuanto al conocimiento que tenía de latín, existe menor controversia. Lo estudió de la mano de ayos y preceptores, después con los jesuitas en Madrid y en Ocaña, y posteriormente en la Universidad de Alcalá. Como adelantaba al inicio, el joven Quevedo mantuvo contacto epistolar en latín con el helenista Vicente Mariner y con Justo Lipsio, entre 1604 y 1605. En sus cartas a Lipsio aplica los consejos estilísticos que este humanista belga había presentado en su *Epistolica institutio* y demuestra la lectura atenta de su obra. Lipsio, en su respuesta a una carta en latín enviada por Quevedo, se dirige al autor con un saludo encomiástico en griego al modo homérico: ὦ μέγα κῦδος τῶν Ἰβήρων.[15]

Además de su formación, sus lecturas y sus cartas en latín dirigidas a importantes humanistas de la época, cabe destacar las traducciones que lleva a cabo a partir del latín, y las numerosas citas que se encuentran por toda su vasta obra y para las que en ocasiones propone enmiendas acertadas.

Antonio Calderón alaba en su ya mencionada aprobación de la *Primera parte de la vida de Marco Bruto* la traducción quevediana del latín de las *Suasorias* de Séneca:

> Y la *Suasoria séptima* de Marco Séneca traducida muestra que Séneca, como español, habla mejor en español que en latín, y que persevera en España la familia de los Sénecas en el ingenio, ya que no en la sangre. Dejose el cordobés indefensa la segunda parte de la suasoria porque la juzgó indefensable, y don Francisco, tomándola a su cargo, la ha hecho más fácil y aun la ha persuadido. Parece que Séneca se ha estado casi diez y seis siglos estudiando la respuesta, y que ahora la pronuncia por boca de don Francisco, con las ventajas de tan larga meditación (2012: 700–701).

El bibliógrafo Nicolás Antonio (1617–1684) alabó también su labor de traducción del latín en su *Bibliotheca Hispana*, en la que defiende que tradujo elegantemente

15 Este intercambio epistolar puede consultarse en la edición de Conde Parrado (2017).

la Suasoria sexta de Séneca y que era: «vir inter nos ingenio et eloquentia nec minus eruditione clarus» (p. 21).[16]

Por el contrario, Jáuregui criticó veladamente alguna traducción del latín de Quevedo en su *Memorial al Rey Nuestro Señor*, en concreto, su modo de verter a Lucano en la *Carta al serenísimo, muy alto y muy poderoso Luis XIII, rey cristianísimo de Francia* (Rico, 2017: 58):[17] «Siendo los doctos deste Reino maravilla de Europa, los estraños juzgarán pueril nuestra latinidad, rigiéndose por el exemplo desta carta, que traduce versos de Lucano tan al revés de lo que dizen, como trasladar sí por no» (f. 11).

En el siglo XIX, cabe señalar, que, para Menéndez Pelayo, Quevedo supo plasmar en castellano el estilo de Séneca, y califica esta traducción de excelente. Así mismo, presenta en su obra las versiones quevedianas de dos poemas de Catulo insertas en su *Anacreón castellano* y las describe como «hermosas traducciones» (1953: 101). Tras estos dos poemas, Menéndez Pelayo concluye: «con esta fidelidad y este colorido poético sabía interpretar Quevedo los modelos de la antigüedad» (1953: 102).

En el siglo pasado, Pérez Gómez (1989) analizó las traducciones quevedianas de poemas de Marcial sin poner en duda su conocimiento de latín y atribuyó las modificaciones apreciables en la traducción a la voluntad de Quevedo de adaptar los textos latinos a la poética del concepto (1989: 392). Incluso estudiosos que dudaron de su conocimiento de la lengua griega contrastan estas supuestas carencias con su mayor dominio del latín (López Ruiz, 1998: 61).

Algunas voces críticas con su conocimiento de latín fueron Bénichou-Roubaud (1960), González de la Calle (1965), Ettinghausen (1972), Gendreau (1977: 119) —que denuncia, por ejemplo, la supuesta falta de escrúpulos de Quevedo al verter *De los remedios de cualquier fortuna*, atribuida a Lucio Anneo Séneca— o Balcells (1988). Estos estudiosos ponen el foco de atención en errores de traducción a partir de esta lengua.

Bénichou-Roubaud (1960) subraya algunos supuestos deslices de Quevedo en su versión de la biografía de Anacreonte que precede a su traducción. De esta «Vida de Anacreonte», en la que Quevedo parte de la biografía en latín elaborada por Lilio Gregorio Giraldo, Bénichou-Roubaud (1960: 55) entresaca dos errores, la traducción de *pusionem*, 'joven', como «Pusión», y el genitivo *Ibyci* como nominativo plural «los de Íbico», pero son mucho más numerosos los

16 Sigo la edición del año 1788, impresa en Madrid por la viuda y herederos de Joaquín Ibarra.

17 Anotado en la edición de Peraita en las *Obras completas en prosa*, III (2005: 283, nota 72).

ejemplos de voces o versos de las traducciones latinas de las *Anacreónticas* que recoge acertadamente en su paráfrasis de los poemas —que parte del original, pero también bebe de estas otras versiones (1960: 63–64)—, y que prueban sus habilidades en latín.

Balcells (1988: 41, nota 13) recuerda las afirmaciones sobre la versión quevediana de la tercera sátira de Persio presentadas en su tesis doctoral, según las cuales no supo resolver algunos problemas de traducción y «no puso la necesaria elegancia y pulcritud de estilo que cable esperar en un latinista supuestamente tan óptimo».

Ya en el siglo XXI, Plata editaba la traducción quevediana de algunas de las *Controversias* de Séneca, y de su trabajo concluía que logra reflejar el estilo del autor y al mismo tiempo enriquecer la lengua castellana (2001: 216).

Iso (2002: 1640–1641) recuerda en su trabajo sobre las traducciones de Quevedo de las epístolas de Lucio Anneo Séneca que, al valorar esta versión, resulta necesario determinar de qué texto se sirvió el traductor; de no poder hacerse, en caso de que los errores no sean continuos y se le suponga un apreciable conocimiento de latín, debe pensarse que esos fallos son fruto de un texto original defectuoso. Defiende, además, que la traducción de las epístolas es «muy ajustada» y «que en abundantes ocasiones resulta espléndida», a pesar de los escasísimos descuidos de Quevedo (Iso, 2002: 1644).

Recientemente, Moya del Baño y Gallego en su análisis de la traducción quevediana de una de estas epístolas afirmaban que conservaba el estilo de Séneca con corrección y que, a pesar de algún error de detalle, «las virtudes superan con mucho los posibles defectos» (2011: 431).

También Alonso Veloso (2012: 686, nota 68) en el prólogo a su edición señaló la literalidad con que vertió Quevedo el latín, en este caso, de las *Suasorias* de Marco Anneo Séneca en su *Marco Bruto*.

Por último, cabe mencionar el estudio de Conde Parrado (2017) sobre las cartas enviadas por Quevedo a Lipsio, el cual revela el sobresaliente conocimiento de latín que tenía el autor con solo veinticuatro años.

3 La destreza de Quevedo en hebreo

Una vez analizado el debate crítico en torno a los conocimientos de Quevedo sobre las lenguas griega y latina, termino con una rápida referencia a la controversia en torno a su destreza en hebreo. El primer biógrafo de Quevedo, Pablo Antonio de Tarsia, defendía: «En la Hebrea, hizo tales progresos, que le consultaba en ella Autores gravissimos» (1988: 19).[18] En el polo opuesto a esta actitud

18 Se cita por la edición facsímil de la *princeps* de 1663 a cargo de Prieto Santiago.

elogiosa se sitúan las críticas de Menéndez Pelayo, quien señala que llevó a cabo la traducción del *Cantar de los cantares* «intercalando rasgos de mal gusto y alejándose, cuanto no es decible, de aquel excelente original»; no obstante, reconoce que «en esta extravagante imitación hay, sin embargo, versos felicísimos, como de Quevedo, y rasgos admirablemente vertidos, aunque siempre de sobra amplificados» (1953: 95). Sobre las *Lágrimas de Jeremías castellanas* indica que se caracteriza por la desigualdad que, según él, predomina en todas las versiones de Quevedo, pero «es muy digna de publicarse» (1953: 96).

Ya en el siglo XX, en múltiples trabajos sobre Quevedo se alude a su escaso o nulo conocimiento de la lengua hebrea, pero estas conclusiones provienen principalmente del estudio realizado por Del Piero (1969) sobre *La constancia y paciencia del santo Job*, donde se sugiere que Quevedo no debió de servirse en gran medida del texto hebreo. Sin embargo, los estudios más recientes sobre el hebraísmo de Quevedo parecen arrojar nueva luz en torno a esta cuestión y concluyen que esta lengua «no le era ajena», en palabras de Fernández Marcos y Fernández Tejero (2002). Por su parte, Fernández López (2013) afirma que Quevedo tenía «cierto dominio» de hebreo. Independientemente de su destreza en hebreo, difícil de determinar, se debe analizar la finalidad de sus traducciones, ya que es probable que otorgase mayor preponderancia al resultado poético en castellano, es decir, a la creación literaria, que a la literalidad de su versión.

Conclusión

En el *Anacreón castellano*, por ejemplo, Quevedo tradujo τοῖς ἰχθύσιν τὸ νηκτόν como «al mudo nadador alas y brío,/con que resbala libre por el río» («A los novillos dio naturaleza», vv. 9–10); ἡ Κυθήρη por «la diosa/que da leyes al Cielo,/que Pafo y Gnido adoran» («De dónde bueno vienes», vv. 14–16); λαλιστέραν por «parlera y habladora» («De dónde bueno vienes», v. 52), mediante la geminación de sustantivos; δραχμή por «escudo» («Un Cupidillo en cera retratado», v. 12); o ταινίη y σάνδαλον por «corpiño» y «chapín» («Junto a los ríos de Troya», vv. 17 y 19). ¿Quiere esto decir que no sabía griego? O σήμερον por «del día presente y ligero,/pues que tan presto se va» («No de Giges las riquezas», v. 11). ¿Demuestra la amplificación quevediana que no dominaba el griego? A mi juicio, no se deben analizar estas modificaciones como evidencias de su desconocimiento de lenguas clásicas. Solo un cierto conocimiento de estas lenguas le habría permitido interpretar libremente su modelo, hasta el punto de adaptarlo a sus propios propósitos.

La historia del debate crítico en torno a los conocimientos de latín y griego de Quevedo evidencia que se ha llegado a una suerte de punto intermedio en que se eluden tanto los elogios entusiastas como la valoración basada en la exactitud de tal o cual traducción. Procede sortear definitivamente una perspectiva que en este debate se ha demostrado estéril, para atender al concepto de traducción que existe en su época, así como al contexto en que se insertan las traducciones quevedianas de textos clásicos. Es decir, al propósito que las guía en la obra en que se insertan y, a su vez, en el conjunto de su trayectoria literaria. Y no conviene olvidar que Quevedo no quiso ser traductor, sino humanista y escritor. Fue un explorador de los límites de la lengua, en particular de sus posibilidades semánticas. Y, por lo tanto, parece pertinente suponer que también lo fue cuando, partiendo de una obra clásica, propuso una paráfrasis en ocasiones audaz, más próxima a la creación literaria que a la actual idea de la traducción fiel.

Como conclusión, tras este breve recorrido a través de las diversas opiniones de sus contemporáneos y de los juicios de estudiosos y críticos, debe hacerse hincapié en la complejidad de extraer conclusiones seguras sobre el conocimiento que Quevedo tenía de las lenguas clásicas si se parte de las opiniones de panegiristas y detractores o de las diversas traducciones del autor, dado que en muchos casos no pretende elaborar una traducción fiel, por lo que al menos no pueden esgrimirse como argumento de que no tenía destreza en estas lenguas. En ocasiones los argumentos de quien niega a Quevedo destreza en griego o latín parecen expresados sin tomar en consideración la voluntad del propio traductor, la cual resulta patente en preliminares como los citados al inicio. Este recorrido a través de las diversas aportaciones a este debate permite observar el estado de la cuestión y las tendencias de la discusión: en los últimos años se aboga claramente por aceptar que conocía ambas lenguas, sin dudas en cuanto a sus habilidades en latín, y en cuanto al griego, se concluye que lo leía y comprendía sin grandes dificultades. No debemos, por tanto, como indicaba Claudio Guillén (1982: 495), ante sus traducciones, «suspender en Clásicas a Quevedo», sino comprenderlo y analizar sus traducciones situándolas en su contexto histórico.

Bibliografía

Alonso Veloso, María José (2012): «Prólogo», *Primera parte de la vida de Marco Bruto*, edición María José Alonso Veloso, en *Obras completas en prosa. Tratados políticos*, dirección de Alfonso Rey, V, Castalia, Madrid, pp. 641–984.

Antonio, Nicolás (1788): *Bibliotheca Hispana Nova, sive Hispanorum Scriptorum qui ab anno 1500 ad 1684 floruere notitia*, viuda y herederos de Joaquín Ibarra, Madrid.

Astrana Marín, Luis (1945): *La vida turbulenta de Quevedo*, Gran Capitán, Madrid.

Astrana Marín, Luis (1946): *Epistolario completo de D. Francisco de Quevedo-Villegas*, Instituto Editorial Reus, Madrid.

Balcells, José María (1988): «Quevedo, traductor del griego», *Scriptura*, núm. 4, pp. 35–42.

Bénichou-Roubaud, Sylvia (1960): «Quevedo helenista (el *Anacreón castellano*)», *NRFH*, núm. 14, 1–2, pp. 51–72.

Camacho Rojo, José María y García González, Jesús María (1993): «La literatura griega en la obra en prosa de Francisco de Quevedo», *Florentia Iliberritana*, núm. 4–5, pp. 109–124.

Carilla, Emilio (1949): *Quevedo: entre dos centenarios*, Universidad Nacional de Tucumán, Instituto de Lengua y Literatura Españolas, Tucumán.

Castanien, Donald G. (1958): «Quevedo's *Anacreón Castellano*», *Studies in Philology*, núm. 55, 4, pp. 568–575.

Céspedes, Baltasar de, *Discurso de las letras humanas llamado el humanista*, Madrid, Antonio Fernández, 1784.

Conde Parrado, Pedro (2017): «Argutae et litteratae: una nueva mirada sobre el intercambio epistolar entre Francisco de Quevedo y Justo Lipsio (1604–1605)», en María José Alonso Veloso (ed.), *Quevedo en Europa, Europa en Quevedo*, Academia del Hispanismo, Vigo, pp. 35–78.

Del Piero, Raúl A. (1969): «Las fuentes del *Job* de Quevedo», *Boletín de Filología*, núm. 20, pp. 17–133.

De Paz, Amelia (1999): «Góngora… ¿y Quevedo?», *Criticón*, núm. 75, pp. 29–47.

Ettinghausen, Henry (1972): *Francisco de Quevedo and the Neostoic Movement*, Oxford University Press, Londres.

Fernández López, Sergio (2013): «Francisco de Quevedo y su conocimiento de la lengua hebrea», en María José Alonso Veloso y Alfonso Rey (eds.), *Italia en la obra de Quevedo*, Universidade de Santiago de Compostela, Santiago de Compostela, pp. 183–206.

Fernández Marcos, Natalio y Fernández Tejero, Emilia (2002): « ¿Quevedo hebraísta? *Lágrimas de Hieremías castellanas*», *Sefarad*, núm. 62, pp. 309–328.

Gendreau, Michèle (1977): *Héritage et création: recherches sur l'humanisme de Quevedo*, Université-Librairie Honoré Champion, Lille.

Góngora, Luis de (2009): *Antología poética*, edición de A. Carreira, Barcelona, Crítica, 2009.

González de la Calle, Pedro Urbano (1965): *Quevedo y los dos Sénecas*, El Colegio de México, México D. F.

Gregores, Emma (1953–1954): «El humanismo de Quevedo», *Anales de Filología Clásica*, núm. 6, pp. 91–105.

GUILLÉN, Claudio (1982): «Quevedo y el concepto retórico de literatura», Víctor García de la Concha (dir. congr.), *Homenaje a Quevedo*, Caja de Ahorros y Monte de Piedad, Salamanca, pp. 483–506.

ISO, José Javier (2002): «Quevedo, traductor de las *Epístolas a Lucilio*: notas para una edición», en José María Maestre Maestre, Joaquín Pascual Barea y Luis Charlo Brea (coords.), *Humanismo y pervivencia del mundo clásico. Homenaje al profesor Antonio Fontán*, III, 4, CSIC, Madrid, pp. 1639–1644.

IZQUIERDO, Adrián (2013): «La traducción del *Anacreón castellano* de Quevedo en su tiempo», en Alain Bègue y Emma Herrán Alonso (eds.), *Pictavia aurea. Actas del IX Congreso de la Asociación Internacional "Siglo de Oro"*, PUM, Toulouse, pp. 229–238.

IZQUIERDO, Adrián (2019): «Paráfrasis y experimentación poética en el *Anacreón castellano* de Quevedo», *Docta y sabia Atenea. Studia in honorem Lía Schwartz*, Universidade da Coruña, A Coruña, pp. 315–338.

JAURALDE POU, Pablo (1998): *Francisco de Quevedo (1580–1645)*, Castalia, Madrid.

JÁUREGUI, Juan de, *El retraído*, edición L. Astrana Marín, *Obras completas. Obras en verso*, 1932, pp. 1073–1099.

JÁUREGUI, Juan de, *Memorial al rey Nuestro Señor*, [s. l.], [s. n.].

LÓPEZ EIRE, Antonio (1982): «La traducción quevedesca del *Manual* de Epicteto», *Academia Literaria Renacentista*, II, pp. 233–243.

LÓPEZ GRIGERA, Luisa (1998): *Anotaciones de Quevedo a la «Retórica» de Aristóteles*, Gráficas Cervantes, Salamanca.

LÓPEZ RUIZ, Antonio (1998): «Sobre Quevedo traductor de poesía clásica», en Emilio Barón (ed.), *Traducir poesía. Luis Cernuda, traductor*, Universidad, Almería, pp. 59–68.

MÉNDEZ, Sigmund (2014): «Prácticas filológicas y literarias en el *Anacreón castellano* de Quevedo», *Cuadernos de Filología Clásica*, núm. 24, pp. 245–272.

MENÉNDEZ PELAYO, Marcelino (1953): *Obras completas*, vol. LVII, en Enrique Sánchez Reyes (ed.), *Biblioteca de traductores españoles*, vol. IV (Oliver-Vives), CSIC, Madrid.

MÉRIMÉE, Ernest (1886): *Essai sur la vie et les oeuvres de Francisco de Quevedo*, Alphonse Picard, París.

MOYA DEL BAÑO, Francisca (2006): «Catulo, Ovidio y Propercio en el *Anacreón* de Quevedo», en Esteban Calderón, Alicia Morales y Mariano Valverde (eds.), *Koinòs lógos. Homenaje al profesor José García López*, Universidad de Murcia, Servicio de Publicaciones, Murcia, pp. 699–711.

Moya del Baño, Francisca (2014): *Quevedo y sus ediciones de textos clásicos: las citas grecolatinas y la biblioteca clásica de Quevedo*, Universidad de Murcia, Murcia.

Moya del Baño, Francisca y Gallego, Elena (2011): «La epístola 41 de Séneca traducida por Quevedo y defendida por él de "los ataques" de Muretus», en Fremiot Hernández González, Marcos Martínez Hernández y Luis Miguel Pino Campos (eds.), *Soladium Munus. Homenaje a Francisco González Luis*, Ediciones Clásicas, Madrid, pp. 421–438.

Papell, Antonio (1947): *Quevedo: su tiempo, su vida, su obra*, Barna, Barcelona.

Pérez Gómez, Leonor (1989): «Quevedo traductor de Marcial», en Juan Paredes Núñez y Andrés Soria Olmedo (eds.), *Actas del VI Simposio de la Sociedad de Literatura General y Comparada*, Universidad de Granada, Granada, pp. 385–396.

Pérez Jiménez, Aurelio (2011): «Sí, el Quevedo del *Anacreón*, helenista», en Aurelio Pérez Jiménez y Paola Volpe Cacciatore (eds.), *Musa Graeca Tradita, Musa Graeca Recepta. Traducciones de poetas griegos (siglos XV-XVII)*, Pórtico, Zaragoza, pp. 103–130.

Plata Parga, Fernando (2001): «Edición de las *Controversias* de Séneca, texto inédito de Francisco de Quevedo», *La Perinola*, núm. 5, pp. 207–275.

Quevedo, Francisco de, *Anacreón castellano*, edición J. M. Blecua, *Obra poética: Teatro y traducciones poéticas*, vol. IV, Madrid, Castalia, 1981.

Quevedo, Francisco de, *Carta al serenísimo, muy alto y muy poderoso Luis XIII, rey cristianísimo de Francia*, edición C. Peraita, *Obras completas en prosa*, vol. III, dirección A. Rey, Madrid, Castalia, 2005.

Quevedo, Francisco de, *Censuras y elogios de obras ajenas*, edición A. Rey, en *Obras completas en prosa*, vol. VIII, dirección A. Rey, coordinación M.ª J. Alonso Veloso, Barcelona, Castalia, (en prensa).

Quevedo, Francisco de, *Epicteto y Phocilides en español con consonantes*, edición J. M. Blecua, *Obra poética: Teatro y traducciones poéticas*, vol. IV, Madrid, Castalia, 1981.

Quevedo, Francisco de, *Obra poética*, vol. I, edición J. M. Blecua, Madrid, Castalia, 1969.

Quevedo, Francisco de, *Primera parte de la vida de Marco Bruto*, edición M.ª J. Alonso Veloso, *Obras completas en prosa*, vol. V, dirección A. Rey, Madrid, Castalia, 2012.

Rey Álvarez, Alfonso (2015): *The last days of Humanism: A reappraisal of Quevedo's thought*, Modern Humanities Research Association and Maney Publishing, Londres.

Rico García, José Manuel (2017): «Jáuregui y Quevedo: causas y razones para una discordia», *eHumanista*, núm. 37, pp. 46–64.

Roncero López, Victoriano (2000): *El humanismo de Quevedo: filología e historia*, EUNSA, Pamplona.

Ruiz Pérez, Pedro (2003): «La poética de la erudición en Trillo y Figueroa», *La Perinola*, núm. 7, pp. 335–366.

Schwartz, Lía (1998): «*Las preciosas alhajas de los entendidos*: un humanista madrileño del siglo xvii y la difusión de los clásicos», *Edad de oro*, núm. 17, pp. 213–230.

Schwartz, Lía (1999): «Un lector áureo de los clásicos griegos: de los epigramas de la *Antología griega* a las *Anacreónticas* en la poesía de Quevedo», *La Perinola*, núm. 3, pp. 293–324.

Tarsia, Pablo Antonio de (1988): *Vida de don Francisco de Quevedo y Villegas*, reproducción facsímil de la edición príncipe (1663) cuidada por Melquiades Prieto Santiago, prólogo de Felipe B. Pedraza Jiménez, Ara Iovis, Aranjuez.

Trillo y Figueroa, Francisco de, *Neapolisea*, Granada, Baltasar de Bolibar y Francisco Sánchez, 1651.

Vega Carpio, Félix Lope de, *Laurel de Apolo*, edición A. Carreño, Madrid, Cátedra, 2007.

Villalba De La Güida, Israel (2010): «Elogios a Francisco de Quevedo en una oda encomiástica de Giulio Cesare Stella (1618). Panorama del círculo literario neolatino del Tercer Duque de Osuna, Virrey de Nápoles», *Myrtia*, núm. 25, pp. 259–286.

Lucio R. Cebreiro

Notas sobre la parodia de la épica clásica en la España barroca: *La Gatomaquia* de Lope de Vega*/Notes on Classic Epic Parody in Baroque Spain Through Lope de Vega's *La Gatomaquia*

RESUMEN Lope de Vega es reconocido sobre todo por su producción teatral, aunque dedicó buena parte de su trayectoria a la poesía épica, en sus diversas modalidades. Su intención era cantar los logros de su patria en una epopeya que, realzando su talla como poeta, afianzase su posición en la Corte. La culminación de este afán de emular la épica clásica, y remedar la *rota Vergilii*, es el poema épico burlesco *La Gatomaquia*. Incluido en las *Rimas humanas y divinas del licenciado Tomé de Burguillos* (1634), el último de sus volúmenes líricos, muestra un fuerte influjo de obras clásicas como la *Ilíada*, la *Eneida* o la *Odisea*, y una abundante presencia de personajes mitológicos, al tiempo que evidencia su vinculación a ciertos antecedentes paródicos como la *Batracomiomaquia*. El objetivo de este artículo es analizar, a través de unos pocos pasajes seleccionados, las referencias intertextuales y alusiones a la mitología grecolatina incluidas en *La Gatomaquia*. Previamente ofrezco una sucinta contextualización sobre la vida y la obra épica de Lope de Vega, que pone de manifiesto cómo, luego de recorrer múltiples géneros épicos, desembocó en una vertiente paródica característica del Barroco, que alcanzó su cima en esta jocosa batalla de gatos.

Palabras clave: Épica burlesca, Épica grecolatina, Lope de Vega, *La Gatomaquia*, 1634

ABSTRACT Lope de Vega is well-known for his theatrical work, although he spent a significant part of his career writing many types of epic poetry. His purpose was to recite the achievements of the country in an epic poem, which would promote him as a poet, and would grant him a position in the royal court. To complete the desire of emulating classic epic, after his attempt to recreate the *rota Vergilii*, he wrote the mock epic poem *La Gatomaquia*. It was included in *Rimas humanas y divinas del licenciado Tomé de Burguillos* (1634), her last lyric volume published in life, and showed a strong influence from classic books like *Iliad*, *Aeneid* or *Odissey*. It also contained profuse appearances of mythological

* Me gustaría expresar mi sincero agradecimiento al grupo de investigación Francisco de Quevedo (USC), en particular a Alfonso Rey y a mis compañeras (y amigas) Lúa García y Antía Tacón por su apoyo. Mención especial merece María José Alonso Veloso, a quien agradezco el haberme animado a presentar este primer artículo y su inestimable ayuda resolviendo mis interminables dudas.

characters, linking the poem to previous classic parodies like *Batrachomyomachia*. The aim of this article is to briefly analyze, through a few selected text passages, intertextual references and allusions to Greco-Latin mythology from *La Gatomaquia*. Before the analysis, a short contextualization about Lope de Vega´s life and his epic poetry is needed, as it shows how, after following plenty of genres, he reached a burlesque style characteristic of Baroque, which reached its climax in this hilarious battle of cats.

Keywords: Mock epic, Greco-Latin epic, Lope de Vega, *La Gatomaquia*, 1634

1 El género épico en la literatura de Lope de Vega

Buena parte de la ingente obra producida por Lope de Vega (1562–1635) ha sido sometida a estudio y anotación crítica, sobre todo la concerniente a su teatro y poesía. Sin embargo, y aunque fue un género bastante cultivado durante el Barroco, su obra épica parece no haber atraído excesiva atención (Cacho Casal, 2012: 8), a pesar de la cantidad y variedad de títulos que constan en su bibliografía. Las aspiraciones de ser reconocido como poeta culto y obtener un puesto en la Corte le llevaron a trazar una trayectoria, iniciada en una etapa temprana de su obra literaria y finalizada un año antes de su muerte, que abarcó diferentes modalidades, comprendidas entre las de tono más grave y las abiertamente jocosas (Micó, 1998: 105), dejando un completo legado épico con los más variados registros, de entre los que destacan: *Dragontea* (histórico, 1598), *Isidro* (hagiográfico, 1599), *La hermosura de Angélica* (novelesco, 1602), *Jerusalén conquistada* (trágico, 1609), *Corona Trágica* (biográfico, 1627) y *La Gatomaquia* (paródico, 1632). Tal volumen de obras muestra que fue el autor del siglo XVII que más modalidades cultivó, pese a no haber sido este el género con el que alcanzó más éxito.

En las *Rimas humanas y divinas del licenciado Tomé de Burguillos* (1634), última obra publicada en vida, se encuentra *La Gatomaquia*, una epopeya burlesca con cierta independencia, que incluye frecuentes referencias a obras clásicas como la *Ilíada*, la *Eneida* o la *Odisea*, además de una abundante presencia de personajes mitológicos, basándose en antecedentes paródicos como la *Batracomiomaquia*.

El propósito de este estudio es analizar, de modo necesariamente sucinto, una de las múltiples facetas de este poemario burlesco, relacionada con la pátina erudita con que Lope acostumbra a recubrir su literatura: las alusiones clásicas y mitológicas presentes en el mentado poema, que, al tiempo que rinden homenaje a la literatura clásica, destruyen sus rasgos a través de la recreación paródica.

2 El origen del heterónimo Burguillos

En 1620, durante las justas poéticas celebradas en honor de San Isidro, patrón de Madrid, el Fénix ideó al «maestro Tomé de Burguillos» y bajo su nombre presentó algunos poemas: su lírica logró que el seudónimo adquiriese cierta popularidad, por lo cual Lope le hizo «participar» también en el certamen poético de 1622. Burguillos no volvería a hacer acto de presencia hasta las *Rimas humanas y divinas del licenciado Tomé de Burguillos* (1634), doce años más tarde y en la última obra que Lope publicó en vida. Pero esta vez, el seudónimo iría más allá, pues poseía un pasado, una personalidad humilde y una extensa creación literaria, a pesar de la cual padecía estrecheces económicas (Sánchez Jiménez, 2018: 273–274), todo lo cual le hizo pasar de seudónimo a heterónimo, es decir, un personaje con vida propia. Su presencia entra dentro de una etapa clave en la vida de Lope, que Rozas denomina «*de senectute*», y que se prolonga desde 1627 hasta su deceso en 1635. Esta última época se caracteriza por una serie de contrariedades que lastraron el ánimo del Fénix y que, según allegados como su discípulo Juan Pérez de Montalbán, adelantaron su óbito.[1]

Lope habría tratado de encontrar una forma de evadirse de la tristeza provocada por la melancolía, el desengaño y una dura realidad. Su hija Marcela decidió revelar la vocación religiosa que sentía, y abandonó el hogar paterno para entrar en la orden de Las Trinitarias; a la expatriación del Duque de Sessa, mecenas del Fénix, se unía la recesión en España, causada por la bajada de la moneda de vellón; además, la compañera y gran inspiración de Lope durante su madurez, Marta de Nevares, expiraba con solo cuarenta y tres años de edad (Zamora Vicente, 1988: 73). Un año después, su hija Feliciana contraía matrimonio, pero su otra hija, Antonia Clara, se fugaría de la mano de un galán, quien la convenció para robar todos los objetos de valor y el dinero de su progenitor, en otro duro revés para un Lope que progresivamente se había ido quedando solo en su hogar (Sánchez Jiménez, 2018: 329–330), y que, además, iba perdiendo el favor del público teatral, con la entrada de nuevos escritores como Calderón.

Por otra parte, su antagonista literario, Góngora, había expirado en 1627. Lope le dedicó un respetuoso y sincero panegírico (Rozas, 1990: 78), tal vez creyendo que la tendencia cultista se había cerrado: nada más lejos de la realidad, pues surgió una nueva oleada de imitadores gongorinos con acceso a Palacio, a los que el Fénix llamó «pájaros nuevos». Estos figurarán en la poesía de esta última etapa como los que usurpan su ansiado puesto de cronista real, vilipendiándolo ante

1 Sobre esta cuestión, remito a Sánchez Jiménez (2018: 341).

los señores. Las burlas y sátiras contra ellos fueron para el escritor leve remedio y desahogo ante la soledad, melancolía, reveses y desengaños que cubrieron esta última fase de su vida (Blázquez, 1994: 24).[2]

Burguillos, a pesar de estar alejado del Fénix en algunos aspectos, deja entrever cierto juego de espejos, pues la crítica ha considerado que muchos rasgos satirizados son coincidentes con la visión y preocupaciones «*de senectute*» del madrileño: la ausencia de mecenazgo para los escritores, la multiplicación de poetas cultos sin talento que solo imitan mecánicamente los recursos de Góngora, y el desengaño por unos esfuerzos y virtudes nunca reconocidos, principalmente en lo que atañe a su obra épica.

El «disfraz» de Burguillos no es novedoso para el Fénix, ya que a lo largo de su carrera figuran todo tipo de seudónimos, pastoriles y moriscos. Pero el heterónimo es diferente, porque tiene un pasado y un poemario, al que se añade *La Gatomaquia*, el «último impulso para completar la obra» (Rozas, 1990: 198–199). El hecho de que este poema burlesco sea objeto de alabanza en el mismo prólogo, así como el detonante que anima a Lope (editor ficticio de la obra) a reunir el resto de poemas, confirma su importancia en el volumen.

2.1 Argumento de *La Gatomaquia*

Tras dedicar gran parte de su vida al género épico, ofreciendo sus obras a nobles y monarcas sin que ello le otorgase un puesto remunerado en la Corte, Lope decidió emprender la escritura de una última epopeya, burlesca. El propio título de la obra muestra su contenido: el sufijo «–maquia» invoca narraciones épicas de batallas, pero el sustantivo animalesco desvela la parodia, y equipara algo tan trivial como una pelea de gatos a la Guerra de Troya. Además, en esta ocasión Lope no dedica la obra a poderosos señores, sino a su hijo, toda una declaración de intenciones. Ante las desgracias y desengaños en su vejez, el apodado «Fénix de los ingenios» se consoló con estos versos burlescos (Blázquez, 1995: 24), protagonizados por animales de aspecto, sentimientos y comportamiento humanos, lo cual deriva en amor, desamor, celos y guerra. De esta forma, y gracias a las disertaciones de la voz poética, la parodia amalgama diferentes niveles: deforma el canon épico, rebaja las figuras mitológicas, y alcanza la propia vida y obra de Lope.

2 Para más información sobre los infortunios familiares de Lope y su desengaño literario, véanse Zamora Vicente (1988: 73), Rozas (1990: 81–82) y Sánchez Jiménez (2018: 329–331).

El argumento de la epopeya se sustenta en un triángulo amoroso, que la crítica ha considerado basado en la propia biografía del escritor, también rememorada en *La Dorotea*: su relación con Elena Osorio, a la que ella puso fin ante las atenciones de un hombre más rico y poderoso. En la obra, el triángulo lo componen Marramaquiz, Zapaquilda y un recién llegado, Micifuf. Este acude al progenitor de Zapaquilda para concertar el matrimonio con su hija: la noticia del enlace y los celos desatan la locura en Marramaquiz, que irrumpe furioso en la iglesia el día de la boda, secuestra a la novia y la encierra en una torre. El rapto desencadena una guerra que no es bien vista por Júpiter, quien envía una densa niebla que interrumpe la batalla. Marramaquiz sale por los tejados a buscar sustento, pero un príncipe que cazaba vencejos falla el tiro y mata al minino. Los sitiados se rinden, Zapaquilda es liberada y se celebra la boda. El bando rival es perdonado, y la silva termina con los personajes felices y «adornado de luces el teatro» (7, v. 408).

A lo largo de toda *La Gatomaquia* se perciben reminiscencias, aunque sean paródicas, de la denominada «comedia nueva»: un triángulo amoroso, los celos, disertaciones, paso del tiempo muy marcado, un duelo, enredos entre personajes y justicia final. Pero también resulta sumamente significativo que, teniendo a su disposición cualquier tipo de personaje, y más en una parodia de este tipo, donde encajaría un animal cualquiera portando un arma de fuego, como un perro, Lope haya elegido precisamente a un príncipe, cuya intervención es definitiva, en la medida en que propicia la solución final que permite cerrar la epopeya.

Si observamos un buen número de obras cumbre en la trayectoria teatral del Fénix, como *El caballero de Olmedo (1989)*, *El villano en su rincón (1987)*, *Fuente Ovejuna (1993)* o *Peribáñez y el comendador de Ocaña*, observamos que todas ellas coinciden en que, muy próximas a sus respectivos finales, entran en escena los reyes, personajes encargados de impartir justicia, aunque razonables cuando los hechos delictivos no se puedan «averiguar», como en *Fuente Ovejuna*. El término «justicia» tal vez suene ridículo siguiendo el curso de los acontecimientos en *La Gatomaquia*, pero precisamente por eso se trata de una parodia: porque se puede ridiculizar casi todo. Incluir a los reyes de España en una parodia burlesca protagonizada por animales sería excesivo, lo cual explicaría la presencia de un «príncipe» en sustitución de los monarcas.[3] Otra posibilidad, si se interpreta que el triángulo amoroso es biográfico como ha hecho una parte de la crítica, sería que el príncipe representase a la nobleza que dio la espalda a Lope, frenando sus

3 Para más información y opiniones sobre reminiscencias teatrales presentes en *La Gatomaquia*, véanse Fernández Nieto (1995) y Blázquez (1995, pp. 295–309).

ambiciones cortesanas, si bien es solo una idea, pues una afirmación así ha de hacerse con todas las precauciones.

3 Presencia de la épica clásica

El mismo género que Lope quiso ofrecer a España, ensalzando la historia nacional y a sus gobernantes, se carga aquí de significados diferentes, en forma de contra canción paródica, en la cual la deturpación será el cauce del desengaño, la frustración y la queja (Conchado, 1996: 428). La obra rompe las expectativas del lector, que, al percibir su estilo elevado, esperaría la canónica octava real, empleada para temas graves y épicos. Sin embargo, el autor decidió distanciarse completamente de los estándares: de este modo, la deformación y la parodia se extienden desde el propio título hasta el metro, sustituido por la silva, gran innovación introducida en España durante el Siglo de Oro. La crítica ha considerado que el Fénix se responsabilizó de una arriesgada ruptura con lo anterior, mediante tamaña negación métrica (Balcells, 1995: 31), pero también ve la elección como un acierto, pues opina que la silva le permitió mayor libertad y juego creativo (Fernández Nieto, 1995: 155). Además, empleó abundantes metáforas, perífrasis, antítesis, hipérbaton o conceptismos y cultismos, muy en consonancia con la literatura barroca. El tono burlesco del poema no debe confundir al lector, llevándolo a menospreciar la dificultad del texto por su carácter paródico, pues entraña una enorme complejidad.

Como Lope había cultivado múltiples variantes del género épico, lo conocía bien, lo cual le permitió una parodia más eficaz: de hecho, una parte destacada de la obra consiste en referencias intertextuales burlescas a la épica clásica y a sus figuras mitológicas. Aunque su gran número me impide profundizar en más detalle, con esta aportación pretendo mostrar de manera sucinta la presencia y relevancia de estos dos elementos en *La Gatomaquia.*

3.1 La Ilíada y La Odisea en La Gatomaquia

Homero es la presencia más destacada en la obra, pues buena parte de la parodia está basada en *La Ilíada*. El rapto de Elena por un extranjero, causante de la guerra entre Grecia y Troya, se equipara al secuestro de Zapaquilda, aunque la primera se fugue voluntariamente y la segunda sea tomada por la fuerza (Blázquez, 1995: 83–84). Además, las referencias a Elena y a la materia troyana son frecuentes en el poemario de Lope, por lo que la parodia abarca simultáneamente su propia obra y la epopeya homérica.

Previo al poema épico se presenta un soneto introductorio, que lleva por título *De doña Teresa Verecundia al licenciado Tomé de Burguillos*, y que resulta ser una burla de los poemas encomiásticos que solían preceder a los poemarios barrocos.[4] Bajo el nombre de la supuesta autora, «Verecundia», esto es, «vergonzosa» en latín, podemos apreciar que Lope identifica los hechos con la batalla felina: «Si a Homero coronó la ilustre frente/cantar las armas de las griegas naos,/a vos, de los insignes marramaos,/guerras de amor por súbito accidente» (163, vv. 5–8).

Durante el Siglo de Oro había tendencia a denominar «Paladión» al caballo de madera que emplearon los griegos para entrar en Troya, porque el nombre se le daba a la estatua de la diosa Palas (Blázquez, 1995: 85), y la figura del équido se suponía construida para aplacar a esta divinidad. Así le llama Góngoraen su *Fábula de Polifemo y Galatea*, «Lince penetrador de lo que piensa,/cíñalo bronce o múrelo diamante:/que en sus Paladiones Amor ciego,/sin romper muros introduce fuego» (2016: p. 37, vv. 294–297), y también Lope en la obra que nos ocupa:

No estuvo más airado
Agamenón en Troya,
al tiempo que metiendo la tramoya
del gran Paladión de armas preñado,
echaron fuego a la ciudad de Eneas,
de ardientes hachas y encendidas teas (2, vv. 184–189).

En la silva quinta se menciona directamente a Homero, a quien se atribuía la *Batracomiomaquia* durante el Barroco. Relacionar tan insigne nombre con una obra paródica muestra que, cuando los géneros quedan codificados, ese mismo código se pone al servicio de asuntos no relacionados con su fundación, y lo subvierten. De ahí el estilo elevado empleado (Bonilla Cerezo y Luján Atienza, 2012: 193), que genera una ruptura del decoro, por el violento contraste entre la nimiedad del asunto y los protagonistas del relato y su elevada expresión formal, reservada para las más altas hazañas. Así, Lope recurre a la autoridad de Homero para disculpar la humildad de su tema:[5] «Y si el divino Homero/cantó con plectro a nadie lisonjero/la Batracomiomaquia,/¿por qué no cantaré la Gatomaquia?» (5, vv. 66–69).

En esta misma silva se encuentran dos menciones más. En la primera, «Ni a vista de sus naves/fue más furioso Aquiles, cuando en Troya/le dijeron la muerte

4 *Isidro*, del propio Lope, incluye catorce poemas (Vega Carpio: 2010, pp.140–158) antes del prólogo.

5 Remito a Blázquez (1995: 46). Los elogios a lo insignificante o impropio, defectos físicos o indignidades proceden del mundo clásico; para más información sobre el «encomio paradójico», véase Cacho Casal (2003: 103–217).

de Patroclo» (5, vv. 335–337), Lope parece no recordar los hechos de manera precisa, pues Aquiles no estaba furioso, sino dolido, por la muerte de Patroclo:[6] «Así dijo, y una negra nube/de aflicción le envolvió a él, Aquiles,/y con entrambas manos cogió polvo/de quemada color y se lo echó/de sobre su cabeza para abajo» (Homero, 1991: 749);[7] «Aquiles, el de los rápidos pies,/lágrimas bien ardientes derramaba,/una vez vio en el féretro tendido/a su leal compañero/por el agudo bronce desgarrado» (Homero, 1991: 761). La segunda alusión refiere el rapto de Elena por Paris que desencadena la guerra, asimilado al rapto de Zapaquilda por Marramaquiz:[8] «Así Paris robó la bella Elena,/las naves aguardando en la marina» (5, vv. 378–379).

Antes de la batalla, Micifuf reacciona como «el rey Atrida» ante el secuestro, es decir, como Menelao, rey de Esparta y esposo de Elena: «Y entre ellos Menelao iba marchando/confiado en sus ardientes deseos,/exhortando a la guerra, pues en su alma/más que nadie vengarse deseaba/de los gemidos y angustias de Helena» (Homero, 1991: 113). Accidalia es uno de los nombres que designa a Venus, asignado por Virgilio en *La Eneida*, y en este caso se emplea para referirse al juicio de Paris, de ahí la expresión «pastor para traiciones apto»:[9]

> Y lo mismo decía, cuando el rapto
> de Elena fementida,
> el griego rey Atrida,
> contra el pastor para traiciones apto,
> que dio en el monte Ida
> en favor de Accidalia la sentencia (6, vv. 21–26).

Merecen comentario también dos breves menciones en la sexta silva, que presentan a Zapaquilda como una «Elena felina»: «el suceso estupendo/del robo de su esposa,/Elena de las gatas» (6, v. 41), «el robo de su esposa exageraba,/que cada cual en su dolor y pena/hasta una gata puede hacer Elena» (6, v. 224).

En ulteriores versos se mezclan dos obras diferentes: el *Orlando Furioso* y *La Ilíada*, para mostrar dos personajes clave como modelos de «hombres de acción»:[10] «Sin admitir un punto de sosiego,/como en París el moro, en Troya el griego» (6, vv. 90–91).

6 Véase Blázquez (1995: 86).
7 La cita procede de la edición de López Eire (1991).
8 Cuiñas (525, n. 738).
9 Cuiñas (528, n. 21–26).
10 Cuiñas (532, n. 91).

El sobrenombre «de los pies ligeros», atribuido a Aquiles en la *Ilíada*, se aplica aquí a las ratas fugitivas, lo cual muestra la intención burlesca de Lope:[11] «De las tremantes ratas/fugitivo escuadrón de pies ligeros/temeroso ocupó los agujeros» (6, vv. 45–47).

En la silva sexta los felinos acuerdan que «la solución no será ni el desafío ni la querella jurídica», será «como en Homero», esto es, bélica. Sin embargo, la epopeya lopesca muestra el término «cometa», relacionado con el vocabulario de germanía, lo que aporta un toque cómico al insertarse en una declaración formal de guerra, como la de Troya:[12] «terciad las picas, disparad cometas,/que así cobró su esposa en Troya el griego/publicando la guerra a sangre y fuego» (6, vv. 429–431).

La séptima y última silva del poema se abre con dos versos que contienen adjetivos llamativos: «micigriego» y «troyano». El primer término es creado mediante fusión del sustantivo empleado durante el Barroco para atraer a los gatos, «miz», con el gentilicio «griego», que remite a *La Ilíada*. Marramaquiz es denominado «gato troyano», por contraste con «los griegos que le vencen»,[13] aunque en el término también podría haber una leve connotación cómica, por un juego de palabras con la raza del felino, ya que esta especie es denominada «romana»: «Al arma toca el campo micigriego/contra Marramaquiz, gato troyano» (7, vv. 1–2).

Una disertación de la voz poética defiende la existencia de pigmeos, y nombra autoridades para justificarla, entre las que figura Homero.[14] La expresión «dar patria» significa «situar a alguien en el lugar en el que ha nacido», y «al mediodía» se refiere al sur, espacio donde se ubicaría la tribu pigmea.

Lope también reserva un lugar para la figura de Estacio, a quien denomina «intérprete de Homero» por su conocida *Aquileida*, poema que narra las empresas de Aquiles: «Homero le da patria al mediodía,/con su intérprete Estacio» (7, vv. 97–98).

Antes del final de la obra todavía resta una breve alusión a la guerra de Troya, en boca de Júpiter, quien menciona a «la griega hermosa» (7, v. 333) causante de la batalla, Elena, en este caso personificada en Zapaquilda:[15]

---

11 Blázquez (1995: 86).
12 Véanse Blázquez (1995: 84) y Cuiñas (542, n. 430).
13 Cuiñas (544, n. 1).
14 Blázquez (1995: 87).
15 Remito a Blázquez (1995: 84) y Cuiñas (557, n. 333).

Dioses, no es justo», dijo, «que la espada
sangrienta de la guerra
se muestre aquí tan fiera y rigurosa,
aunque es la misma de la griega hermosa,
y que muertos los gatos, esta tierra
se coma de ratones (7, vv. 330–335).

En la obra se aprecian también varias referencias a *La Odisea*. La primera, que consta en la segunda silva, es la figura del cíclope Polifemo. La entrada a la gruta que le servía de hogar estaba bloqueada con un enorme peñasco:[16] «Por los montes vivía/en una cueva oculta,/cuya entrada a las fieras dificulta,/como el de Polifemo, un alto risco» (2, vv. 230–234).

En la silva 5 encontramos otra mención al cíclope, pero esta vez a modo de injuria, «Polifemo de gatos» (5, v. 353), dirigida por Zapaquilda a Marramaquiz, tras la colérica entrada de este en la iglesia, armado y masacrando invitados, a fin de llegar hasta la novia y evitar la boda. El apelativo puede entenderse con el valor de «asesino»,[17] sentido al que cabe añadir que, del mismo modo que «Galatea desdeñaba al cíclope» y quería a Acis, aquí «Zapaquilda rechaza a Marramaquiz y quiere a Micifuf»[18]: «que se quiere vengar de mi inocencia/con tan fiera insolencia/quitándome mi esposo;/pero yo me sabé quitar la vida,/Polifemo de gatos» (5, vv. 349–353).

Observamos también una alusión a Penélope, esposa de Ulises que aguardó escrupulosamente su regreso. Como sabemos, para retrasar la elección de un pretendiente, fingió hilar un sudario, deshaciendo por la noche lo tejido durante el día. Lope pone este hecho en tela de juicio, mencionándolo como «mentira poética» (Blázquez, 1995: 87). Esta afirmación se debe a que la castidad de Penélope fue discutida en la Antigüedad:[19]

porque si se perdiese la mentira,
se hallaría en poéticos papeles,
como se ve en Homero, describiendo
a la casta Penélope, que admira,
por los amantes necios y crueles
tejiendo y destejiendo,
sin dejarla dormir de puro casta (7, vv. 130–136).

16 Blázquez (1995: 86).
17 Cuiñas (524, n. 353).
18 Así lo interpreta Blázquez (1995: 86).
19 Cuiñas (550, n. 132–135).

La última referencia a Homero es indirecta, pues el medio empleado por Júpiter para detener la guerra resulta «típicamente homérico» (Blázquez, 1995: 87):

Con esto luego envía
de oscuras nieblas una selva espesa,
y la batalla cesa,
revuelto en sombras de la noche el día
y desde aquel, con inmortal porfía
los unos y los otros prosiguieron (7, vv. 342–347).

El recurso de un dios, ya sea Júpiter, o su equivalente griego, Zeus, oscureciendo la luz del día, había sido ya empleado en *La Odisea* de Homero: «Zeus, el que amontona las nubes, levantó un viento para que soplara en terrible huracán y cubrió de nubes tierra y mar. Y se levantó del cielo la noche» (canto XII, 312–315).[20]

3.2 Virgilio y la *Eneida*

Lope concede también un lugar relevante a la épica de Virgilio, presente ya en el primer verso de la silva inicial, que reproduce un comienzo similar al de *La Eneida*:[21] «Yo, aquel que en los pasados/tiempos canté las selvas y los prados» (1, vv. 1–2).

En el siguiente fragmento parece que Lope aludiese a la «rueda virgiliana», pues antes cantó «a lo bucólico y épico», alusiones a *La Arcadia* y a *La Dragontea*, y ahora lo hará «a lo lírico» en su *Gatomaquia*, aunque «sin renunciar a la épica». Confronta dos lugares, de forma similar al marco pastoril de las *Bucólicas* con el trabajo rural en las *Geórgicas*: en el pasado «ha cantado lo pastoril y lo guerrero», pero esta vez alude a otro tema, el amor:[22]

estos vestidos de árboles mayores
y aquellas de ganados y de flores,
las armas y las leyes
que conservan los reinos y los reyes,
agora, en instrumento menos grave,
canto de amor suave
las iras y desdenes,
los males y los bienes,
no del todo olvidado
el fiero taratántara, templado
con el silbo del pífaro sonoro (1, vv. 3–13).

---

20 La cita procede de la edición de Calvo (1990).
21 Véanse Conchado (1996: 460) y Cuiñas (442, n. 1–2).
22 Blázquez (1995: 121); Conchado (1996: 460); Cuiñas (442, n. 1–13).

Con respecto a este fragmento cabe añadir ciertos detalles. Además de este intento paródico, Lope ya había tratado anteriormente de imitar la «rueda virgiliana» (*Bucólicas, Geórgicas* y *Eneida*), a fin de ser considerado «el Virgilio español», mediante *La Arcadia, La Dragontea* e *Isidro* (Sánchez Jiménez, 2007: 17), sin que el esfuerzo le otorgase el reconocimiento esperado. También resulta curiosa la inversión de términos, ya que los «árboles mayores» pertenecen a la selva y los «ganados y flores» a los prados (442, n. 3–4). Parece que Lope cambia la imitación por la parodia: además, al tergiversar estos puntos advierte la «distancia humorística» entre su producción anterior y esta de Burguillos (Conchado, 1996: 460).

En el fragmento siguiente figuran Eneas, Dido, el propio Virgilio, y una estrofa traducida: el verso 195 (el último) es una traducción literal del verso 651 del canto IV de *La Eneida*:[23]

> Echaron fuego a la ciudad de Eneas,
> de ardientes hachas y encendidas teas,
> (causa fatal del miserable estrago
> de Dido y de Cartago,
> por quien dijo Virgilio,
> destituida de mortal auxilio,
> que llorando decía:
> «¡Ay, dulces prendas cuando Dios quería!») (2, vv. 188–195).

La silva tercera contiene otra referencia directa al mantuano, en la que Lope se queja por la falta de mecenazgo. Virgilio y Enio representan dos ejemplos cumbre de la literatura latina clásica: el primero es la imagen del poeta épico defensor de la patria, y el segundo, quien dio a Roma una genealogía ilustre con su métrica. Con ellos se alude al papel de los poetas, que con su obra podrían «fundar y sustentar monarcas e imperios», pero son víctimas de la «indiferencia de los señores»:[24]

> que celebran poemas
> de aquellos que, en extremas
> necesidades, viven arrojados
> al vulgo, como perros a leones,
> que la virtud y estudios mal premiados
> mueren por hospitales y mesones.
> ¡Verdes laureles de Virgilios y Enios
> perecer la virtud y los ingenios (3, vv. 72–79).

23 Véanse Blázquez (1995: 88–89) y Cuiñas (469, n. 188–195).

24 Conchado (1996: 480); Cuiñas (481, n. 72–79).

Si antes se aducía la traducción de un verso de la *Eneida*, en la silva 5 encontramos una referencia literal en latín del célebre verso que abre el poema virgiliano:[25] «pudiendo celebrar mi lira un hombre/de los que honraron el valor hispano,/ para que al resonar la trompa asombre,/arma virumque cano» (5, vv. 27–30).

En la silva séptima se habla de Dido, reina de Cartago. Virgilio la presentó como amante de Eneas, desoyendo la tradición literaria anterior, donde era ejemplo de fidelidad, pues se suicidaba para evitar casarse por segunda vez; Ausonio criticó en un epigrama al mantuano por tergiversar la figura de la reina:[26] «Y lo contrario para ejemplo basta:/haciendo deshonesta/Virgilio a Dido Elisa por Eneas,/como le riñe Ausonio,/aunque logró tan falso testimonio» (7, vv. 137–141).

Por último, advierto la imagen de Eneas entre los cuadros de héroes que Ferrato emplea para engalanar la iglesia donde Zapaquilda y Micifuf van a contraer matrimonio: «el más glorioso ejemplo,/de la perpetuidad glorioso templo,/ como se ven del Taborlán y Eneas» (5, vv. 111–113).

4 La parodia mitológica

Lope era buen conocedor de los mitos y el mundo grecolatino porque, empleándolos, contribuía a mostrar una imagen de poeta culto, que apoyaría su entrada en la Corte; y porque las *Metamorfosis* de Ovidio fueron fuente de inspiración para los poetas del Siglo de Oro (Cristóbal, 2000: 37). Como vemos, en la dedicatoria, antes de comenzar la narración, Lope metaforiza a su hijo en «el dios de la guerra», Marte, «vestido de diamante»[27]: «No siempre has de atender a Marte airado,/desde tu tierna edad ejercitado,/vestido de diamante,/coronado de plumas, arrogante» (1, vv. 43–46).

Asimismo, la imagen de Venus quitando el yelmo a Marte hace alusión a los amores entre estos, que significan «paz en medio de la lucha», e inciden en lo lírico y lo épico unidos en *La Gatomaquia*:[28] «Y Venus en la paz, como San Telmo,/con manos de marfil le quita el yelmo» (1, vv. 49,50).

El poema se abre con Zapaquilda en lo alto de un tejado entonando un soneto, y su canto se equipara al del «músico de Tracia».[29] Se trata de una alusión a Orfeo,

25 Remito a Blázquez (1995: 89) y Cuiñas (510, n. 30).
26 Blázquez (1995: 88–89); Cuiñas (550, n. 137–140).
27 Cuiñas (444, n. 45–46).
28 Cuiñas (444, n. 50).
29 Esta misma denominación es empleada, entre otros muchos, por Góngora (2016: p. 401, 122, vv. 12–14): «¡Oh Antonio, oh tú del músico de Tracia/prudente imitador! Tu dulce lira/sus privilegios rompa hoy a la muerte».

rey de Tracia y músico que «amansaba a las bestias y calmaba los vientos»:[30] «Cantó un soneto en voz medio formada/en la arteria vocal, con tanta gracia/ como pudiera el músico de Tracia» (1, vv. 67–69).

La llegada de la primavera es anunciada por Flora, diosa de la floración: «Asomábase ya la primavera/por un balcón de rosas y alhelíes,/y Flora, con dorados borceguíes,/alegraba risueña la ribera» (1, vv. 74–77).

La rica descripción de Marramaquiz concluye con una comparación en la que el gato supera en «belleza y compostura» al mismo Adonis.[31] De ahí la indicación «perdone, Venus», pues el joven es «fruto de los incestuosos amores entre Marte y Venus», aunque esta se enamora de su hijo debido a que era un joven de gran belleza:[32] «que no será lisonja/decir que Adonis en limpieza y gala,/aunque perdone Venus, no le iguala» (1, vv. 111–113). Hay otra alusión a Adonis cuando Marramaquiz apunta a su rival ante Zapaquilda: «la muerte, que antes sea/la de tu Adonis, Micifuf cobarde» (6, vv. 173–174). Y Venus también es mencionada para ponderar la hermosura de Micilda: «Micilda, que es más bella/que al vespertino sol cándida estrella/Venus, que rutilante/es de su anillo espléndido diamante» (3, vv. 304–307).

El dios mitológico Neptuno es presentado como «cerúleo», vocablo que, remite al color azul de su hábitat, el mar, y es un cultismo usual[33] a partir del siglo XVI:[34] «el cerúleo Neptuno,/plasmante universal de toda fuente» (1, vv. 212–213).

La Gatomaquia es fuente de neologismos, buscando comicidad. En relación con la mitología destacan los siguientes, relativos a Micifuf: «por un Zapinarciso y Gatimarte» (1, v. 272). El primer término se crea uniendo «Zape», vocablo empleado en el Barroco para ahuyentar a los mininos, y «Narciso», dios mitológico mortalmente enamorado de sí mismo; el segundo, es fusión de «gato» y «Marte», el dios de la guerra. Así, Micifuf aúna «belleza y belicosidad».[35] Narciso es también empleado como injuria, pero esta vez es Marramaquiz quien lo usa, para despreciar a su rival: « ¡Oh, gata ingrata!, a Micifuf Narciso» (1, v. 280).

30 Cuiñas (445, n. 69).
31 Cuiñas (447, n. 112).
32 Blázquez (1995: 101).
33 En efecto, el término «cerúleo» es empleado por Góngora en sus dos obras cultistas, las *Soledades* y la *Fábula de Polifemo y Galatea*. En esta tiene, además, un sentido similar a los versos de Lope: «Marino joven, las cerúleas sienes/del más tierno coral ciñe Palemo» (Góngora, 2016: 120, 377, vv. 121–122).
34 Cuiñas (452, n. 212).
35 Cuiñas (455, n. 272).

Lope no se restringe a los sustantivos y crea verbos paródicos sustentados en la mitología clásica, como «piramizar». El término procede de la fábula de Píramo y Tisbe,[36] y alude a «estar a punto de expirar»,[37] como Píramo cuando se atraviesa el pecho con su espada, creyendo erróneamente la muerte de su amada Tisbe: «y que piramizaba/entre dulces de amor fingidos tiros» (1, vv. 370–371).

La segunda silva comienza mencionando a Júpiter y sus transformaciones, para evitar a su esposa Juno, progenitora de Marte, y seducir a otras mujeres. Blázquez (1995: 460) relaciona la mitología con la naturaleza de *La Gatomaquia*, ligada a Homero:[38]

a Júpiter, señor del rayo ardiente,
con disfraz indecente,
fugitivo de Juno,
su rigor importuno
tantas veces mostraron,
que en fuego, en cisne, en buey le transformaron
por Europa, por Leda y por Egina (2, vv. 6–12).

Cástor y Pólux, hijos de Júpiter y Leda, son parodiados cuando Lope los califica como «huevos estrellados», ya que Júpiter adoptó el aspecto de un cisne para engendrarlos, y después fueron transformados en astros:[39] «que producen los niños abrazados,/huevos del cisne y huevos estrellados,/pues que los hizo estrellas» (2, vv. 306–308).

La costumbre de Júpiter de transformarse en todo tipo de seres es de nuevo protagonista, pero en tono burlesco, pues se emplean especies más vulgares, que rebajan el mito, como «pato» en lugar de «cisne» o «buey» en lugar de «toro». Además, Micifuf se queja de que no viesen al dios «transformarse en gato». Cabe señalar también la forma inventada «gatiquisiera», esto es, si la deidad se convirtiese en minino y bajo esa forma amase, se conmovería:

que Júpiter jamás por ninfa alguna,
aunque se transformaba
en buey que el mar pasaba,
en sátiro y en águila y en pato,
nunca le vieron transformarse en gato,
porque si alguna vez gatiquisiera,
de los amantes gatos se doliera (3, vv. 172–178).

36 Góngora (151, 551) dedica a la joven pareja un poema paródico: *Fábula de Píramo y Tisbe.*

37 Véanse Sabor de Cortázar (1982: 97, n. 370) y Cuiñas (459, n. 370).

38 Cuiñas (461, n. 8, 11) considera «correspondencia quiasmática» los versos 11 y 12.

39 Véanse Sabor de Cortázar (1982: 118, n. 306) y Cuiñas (474, n. 306–308).

Otras menciones de interés son las relativas a Himeneo, dios de las bodas, que abre la silva cuarta: «con lazos de pacífico himineo» (4, v. 20); y, en relación con la presencia constante del amor y los celos en la obra de Lope, el pasaje en que Céfalo lamenta haber matado a Pocris por error, debido a los celos de la difunta hacia la Aurora:[40] «testigo Juno y Pocris, a quien llora/Céfalo por los celos de la Aurora» (4, vv. 145–146).

El dios del amor, Cupido, se inserta en el texto con sus atributos esenciales: su arco y una aljaba capaz de albergar diferentes flechas, en particular las de oro, que despiertan una pasión amorosa irresistible en aquel a quien alcanzan: «la memoria tenaz, que Amor escribe/con la flecha cruel en el diamante/del alma donde vive» (4, vv.225–227). Y es mentado de nuevo en las quejas de Marramaquiz al recibir la noticia de la boda entre Micifuf y Zapaquilda: «¡Oh, cuánto Amor, de la razón desquicias/un noble caballero!» (4, vv. 317–318).

Tras recibir la funesta nueva, la demencia se apodera del felino, que invade la cocina. A su entrada en ella se dedican dos versos que incluyen sendas transformaciones mitológicas, pues los vegetales se corresponden con dos metamorfosis: Dafne en laurel, para evitar a su perseguidor, Apolo;[41] y las Helíadas en álamos, por causa de su hermano Faetón, a quien la madre, Climene, ve morir «por temerario»:[42] «Y entrando en la cocina/sin respeto de Paula y de Marina,/esclavas del ausente licenciado,/como laureles y álamos los mira,/donde Climene por Faetón suspira» (4, vv. 343–348).

La silva quinta comienza refiriéndose a «la dormida Tetis» y la «airada Anfitrite», seres mitológicos relativos al mar: Tetis es la mujer de Océano y una de las Nereidas; Anfitrite, es esposa de Neptuno y, por tanto, diosa del mar: «sereno en el rostro, en la dormida Tetis,/de la airada Anfititre» (5, vv. 14–15).

Las bodas de Hipodamía, tomadas de la mitología griega, son adecuadas, por complejas, para narrar los hechos. Los asistentes a la ceremonia eran lapitas y centauros, pero estos últimos, en estado de ebriedad, secuestraron a las mujeres de Tesalia. La afrenta desencadenó una pelea entre ambas estirpes, ganada por

40 Cuiñas (498, n. 145–146).

41 El mito de Apolo y Dafne es un tópico literario recurrente, empleado de muy diversas formas. El mismo Lope de Vega (2013: 292, 60) escribe una silva que pone en boca de Apolo, criticando su exceso de apariciones en obras de poetas mediocres; también Lope (2013: 261, 44) dedica a Quevedo un soneto en el que se alude a Dafne como laurel y triunfo; y el propio Quevedo (2016: 104, 105, 329–333) se refiere al mito en sendos sonetos paródicos titulados *A Apolo persiguiendo a Dafne* y *A Dafne huyendo de Apolo*, entre otros lugares.

42 Blázquez (1995: 102); Cuiñas (506, n. 346–347).

los lapitas gracias a Hércules.[43] El propio texto nos indica que el episodio proviene de las *Metamorfosis* de Ovidio:

y el que ha de hacer que tan infames bodas
y con tantos azares
sean las de Hipodamia,
está en vosotros resultando infamia».
¡Oh, Musas! Este gato había leído
a Ovidio, y por ventura
de la fábula de Hércules quería
el ejemplo tomar, pues atrevido
Hércules se figura,
y los gatos, Centauros que aquel día
murieron a sus manos (5, vv. 292–302).

Malvillos, ante tal situación, intenta proteger a la novia, pero Marramaquiz lo lanza «como Hércules a Licas». Licas fue quien entregó a Hércules una túnica «impregnada con sangre del centauro Neso» para envenenarlo. Hércules, indignado, arrojó a Licas al mar.[44] Por tanto, Marramaquiz es equiparado a Hércules, y Malvillos a Licas, los dos últimos lanzados por el aire, en este caso a través de un tragaluz.

y porque defendió llegar Malvillos
a robar la novia, dio dos cabes,
como Hércules a Licas,
y quebrando con él a dos boticas,
desde una claraboya,
cuanto componen purgas y jarabes (5, vv. 329–334).

Marramaquiz llega hasta Zapaquilda, y en otra referencia mitológica, se alude al secuestro «de Proserpina por Plutón»,[45] dios del mundo subterráneo. Júpiter le ordenó liberarla, pero antes de obedecer, Plutón hizo comer a Proserpina seis semillas de granada (símbolo de fidelidad en el matrimonio), de forma que tuviese que vivir seis meses al año con él. De aquí surge la primavera: cuando ella vuelve con su madre, Ceres decora la tierra con flores; cuando, en otoño, vuelve

43 Cuiñas (522, n. 294), además, señala un rasgo métrico: que no se acentúe el término «Hipodamía», por cuestiones de rima.
44 Blázquez (1995: 103); Cuiñas (523, n. 331).
45 Blázquez (1995: 102) y Cuiñas (525, n. 380), quien también alude a un aspecto métrico: la conversión del sustantivo esdrújulo «Prosérpina» en grave, «Proserpina», por cuestiones de rima.

al Hades, la naturaleza pierde sus colores: «y así fiero Plutón a Proserpina» (5, v. 380).

Tras la reunión felina, se acuerda declarar la guerra, y el narrador la anuncia pidiendo perdón a Amor, porque «comienza Marte» y «sale Tesifonte». La disculpa al primero se debe a que el autor «va a cantar la guerra» y deja la lírica para introducir la épica.[46] En los versos creo percibir una queja de la voz poética, que, a pesar de pedir disculpas, le reprocha a Amor que sea la causa de la batalla, y le exige que preste atención a sus efectos. En cuanto a Tesifonte,[47] se trata de «una de las tres Furias», personajes mitológicos temibles, encargadas de mantener el orden y el equilibrio, y de vengar agravios: «Perdona, Amor, que aquí comienza Marte,/y sale Tesifonte/a salpicar de fuego el horizonte,/suspende entre las armas los concetos,/pues das la causa, escucha los efetos» (6, vv. 442–446).

La mención de las «aguas leteas» es alusión mitológica referida al río Leteo, que provocaba el olvido del pasado, y formaba parte de un río mayor, Estigia, que rodeaba el Hades, y se podía cruzar mediante pago al barquero, Caronte:[48] «menos las aguas que pasó leteas» (7, v. 142).

Cuando el bando de Micifuf inicia su asalto, se menciona a Hércules, a veces referido como «Alcides»; el adjetivo «anfitrioníades» alude a Anfitrión, su padre «oficial», aunque el verdadero fuese Zeus:[49] «Llevaba de una cuerda de los labios/el anfitrioníades Alcides/cuantos hombres prestaban los oídos/a la elocuencia de los hombres sabios» (7, vv. 280–283).

En el fragor de la batalla, intentando asaltar la fortaleza unos, defendiéndola otros, se produce un gran número de bajas en ambos bandos. Júpiter, observando la batalla «desde su Olimpo y estrellado asiento» (7, v. 324), decide intervenir. Que un dios tome partido en la batalla es tópico habitual en la mitología. En la *Odisea*, la *Eneida* y la *Ilíada* los dioses interfieren en asuntos humanos, por lo que no es de extrañar que en este poema épico también suceda, a pesar de su tono burlesco: la parodia se extiende a los tópicos más usuales del género épico.

---

46 Cuiñas (543, n. 442, 443).

47 Tesifonte también figura en la tragedia de Lope, *Adonis y Venus* (1621), inspirada en las *Metamorfosis* de Ovidio, con otros personajes mitológicos mentados, como Apolo, Adonis, Cupido, Narciso o Venus.

48 Blázquez (1995: 103).

49 Cuiñas (555, n. 281).

5 Conclusiones

La importancia del género épico en la literatura de Lope de Vega fue considerable. Partió de la imitación en *La Dragontea*, pues aún «está por establecer y por estudiar el trasvase exacto de información entre la crónica en prosa y la versificación del Fénix, hábilmente amplificada con alegorías, elogios de los caudillos o descripciones preciosistas» (Micó, 1998:101), para más tarde diversificar su obra en las distintas modalidades propias de su tiempo: la epopeya histórica, la hagiográfica, la imaginativa o novelesca, la trágica, la biográfica y la burlesca mediante esta parodia final, *La Gatomaquia*.[50] Su esfuerzo no parece haber merecido el reconocimiento que esperaba, en el caso de este último poema tal vez por su carácter jocoso, o por estar integrado en una obra mayor que le restó protagonismo. Pero lo cierto es que por sí mismo refleja fielmente el espíritu y las intenciones del conjunto de las *Rimas humanas y divinas del licenciado Tomé de Burguillos*, que, a pesar de ser burlescas o tal vez por este mismo motivo, entrañan una complejidad cultista y conceptista notable.[51]

Con *La Gatomaquia* Lope demuestra conocimientos, tanto del mundo clásico como de la mitología, adquiridos a lo largo de toda una vida. El presente artículo lo evidencia, como también el ingenio del Fénix, que rondaba ya los setenta años cuando empezó a escribir la epopeya.[52] El hecho de que el género épico, ya asentado, y los propios episodios mitológicos empezasen a repetirse en demasía, determinó su cambio de forma y su derivación hacia la vertiente paródica (Bonilla Cerezo y Luján Atienza, 2012: 193). Pese a tal contexto, que favorecía la reconversión burlesca, debe reconocerse que Lope asumió cierto riesgo al posicionarse a favor del estilo jocoso, la parodia y la silva. *La Gatomaquia* supone un cierre magistral para su literatura épica, pues supera todas sus incursiones previas en el género y se convierte en el gran legado de un autor autodidacta. Pese a que su éxito se cifra especialmente en su teatro, su valía en otros géneros se confirma cuando, todavía hoy, el lector actual se acerca a esta obra con agrado, reconociendo sus hilarantes alusiones clásicas con una sonrisa. *La Gatomaquia*

50 Remito a Blázquez (1995: 76).

51 Véase Arellano (2012).

52 *La Gatomaquia* fue escrita en fechas cercanas a su publicación (1634), basándose en la dedicatoria de Lope a su hijo; esta muestra que el escritor aún no había recibido la noticia del desafortunado naufragio en el cual falleció su vástago, desgracia que lamentó hasta sus últimos días. No obstante, ha de tenerse en cuenta que los textos preliminares se escribían e imprimían siempre al final, por lo que nada impide que algunos de los textos poéticos compilados en el volumen tuviesen una fecha de redacción previa.

es, en conclusión, el colofón de una intensa e incansable obra que queda para la posteridad y culmina la longeva, variada y meritoria trayectoria literaria de uno de los escritores españoles del Siglo de Oro cuyo legado más enriquece nuestras letras.

Bibliografía

Arellano, Ignacio (2012): *El Ingenio de Lope de Vega. Escolios a las «Rimas humanas y divinas del licenciado Tomé Burguillos»*, IDEA (Instituto de Estudios Auriseculares), Nueva York.

Balcells, José María (1995): «*La Gatomaquia*: de la innovación al canon», *Edad de Oro*, núm. 15, pp. 29–35.

Blázquez, Marcelo (1995): *La Gatomaquia de Lope de Vega*, Biblioteca de Filología Hispánica, 14, CSIC, Madrid.

Bonilla Cerezo, Rafael y Luján Atienza, Ángel Luis (2012): «*La Perromachia* de Pisón y Vargas: épica burlesca, novela, comedia fabulosa», *Criticón*, núm. 115, pp. 193–218.

Cacho Casal, Rodrigo (2003): *La poesía burlesca de Quevedo y sus modelos italianos*, Servicio de Publicacións e Intercambio Científico Universidade de Santiago, Santiago de Compostela.

Cacho Casal, Rodrigo (2012): «Volver a un género olvidado: la poesía épica del Siglo de Oro», *Criticón*, núm. 115, pp. 5–10.

Conchado, Diana (1996): «Ludismo feroz: *La Gatomaquia* de Lope de Vega y la épica burlesca», *Moenia, revista lucense de lingüística & literatura*, núm. 2, pp. 421–484.

Cristóbal, Vicente (2000): «Mitología clásica en la literatura española: consideraciones generales y bibliografía», *Cuadernos de filología clásica, estudios latinos*, núm. 18, pp. 29–76.

Fernández Nieto, Manuel (1995): «*La Gatomaquia* de Lope, de poema a comedia», *Edad de Oro*, núm. 14, pp. 151–160.

Góngora y Argote, Luis de, *Antología poética*, edición de Antonio Carreira, Madrid, Austral, 2016.

Homero, *Ilíada*, edición de Antonio López Eire, Madrid, Cátedra, 1991.

Homero, *Odisea*, edición de José Luis Calvo, Madrid, Cátedra, 1990.

Micó, José María (1998): «Épica y reescritura en Lope de Vega», *Criticón*, núm. 74, pp. 93–108.

Quevedo, Francisco de, *Antología poética*, edición de José María Pozuelo Yvancos, Madrid, Biblioteca Nueva, 2016.

ROZAS, Juan Manuel (1990): *Estudios sobre Lope de Vega*, edición de Jesús Cañas Murillo, Cátedra, Madrid.

SÁNCHEZ JIMÉNEZ, Antonio (2007): «Introducción», en Lope de Vega, *La Dragontea*, (editor), Cátedra, Madrid, pp. 13–79.

SÁNCHEZ JIMÉNEZ, Antonio (2018): *Lope: el verso y la vida*, Cátedra, Madrid.

VEGA CARPIO, Félix Lope de, *El caballero de Olmedo*, edición de Joseph Pérez, Madrid, Castalia, 1989.

VEGA CARPIO, Félix Lope de, *El villano en su rincón*, edición de Juan María Marín, Madrid, Cátedra, 1987.

VEGA CARPIO, Félix Lope de, *Fuente Ovejuna*, edición de Donald McGrady, Barcelona, Crítica, 1993.

VEGA CARPIO, Félix Lope de, *Isidro, poema castellano*, edición de Antonio Sánchez Jiménez, Madrid, Cátedra, 2010.

VEGA CARPIO, Félix Lope de, *La Gatomaquia*, edición de Celina Sabor de Cortázar, Madrid, Castalia, 1982.

VEGA CARPIO, Félix Lope de, *Peribáñez y el Comendador de Ocaña*, edición de Juan María Marín, Madrid, Cátedra, 2003.

VEGA CARPIO, Félix Lope de, *Poesía selecta*, edición de Antonio Carreño, Madrid, Cátedra, 2013.

VEGA CARPIO, Félix Lope de, *Rimas humanas y divinas del licenciado Tomé de Burguillos*, edición de Antonio Carreño, Salamanca, Almar, 2002.

VEGA CARPIO, Félix Lope de, *Rimas humanas y divinas del licenciado Tomé de Burguillos*, edición de Macarena Cuiñas Gómez, Madrid, Cátedra, 2008.

ZAMORA VICENTE, Alonso (1988): *Lope de Vega*, Salvat, Barcelona.

Raúl Manchón Gómez

Las obras inéditas de Gregorio López Pinto, un erudito en el Jaén del siglo XVII/ The Unpublished Works by Gregorio López Pinto, a Scholar from Jaén (Spain) in The 17th Century

RESUMEN Se estudian de forma pormenorizada y por primera vez las obras del anticuario Gregorio López Pinto, un erudito del Jaén del siglo XVII muy poco conocido. Se conservan, manuscritas, tres obras del autor (de mediados del siglo XVII) de las que dos permanecen aún inéditas o casi ignoradas. Una de ellas es una documentada historia de la célebre ciudad antigua de Cástulo (*Historia apologética de la muy antiquísima ciudad de Cástulo*). La segunda obra es un texto de carácter enciclopédico difícil de clasificar (*Cronología y noticias generales de todo el mundo*). El desconocimiento de esta obra es casi total y, por ello, le prestamos más atención. En el análisis de estas obras nos ocupamos por extenso de su contenido y estructura y ofrecemos una valoración crítica de las mismas.

Palabras clave: AnticuarismoJaén (siglo XVII)CastuloEpigrafía

ABSTRACT In this study we pay particular attention to the contents and structure of two works written in the 17th century by the antiquarian from Jaen Gregorio López Pinto. They are almost unkown. One of them is a history of the ancient roman town of Castulo (near Linares) and the other is a curious encyclopaedic book about the Cronology of the world.

Keywords: Antiquarism, Jaen (17th century)Castulo. Epigraphy.

1 Introducción

Iniciamos con el presente trabajo una serie de estudios dedicados a la figura y obra de Gregorio López Pinto, un erudito del Reino de Jaén del siglo XVII muy poco conocido.[1] De su vida no es mucho lo que sabemos y los pocos datos biográficos que se desprenden de la lectura de sus obras son, además, muy imprecisos. Su propio nombre plantea problemas. Es conocido en textos de su época como Gregorio López, Maestro racional Gregorio López, Gregorio López Pinto

1 Merecen destacarse los trabajos de Morales Borrero (2009) y de Martínez Aguilar (1999 y 2003), que prestan sobre todo atención a la última obra conocida del autor sobre la Virgen de Linarejos.

y Covaleda o, más frecuentemente, como Gregorio López de Covaleda, por su condición de obispo de Covaleda, según figura en las portadas de sus dos primeros libros.

Su obra apenas ha despertado el interés de los estudiosos por dos motivos principalmente. En primer lugar, porque no llegó a ser editada en la imprenta y solo se conserva manuscrita, con un único ejemplar por obra, lo que ha limitado aún más el conocimiento de sus textos. En segundo lugar, por tratarse de un autor poco fiable o de escaso crédito, especialmente en materia de antigüedades, que es el asunto principal de una de sus obras más importantes. Este descrédito se debe al hecho de que el autor se apoya en inscripciones falsas o directamente inventadas, a lo que cabe añadir el uso de los falsos cronicones como principal fuente de información de sus obras, tal como se fiaron muchos escritores en aquella época.[2]

Se conservan tres obras de Gregorio López Pinto, de las que dos permanecen aún inéditas o casi ignoradas. Cronológicamente se sitúan entre los años de 1656 y 1669. El primer texto, concluido en 1656, es una documentada historia de la célebre ciudad antigua de Cástulo, cuyas ruinas distan unos siete kilómetros de la localidad de Linares, en Jaén. Se trata de su escrito más importante y conocido y supuso la irrupción del autor en el panorama literario español. Solo por esta obra puede ser considerado con todo merecimiento el primer cronista de Linares dada la atención que dedica a la historia de esta villa (Martínez Aguilar, 2011: 99).

Su segunda obra es un texto de carácter enciclopédico difícil de clasificar. Lleva el siguiente título *Cronología y noticias generales de todo el mundo*. Fue compuesta entre los años de 1659 y 1662. El desconocimiento de esta obra es casi total y, por ello, le prestaremos más atención en el apartado correspondiente.

El último libro del autor que nos ha llegado es de 1669. Está dedicado a la festividad que la villa de Linares celebró en honor de la Virgen de Linarejos.

---

2 Muy adverso es el juicio que le dedicó Tomás Muñoz y Romero (1858: 87). El arqueólogo Manuel de Góngora (1915: 14) llama al autor «poco sagaz» por recurrir a inscripciones de dudosa legitimidad. Sin embargo, lo considera «digno de fe» (p. 21) en lo relativo a los datos que aporta sobre Nicolás Nivonio, arquitecto de la Puente Quebrada, cerca de Cástulo. No menos negativa es la opinión que del autor tuvo el epigrafista Emil Hübner, editor del volumen de Hispania del *Corpus Inscriptionum Latinarum* (CIL, vol. II). Cf. Hernando Sobrino, 2009: 74–75, 123–125, que atiende en particular al contenido epigráfico de la obra de López Pinto. Véase también Mozas Moreno, 2018: 74–75, 85–86, 250, 320. Sobre los falsos cronicones y su influjo en la literatura anticuaria de Jaén véase ahora Katrina Olds 2015: 242–247.

Su temática difiere bastante de sus obras anteriores, aunque sigue presente la vocación del autor por transmitir a sus lectores noticias sobre antigüedades en el ámbito local de Linares y alrededores.

2 Obras[3]

2.1 La Historia de Cástulo (1656)

2.1.1 Descripción

Obra manuscrita, con letra de una sola mano y en un solo volumen, cuyo título es *Historia apologética, que escribía el Maestro Gregorio López Pinto, obispo de Covaleda, de la muy antiquísima ciudad de Cástulo, sus prósperas acciones y adversos fines. Los santos mártires y obispos que se hallan haberlo sido de aquella ciudad. Al Excelentísimo señor D. Antonio Alfonso Pimentel y Herrera Ponce de León, conde duque de Benavente, señor de la casa de Herrera, Gentilhombre de la Real Cámara de su Majestad, capitán de las guardas viejas de Castilla, etc. Escribió 1656* (en adelante, *Historia de Cástulo*). La portada en la que figura el título, dentro de un rectángulo rodeado por una artística moldura, no aparece en la primera hoja, sino después de unos poemas de preliminares, en el segundo folio.

Se conserva en la Biblioteca Nacional de España, con signatura Ms. 1251. Se trata, muy probablemente, del manuscrito original del propio Gregorio López Pinto. Antes de su ingreso en los fondos de la BNE ya se supuso que se trataba del ejemplar original, pues así se indica en el catálogo del siglo XVIII de la biblioteca del bibliófilo Andrés González Barcia, que poseyó dicho manuscrito.[4]

Todo apunta, en efecto, a que estamos ante el ejemplar original del autor. En 1669 trece años después de la composición de su *Historia de Cástulo*, Gregorio López Pinto afirma en otra obra suya, el *Festín que la Villa de Linares hizo a la*

---

3 En las citas de las obras he modernizado la ortografía, la puntuación y el uso de los acentos. Por ejemplo: *Focenses* por *Phocenses*; *Fenices* por *Phenices*; *fisionomía* por *phisonomia*; *Cartago* por *Chartago*; *Cronología* por *Chronología*; *tesoro* por *thesoro*; *Escipiones* por *Scipiones*; *sucedieron* por *subcedieron*; *asunto* por *asumpto*; *santos* por *sanctos*; *extranjeras* por *estrangeras*; *Baeza* por *Baeça*; *hizo* por *hiço*; *ciudad* por *ziudad*; *hoy* por *oy*; *veinte* por *beynte*, *cuando* por *quando*, *cuatro* por *quatro*, etc. Mantengo algunas formas propias de la época, como *della*, *desto*, *destruición*.

4 Véase Andrés, 1987: 824. En la entrada núm. 51 de dicho catálogo se indica: «Historia apologética de la ciudad de Cástulo por el Mtro. Gregorio López Pinto, obispo de Covaleda, en 4º. Parece original». Como es sabido, los ejemplares que poseyó González Barcia en su biblioteca pasarían casi en su totalidad a la Biblioteca Nacional de España, como es el caso de esta obra de López Pinto.

Virgen de Linarejos, que el original de su *Historia de Cástulo* está en manos del conde duque de Benavente,[5] a quien le había dedicado su obra, según consta en la portada. Es decir, el único ejemplar manuscrito estaba aún en poder del conde duque de Benavente, protector del autor, a la espera de que, con su patrocinio, pudiese ser publicado, cosa que no llegó a ocurrir. Podemos también suponer que López Pinto nunca tuvo la pretensión de llevar a la imprenta su historia local sobre Cástulo, sino que la compuso solo para el uso y disfrute del mencionado conde.

La obra, dividida en cuatro libros en un solo volumen, es de enorme extensión, más de setecientas páginas (21x15 cm. por página), con muchas notas en los márgenes. Contiene numerosos dibujos a pluma, por lo general bastante toscos, representativos de las antigüedades descritas[6]. Son muy frecuentes las ilustraciones de inscripciones, sobre todo de Cástulo o alrededores, en torno a treinta dibujos. Se representan en un formato que no estaba en el original con moldura orlada a modo de falsas cartelas, que es el mismo diseño empleado en la ilustración de la portada de la *Historia de Cástulo*. Muchas de ellas fueron vistas por López Pinto, aunque suele recurrir al testimonio de otros autores, Ambrosio de Morales, principalmente. Otras fueron inventadas por el propio autor, siguiendo así una tradición que se remontaba al conocido falsario del siglo XV Ciriaco de Ancona, del que López Pinto cita algunas inscripciones sin poner en duda su autenticidad.

También hay dibujos de las Musas (pp. 87–97), del dios Apolo (pp. 102 y 107), del caballo Pegaso (p. 73), de la Fuente de Cástulo (p. 80), de la estatua, sin cabeza ni manos, de Himilce (p. 666), esposa de Aníbal, etc. De especial interés es el plano de Cástulo con sus murallas (p. 53), que constituye una foto fija de la situación del yacimiento de Cástulo en los inicios del siglo XVII, pues da cuenta de calles y edificios de los que hoy no se encuentran los cimientos.[7]

---

5 «Tantos años que se fundó aquella grande y desdichada ciudad de Cástulo, la cual hoy llamamos Cazlona, orillas del río Tajo Parnaso, hoy Guadalimar y antiguo Betis, en el término de la Villa de Linares, como tengo probado en aquella grande obra *Apologética* que escribí y dediqué a su Excelencia el Señor Conde Duque de Benavente [...] en cuyo poder hoy para el original de todo ello, donde se explica ser dicha ciudad Colonia Romulense Municipia» (*Festín*, fol. 13v, en Morales Borrero, 2009: 151). Véase también Martínez Aguilar 1999: 167.

6 Cf. *Inventario General de Manuscritos de la Biblioteca Nacional. 1101–1598*. Madrid. 1958, p. 120, nº 1251. Cf. Muñoz y Romero, 1858: 87.

7 Cf. Góngora, 1915: 13.

El escrito está foliado con números romanos desde el folio I al folio X, que conforman los preliminares de la obra. Después viene el texto de la *Historia de Cástulo* propiamente dicho, cuyas hojas van paginadas (pp. 1–703), seguidas de un texto de conclusión o recapitulación, llamado «Preámbulo votivo» (pp. 703–712), y del índice o Tabla de los capítulos (pp. 713–758).

En los preliminares se encuentran, en primer lugar, tres poemas en elogio de la obra y de su autor, en forma de décimas, bajo el epígrafe de «Favores de amigos». Los autores son Pablo Gálvez, Fray Antonio Daza y Fray Joseph Delgado (fol. I^{r-v}). Viene a continuación una dedicatoria, titulada «consagración», a su mecenas y protector, el conde duque de Benavente (fol. III^{r} –V^{r}). En tercer lugar, figura una «Epístola directoria al cabildo, justicia y regimiento de la Villa de Linares» (fol. V^{v}-VII^{r}) y un «Prólogo» (fol. VII^{v}-IX^{v}). Cierra los preliminares el texto titulado «Tradición que por todas partes de España y fuera della se tiene acerca de la destruición de la Ciudad de Cástulo» (fol. X^{r-v}).

Menudean por el texto indicaciones a los años en los que el autor estaba trabajando en su libro.[8] Aunque la obra fue concluida en el año de 1656, como consta a pie de portada («Escribió 1656»), sabemos por la dedicatoria del autor que mucho antes, en 1635, ya la tenía escrita y que se la había dedicado a la Justicia de la Villa de Linares, seguramente con el título de *Apología de la muy antigua ciudad de Cástulo*. Después la amplió dándole mayores proporciones y la dedicó al conde duque de Benavente, que es la versión que se nos ha conservado. Dice al respecto el autor:

> Yo escribí esta historia con toda brevedad, de que hice un borrador que a V. M. dediqué el año de 1635, que haciéndome un favor se lo cometió al señor Doctor Don Gabriel de Mendoza, entonces prior de la parroquial de la villa de Linares [...] para que le acensurase y diese su parecer, que la dio como el que era archivo de las mismas letras y sabiduría con eminencia. Y reparando en que su brevedad era mucha y que convenía dilatarlo más porque las cosas de Cástulo como tan olvidadas estaban dispuestas para que totalmente pereciesen sus memorias así en lo eclesiástico como en lo civil y temporal. Y obligado a la defensa (por haber yo hecho en ello coto) tomé la pluma y delineé en su reparo lo posible, estudiando de nuevo tomé sus principios de más atrás y fomenté la obra abriendo y zanjando sus cimientos saquéle su manteo más en limpio llegando con el edificio si no a la cumbre cerca de su perfección (*Historia de Cástulo*, pp. 6–7).

8 Por ejemplo: «al de 1655 en que vamos» (p. 17); «que hasta el de 1656 que es en el que vamos hoy» (p. 24); «hasta el año de 1656 que es en el que hoy vamos» (p. 224); «hasta el de 1656 que es en el que vamos» (p. 617); «es villa 91 años ha hasta este de 1656 que es en el que hoy estamos» (p. 641); «el año pasado de 1654» (pp. 376 y 619).

2.1.2 *Contenido y valoración*

La obra consta de cuatro libros y cada libro está dividido en capítulos. A su vez cada capítulo se compone de apartados, que van numerados.

El autor se ocupa de la antigüedad de Cástulo prestando atención a su origen y fundación, su devenir histórico, sus pobladores, las guerras que sufrió, los santos que padecieron martirio en ella, los apóstoles que en ella predicaron y los obispos que tuvo, tal como se indica, de manera resumida, en el encabezamiento del texto (p. 1).

Para los primeros libros sigue fundamentalmente a Florián Ocampo y Ambrosio de Morales, así como a Argote de Molina, Alexio Vargas y Antonio de Oquendo, en su *Nobiliario general*, entre otros autores. No faltan las menciones a los falsos cronicones de Liutprando y Dextro, obra del impostor Jerónimo Román de la Higuera, así como a Annio de Viterbo y su pseudo-Beroso. También se da cabida a la superchería de llevar hasta Cástulo el martirio de Santa Eufemia, martirizada en Oriente en la ciudad llamada Calcedonia, de cuyo nombre derivaría el de las ruinas Cazlona, según López Pinto.

El Libro Primero (pp. 1–164) trata básicamente de la fundación y progreso de Cástulo en tiempos muy remotos. Se presta especial atención a su ubicación geográfica. Abarca los acontecimientos comprendidos entre los años 1325 y 1030 a. C., momento en el que tuvo lugar la gran sequía, que, según el autor, duró aproximadamente veintiséis años.

Consta de veintisiete capítulos. Los primeros tratan de las divisiones antiguas que tuvo la provincia de España, según las fuentes antiguas (pp. 2–13). Vienen a continuación una serie de capítulos de carácter más particular sobre el origen de dos poblaciones fundadas en la línea divisoria de las provincias de la Bética y la Tarraconense, llamadas Roma la Vieja y Cástulo (pp. 13–20). Se presta especial atención a los rastros que han quedado de esas dos poblaciones. Respecto a Roma la Vieja, aporta el autor el testimonio de una piedra de Ambrosio de Morales, «traída de la puente de Linares» (pp. 20–32).

Mayor espacio se dedica a la fundación de Cástulo a partir del sexto capítulo: quién la fundó (pp. 33–36), dónde se fundó, sus pobladores y los nombres que ha tenido con «el nombre que hoy tiene de La Muela» (pp. 44–51). Sigue una descripción, muy interesante y detallada, de la ciudad de Cástulo como lo estaba antiguamente según se puede conjeturar de lo que hoy se ve de ella (pp. 52–67). Aporta para ello el autor dos inscripciones (falsas) y el dibujo de un plano de Cástulo.

Sigue una amplia digresión sobre aspectos legendarios muy diversos vinculados con la historia del nombre y los orígenes Cástulo: la Fuente Castalia, que hoy es la Fuente de El Pisar, en Linares (pp. 67–74 y 80–87), así como el caballo Pegaso (pp. 67–79), las Musas del Parnaso y el dios Apolo, venerado por los griegos que colonizaron Cástulo (pp. 88–107).

Vienen después otros excursos histórico-legendarios sobre las siguientes materias: el llamado río Tajo Parnaso, «que es el verdadero Betis que baña los muros de la ciudad de Parnasia, hoy Cástulo y Cazlona la vieja» (pp. 108–121), los Montes Parnasos «que la antigua ciudad de Cástulo tuvo en su distrito y limitación, adonde eran celebradas las ninfas del Parnaso» (122–127), templos antiguos, su culto, sus sacerdotes y sacrificios a los dioses (pp. 127–141), las «bodas y ceremonias matrimoniales que antiguamente usaban los antiguos en sus casamientos con los repudios y divorcios y por qué se hacían así con otras cosas curiosas de la gentilidad» (pp. 142–148), las ceremonias funerales «de lo que hay mucho de esto en Cástulo» (pp. 149–152), quiénes habitaban en la antigua ciudad de Cástulo y en sus comarcas (pp. 152–156) y, por último, la forma de gobierno de Cástulo y sus leyes (pp. 156–159). El libro se termina con el relato de la gran sequía que asoló España «en aquellos tiempos y cómo los moradores se fueron y la dejaron» (pp. 160–164).

El Libro Segundo (pp. 165–297) continúa la historia de Cástulo desde el año 1004 en que terminó la sequía en España hasta el nacimiento de Cristo. Se inicia esta nueva parte con la llegada de los griegos focenses, los fenicios y otras naciones extranjeras en busca de riquezas (pp. 165–170). Se habla también de la llegada de griegos de Beocia, que fundaron Baeza, con disquisiciones sobre el origen del nombre de esa localidad (pp. 170–175). Otros capítulos están dedicados a las ciudades con las que Cástulo tuvo contacto, como Sevilla, Itálica, Carmona, lo que da pie a varias digresiones sobre sus orígenes, su nombre y su fundación (pp. 176–192). Una de estas digresiones tiene que ver con la historia de Cadmo, que habitó en Cástulo y fundó Carmona (193–200).

Sigue una nueva digresión sobre el nombre del río Héspero, que es el mismo río Betis (pp. 201–206). Se ocupa luego el autor del relato de la llegada a España de varios pueblos del Norte y, en especial, de los fenicios, como Siqueo, natural de Tiro, que fundaron varias poblaciones (pp. 207–216). Excurso sobre el origen de las poblaciones antiguas de Andura, Salaria, Avila, Utica, Iliturgi, Gerisena, Oninge, Ubeda, Betula, Tobarra, Hellanes, Mentesa (pp. 217–223). El autor presta asimismo atención a «los tiempos que Cástulo fue gobernada por diferentes griegos, romanos y cartagineses» (pp. 223–228).

Vienen a continuación varios capítulos sobre el general cartaginés Aníbal (caps. 11–16), «quiénes fueron sus padres, su nacimiento, fisionomía y otras partes de importancia que tenía» (pp. 229–232), con el relato de sus bodas en Cástulo con Himilce (pp. 233–238), prodigios en el cielo y «los sacrificios que se ordenaron en Cartago a Saturno» (cap. 13, pp. 239–244), los funerales «que las ciudades de Cástulo, Cartago, en África, y Perosa, en Italia, hicieron por la muerte de Himilce y Haspar Barcino, hijo de Aníbal, y del grande gasto que se hizo en Cástulo» (pp. 244–250), con otros detalles particulares (pp. 251–256).

Se da cuenta también de las batallas de Aníbal y de los Escipiones en España (pp. 257–261) y de la llegada de «muchos linages nobles de romanos a habitar y morar en Cástulo por honra y devoción de los Escipiones», para lo que el autor presenta el testimonio de tres inscripciones (pp. 261–270). Siguen varios capítulos sobre la derrota cartaginesa y el triunfo de Roma en Hispania (pp. 270–280) y de cómo la ciudad de Cástulo «pidió perdón a Publio Escipión por no haber recibido en sí a los romanos que se querían favorecer de los castulonenses por haber perdido su campo por la muerte de los dos Escipiones [...] y de la batalla junto a la ciudad de Betula (pp. 280–285). Honras de Cástulo en loor de Escipión (pp. 285–293).

El libro concluye con el capítulo 23 sobre la «paz y unión que la ciudad de Cástulo guardó siempre con los romanos hasta que vencidos los godos fueron echados de la tierra quedando los godos por señores de todo» (pp. 294–297). En este capítulo menciona el autor por primera vez el testimonio de monedas, muchas de ellas en su poder. De ello da también cuenta en otros lugares de su *Historia de Cástulo*,[9] así como en la segunda parte de su obra *Cronología y noticias generales del mundo*.

El Libro III (pp. 299–506) es, con diferencia, el más amplio de todos junto con el último, y quizás también el menos interesante por lo poco novedoso del asunto y por basarse en los falsos cronicones. El tema central es la llegada de Santiago y sus apóstoles a España y la evangelización de la Península, con noticias de gran relevancia como el martirio de Santa Eufemia en Cástulo (que en realidad fue en Calcedonia), así como el fabuloso relato de la maldición de Cástulo por San Amando y la destrucción de la ciudad. El periodo cronológico comprende desde los inicios de la era cristiana hasta el año 600.

Por último, el Libro IV, que cierra la obra, tiene una extensión de doscientas noventa y cuatro páginas (pp. 507–701). Se sigue en este libro el asunto de la

---

9 «Algunas monedas de plata halladas en Cástulo paran hoy en mi poder» (p. 296). Más adelante en el capítulo 27 del Libro IV son frecuentes los comentarios sobre las monedas que posee y su gran afición por coleccionarlas (pp. 654–7): «tengo una moneda de oro de las de Cástulo, tiene por divisa el caballo Pegaso [...] Otra tengo de oro, asimismo de Cástulo, y tiene dos delfines [...] Otra tengo de Rómulo y Remo [...] Otras tres monedas tengo de plata con la misma divisa del caballo Pegaso [...] Yo tengo 380 monedas de cobre de aquella ciudad de Cástulo».

destrucción de Cástulo por la maldición del obispo San Amando, que ocupa los cuatro primeros capítulos. En ellos se presta especial atención a las supuestas masas de piedras de cuerpos humanos, «testigos perpetuos del castigo de Dios», como ocurrió en Sodoma y Gomorra (p. 535). Viene a continuación un interesante capítulo sobre las «reedificaciones que con los despojos y desperdicios de la ciudad de Cástulo han sido hechas en diversas partes de la Andalucía» (pp. 535–539).

Los siguientes capítulos (caps. 7–19) tratan de los sucesos ocurridos en España y en Cástulo durante la invasión árabe y la Reconquista. Se presta especial atención a la fundación y nombre de Linares, llamado antiguamente Hellanes (pp. 612–617), su descripción y reedificación con los despojos de Cástulo, familias ilustres de Linares y la importancia de sus minas (pp. 618–648). Se añade un breve panegírico de España, de la que dice que «tiene de todo lo mejor» (p. 646) y que es «madre de ciencias y archivo dellas mismas, depósito de virtudes, mapa de todas las cosas, justicia, gobierno, agilidad, policía y todo cuanto el ingenio humano puede imaginar para perpetua memoria de los siglos» (p. 647).

A continuación, se ocupa el autor, capítulos 27–28, de las monedas de Cástulo, muchas de ellas de su propiedad (pp. 654–662). Sigue después otro capítulo dedicado al escudo de armas de Linares y a las efigies diversas halladas en Cástulo, junto con «la estatua del caballo de piedra que está en el término de la villa de Linares», entre otros restos, como la estatua de la esposa de Aníbal, Himilce (pp. 662–672).

A partir de aquí afirma el autor lo siguiente: «tenemos muy poco que decir de esta ciudad de Cástulo porque no hacen los autores más relación della salvo algunos papeles que por ser de tan poco efecto lo que contienen pretendo se queden en silencio y proseguiré con otros argumentos» (p. 672). Así es, en efecto, pues el resto del libro trata de asuntos ajenos a Cástulo, Linares o Baeza. Esos asuntos son la aparición milagrosa de la Virgen de la Capilla de Jaén (pp. 676–680), el martirio de Santa Potenciana, su sepulcro, reliquias y memorias (pp. 685–692) o los santos mártires de Arjona (pp. 697–701), con que se cierra el libro cuarto.

Como colofón de la obra, incluye el autor un Preámbulo votivo (pp. 703–712) en el que se lamenta de que no van a faltarle censores que, como el dios Momo, critiquen todo lo que ignoran, a pesar de que ha procurado decir siempre la verdad y lo ha hecho procurando no ser largo ni pesado, ni tampoco breve, pues «ni por carta de más ni por carta de menos he pretendido ser molesto ni enfadoso». Añade, además, que ha acomodado el estilo de su obra al uso común del lenguaje, sin traer palabras desusadas, buscando la variedad y siguiendo, para ello, a muchos autores (p. 712).

2.1.3 A modo de recapitulación

Estamos, en definitiva, ante una obra que, al margen de su valor historiográfico y de la veracidad de la documentación epigráfica y numismática aportada, poco fiable, tiene también un enorme interés literario como representante de la llamada literatura anticuaria de mediados del siglo XVII.[10]

Un ejemplo muy ilustrativo de este interés son los capítulos dedicados a Linares (Lib 4, cap. 21–23, pp. 618–630), que contienen los tópicos más habituales del género anticuario en su vertiente corográfica. Así, el autor presta particular atención a su clima, su situación geográfica, espacio urbano, agricultura, fuentes y aguas. El tono empleado es marcadamente encomiástico, como se aprecia desde el mismo inicio de la descripción: «Goza la villa de muy saludables aires, más sanos que en Córdoba y otras partes de la comarca, teniendo el medio proporcional, ni fríos ni cálidos en demasía, sino con un buen temple y por esto llegan algunas personas a los cien años de vida, y de allí para arriba, por ser dicho temperie favorable a la natura humana» (p. 618).

No faltan tampoco noticias sobre la antigua torre de Linares, sus iglesias, conventos, con una larga relación de miembros de las familias ilustres de la villa. La descripción se cierra con un amplio excurso sobre las minas de Linares, muy detallado, con noticias históricas de la época del autor o de fecha reciente de gran interés.

Por otro lado, la *Historia de Cástulo* nos permite también conocer que López Pinto fue un poeta afamado en su época. Él mismo parece reconocerlo al referirse al romance que compuso sobre el hallazgo de la imagen de la Virgen de los Mártires, suceso ocurrido en Baeza en 1633.[11] El romance, del que solo incluye algunos versos en su *Historia de Cástulo*, llegó a ser publicado en su integridad por Pedro de la Cuesta, uno de los impresores más importantes en el Jaén de esa época. Dice así el autor:

> De esta santa imagen me fue pedido hiciese algunos versos en alabanza de esta gran señora a persuasión de don Miguel de Salas. ¿Como si yo fuera idóneo y suficiente para ello? Pero, al fin, por complacer voluntades vencí dificultades y hice aquel Romance con los versos medidos por endecha que comienza así [...] Este parece fue recibido con buen aplauso de todos, pues apenas lo entregué cuando a los cinco días se me remitieron cuatro manos de papel impreso por Pedro de la Cuesta para repartirlos el año de 1633, y esto baste por ahora en cuanto a estas apariciones de imágenes de nuestra Señora María, santísima Virgen y Madre (*Historia de Cástulo*, pp. 696–7).

---

10 Véase en especial Rallo Gruss, 2009: XII-XXVI.

11 Véase ahora Eisman, 2006: 68.

Como luego veremos, su reputación como consumado poeta quedó sobradamente probada en su obra de 1669 *Festín que la Villa de Linares hizo a la Virgen santísima de Linarejos.*

Finalmente, conviene señalar que la *Historia apologética de Cástulo* es, como indica su propio título,[12] una apasionada defensa o elogio de la antigüedad de Cástulo. No le habían faltado a Cástulo elogios en la Antigüedad, pues, como es sabido, es muy citada en las fuentes clásicas grecolatinas (p. ej. Polibio, Estrabón, Tito Livio, Silio Itálico, Tolomeo).[13] Baste recordar que Tito Livio la llamó «urbs Hispaniae valida ac nobilis» (Liv. 24, 42:), es decir, «ciudad hispana poderosa y noble», con dos adjetivos, *valida* y *nobilis*, que evidencian el prestigio y categoría de la ciudad en la Antigüedad, especialmente durante la Segunda Guerra Púnica. Y no cabe duda de que fue una ciudad de gran importancia por su estratégica ubicación fronteriza, entre la Meseta y el Valle del Guadalquivir, hasta el punto de haber dado nombre al *Saltus Castulonensis*, la actual zona oriental de Sierra Morena. No olvidemos, además, que acuñó moneda, que fue famosa por sus minas y que de allí procedía Imilce, esposa de Aníbal, descendiente de las más antiguas familias de la aristocracia local (Silio Itálico, *Pun.* 3, 98, 106 y Liv. 24, 41). Su importancia queda también constatada por el gran número de inscripciones procedentes de Cástulo, entre otros materiales, que se nos han conservado y que atesora el actual Museo arqueológico de Linares.

2.2 La Cronología y noticias generales de todo el mundo (1659 y 1662)

2.2.1 Descripción

Se divide en dos partes, con sendas portadas. El título de la Primera Parte dice así *Cronología y Noticias generales de todo el mundo. Primera parte. Con la sucesión de los reyes y emperadores de Roma y el tiempo en que los cónsules gobernaron. Al Excelentísimo Señor Don Antonio Alfonso Pimentel y Herrera Ponce de León, conde de Benavente, Duque de Samnia, señor de la casa de Herrera, gentilhombre de la Real Cámara de su Magestad y Capitán de las Guardas viejas de Castilla, etc. Por Gregorio López Pinto, obispo y* [sic] *Covaleda. 1659.*

En la portada de la Segunda Parte leemos: *Tomo segundo y Segunda parte de las Noticias generales del mundo. Al Excelentísimo Señor Don Antonio Alfonso*

---

12 «Púsele el título de *Apología* porque los discursos apologéticos es argumento licencioso para acudir a la defensa posible dándole todo favor» (*Historia de Cástulo*, Preliminares, fol. VIII^{v}).

13 Blázquez, 1965, Martínez Aguilar, 2000 y González Román 1991: 121–6.

Pimentel y Herrera Ponce de León, conde duque de Benavente, gentilhombre de la Real Cámara de su Magestad y Capitán de las Guardas viejas de Castilla, etc. Por el Maestro Racional Gregorio López Pinto y Covaleda.

Solo nos ha llegado un único ejemplar manuscrito de la obra, de letra bastarda, muy pulcra, de una sola mano, muy parecida a la de la *Historia de Cástulo*, con muchas notas al margen. Se custodia en la Biblioteca Nacional de España y está encuadernado en dos volúmenes, uno para la Parte primera (signatura Ms. 8603) y otro para la Parte segunda (signatura Ms. 8604), cada una con su propia portada, con el texto del título enmarcado en un rectángulo con orla, de factura idéntica a la de la portada de su *Historia de Cástulo*. La primera parte consta de 454 páginas (22x16 cm. por página) más ocho folios numerados en romanos, y la segunda, 338 páginas más cinco folios de preliminares. Tiene numerosos dibujos a pluma, muy pueriles, de retratos de reyes y emperadores, principalmente romanos, así como de monedas.

Cada volumen se concluye con una relación de las materias tratadas o «Tabla de las tablas antecedentes contenidas en todo este volumen [...] de las *Noticias generales del mundo*».

La obra apareció en dos momentos sucesivos. La primera parte se concluyó en 1659, según consta en la portada, tres años después de haber redactado su *Historia de Cástulo*; la segunda parte es de 1662, como leemos también en la portada del manuscrito, y está concebida como complemento de la anterior. El autor debió de trabajar en ella hasta el último momento, pues hay alusiones al año de 1662 en que la finalizó.[14] Esta segunda parte contó con la aprobación, datada el 16 de noviembre de 1662, de Fray Baltasar Jordano Fuenmayor, predicador franciscano y «capellán de v.m.» (fol. I^{r}).

En la última página de cada volumen aparece escrito la frase «Sub correctione sanctae Romanae Eclesiae» (p. 338), lo que parece indicar que la obra estaba lista para ser impresa. Como acabamos de señalar, contaba además con la aprobación, requisito previo para su impresión.

Es importante destacar que en el Prólogo al lector de la Segunda Parte anuncia el autor una Tercera Parte, que tiene en borrador, dedicada a los mares e islas. Desconocemos si la llegó a concluir o si se ha perdido. Dice así:

> Veré y veremos el aplauso con que se recibe [la Segunda parte de la obra] para que me obligue el vulgo a sacarle la tercera parte, que tengo en borrador, más primorosa, más gustosa y más bella [...] adonde se verá la gran variedad de los mares, efectos y

14 Por ejemplo, al referirse a los orígenes de la villa de Linares, dice que «su antigüedad es de 440 años hasta este presente de 1662» (*Cronología*, Parte II, pp.175–176).

calidades, con sus islas y cosas memorables que hay en ellas, dignísimas de ser sabidas (*Cronología*, Parte segunda, fol. V^{r-v}).

2.2.2 Contenido y valoración

La *Cronología* supuso el paso de la crónica localista que representaba su *Historia de Cástulo*, compuesta tres años antes, a un tratado enciclopédico de carácter universal. Se trata de una obra mucho menos conocida que la anterior, pero que merece ser calificada como uno de sus libros mayores por sus enormes proporciones. El autor la había prometido al conde duque de Benavente,[15] destinatario del presente libro y del anterior.

Del propósito de la obra da cuenta el autor en el Prólogo al lector de la Primera Parte (fol. VI^{v}-VII^{r}). Dice así: «faltando el Prólogo falta también la razón del qué, por el qué y para el qué se escriben tales memoriales, porque en ellos se da la razón de lo que sus autores narran en éstos». Explica a continuación que ha compuesto su obra a ruegos de algunas personas que le pedían «inquirir antiguallas de que se les crecía notable gusto ver, entender y saber lo que pasó en el tiempo plusquamperfecto de las variedades del mundo como si yo fuese el mayor anticuario» y para satisfacer esa curiosidad resolvió «dar este memorial con que presumo tendrán algún tanto de lo que desean saber».

Cierra el prólogo este comentario: «declaro asimismo que es primera parte, porque la segunda la seguiré si en esta se da buen aplauso».

2.2.2.1 Contenido de la Primera Parte (1659)

Pasemos ya al análisis del contenido de la Primera Parte o primer volumen de la *Cronología*. Es importante aclarar que la obra se titula *Cronología y noticias generales de todo el mundo* por el uso continuo de fechas o datos cronológicos en la relación de noticias sobre el mundo tratadas en el libro. Las noticias, de distinta extensión, tienen una gran variedad temática, que van desde la geografía física y humana hasta los asuntos históricos. Conforman una copiosa miscelánea de materias con un total de 108 entradas o capítulos, con numeración continua, que se suceden de manera ininterrumpida sin distinción explícita de secciones

15 Así lo indica el autor en la dedicatoria, titulada «Consagración y Directoria al excelentísimo señor don Antonio Alfonso Pimentel…», donde dice: «con toda humildad, y con el respeto debido, llego a los pies de vuestra Excelencia con el volumen de las *Noticias generales del mundo, Primera parte*, como lo prometí a vuestra Excelencia para que yo pidiendo y suplicando vuestra Excelencia dando favor, ayuda y amparo […] podrá pasar libre de la emulación del falso teatro del mundo» (fol V^{v}-VI^{r}).

o partes dentro del libro. La obra avanza de lo general a lo particular y de lo más antiguo a lo más moderno, aunque no sigue un criterio claro en la disposición y desarrollo de las materias. Dice al respecto el autor en el Prólogo al lector en estos términos:

> Es pues así que de la máquina del mundo y sus partes se toma el principio prosiguiendo algunas de las cualidades elementales que más convengan y luego se discurre varias cosas, los que fundaron casas primero, pueblos y ciudades, villas y lugares, viniendo a los reyes, emperadores y monarcas, así narrando como pintando, con sus monedas de que usaron y en qué tiempos, según graves autores clásicos y de verdad que lo describen (*Cronología*, fol. VI^{v}-VII^{r}).

La relación de noticias se abre con la definición del mundo: «un compuesto de todos los cielos y elementos y universidad de todas las cosas tomadas en uno, y todo ello en figura esférica y redonda en forma y manera de una bola» (p. 1). Sigue la explicación de los cuatro elementos, tierra, agua, aire y fuego, y se aborda, sucesivamente, cada elemento. En primer lugar, la tierra y sus partes, con información sobre la geografía física de Europa, Asia, islas del Mediterráneo, África, el Nuevo Mundo y las «cumbres y eminencias que la tierra hace en este mundo». Se incluye también un capítulo sobre el Paraíso, considerado un lugar geográfico a pesar de ser «la cosa más dudosa y más dificultosa de averiguar de cuantas los hombres escriben; por ser justo juicio de Dios añadió su asignación solo para sí mismo [...] yo diré lo que tengo visto en mis estudios acerca desto, haciendo relación de lo que otros escribe» (p. 14).

Vienen a continuación los capítulos dedicados al agua (ríos y lagunas), el viento, el aire y el fuego, con dos entradas dedicadas a los diluvios —por estar causados por el viento y el agua— y a los terremotos, con una detallada relación cronológica desde la Antigüedad hasta la propia época del autor. Se da, por ejemplo, noticia de terremotos ocurridos en 1626 en Sevilla, en 1628 en Málaga y en 1653 en Murcia, del cual comenta en particular el autor lo siguiente: «Quiero concluir con el terremoto que vino sobre la ciudad de Murcia el año de 1653, adonde según soy informado echó todo el resto la furia de Neptuno y el cruel Bóreas, pues casi dejó asolada aquella populosa ciudad» (p. 36).

Una vez tratadas las partes del mundo (geografía física), el autor subraya que es el momento de proseguir con las «poblaciones que hicieron las gentes por diversas partes del mundo» (p. 36), lo que da pie a una breve historia de la raza humana basada en el relato bíblico del *Génesis* (Adán y Eva y sus descendientes, el diluvio universal, etc.).

A partir de aquí consideramos que se inicia una segunda parte o sección de la obra que podemos calificar como geografía humana, con noticias muy curiosas y pintorescas sacadas de autores muy variados. Los más citados son Plinio, Solino, Estrabón, Florián Ocampo o el «sapientísimo Rodrigo de Zamora», es decir, Rodrigo Zamorano (1542–1620). Conviene advertir que el libro de Rodrigo Zamorano *Cronología y repertorio de la razón de los tiempos* (publicada en 1585, con muchas reediciones) constituye no solo una de las principales fuentes de información de la obra de López Pinto, sino también el modelo seguido, a nuestro juicio, en la disposición y ordenación de las materias tratadas, al menos las relativas a listados de reyes, papas y sucesos del mundo desde la creación.

Las materias de las que se ocupa nuestro autor en esta sección de geografía humana son (pp. 40–59): los gigantes como «segunda nación del mundo», los hombres longevos, los hombres fuertes, los pigmeos, los monstruos, a los que, por su diversidad, dedica amplio espacio en tres capítulos, desde lo fabuloso y mitológico hasta los portentos naturales, tanto antiguos como modernos. También se presta atención, en sendos apartados, a las amazonas y las gorgonas (pp. 59–62).

Especialmente interesantes son las noticias contemporáneas sobre monstruos o portentos (pp. 52–59). Sirva de muestra el testimonio aportado por el propio autor como testigo presencial en el capítulo o noticia titulado «Otros monstruos que se han visto y se ven cada día». Dice así:

> una niña vimos en esta Andalucía que no tenía piernas, brazos, dientes ni cabellos, ni hablaba palabra. Y el año de 1627 vi yo en la ciudad de Jaén un niño con cuatro brazos, dos cabezas, un cuerpo y dos pies, naturalmente todo ello. Otros autores dicen han visto otro con tres brazos, tres riñones y de seis, y en la dicha ciudad se vio un hombre, natural extremeño, llamado Bernabé del Olmo con cuatro compañones [testículos]. En Madrid y por España andaban con un niño que tenía otro pegado a sí por las espaldas, y estos son monstruos de naturaleza, que abundó la materia (p. 52).

Una tercera sección podemos apreciar a partir del capítulo dedicado a la fundación de las primeras poblaciones y a los nombres de sus fundadores (p. 62). Dice el autor al respecto: «quien quisiere ver una gran copia de estos nombres vea las *Etimologías* que escribió el doctor de las Españas San Isidoro y también a Florián Ocampo en sus obras» (p. 67). Se tratan a continuación diversos asuntos religiosos:[16] la expansión del cristianismo («la cristiandad, por qué partes del mundo hoy se halla y se termina»), las primeras iglesias que se fundaron en el

16 En el Prólogo al lector (fol. VII^{r}) lo resume así: «Prosíguese lo eclesiástico, sumos pontífices romanos y cosas que ordenaron en la santa Iglesia con todos los profetas, órdenes, caballerías, comendadores, concilios y otras muchas cosas que han pasado en lo antiguo».

mundo, órdenes religiosas, personajes heréticos de la Iglesia, la secta de Mahoma (pp. 67–93). Se cierra esta sección con una detallada crónica universal, que va desde los orígenes bíblicos del mundo hasta la genealogía de Cristo (pp. 93–108).

Como ampliación de los anteriores capítulos se añade la lista de las monarquías y reyes del mundo, en la que se hace constar solo sus nombres y años de gobierno (pp. 109–125). Más detalladas y prolijas son las noticias relativas a los pontífices, doscientos cincuenta y seis en total hasta Inocencio X, en el año de 1644 (pp. 126–159). A estas noticias se suman las de los teólogos y profetas (pp. 159–180), con la mención de personajes de lo más dispar, como vemos en el siguiente testimonio: «Año 3024. Floreció Homero y el de 3033 fue el profeta Elías arrebatado al cielo hasta la confutación del Anticristo y el de 3034 floreció Licurgo. Dido fundó Cartago» (p. 160). Cierra esta abigarrada amalgama de datos el nombre de las diez sibilas (p. 182). Toda esta sección nos recuerda mucho a la obra de Rodrigo Zamorano mencionada más arriba.

La obra continúa con un amplio relato de los concilios (pp. 182–206), cismas (pp. 206–210) y persecuciones de la Iglesia (pp. 210–215), con un capítulo dedicado a recordar los lugares con título de municipio en los que hubo mártires, tanto en España como fuera de ella (pp. 215–220). Como ejemplo de ello cita el autor el hallazgo en Baeza, en 1629, de las reliquias de los santos mártires San Justo, San Abundio y San Víctor, a partir del testimonio de Manuel Tamayo, Francisco de Rus Puerta, Martín de Jimena Jurado y Francisco de Bilches. No falta tampoco el aporte de material epigráfico de tres inscripciones de Cástulo, Arjona y Sevilla (pp. 228–230). Son los únicos epígrafes, con su texto, que figuran en esta obra, de lo que ya había dado muestras suficientes en su *Historia de Cástulo*. Respecto a la inscripción de Cástulo, debió de ser vista por el autor, pues nos informa de su localización de manera muy precisa: «Fue (municipio romano) la ciudad de Cástulo, hoy Cazlona, en el término de la villa de Linnares, en el Reino de Jaén, cuyo testimonio lo da una piedra escrita que hoy se ve en los cimientos del patio que tienen las casas de un licenciado Francisco de Cózar, clérigo presbítero en aquella misma villa de Linares, cuya inscripción es así» (p. 218). De las otras dos inscripciones restantes la que procede de Sevilla la toma de Ambrosio de Morales.

Muy pintoresco es el siguiente capítulo, titulado, en un sentido muy amplio, «Reyes romanos» (pp. 222–284). Se da cabida no solo a los reyes y emperadores de Roma, desde Rómulo, sino también a los emperadores bizantinos, los reyes francos y carolingios y los del Sacro imperio romano-germánico, hasta llegar incluso al archiduque de Austria, Matías, que «entró imperando en el imperio romano a 27 de enero de 1612». Lo más llamativo de esta sucesión cronológica de reyes, cónsules y emperadores es la galería de medallas con los dibujos de la efigie de reyes y emperadores, junto con las ilustraciones de las monedas que usaron. Los dibujos son muy toscos y simples, sin fundamento histórico ni valor artístico, casi caricaturescos.[17] Pese a todo, estamos quizás ante uno de los capítulos más novedosos de la obra, junto con el de las monedas, como veremos más adelante. Buena prueba de lo novedoso del asunto tratado y de la especial importancia que le concede el autor es que consta como subtítulo del libro: «noticias generales de todo el mundo con la sucesión de los reyes y emperadores de Roma y el tiempo en que los cónsules gobernaron».

El siguiente apartado es una enumeración, ordenada por nombre y fecha, sin comentarios, de los «Reyes de España desde Túbal hasta hoy con los años que reinaron contando los años desde la creación del mundo» (pp. 285–289), que alcanza hasta al rey Felipe IV («Año 1622. Vive hoy día y viva muchos y felices años»). Se añade la relación de los reyes de Navarra, Portugal, Aragón, Galicia, los reyes suevos, los de Mallorca, de Sicilia y los condes de Barcelona (pp. 289–299).

Esta relación de reyes de España se acompaña, a modo de resumen, de un «Elogio y epílogo general de todas las cosas que han venido sobre España» (pp. 299–342), organizadas en orden alfabético o «por el ABC para mayor claridad y facilidad en buscarlas». Estamos ante una especie de cajón de sastre donde cabe toda suerte de noticias. Por ejemplo, en la letra C, se anota lo siguiente: «Coche, el primero que se vio en España fue de Alemania, traído año 1546» (p. 308). En otro lugar, bajo la letra N, leemos la noticia de fecha más reciente, que dice así: «Nacimiento del Príncipe D. Felipe san Próspero. Miércoles, 28 de noviembre a las once y media de la mañana en 12 grados del signo de Acuario año 1657. Y la madrina fue la infanta D. María de Austria, hoy reina de Francia. Batizóle don Baltasar Moscoso, arzobispo de Toledo» (p. 331).

Después del elogio secular de los reyes, viene, a modo de díptico, el elogio eclesiástico, con un tratamiento de las noticias muy similar. Lleva el título de «Elogio eclesiástico de cosas que han venido sobre España (pp. 342–391).

Sigue una «Cronología de los reyes hispanos según otros graves autores que la escriben regia» (pp. 391–417). Desfilan por esta cronología personajes relacionados con la Historia de España desde los orígenes míticos (Túbal, Gerión, Hispán, etc.) hasta época romana (Sertorio, Pompeyo, Julio César, etc.), con sus sucesos principales (fundación de Itálica, destrucción de Numancia, etc.). Los acontecimientos, que se fechan por el cómputo de años de la creación del mundo, se inician con la llegada a España de Túbal, nieto de Noé, «1787 años de la creación del mundo y 132 años después del diluvio general» hasta el triunfo de la campaña

17 De estilo naïf califica los dibujos Hernando Sobrino (2009: 314).

contra los garamantes de Cornelio Balbo, natural de Cádiz, celebrado en Roma el año 3985 de la creación del mundo. Algunas noticias son tan ingeniosas como ingenuas. Tal es el caso de la noticia relativa al año 3982 de la creación, que reza así: «Por haberse fundado en España muchas colonias romanas, los españoles mudaron su lenguaje antiguo y tomaron otro nuevo llamado romance, que es el que ahora se usa, aunque corrupto» (p. 417).

De pequeño tratado numismático pueden considerarse los capítulos dedicados a la moneda, especialmente la de época romana (pp. 418–441). Son una buena muestra de la afición del autor por las monedas, como ya habíamos señalado a propósito de su *Historia de Cástulo*. Se dibuja y comenta un conjunto de setenta y dos monedas (la mayoría procedentes de la Bética) y, de forma particular, tres más procedentes de Cástulo y alrededores. Aunque no lo indica expresamente, parece que la mayoría de las monedas recogidas son de su propiedad. También presta atención nuestro autor a los diversos tipos de monedas en la Antigüedad y al significado de las divisas o imágenes que llevan impresas.

Los dos capítulos finales son un claro ejemplo del carácter heterogéneo del libro y de la amalgama de noticias inconexas y dispares: se reproducen tanto las leyes antiguas y fueros de Badajoz (pp. 441–445) como la pragmática del año de 1380 del Rey Juan I de Castilla sobre los precios de cosas que se vendían y compraban en Castilla (pp. 445–449).

2.2.2.2 Contenido de la Segunda Parte (1662)

Por cuestiones de espacio no podemos ocuparnos del contenido de la Segunda Parte con el mismo detenimiento con que lo hemos hecho para la Primera Parte.

Hay que indicar, en primer lugar, que la tarea emprendida por el autor en este segundo volumen es ingente y laboriosa. Él mismo lo reconoce en el prólogo: «bien sabe el cielo el trabajo que me ha costado y los peligros en que me he visto; por lo que he pretendido divertirme en otros argumentos diferentes por no atropellar tantas tierras ajenas» (fol. V^{r}). Esas tierras ajenas son, en efecto, la materia de la obra, y son, por este orden, las siguientes: Asia, África, América, Europa, España, Francia, Italia, Germania, Hungría y Grecia. Es decir, primero los cuatro continentes y después seis países o regiones de Europa.

En cada una de estas diez secciones geográficas se da cabida a un número indeterminado de lugares (ciudades, regiones, pueblos, villas), ordenados alfabéticamente,[18] de ahí que esta Parte Segunda de su obra sea definida por el autor

18 Por ejemplo, en el capítulo de Europa se incluyen los siguientes lugares por este orden: Andalucía, Aragón, Asturias, Almadén, Andújar, Arjona, Baeza, Barcelona,

como un «alfabeto de las noticias generales de todo el mundo y sus partes, provincias, reinos e ínsulas» (p. 1). En ocasiones, se agrupan bajo un mismo epígrafe geográfico lugares que nada tienen que ver con esa región o país. Por ejemplo, en el capítulo dedicado a Grecia, se habla también de Lituania y Moscovia y en el dedicado a Italia, se incluyen Flandes, Leiden y Luxemburgo.

Este repertorio de lugares sigue las pautas del llamado género de la corografía, «cuya meta es establecer un cuadro descriptivo completo de un territorio» (Rallo Gruss 2009: XIV). Comprende, por lo general, una descripción física del lugar y una relación de sus principales rasgos de identidad y sus peculiaridades, sobre todo, en lo relativo a sus costumbres. La multitud de detalles, anécdotas y datos curiosos que figuran llegan a dar la impresión de que el autor es testigo de lo que describe.[19] Sirva como botón de muestra la entrada dedicada a Brasil (pp. 91–93):

> Es tierra sana y muy apacible. Tiene muchos ríos, fuentes y selvas de grandes llanuras, siempre verdes y deleitosas. Muchas plantas, jardines y recreos, con gran variedad de incógnitos animales [...] Los moradores son barbarísimos, no tienen ley, religión, letras, ni rey que los guíe. Andan desnudos, el ombligo al aire y aun sus vergüenzas al sol. Su comer es toda inmundicia: topos, lagartos y todo animal, monos, micos [...] Su pan son las raíces de verdolaga secas y molidas. Usan de nigromancia y hechicería [...] Pronuncian mal y su alfabeto no tiene F. L. R. [...] Duermen en suspensión, las camas en el aire. Grandes nadadores. Beben sin medida ni tasa, como amigos de Baco. Pare la hembra y el varón se pone en la cama. Allí le dan los parabienes y los presentes y visitas.

Este tipo de noticias hacen muy amena la lectura de la obra, como presupone Antonio Ayala y Benavides en la carta que dirige al autor en agradecimiento por haberle remitido la segunda parte de la obra. En dicha carta, que se encuentra en los preliminares de la obra, Ayala y Benavides elogia además al autor en estos términos: «prometo tener gustosos y entretenidos ratos peregrinando por diversas provincias del mundo y hallar peregrinas curiosidades que V. m. con

Badajoz, Benavente, Bilches, Burgos, Cádiz, Cartagena, Castilla, Córdoba, Extremadura, Granada («es la bella floresta de la Bética»), Gibraltar, Guipúzcoa, Hispania, Jaén, Jabalquinto, Linares, Lisboa, Madrid, Málaga, Murcia, Navarra, Portugal, Provincia Lusitana, Peñaflor, Reino de León, Reino de la Coronada, Sevilla («es una ciudad insigne, grande y hermosa»), Tarragona, Tarifa («quiere que sea la antigua Tartesio»), Toledo, Valencia («ganóla el Cid Rodrigo de Bivar») y Zamora.

19 Para Morales Borrero (2009: 64–65), es «tal su erudición y detalles a lo largo de la obra, que llegamos a pensar si sería posible describir tan minuciosamente todos esos lugares sin haberlos visitado. Y de no ser así, lo que resulta evidente es que poseyó una cultura enciclopédica que pudo beber en innumerables fuentes de viajeros de la época».

loable y estudioso cuidado ha investigado, de que por mi parte le doy las gracias, rogando a nuestro Señor le dé muy entera salud para que continúe tan virtuoso entretenimiento» (fol. II^{v}).

La referida carta viene acompañada de una hermosa décima sobre el libro de López Pinto (fol. II^{v}-III^{r}), que suponemos que es obra del mismo autor de la carta:

> Tanto de vuelo alzáis,
> Covaleda, vuestra pluma
> que todo el mundo una suma
> sumamente lo abrazáis.
> Claras noticias nos dais
> desde el Poniente al Levante,
> el Cáucaso y el Atlante,
> lo arriba para abajo
> volvéis sin dejar atajo
> con vuestro estilo elegante.
> Quien tanto peregrinó
> ¿qué parte se le ha escapado,
> ni qué reino se le ha ocultado
> en cuanto su estudio vio?
> Nada veo le quedó,
> porque quien vio los dos polos,
> pirámides, mausoleos
> y regiones tan extrañas,
> bien merecen sus hazañas
> se pinten en bronces solos.

2.2.2.3 Valoración final

Podemos decir, como conclusión, que las dos partes de la *Cronología y noticias generales del mundo* de López Pinto constituyen un gabinete de curiosidades que recuerda por su variedad y dispersión a la *Historia Natural* de Plinio el Viejo, muy citado por nuestro autor, junto con Rodrigo Zamorano, como hemos indicado más arriba.[20] El interés que muestra por todo tipo de conocimientos es fruto de una laboriosa y asombrosa mezcla de resúmenes y repertorios históricos, geográficos y cronológicos.

---

20 Otros autores citados por nuestro autor, aunque de manera muy puntual, son, sin afán de exhaustividad, Estrabón, Solino, Isidoro de Sevilla, Pedro Mexía, Antonio de Guevara, Florián Ocampo, Fray Gregorio García, Juan Pérez de Moya, Virgilio Polidoro, etc.

Por otro lado, el principal mérito de la obra no radica en la novedad de los temas expuestos, sino en su propósito divulgador a la vez que didáctico. No obstante, nos parece muy notable la aportación del autor en el terreno de la numismática por el carácter inédito de las monedas presentadas. También tienen mucho interés las noticias sobre sucesos contemporáneos, que le dan a la obra cierto aire de noticiero periodístico del momento. Por ejemplo, nos informa de que en el año de 1660 se concluyeron las obras del edificio de la capilla mayor de la Catedral de Jaén (Parte II, pp. 173–174), edificio que para nuestro autor es «la mayor de las maravillas del mundo, por más eminente, más curiosa, más fuerte, más bien trazada y más de arte» (Parte II, p. 74). No menos valiosa es la precisión cronológica del martirio de unos predicadores franciscanos en Argel, ocurrida el veintiuno de febrero de 1661 (Parte II, pp. 54–55), así como los detalles del hallazgo de las reliquias de santos mártires en Baeza en 1629 y 1630.[21]

2.3 El *Festín de la Virgen de Linarejos* (1669)[22]

2.3.1 Descripción

Siete años después del segundo volumen de la *Cronología y noticias general del mundo*, aparece la última obra de Gregorio López Pinto de la que tenemos constancia, aunque no se indique su autoría en la portada. Su título es *Festín que la Villa de Linares hizo a la Virgen santísima de Linarejos, Señora nuestra, cuando la llevaron a su casa nueva. Año de 1666. Dirigido a Don Ambrosio de Benavides, nobilísimo Caballero del Orden de Calatrava y veinte y cuatro de la ciudad de Baeza* (fol. 3r). Comprende cien folios, incluyendo la hoja de la portada.

El texto original del *Festín* se ha perdido. Solo se conserva la copia que se hizo a finales del siglo XVIII, en cuya cubierta se indica, a modo de *ex libris*, el nombre del propietario: *Libro de D. Martín de Zambrana y Chacón*. Este ejemplar se custodia en la Sala de Mantos del Santuario de Linarejos.

---

21 «De cosas eclesiásticas no me entremeto, pues hay plumas cortadas y bien sutiles que al presente tratan de esto por aquel asunto de las sagradas reliquias de los santos mártires que con luces y visiones del cielo fueron descubiertas y halladas en aquel gran tesoro que por los años de 1629 y el de 1630 se manifestó en la Puerta del Conde de aquella dichosa ciudad [Baeza]» (*Cronología*, Parte II, pp. 156–175).

22 Esta obra ha despertado mayor interés que las dos anteriores y ha merecido un estudio y edición (Morales Borrero, 2009: 86–117 y 139–243). Previamente se había ocupado de la obra y de su autoría Martínez Aguilar 1999 y 2003, donde se reproduce en su formato original el Romance de la aparición de la imagen de la Virgen de Linarejos. Véase también Eisman 2006.

Como ya se ha indicado, la obra no lleva nombre de autor. Sin embargo, es indiscutible que estamos ante Gregorio López Pinto por referencias internas del texto que no dejan duda de su autoría. La más evidente de ellas se encuentra en el «Discurso general», donde el autor menciona una obra suya sobre Cástulo que solo puede ser la *Historia apologética de Cástulo* de la que nos hemos ocupado más arriba. Asimismo, en el poema encomiástico que Antonio Chirino y Mendoza le dedica a nuestro autor se hace mención explícita de uno de sus apellidos, Covaleda, como leemos en estos versos:

Para escribir esta Suma
que ser inmortal se llama
de las alas de la fama
tenéis, Covaleda, pluma (*Festín*, fol. 2v)

La obra, concluida en 1669[23], es decir, tres años después de la celebración de la festividad a la que da nombre, estaba lista para su inmediata publicación en la imprenta. Lo declara, de forma un tanto rebuscada, el propio autor en la extensa dedicatoria a su protector, el noble don Ambrosio de Benavides, caballero de la orden de Calatrava y veinticuatro de Baeza, principal promotor de las fiestas y de quien el autor se declara «como su mínimo coronista» (fol. 12r). En ella afirma que pone el manuscrito del *Festín* bajo la sombra y amparo de dicho señor para que lo defienda y lo entregue «al pavimento de la estampa donde se promete su mayor felicidad», es decir, busca su mecenazgo para que lo imprima.[24] Desconocemos los motivos por los que el texto no llegó a ser publicado.

23 En el «Discurso general» leemos: «los cuales años, juntos con 1669 que es en el que vamos hoy, suman 2994 según buena computación de autores graves» (*Festín*, fol. 13r, en Morales Borrero 2009: 151).

24 Vale la pena reproducir la cita completa para poder apreciar el estilo barroco de la prosa del autor, que es la propia de la época: «aunque otras plumas había más bien cortadas que lo podían hacer, se quisieron valer de mi rudeza y cortedad de mi mal limado ingenio [...] Se me hizo cargo para que lo copiare y así que mi diligencia no ha sido más que llenar de borrones este papel, el cual para su mayor defensa, por haber de salir a la palestra contra los detractores, lo pongo bajo la sombra y amparo de V.m. para que sea defendido, y caminar libre en el pavimento de la estampa donde se promete su mayor felicidad, pues en tal acierto mi cuerda y acertada elección no puede errar mi osado dictamen en haberle dado tan seguro valor con que consigue su mayor dicha, asignándole su mayor patrocinio en la grandeza nobilísima de V.m.» (*Festín*, fol. 11r-v; Morales Borrero 2009: 87 y 149–150).

2.3.2 Contenido y valoración

El *Festín* es el relato o crónica de los sucesos y festejos que tuvieron lugar en octubre de 1666 en Linares con motivo del traslado de la imagen de la Virgen de Linarejos a su nueva ermita. La narración de la fiesta, elaborada por un testigo presencial que actúa como cronista o relator, se ameniza con los poemas del certamen literario celebrado en honor de la Virgen, que constituyen, en buena medida, el grueso de la obra. El más conocido es el llamado romance sobre la aparición o hallazgo milagroso de la efigie de la Virgen de Linarejos (Linarión, según el romance),[25] un hallazgo que puede remontarse al año 1227, precisamente el mismo año de la reconquista de Linares y Baeza. El romance, de 220 versos, repartidos en cincuenta y cinco estrofas, solo puede ser obra de Gregorio López Pinto, aunque no se identifique a su autor.[26] Suyo es también la composición titulada *Sitio de Linarejos* (fol. 18r-20v), en la que se describe de manera bucólica el *locus amoenus* en el que se produjo el hallazgo de la imagen de la Virgen.

De no menos calidad es el romance que sirve de compendio poético de toda la obra, como declara el propio autor: «Para cumplimiento desta obra y quitar quejas, me fue pedido metrificase la gallardía de los soldados de la Virgen que con tantas galas y gastos celebraron el festín el día que la llevaron a su casa nueva con tanta solemnidad, grandeza y concurso como allí ocurrió, como tengo dicho arriba» (*Festín*, fol. 85v-86r, Morales Borrero 2009).

Tales manifestaciones poéticas, que constituyen una pequeña muestra del dominio del verso por parte de nuestro autor, ponen de manifiesto la popularidad de que gozó en vida López Pinto como poeta, una faceta menos conocida que la de su actividad como historiador o anticuarista. Dan cuenta especialmente de ello los elogios que se le dedican en los poemas de preliminares del *Festín*. De su calidad y popularidad como poeta ya había dado prueba, además, en su *Historia de Cástulo*[27].

---

25 El *Romance* que figura en el manuscrito del *Festín* lleva por título *Relación de la antigüedad y aparecimiento de la Virgen Santísima de Linarejos, cuya santa imagen fue aparecida en los troncos de un lentisco, etc.* (fol. 20v-26r). Véase Morales Borrero 2009: 94–106.

26 Como ha demostrado Morales Borrero (2009: 95), que dice al respecto: «Por la sintaxis, el estilo y el léxico, y en general por las coincidencias semánticas, el autor de este llamado romance es sin duda el mismo que escribe toda la obra».

27 Véase *Historia de Cástulo*, Lib. 4, cap. 34, pp. 696–7.

Otro aspecto de interés del *Festín* es su temática anticuaria. En el Prólogo el autor advierte a los lectores que va a transmitirles las noticias de las que él tiene conocimiento acerca de la antigüedad de la Virgen de Linarejos y de su grandeza y maravillas. Dice así:

> Muchos días ha, discreto y curioso lector, que tengo noticias de las antigüedades de esta divina Señora de Linarejos, de que el vulgo no tiene noticia dello, por lo que no se conocen, como se debe reconocer, sus grandezas y maravillas [...] Y ha venido la ocasión a mano para que yo haga esto notorio al vulgo y lo demás que declaro en este Festín, como se podrá ver (Festín, 12r-v, en Morales 2009: 150–1).

A continuación, en el «Discurso general» (fol. 13r-18v), el autor presta atención a los orígenes de la villa de Linares. Afirma que fue fundada en tiempos muy remotos y que sus edificaciones se remontan al siglo XIV a. C. Su castillo tiene una antigüedad de casi tres mil años, la misma que la ciudad de Cástulo, «que hoy llamamos Cazlona [...] en el término de la villa de Linares, como tengo probado en aquella grande obra *Apologética* que escribí» (*Festín*, fol. 13v).

Nos informa también el autor de que los primeros edificios fueron construidos por un famoso capitán llamado Elenes, información que procede de Florián Ocampo. Elenes, dice el autor, es un nombre griego que significa población de griegos por haber sido los que poblaron todo el territorio de Linares. Dicho término se corrompió con el paso del tiempo en *Hellanes*, como demuestra la inscripción *Pop. Hellanes* de una piedra hallada en la puerta de la Torre de la Oliva del castillo de Linares, piedra de la que se ocupó el «muy docto y erudito padre» Francisco de Bilches o Vilches en su obra *Defensorio por los santos del Reino de Jaén*. La autoridad de Bilches como erudito anticuario ya había sido reconocida por López Pinto en varios lugares de su *Historia de Cástulo*. Respecto a la inscripción *Pop. Hellanes*, de ella se había ocupado López Pinto en su *Historia de Cástulo,* donde aseguraba que en 1626 había sido testigo del traslado de la piedra del lugar donde se encontraba.[28]

Más adelante explica el autor el origen del nombre de Linarejos. En su opinión, se trata de la forma evolucionada, en diminutivo, de Linario, nombre griego de la

28 «El vacío de la cual [la piedra] da hoy testimonio allí de la docta diligencia que hizo su Excelencia el señor Duque de Alcalá en llevarlo, de que yo fui testigo de vista de que el año de 1626 se sacó [la piedra] en presencia del doctor Luna, prior de la parroquial de Linares, y de otras personas de cuenta que se hallaron en ello» (*Historia de Cástulo*, Libro 4, cap. 20, pp. 613–614). Sobre esta inscripción, considerada por muchos como falsa, véase González Román 1991: 214–215 (núm. 174).

ciudad primitiva. Tales especulaciones carecen de fundamento y no superarían la más mínima crítica filológica. Dice en particular:

> Resta ahora dar noticia del título que hoy tiene de Linarejos y de dónde se originó su apellido y nombradía, para lo cual es de saber que el sitio en que fue hallada esta santa imagen fue una antigua población bien grande [...] Allí se han hallado y descubierto curiosas columnas de alabastro y pórfido, labrado a lo corintio y jónico [...] que estaban ocultas bajo la tierra, despojos conocidos de la antigua Linario, que allí perseveró largos tiempos.
>
> Todo aquel sitio y población se llamó Linario, de adonde se deriva Linarejos diminuta y corruptamente, según se ve y manifiesta esculpida en una piedra que tengo en mi poder hallada en los despoblados de la ciudad de Betula, que hoy es Jarandilla en Sierra Morena, juntamente con otra piedra grande que es itinerario del municipio castulonense (*Festín*, fol. 15v-16v, Morales Borrero 2009: 153).

Como hemos señalado más arriba, el interés de López Pinto por la historia de Linares no era nuevo. Amplio espacio le había dedicado, trece años antes, en su *Historia de Cástulo*, con una descripción de casi cuarenta páginas[29] que revelaba el buen conocimiento del autor de esa villa, a la que, como vecino de la misma, se sentía muy vinculado.[30] En 1639 sabemos, por ejemplo, que se encontraba en Linares, pues fue testigo del hallazgo de la supuesta estatua de Himilce, esposa de Aníbal, colocada originalmente en la plaza mayor de Cástulo. En el pedestal de la estatua figuraba una inscripción en honor de Himilce y de su hijo Aspar que también fue reproducida por López Pinto. Dice así:

> Hízose su entierro y gasto fúnebre con grande pompa y acompañamiento de grandes y del común. Y levantándole una muy costosa estatua de alabastro clarísimo que al uso romano le fue esculpida, pusósele en medio de la Plaza mayor de aquella ciudad llamada la Plaza Roma, según que en aquellos tiempos dicha plaza fue muy célebre y allí se hizo el solemne entierro de los dos como se ve en la inscripción siguiente puesta en su pedestal (*Historia de Cástulo*, p. 245).

Respecto al hallazgo de la estatua comenta lo siguiente:

---

29 *Historia de Cástulo*, Libro 4, cap. 20–26, pp. 617–653. El capítulo dedicado a esclarecer el origen del nombre de Linares se titula «Reedifícase el pueblo de Hellanes, el nombre que hoy tiene de Linares, su etimología y deducción y lo que dello sienten hombres doctos y discretos» (pp. 612–618).

30 En textos de contemporáneos y conocidos suyos como Francisco de Bilches, Francisco de Rus Puerta, Martín de Jimena Jurado, López Pinto es conocido como vecino de Linares en varias ocasiones. Por otro lado, el detallismo que encontramos en muchas noticias de sus obras sobre aspectos diversos del Reino de Jaén evidencian el arraigo del autor con estas tierras. Véase al respecto Morales Borrero 2009: 64–68.

Esta estatua se sacó de la tierra entre otras piedras en el ámbito de la ciudad de Cástulo por orden de un caballero vecino de la villa de Linnares llamado don Gonzalo de Luna Navarrete, capitán que fue de infantería, cuyos trozos hoy ruedan en el pontón de Linares adonde se pueden ver de presente. Era de alabastro claro y fino, de muy gentil talla grande, porque del pie al hombro tenía dos varas y media, de que doy fe porque la medí con mis manos el año de 1639 cuando se sacó para hacer obra de un molino de aceite (*Historia de Cástulo*, Lib. 2, cap. 14, p. 247).

Por otro lado, el anticuarista Francisco de Rus Puerta llamó a nuestro autor vecino de Linares en su obra de 1646 *Corografía antigua y moderna del Reino y Obispado de Jaén*: «Las inscripciones sacó Gabriel de Molina, natural y vecino de Vilches, el cual dio copia de ella a Gregorio López de Cobaleda, vecino de Linares, ambos muy aficionados a estas antigüedades, y Gregorio López me las comunicó». Y más adelante vuelve a señalar: «Gregorio López de Cobaleda, hombre de satisfacción, digno de toda fe, vecino de Linares, me certificó lo mismo».[31]

3 Conclusión

La obra de Gregorio López Pinto, especialmente su *Historia apologética de Cástulo*, plagada de relatos pintorescos y noticias legendarias sin fundamento histórico, debe ser entendida como un testimonio más de la literatura anticuaria local que se desarrolló de manera muy fecunda en el Reino de Jaén en el siglo XVII. Su figura, por tanto, se integraría en el grupo de autores como Francisco de Rus Puerta, Francisco de Bilches o Martín de Jimena Jurado fascinados por encontrar vestigios o pruebas de antigüedad[32] que permitieran tener un relato continuo de la historia de Jaén desde el periodo anterior a la era cristiana hasta la Edad Media, combinando historia sagrada con historia secular.

31 Rus Puerta, 1998: 49 y 54.

32 Véase ahora Mozas Moreno, 2018: 59–62 y 85–86. Es importante señalar que el anticuario Jimena Jurado, entre 1640 y 1646, menciona a López Pinto con cierta frecuencia en sus textos como colaborador en el intercambio de información epigráfica. Al parecer, López Pinto le enviaba este tipo de materiales a Rus Puerta, que, a su vez, se los enviaba a Jimena Jurado (Mozas Moreno, *ibid.* pp. 250 y 320).

Bibliografía

Andrés, Gregorio de (1987): «La Biblioteca manuscrita del americanista Andrés González de Barcia (1743), del Consejo y Cámara de Castilla», *Revista de Indias*, núm. 181, pp. 811–831.

Blázquez Martínez, José María (1965): «Cástulo en las fuentes histórico-literarias anteriores al Imperio», *Oretania*, núm. 21, pp. 123–128.

Eisman Lasaga, Carmen (2006): «Manuscritos acerca de la Virgen de Linarejos. El llamado 'Libro de don Martín de Zambrana y Chacón' y las dos crónicas de Antonio Cobo y Velasco», *Elucidario*, núm. 1, pp. 61–80.

Góngora Martínez, Manuel de/Sandars, Horacio (1915): *Viaje literario por la provincia de Jaén y La puente Quebrada sobre el río Guadalimar. Memorias presentadas, respectivamente, a la Real Academia de la Historia*, [Imp. Morales y Cruz], Jaén.

González Román, Cristóbal/Mangas Manjarrés, Julio (1991): *Corpus de inscripciones latinas de Andalucía. Volumen III: Jaén. Tomo I*, Junta de Andalucía, Sevilla.

Hernando Sobrino, Mª del Rosario (2009): *Manuscritos de contenido epigráfico de la Biblioteca Nacional de Madrid (siglos XVI-XX). La transmisión de las inscripciones de la Hispania romana y visigoda*, Palas Atenea, Madrid.

Martínez Aguilar, Lorenzo (1999): «Festín religioso y literario que la villa de Linares celebró en 1666 con motivo del traslado de la Virgen de Linarejos a su ermita nueva (Estudio histórico y literario sobre el manuscrito inédito de D. Martín de Zambrana y Chacón)», *Boletín del Instituto de Estudios Giennenses*, núm. 172, pp. 159–216.

Martínez Aguilar, Lorenzo (2000): «Cástulo a través de la literatura (recopilación y cronología de su relación histórico-literaria)», *Boletín del Instituto de Estudios Giennenses*, núm. 176, pp. 463–518.

Martínez Aguilar, Lorenzo (2003): «El Romance de Linarejos. Su estudio histórico y literario», *Boletín del Instituto de Estudios Giennenses*, núm. 184, pp. 179–238.

Martínez Aguilar, Lorenzo (2011): «Reconstrucción idealizada de la Fuente de "El Pisar" que existió entre los siglos XVII-XVIII, a partir de nuevas aportaciones documentales», *Siete Esquinas*, núm. 2, pp. 85–102.

Morales Borrero, Manuel (2009): *Manuscritos sobre la Virgen de Linarejos y su Santuario (siglos XVII y XIX)*, Instituto de Estudios Giennenses/Diputación Provincial de Jaén, Jaén.

Mozas Moreno, M.ª de los Santos (2018): *Martín de Ximena Jurado: Manuscrito 1180 de la Biblioteca Nacional de España. Arqueología en Jaén en el siglo XVII: monedas y antigüedades*, Editorial Universidad de Jaén, Jaén.

Muñoz y Romero, Tomás (1858): *Diccionario bibliográfico-histórico de los antiguos reinos, provincias, ciudades, villas… de España*, Atlas, Madrid. Edición facsímil de 1973.

Olds, Katrina B. (2015): *Forging the Past. Invented Histories in Counter-Reformation Spain*, Yale University Press, New Haven-London.

Rallo Gruss, Asunción (2009): Libros de antigüedades de Andalucía, Fundación José Manuel Lara, Sevilla.

Rus Puerta, Francisco de (1998): *Corografía antigua y moderna del Reino y Obispado de Jaén*. Edición, estudio preliminar, revisión e índices de J. Latorre García, J. Cañones Cañones y J. A. López Cordero, UNED-Centro Asociado de la Provincia de Jaén 'Andrés de Vandelvira' y Real Sociedad Económica de Amigos del País de Jaén, Jaén.

Daniele Arciello

El arte de la medición político-aritmética. Aproximación científica y plasmación literaria en la *Libra astronómica y filosófica* (1690) de Carlos de Sigüenza y Góngora/ The Art of Political and Arithmetical Measurement. Scientific Approach and Literary Rendering in Carlos de Sigüenza y Góngora's *Libra astronómica y filosófica* (1690)

Resumen Sabido es que el polímata novohispano don Carlos de Sigüenza y Góngora vertía en sus escritos no solamente su gran entusiasmo hacia todo tipo de conocimientos, sino también la fuerza de su dialéctica a la hora de defender las ideas que desarrollaba. Su escrupulosa actividad investigadora se traducía en la producción de tratados que a menudo daban lugar a controversias en los ambientes intelectuales, tanto virreinales como europeos. Ejemplo emblemático de ello es la publicación de la *Libra astronómica y filosófica*, que se dio a luz a raíz de las discusiones científicas y religiosas que suscitó la aparición del Gran Cometa de 1680. Dicha obra, cuya redacción se debió a la (supuesta) provocación del jesuita Kino y a su *Exposición astronómica*, sintetiza a la perfección el conjunto de aspectos literarios y anímicos vinculados con Sigüenza, especialmente dos: el afán por demostrar que las opiniones y teorías criollas no eran inferiores a las de Europa; el deseo de ser readmitido en la orden jesuítica. Acorde a los análisis interpretativos de Gauger, Leonard y Trabulse, nuestro estudio surge con la intención de resaltar los matices del debate político-astronómico que involucró a ambos continentes.

Palabras clave: Ciencia y humanidades; Criollos; Intelectualidad novohispana; Literatura novohispana; Sigüenza y Góngora, Carlos de 1645–1700.

Abstract It is well known that the New Spanish polymath Carlos de Sigüenza y Góngora imbued in his works not only a great enthusiasm for all kinds of knowledge, but also the strength of his eloquence when it came to the defense of his ideas. His meticulous research led him to compose essays that often caused great ('a lot of' is not formal English and should be avoided where possible) controversy in both American and European intellectual circles. *Libra astronómica y filosófica* is a noteworthy example of his controversial work. It was published as the result of the scientific and religious debates produced by the appearance of the Great Comet of 1680. The main reason for its publication was the (supposed) provocation by the Jesuit Kino and his *Exposición astronómica*. Sigüenza's work here perfectly synthesizes both the literary and emotional characteristics for which his essays were known. Principally two of these are emphasized here: his desire to demonstrate that creole opinions and theories were not inferior to European ones, and his desire to be reinstated into the Jesuit order. In line with the examinations of Gauger, Leonard and Trabulse, our analysis aims to highlight the features of the political and astronomical discussions that involved both continents.

Keywords: Creoles; New Spain Intellectuals; New Spain Literature; Science and Humanities; Sigüenza y Góngora, Carlos de 1645–1700.

1 Notas introductorias. La perspectiva científica en el Barroco de Indias[1]

Al explorar el panorama de las investigaciones en torno a las indagaciones científicas en el periodo inmediatamente anterior a la Ilustración, nos percatamos de la falta de homogeneidad en lo que concierne a la definición misma de ciencia barroca. Pimentel y Marcaida hablan de cómo los prejuicios que se aplican al analizar nuestro pasado, que dan lugar a una imagen preconcebida y artificial de ello, irónicamente se asemejan a «la elevada conciencia, característica en el siglo XVII, respecto al carácter construido de todo conocimiento. En efecto, las dudas epistemológicas, el reconocimiento de la naturaleza contingente de las imágenes que producimos o del carácter artificial e incluso artificioso de los hechos, así naturales como sociales, son algunos de los rasgos que acercan el Barroco a nuestro tiempo» (2008: 138).

Sería preciso, pues, que se manejara otro rasero por el que medir la trascendencia de los estudios científicos de aquella época; valga como ejemplo la esfera de lo sentimental que, al utilizarla para examinar el pensamiento en la Edad Moderna,

> introduce matices sugerentes en la descripción que podemos elaborar de aquel confuso conjunto de teorías y prácticas. Se abre un espacio en el que concurren las pasiones y los impulsos, la ostentación y el exceso, la teatralidad y el espectáculo. Afloran las tensiones, cobran fuerza los detalles. Detectamos, por ejemplo, los componentes de riesgo y estabilidad que, como en el caso de pintores, músicos o escritores, caracterizarían las relaciones de mecenazgo, permeadas por la cultura del don y lastradas por los conflictos de intereses y las intrigas en torno a los principales núcleos de poder. Constatamos también la relevancia del público, a quien se debía impresionar y convencer; algo, esto último, no demasiado alejado de los preceptos estéticos de la Contrarreforma (Pimentel y Marcaida, 2008: 142).

1 La acuñación de Barroco de Indias se la debemos a Picón-Salas (1975: 123).

Asimismo, otra peculiaridad que caracterizaba la ciencia moderna era indudablemente el gusto por lo exótico, lo extravagante y lo absurdo (Pimentel y Marcaida, 2008: 145). La cuestión se torna aún más compleja al referirnos al contexto intelectual americano, siendo algo que elude todo tipo de catalogación convencional, pese a que durante siglos sufrió muchas discriminaciones justamente por las etiquetas procedentes del Viejo Continente. Valga, como ejemplo, la tesis de muchos observadores según la cual las constelaciones en el Nuevo Mundo afectaban a la vida en aquellos territorios. Especialmente durante las primeras décadas del siglo XVI, acorde a una visión edénica de los viajeros europeos, el cosmos en aquellas coordenadas producía efectos beneficiosos; en cambio, a medida que iban modificándose las opiniones acerca de América, se asentó la creencia de que el clima y los astros perjudicaban la salud física y mental de los autóctonos, englobando a todas las categorías sociales, criollos inclusive (Cañizares Esguerra, 1999: 40–47). Esto fue lo que dio paso a la configuración de una auténtica defensa de los cielos americanos.

En este sentido, Nueva España ofrecía una oportunidad ideal para una apología de lo criollo que muchos tratadistas promovieron:

> El cielo novohispano no es un espacio de posibilidades exploratorias desde un punto de vista científico o filosófico como lo fue para Galileo. La ubicación territorial del virreinato bajo la bóveda celeste representa para ellos una instancia de legitimación de la identidad criolla, pues probaría que el ingenio, disposición y aplicación a las letras no son exclusivos de Europa, sino también de sus "periferias", su lejano reflejo. De esta manera, la referencia a los astros y sus benignas influencias se torna para estos autores en una reivindicación política: el cielo de la Nueva España se convertiría, así, en el garante del valor intelectual y espiritual de sus más selectos hijos (Robles, 2017: 78).

Dicha actitud, que Cañizares Esguerra llamó *patriotic astrology* (1999: 50),[2] encuentra su justificación al tener en cuenta las restricciones de las leyes que la censura oficial promulgó, por un lado, en detrimento de la circulación de disertaciones científicas provenientes de los virreinatos y, por otro, prohibiendo la

2 Usunáriz nos recuerda que los teólogos intervenían en el uso difundido de los vaticinios matizando que los pronósticos de los indios habían de considerarse supersticiones, mientras que la justa interpretación de los eventos cósmicos, asociándolos con las manifestaciones divinas, aportaban el beneficio de que preanunciaban la llegada de algún suceso catastrófico debido a los pecados de la humanidad (2015: 107–108). Al parecer, este último concepto se ve reflejado también en las connotaciones nefastas de las conjeturas astronómicas que se aprecian en los estudios del clérigo puritano Increase Mather, de Boston (Bauer, 2009: 697).

lectura de libros que pudieran pervertir la mente de los súbditos americanos. Estos datos los expuso con ahínco Quesada en su ya clásico ensayo, motivando así la escasa producción científica virreinal (1917: 48–52). De todos modos, las medidas que el gobierno adoptó para inhibir el surgimiento de doctrinas potencialmente subversivas no fueron plenamente exitosas, como apuntó el mismo especialista: «Malgrado [sic] todas las trabas posibles, [los hispano-americanos] dieron muestras tales de empuje material e intelectual, que las actuales naciones de América han de reivindicar algún día aquellas épocas como propias y gloriarse de sus hijos de entonces como lo hacen con los de la época de la independencia» (Quesada, 1917: 59). Dicho «empuje» dio lugar a planteamientos científicos que de alguna manera se alejaban del canon metropolitano; así, Lafuente y Sala Catalá aventuran la hipótesis de que las instituciones desempeñaran un papel fundamental de cara a la peculiaridad del desarrollo virreinal, consistiendo en «una formación histórica singular, conectada a través de muchos mecanismos de comunicación con el exterior, mas original en cuanto a los roles profesionales y formas de institucionalización a que dio lugar y resultaron viables» (1992: 22).

A este respecto, las mentes más brillantes del ámbito novohispano incrementaron el caos teórico —causado por la prevalencia teológica y las inhibiciones gubernamentales— en el que se hallaba la ciencia en aquellos territorios,

> cuyo desfasamiento contrarreformista de las doctrinas de «avanzada» en aquel momento de historia obligó a una mayor «confusión» de las diversas tradiciones, reforzada por el permanente intento conciliador a que conducía la necesidad del no contradecir las Sagradas Escrituras, en un ambiente dominado por los «terrores inquisitoriales» [...] La circunstancia histórica que envuelve y modela a nuestros autores es la de una España que había permanecido cerrada a las innovaciones durante más de un siglo —bajo los Austrias— para preservarse de los contagios heterodoxos; y que solo se abrió a la penetración de los aires ilustrados, bien tamizados por celosísimos teólogos, al comenzar el gobierno de la dinastía borbónica (Sarmiento y Pardo, 1984, 11).

Ampliando el radio de las áreas geográficas interesadas, es evidente que la divulgación de ideas innovadoras inherentes a la ciencia moderna no se realizó uniformemente por todo el Nuevo Mundo, por lo que difícilmente podríamos establecer una fecha concreta que señale el comienzo de dicho fenómeno cultural. Aproximadamente la nueva ciencia se introdujo desde los años treinta del siglo XVII, por medio de la acción divulgativa del fraile de la Orden de Nuestra Señora de la Merced, Diego Rodríguez, cuya sabiduría hizo que en los centros académicos de Nueva España y Perú se debatiera sobre pensadores del calibre de Tycho Brahe, Kepler, Galileo, Copérnico para la astronomía, y de Tartaglia y Neper, entre otros, para las matemáticas.

Del enorme *corpus* de Rodríguez, cuya mayor parte se desconoce, sobresale *Discurso etherológico del nuevo cometa, visto en aqueste hemisferio mexicano; y generalmente en todo el mundo* (1652), cuya estructura estaba impregnada de significaciones alegóricas y herméticas de talante religioso. Las investigaciones del fraile se tradujeron en la aplicación de cálculos algebraicos y trigonométricos en la astronomía. Interesante fue su visión del cosmos, del que rechazaba el concepto ptolemaico de un universo con cielos cristalinos, con nuestro planeta en una posición central, y teorizaba sobre la presencia de un éter que envolvía la bóveda celeste.[3] Además, el hermetismo demostrado en sus comentarios sobre el cometa de 1652 no fue un caso único; más bien las aseveraciones de Ptolomeo y Aristóteles estructuraron los opúsculos de Juan Ruiz (*Discurso hecho sobre la significación de dos impresiones meteorológicas que se vieron el año pasado de 1652*, 1652) y de Gabriel López de Bonilla (*Discurso y relación cometográphica*, 1652).

Lo curioso es que, aunque Diego Rodríguez polemizara soslayadamente con la obra aristotélica *De caelo*, casi nadie tuvo en cuenta su postura y, en el caso de Nueva España, habrá que esperar a don Carlos de Sigüenza y Góngora y a su apertura hacia los postulados de Galileo y Kepler: «La teoría de los cometas de fray Diego (que es el tema de su *Discurso*) nos muestra una curiosa faceta de su modernidad científica tanto más interesante cuanto que don Carlos de Sigüenza y Góngora en su *Libra astronómica y filosófica* tomará buena parte de los conceptos expuestos aquí por nuestro mercedario» (Trabulse, 1984: 61).[4] Otro gran ejemplo de ese fomento científico lo encontramos en el jesuita rioplatense Buenaventura Suárez, quien se dedicó tempranamente a la astronomía. La realización de instrumentos aptos para la observación de los astros se llevó a cabo con el auxilio de los indios, puesto que en el Nuevo Continente era muy difícil adquirir telescopios y péndulos. Sus herramientas rudimentarias le permitieron elaborar muchos calendarios, efemérides y anuarios, pero lo más importante de su obra fue el *Lunario de un siglo, que comienza en enero del año de 1740, y acaba en diciembre del año de 1841* (1744), que tras varias reimpresiones se hizo famoso

3 Si bien está claro que su hipótesis no era original, dado que ya Anaxágoras, filósofo presocrático, formuló el mismo principio (Tempesti, 1982: 1779). Es muy probable que Rodríguez se inspirase en él.

4 Gauger se opone a esta observación, rebatiendo que casi todos sus conocimientos científicos los debía a las bibliotecas jesuíticas y a los contactos con los miembros europeos y americanos (2015: 42).

en toda Europa, confiriéndole así a la imagen científica de los virreinatos nuevo y anhelado prestigio.[5]

En efecto, la Compañía de Jesús tuvo un rol protagónico en los debates científicos tanto en la Península como en América gracias a la notable formación de sus miembros: «Distinguidos por sus talentos intelectuales, sus dones tácticos y su disciplina moral, los jesuitas pronto parecieron las "tropas de choque" de la Contrarreforma» (Brading, 1993: 190). Queda patente que su tributo a la renovación no fue tajante, sino más bien empezó por refutar los teoremas de raigambre copernicana, que contemplaban la movilidad anual de los astros en contraposición con el inmovilismo aristotélico, deparando sucesivamente variadas apreciaciones sobre la sustancia y la fluidez de los cielos, rechazando así una postura dogmática (Grant, 2003: 146). El ignaciano José de Zaragoza fue uno de los portavoces de este movimiento a partir de los años centrales del siglo XVII, merced a nuevos cálculos aritméticos y mediciones en el campo de la astronomía, que se pueden leer en sus prácticas discursivas (Navarro Brotóns, 1996: 35–36). Por su parte, el sacerdote jesuita Kircher mantuvo una abierta oposición a la teoría de Descartes y, sobre todo, a la de Galileo, puesto que «se concebía así [sic] mismo como el anti-Galileo» y que, respecto de su metodología, «fue un "mago hermético", en tanto que Galileo fue un experimentador riguroso y profundamente racionalista» (Trabulse, 2002: 28).

En cuanto a don Carlos, «con base en las *Efemérides* que poseía en su biblioteca, anticipaba sus trabajos de observación con el tiempo suficiente como para obtener determinaciones precisas. Inclusive elaboró unas tablas donde enumeraba los eclipses que tendrían lugar hasta el año de 1711. Poseía diversos instrumentos de medición y observación, tales como cuadrantes, relojes y telescopios» (Trabulse, 1992: 245). También se apasionó con los lunarios, que siguió redactando hasta el año de su fallecimiento (Bravo Arriaga, 1987: 34). Dicha afición por los almanaques era una actividad bastante difundida en aquella época, pese a la rigidez de los controles inquisitoriales:

> Los investigadores y curiosos los pueden encontrar en el Ramo Inquisición del Archivo General de la Nación, en el Distrito Federal. La razón de que se encuentran consignados en este Ramo, es porque sus autores, año con año, tenían que pedir licencia a los calificadores del Santo Oficio, para que sus almanaques fueran publicados. Si los autorizados especialistas y censores inquisitoriales daban su fallo positivo, el almanaque era publicado; si no era así, se le quitaban o "expurgaban" las partes ofensivas a la limpieza del

5 Buena pare de la información respecto de los eruditos mencionados en este subapartado se ha sacado de Trabulse (1996: 78–88).

dogma y a las sutilezas de la astrología permitida, y se permitía su publicación (Bravo Arriaga, 1987: 33).[6]

Está claro que esto no fue óbice para que el polímata novohispano renunciara a la actividad que quizás fuera la que le concedió mayor fama entre el pueblo.

Desgraciadamente, como suele ocurrir con personajes de gran perspicacia, ni siquiera él pudo sortear la inevitabilidad del destino. Un episodio de juventud, que le costó el alejamiento permanente de la *Societas Iesu*, le persiguió hasta su muerte, dado que los ignacianos jamás le permitieron reincorporarse a su institución.[7] Reminiscencias de este infausto evento se aprecian en la práctica totalidad de sus obras. En concreto, existe una que es objeto de discusión por un grupo de críticos que, a la hora de abordar lo que se oculta detrás de aquello que a primera vista parece una disputa convencional entre dos científicos, ha detectado cierto rencor, junto con la voluntad férrea de hacerse perdonar por los jesuitas. Creemos que dicho tratado se merece un análisis más detenido, con el fin de comprender lo que conformaba la escritura y la ideología de don Carlos.

2 Heterogeneidad de perspectivas en la *Libra astronómica y filosófica*

Sabido es que la complejidad literaria de un autor entre los más destacados de su época ha hecho que la crítica de todo el planeta haya derramado ríos de tinta sobre una multitud de aspectos formales, temas o estructuras compositivas que atañen al *corpus* de don Carlos. Matemático, astrónomo y astrólogo de la corte virreinal, este humanista novohispano bien pudiera considerarse a sí mismo un pilar de lo que iba constituyéndose como un aspecto fundamental de la sociedad novohispana, es decir, la cultura criolla, que se enfrentaba a la presunta supremacía de la intelectualidad metropolitana. Numerosos factores relacionados con la situación científica y de desarrollo económico se veían reflejados en la producción de quien a lo largo de toda su vida había sufrido decepciones, pese a sus relevantes contribuciones en numerosos campos de estudio, tales como la arqueología, la prosística, las matemáticas, la poesía o la astronomía.[8] Su lúcida

6 Consúltese también Aparicio Sedano (2018: 379–380).

7 Ingresó como novicio en 1660 en el colegio de Tepotzotlán y sufrió la expulsión en 1667. Sobre uno de los episodios que en mayor grado afectaron tanto al carácter de don Carlos como a su escritura, véanse los estudios de Irving Leonard (1990: 281–283; 1984a: XI-XII).

8 De todas maneras, se ha cuestionado la efectiva aportación de sus escritos, exceptuando precisamente la obra que se analiza en este trabajo: «in my opinion, his printed works

mirada le permitía evitar el apego a las supersticiones y al juicio de las autoridades más indiscutidas, a la vez que le instaba a acercarse a los fenómenos más enigmáticos de la naturaleza, aplicando un empirismo innovador. El amor por la ciencia y por los conocimientos en general nunca abandonaron su forma de ser.

No obstante, aquel acontecimiento juvenil, es decir, su expulsión de la Compañía de Jesús, junto con los constantes rechazos por parte de la congregación de readmitirlo, lo marcaría durante toda su vida. Se ha teorizado que incluso pudiera considerarse como el evento clave que ha determinado la intención de dar a luz algunos de sus textos más notorios. En particular, se ha aventurado la hipótesis de que un tratado sobre la aparición del Gran Cometa de 1680, *Libra astronómica y filosófica*, no se esgrimiera únicamente como arma para atacar la tesis según la cual los habitantes de los territorios ultramarinos fueran mental y académicamente inferiores a los europeos, sino que respondiera a una necesidad apremiante de volver a ser admitido por la Compañía.[9] Sea cual sea la verdad sobre el asunto, lo cierto es que el ubérrimo terreno de los virreinatos favorecía una relativa libertad de pensamiento, de la que difícilmente disfrutarían los peninsulares.

No hay que olvidarse de que la Inquisición obraba de forma menos eficaz en América;[10] las publicaciones que se creía perjudicaran la salud espiritual de criollos e indígenas, tales como novelas picarescas, piezas teatrales y, sobre todo, formulaciones científicas que socavaban la fe inquebrantable en los dogmas religiosos, circulaban con mayor facilidad.[11] Con todo, la adquisición de nuevos y

---

-with one exception, that on the comets- do not show any exceptional depth or particularly progressive or novel point of view. From his extant printed writings, modern scholars would most likely conclude that Sigüenza y Góngora has been very much overrated» (Burrus, 1959: 60. Enfatizado nuestro. En Leonard, 1984a: X). Sin embargo, no se puede ignorar cómo el racionalismo de Sigüenza se oponía a lo que se aceptaba *a priori* por venir de fuentes acreditadísimas, en un mundo en el que «la teología como "Reina de las Ciencias" aún reinaba suprema» (Leonard, 1984a, XXIII).

9 Se trata del planteamiento medular del ensayo de Gauger, en el que el deseo de Sigüenza de obtener el perdón de los misioneros vertebraría la estructura de la teoría desarrollada en el volumen (2015).

10 El caso más llamativo fue Lima, que fomentó la cultura peruana y mejoró los niveles de conocimientos jurídicos y sociales relevantes. Véase el artículo de Guibovich (2017: 183–190).

11 «No llegamos a comprender cómo varias personas que se consideran especialistas de la época se empeñen en creer que los intelectuales virreinales, como don Carlos y sor Juana Inés, desconocían las teorías de sus contemporáneos europeos» es lo que comentan Bryant y Leonard (Sigüenza y Góngora, 1984: 405). A partir de este punto, citaremos siempre desde la edición de Bryant y Leonard.

polémicos discursos sobre los principios que regulan el universo solo en parte hicieron mella en el ánimo de Sigüenza, ya que su admiración por los jesuitas dio lugar a una suerte de punto medio entre el conservadurismo católico y una apertura parcial a las innovaciones, conforme a su insaciable curiosidad de proto-científico. A propósito de ello, Hernández Sánchez-Barba asevera que «Sigüenza, como científico, es decir, en lo que constituye, acaso, la caracterización más eminente de su personalidad, es profundamente contradictorio, sobre todo, por su permanente contraste entre la posición científica y la pseudocientífica; la superposición permanente del astrólogo y el matemático» (1978: 272).

Lo que resultó de esta postura singular fue la *Libra astronomica y philosophica*, cuyo título completo es *Libra astronomica y philosophica en que D. Carlos de Sigüenza y Gongora Cosmographo, y Mathematico Regio en la Academia Mexicana, examina no solo lo que à su Manifiesto Philosophico contra los Cometas opuso el R. P. Eusebio Francisco Kino de la Compañia de Jesus, sino lo que el mismo R. P. opinò y pretendio haver demostrado en su Exposicion Astronomica del Cometa del año de 1681*, publicada en México por los Herederos de la Viuda de Bernardo Calderón y fechada en 1690. Realmente se había compuesto nueve años antes, habiendo circulado en forma de manuscrito. La difusión en general de sus textos fue obstaculizada por algo muy arraigado en la mentalidad de aquellos tiempos: «Siendo tan alto el número de analfabetos y las investigaciones seculares mucho menos estimadas que las disquisiciones teológicas, los estudios de Sigüenza tuvieron poca o ninguna oportunidad de tomar la forma más permanente de las letras de molde» (Leonard, 1984a: XVI).[12]

Es posible que don Carlos tratara de imbuir en las líneas de la *Libra* la frustración y el rencor del que era objeto por el escaso reconocimiento de su ingenio.[13] No es casual que cuando Sebastián de Guzmán y Córdoba, fiscal de la

12 Coincide en esto Gauger (2015: 38–39).

13 Aquellos sentimientos se expresan meridianamente en su conocida obra *Paraíso Occidental* (1684): «Si hubiera quien costeara en la Nueva España las impresiones (como lo ha hecho ahora el Convento Real de Jesús María), no hay duda sino que sacara yo a luz diferentes obras, a cuya composición me ha estimulado el sumo amor que a mi patria tengo, y en que se pudieran hallar singularísimas noticias, no siendo la menos estimable deducir la serie de cosas de los chichimecas, que hoy llamamos mexicanos, desde poco después del diluvio hasta los tiempos presentes, y esto no con menos pruebas que con demostraciones innegables por matemáticas: cosas son estas y otras, sus semejantes, que requieren mucho volumen y así probablemente morirán conmigo (*pues jamás tendré con qué poder imprimirlo por mi gran pobreza*)» (Sigüenza y Góngora, 1995: 48. Énfasis nuestro).

Real Audiencia, decidió costear los gastos de imprenta, Sigüenza le estuviera tan agradecido y se sintiera tan orgulloso que regalaba copias de su libro a quienes le conocían y que para él eran merecedores de su obsequio (Leonard, 1984b: XXIV). En definitiva, se priorizaba el aspecto lucrativo de una publicación y ya en aquel periodo «el conocimiento se vuelve un capital cuyos objetos son intercambiables, canjeables, vendibles. Quienes fuesen capaces de entrar en este círculo "mercantil" podían sobrepasar en poder a aquellos que quedaran al margen»

Su generosidad hacia las eminencias que por variadas motivaciones pasaban por la capital le impulsó a conocer a un jesuita, cuya fama había llegado hasta las más remotas zonas transatlánticas, esto es, el padre Eusebio Francisco Kino, quien había arribado hacía poco al puerto de Veracruz (Leonard, 1984a: 70).[14] De acuerdo con la opinión del propio Sigüenza, su munificencia no fue compensada por el sabio tirolés, que le había entregado su copia de la *Exposicion astronomica de el cometa, Que el Año de 1680 por los meses de Noviembre y Diziembre, y este Año de 1681 por los meses de Enero y Febrero, se ha visto en todo el mundo, y le ha observado en la Ciudad de Cadiz* (1681) no como signo de agradecimiento, sino con intención de paternal reprehensión por las teorías que Sigüenza había expuesto al padre ignaciano durante el encuentro. Pese a las declaraciones de nuestro autor, la disputa que surgió se fundamentaba en aspectos mucho más complejos.

A la vista de lo anteriormente comentado, es evidente que las ciencias de aquel periodo estaban jalonadas de un gran número de perspectivas a menudo discordantes entre sí, que ponían a los teóricos más eminentes en facciones intelectuales distintas. Por un lado, un enorme porcentaje de especialistas tenían propensión a conservar el saber transmitido desde la Edad Media que, avalado por la Iglesia, prevalecía en los ambientes intelectuales de la Península y, en consecuencia, en las cortes virreinales. Por otro, había un exiguo grupo de eruditos que confiaban en las propuestas más innovadoras y en el diálogo constructivo entre ellos. El máximo portavoz de este último movimiento fue naturalmente Sigüenza y Góngora. Si es cierto que la rigidez de la Compañía hizo que el sabio criollo jamás pudiera reincorporarse, a él le convenía abrazarse a la componente

14 Hombre ambicioso y determinado, su mayor deseo fue viajar por China y cumplir con el utópico plan de conversión de aquel enorme país. Sin embargo, el general jesuita decidió enviarle a las posesiones españolas. Tras perder un sorteo con su compañero tirolés Kerschpaumer, se vio obligado a abandonar el proyecto de ir a las Filipinas, que era el lugar más cercano a China, «integrándose, como consecuencia, un poco de mala gana, al primer grupo de seis misioneros que desde las provincias de la *Assistentia Germanica* de la Compañía de Jesús fue destinado a México» (Hausberger, 2009: 220).

más dinámica de los misioneros, tanto para conseguir su readmisión como para que se cumpliera su sueño de generar una ciencia colectiva, en la que tuvieran cabida los descubrimientos más recientes (Gauger, 2015: 149–150).

Sus intenciones se vieron reflejadas en el intricado proceso de composición de la *Libra*. Primeramente, emergió su espíritu de gran observador cuando se avistó por todo el planeta el cometa de 1680, que tanto en la Ciudad de México como en Europa suscitó reacciones de profundo miedo y desesperación, sobre todo entre la plebe, pero también entre los nobles cortesanos. Enseguida se asoció al evento la futura llegada de grandes catástrofes (Leonard, 1984a: 72). De la abundante documentación sobre las observaciones del astro se infiere que fue el alemán Gottfried Kirch quien lo descubrió el día 14 de noviembre. Numerosos astrónomos siguieron su trayectoria hasta marzo-abril, cuando al aproximarse a la constelación de Perseo dejó de ser visible (Robinson, 1916: 23). Es palmario que las reacciones fueron de gran estremecimiento y que el hallazgo suscitó curiosidad e interés en los ambientes religiosos y civiles.[15]

A la vista de ello, Sigüenza consideró fundamental el escrutinio del fenómeno astronómico, con la doble finalidad de exhibir su erudición y granjearse el beneplácito de los virreyes y a la vez protegerlos de los instintos irracionales de sus súbditos, puesto que su lealtad podía verse debilitada por el terror de algo incomprensible. Quiso también aplacar el ánimo de la esposa del conde de Paredes y marqués de la Laguna, quien manifestaba mucha aprehensión al respecto. Así, escribió una obrita que se dirigía sobre todo al pueblo, por lo que no la elaboró con un lenguaje excesivamente complicado, y la dedicó a la virreina, María Luisa Manrique de Lara y Gonzaga. Se trató del *Manifiesto filosófico contra los cometas despojados del imperio que tenían sobre los tímidos* (1681),[16] un documento que

15 La conmoción que produjo fue tanta que sugestionó a los testigos de un acontecimiento insólito. En un corral de Roma vieron que una gallina estaba incubando un huevo con una mancha cuya forma se asemejaba al cometa; esto hizo que diferentes eruditos de Italia, Francia y Alemania se carteasen para disertar sobre el asunto, tal como se aprecia en algunos grabados de la época (Robinson, 1916: 27).

16 Según Luna, el vocablo «filosófico» denota la necesidad de buscar aprobación no solo científica, sino incluso moral. Sigüenza quiso entregarle a la duquesa de la Laguna, queriendo demostrar que «iba a tratar cuestiones naturales y que su tratado no era una descripción externa ni meramente matemática del fenómeno. El hecho de que Sigüenza no contara con el grado universitario de filósofo se compensaba con la dedicatoria, pues si un importante mecenas requería de su opinión sobre un tema, entonces estaba validando la competencia sobre la disciplina en cuestión. El título y la dedicatoria muestran que el astrónomo criollo estaba apelando a sus vínculos de mecenazgo como un medio para legitimar su discurso y aumentar su estatus socioprofesional. Sigüenza intentaba

desató una serie de polémicas envenenadas que desembocaron en la publicación de tres contestaciones: el *Manifiesto cristiano a favor de los cometas mantenidos en su natural significación*, de Martín de la Torre; el *Discurso cometológico y relación del nuevo cometa*, del médico Josef de Escobar Salmerón y Castro, y la *Exposición astronómica del cometa*, de Kino.

De la Torre postulaba que la astrología no había de ser despreciada por su origen antiguo, proponiendo una complementariedad entre ciencia y astrología judiciaria (Gauger, 2015: 47–48). En otras palabras, fue incapaz de alejarse de la tradición hermenéutica de los astros y no pudo o no quiso distinguir entre las dos disciplinas. Si don Carlos se animó a publicar un opúsculo con un título altisonante y típicamente barroco —pedantesco, según el parecer de Leonard (1984a: 73)— es decir, el *Belerofonte mathemático contra la Quimera astrológica de don Martín de la Torre*, probablemente no fue tanto por el contenido en sí, sino por la acusación de que don Carlos no conociera las fuentes necesarias para corroborar su tesis (Gauger, 2015: 49). Al contrario, respecto de Salmerón y Castro, Sigüenza no quiso empeñarse en refutar sus elucubraciones, pues lo reputaba de menor categoría y, por ende, no era merecedor de un ataque intelectual propiamente dicho. El único autor que pudiera merecerse ese honor fue el jesuita tirolés, quien además le había dedicado su tratado al virrey, Tomás de la Cerda y Aragón; bien entendido que la dedicatoria del *Manifiesto* de don Carlos se dirigió a la virreina, que a la postre no podía estar políticamente a la altura de su esposo, para el sabio novohispano la afrenta fue demasiado grave como para no contratacar (Gauger, 2015: 76–77). En efecto, ya desde las primeras páginas de la *Libra* se aprecia una agresividad mucho más intensa que en otras obras de Sigüenza; el uso irónico de los aparentemente respetuosos epítetos dirigidos hacia Kino y otros autores mencionados innegablemente resaltan el tono acusatorio presente en todo el texto. Lo confirmaría la cita literal de dos frases que se hallan en el tratado de Kino: «Cierro la prueba, de verdad ociosa (a no haber algunos trabajosos juicios), de ésta no tan mía, como opinión de todos» (Sigüenza y Góngora, 1984: 250).

Fue esta aseveración, pues, la que provocó en Sigüenza una gran animadversión por un autor que consideraba excesivamente conservador, con unas formulaciones demasiado vinculadas con aquello que expresaron las autoridades del mundo clásico. En palabras de Navarro Brotóns, «se contrapone el saber como una hermenéutica, propio de la Edad Media, al saber como búsqueda activa y

presentarse en su escrito como matemático y filósofo al amparo de la autoridad de sus patrones, los virreyes» (2015: 179).

constructiva de la verdad» (2000: 155).[17] Por otro lado, los juegos de poder político y el sistema de apadrinamiento que hemos comentado al principio arrojan luz sobre una de las funciones de los debates, esto es, sus matices formativos: «Las relaciones entre *status* social, honor y credibilidad, enmarcadas en la estructura social del mecenazgo, permiten dar cuenta de las disputas científicas de este periodo, las cuales parecen auténticos duelos [...] Las disputas desempeñan un papel importante en el proceso de autoformación de los científicos; su razón de ser era en parte la etiqueta cortesana y la dinámica del *status*» (Navarro Brotóns, 2000: 170). En el caso de la *Libra*, se ve claramente cómo los recursos retóricos se emplean de manera magistral, acreditando así el peso de la educación que recibió don Carlos. Rossiello indagó con miramiento la presencia del sustrato literario como armazón epistemológico de la *Libra*: uso de analogías; *reductio ad absurdum*; *argumentum ad verecundiam*; réplicas y controversias en todos los casos que exponía (2004: 84).

Veamos con más detenimiento en qué consistía la vertiente de Sigüenza frente a la de sus adversarios. En primer lugar, ya con un somero examen del término *Libra* deducimos fácilmente que la idea de equilibrio, de evaluación imparcial permea la obra, aunque en realidad, al leer el contenido polémico de la misma, parece que haya una pretensión de análisis equitativo que se diluye en el propósito efectivo de don Carlos, que era «convencer al lector u oyente de que la postura propia es la más adecuada, lograr su adhesión a la causa defendida» (Fernández, 1997: 26). De ahí que cada aserción sirva para obtener el apoyo del público lector. El escritor presenta la duda de si los cometas, y lo deja bien claro en el *Manifiesto* que luego incorporaría en la *Libra*, son sublunares y surgen de las exhalaciones del mar y del aire —como sostenía Aristóteles— o son celestiales y son fruto de los humos que salen de las estrellas, según las teorías de Kepler y Kircher. Si había que conferirles una función, la única aceptable sería la de que, siendo creaciones divinas, aportan beneficios y, por tanto, podrían servir de instrumento de depuración del aire, rechazando así los postulados aristotélicos (Sigüenza y Góngora, 1984: 254–256). Conviene detenernos en este aspecto de la exposición de don Carlos; Aparicio Sedano nos recuerda que «la polémica se matiza con tonos religiosos, y para Sigüenza es importante evitar atacar a Kino como miembro de la Compañía de Jesús. El cosmógrafo declara que las refutaciones son de matemático a matemático, aunque ambos discuten fuentes

17 Sin embargo, no por ello nuestro autor quiso separar tajantemente la doctrina religiosa del saber científico, por lo que en parte discrepamos en las reflexiones de Benítez Grobet cuando habla de «su afán por independizar el conocimiento científico del religioso» (1995: 434).

religiosas» (2018: 383). A la luz de ello, queda claro que la "modernidad" de nuestro autor debe reputarse de muy relativa si se compara con la espiritualidad arraigada en su formación y en su propia existencia.

Por otro lado, lo más llamativo es la sistemática refutación que Sigüenza lleva a cabo en las partes conclusivas del tratado, después de haber hecho mención de un sinfín de importantes autores antiguos y contemporáneos.[18] Queremos ilustrar uno de los más sugerentes y emblemáticos. En la parte inicial de su *refutatio*, expone el planteamiento del «Reverendo Padre»[19], Eusebio Kino, relativo a la posición aparente de un cometa y la averiguación de su verdadera ubicación en la bóveda celeste (Sigüenza y Góngora, 1984: 334–336).[20]

Según Kino, para conocer la paralaje, es decir, la «variación aparente de la posición de un objeto, especialmente un astro, al cambiar la posición del observador» (Real Academia Española, *s. v.*), se hace necesario ver el mismo fenómeno desde dos lugares distintos de la Tierra. El punto de intersección de las dos visuales determinaría la creación de «rayos visuales» que, al alejarse o acercarse, proporcionarían la visión de un mayor número de puntos en el cosmos. Poniendo un ejemplo gráfico, Sigüenza explica que para Kino la intersección de los rayos originaría un arco de paralaje que establecería la distancia del cometa, obtenida esta de la amplitud del arco mismo. Don Carlos sostuvo que realmente sería imposible determinar la distancia de un cuerpo celestial tan lejos del planeta, y utiliza como apoyo para abonar su tesis a un gran teórico, esta vez a Tycho Brahe (Sigüenza y Góngora, 335–336). Sin embargo, si se limitara a buscar respaldo apelando a otros estudiosos, sin demostrar sus convicciones, paradójicamente adoptaría el mismo criterio que su rival. A continuación, para sacar conclusiones pertinentes, presentó un problema con el que homenajeó al físico italiano Francesco Maria Grimaldi.

Ante todo, es imposible que dos ciudades estuvieran exactamente en el mismo meridiano o en idéntico paralelo. Aun así, aunque hubiera una situación de este tipo, sería un cálculo imposible, porque la especulación de las paralajes requiere

---

18 «Sigüenza tenía a su disposición obras como la de Riccioli, donde además de una exhaustiva exposición de las doctrinas sobre su valor predictivo, entre ellos el formidable y casi exhaustivo *Theatrum cometicum* [tratado en dos volúmenes de 1666–1668], de Lubienecki, al que recurrió con frecuencia en su *Libra*» (Navarro Brotóns, 2000: 54).

19 Este trato referencial tiene tintes sarcásticos e intensifica el sentido de superioridad que nuestro autor, al referirse a sí mismo, quiere resaltar en su obra.

20 Información complementaria de ello se puede hallar en Navarro Brotóns (2000: 156–157).

una precisión exacta en los ápices, y en aquella época no se podía saber con precisión la longitud de lugares tan lejos entre sí, pues no conociendo el arco generado por los rayos visuales, tampoco sería posible conocer la paralaje. Don Carlos no deja escapar la ocasión de denigrar a Kino, tildándolo de ignorante, con una ironía muy sutil: «Si su reverencia sabe con la evidencia que para el caso se requiere, cuántos grados tiene el arco vertical entre México, Cádiz y Roma, díganoslo y lo tendrán los matemáticos por su Apolo, levantándole estatuas honorarias a la inmortalidad de su fama» (Sigüenza y Góngora, 1984: 338). Asimismo, hay cuatro errores contundentes en su teoría:

1) la imposibilidad de que el cometa siguiera estando en el mismo plano vertical de las ciudades desde donde se observa;
2) otro, que don Carlos considera «muy craso», es el hecho de que para medir la paralaje se emplea el arco creado por las líneas que emergen de los puntos de observación, y no desde la intersección de los dos rayos visuales;
3) además, permitiendo que se pudiese medir la paralaje con el ángulo de intersección, no podría jamás corresponderse con el del cometa, ya que es producto de dos observaciones en vertical, que no coincidirían entre sí por venir de diferentes alturas;
4) es refutable también la afirmación según la cual cuanto más grande sea la paralaje, más cerca se encontraría el cometa, dado que la comparación es imposible realizarla a alturas iguales (Sigüenza y Góngora, 1984: 338–339).

La metodología de don Carlos revela su voluntad de abrazarse a las nuevas tendencias científicas mediante un criterio de medición astronómica que «porta de manera inherente la garantía de verdad que, en este caso y por el giro que supone la configuración de la "ciencia moderna", se vincula con la prueba de la *evidentia*» (Del Piero, 2019: 394). Como broche de oro, incide en que Kino nunca quiso cotejar con la labor de Sigüenza sus cálculos azimutales de alturas o distancias. El indignado astrónomo alega la razón de que el jesuita europeo no pretendía bajar de su pedestal, de ahí que las frases que concluyen los argumentos expuestos abundaran en resentimiento hacia la presunta inferioridad de los americanos: «Pero no solicitándolas, o no haciendo caso de unas y otras, discurro que sería porque no estaban hechas en Alemania, o porque los observadores no habían estudiado las matemáticas en la Universidad de Ingolstadio. Pero del contexto de este mi escrito podrá prácticamente reconocer haber también matemáticos fuera de Alemania, aunque metidos entre los carrizales y espadañas de la mexicana laguna» (Sigüenza y Góngora, 1984: 340).

En cuanto a su aporte científico, aún no se había demostrado el movimiento elíptico de los cometas similar al de los planetas, por lo que Sigüenza se limitó a suponer que se desplazaran por el espacio trazando un círculo o de manera lineal (Bauer, 2009: 699–700). Evidente es la influencia que tuvo en su formación la «filosofía natural neoclásica francesa» (Bauer, 2009: 701). A los méritos de la *Libra* se suma la rigurosidad del método inductivo que Sigüenza aplica a sus teorías y que «enriquecen notablemente el tema del estado de la ciencia» (Gaos, 1984: XIII).[21] Colaboró en aquel fenómeno que Fernández definió «desacralización del cosmos» (2004: 60), al referirse a la germinación de un tipo de ciencia exento de contaminaciones religiosas. Aun así, quizás sea anacrónica la afanosa búsqueda de una continuidad científica y epistemológica entre los siglos XVII y XVIII causada por una visión positivista que contrasta con los paradigmas del conocimiento en tiempos barrocos. Habría que matizar, pues, la teoría según la cual aquellos estudiosos pusieron los cimientos de la ciencia moderna (Del Piero, 2017: 69–70).

3 A modo de conclusión

De este ejemplo entre los muchos que hay en las páginas de la *Libra* se colige fácilmente que, a pesar de las rencillas con otros doctos, las frustraciones y los fracasos editoriales, la pluma de Carlos de Sigüenza y Góngora seguiría siendo de las más destacadas, especialmente si la analizamos en su contexto. La condición periférica de un hombre que se encontraba en los márgenes de una gran revolución científica, a punto de estallar en suelos europeos, se convirtió en gran aliciente para que la voz de una figura esencial del patrimonio cultural mundial pudiera retumbar en las tan envidiadas cortes del Viejo Mundo. Irónicamente, la notoriedad y el crédito que merecía llegaron muchos años después de su muerte.

---

21 De tenor igualmente elogioso son las ponderaciones de Benítez Grobet, quien no deja de poner en énfasis la deuda de nuestro autor contraída con el corpus de Descartes: «Con una base epistemológica muy cartesiana, que alude constantemente a la evidencia como criterio de verdad, don Carlos concibe que el método de la ciencia astronómica es la unión de la observación y cálculo que entraña la doble fundamentación empírico-racional de este complejo conocimiento. Ambos niveles de evidencia (empírica y racional) inciden en la posibilidad de demostrar las teorías y explicar los hechos. Además, el conocimiento que se establece al abrigo del método tiene un rango de aplicación y utilidad que son característica de la ciencia moderna» (1992: 149). En cambio, Moreno Corral y Berrón Mena lo califican de «personaje de transición, ya que aunque escribió su libro para atacar los supuestos establecidos por la larga tradición astrológica, no había logrado una plena separación entre las viejas ideas y el nuevo conocimiento» (2000: 175).

Su estado anímico se agravó a causa del fallecimiento del conde de Galve, si bien su figura siguió siendo muy valorada por el arzobispo Juan de Ortega Cano Montañés y por el conde José Sarmiento de Valladares.

El apetito investigador, que le instó a descubrir los recovecos más remotos del conocimiento humano, alcanzando altas cotas de erudición, había sido parte integrante de su personalidad, lo que dejó más claro aún el grado de su marginación. Geográfica, por la posición lejana del fermento intelectual del Viejo Continente; política, porque su antiguo protector, el conde de Galve, había expirado algunos años antes, y la vida cortesana ya no fue para él sinónimo de vida cultural o de amistades; académica, dada la dificultad para publicar el fruto de su minerva; y finalmente, espiritual, tal vez la más dolorosa de todas, ya que nunca le fue perdonado aquel pecado cometido durante una juventud turbulenta. De nada sirvieron sus reiterados intentos de ser readmitido en la Compañía de Jesús. Con independencia de las conjeturas sobre la sinceridad de su apego a los ignacianos, no se puede negar que la inmutable decisión de estos últimos le afectaría profundamente, tal y como lo demuestra su voluntad de donarles, estando a las puertas de la muerte, toda su herencia.

Otra clave de lectura para comprender cabalmente el valor de la *Libra* podría ser el conjunto de reivindicaciones que configura una defensa de lo propio «para promover no solo la causa del patriotismo criollo en contra de europeos como Kino, sino también la política social de la élite criolla en contra de los indios, negros y otras castas en la sociedad colonial del virreinato» (Bauer, 2009: 704). Esto se enmarcaría en el gran proyecto astronómico y astrológico del enaltecimiento de la gloria imperial que abarcaba a la hispanidad en su totalidad:

> Los tratados y publicaciones sobre los cometas, al margen de su contribución a la historia de la ciencia, sirvieron también para crear un clima de opinión pública que, lejos de los tonos apocalípticos, daban en uno u otro caso la victoria a la Monarquía Hispánica sobre sus enemigos, fueran estos infieles o herejes, estimulando así una [sic] clima popular favorable a las directrices de la política exterior de su gobierno (Usunáriz, 2016: 67).

De ahí, pues, que sea tan evidente el anclaje de don Carlos con la regencia novohispana, pues consiguió compaginar la aprobación por parte de las altas esferas de la administración local con la exhibición de su talento como estudioso de ciencias, sumándose esto a la finalidad soslayada de un rescate personal.

Bibliografía

AparicioSedano, Héctor Rafael (2018): «La política de los astros del siglo XVII en la Nueva España», en Christoph Strosetzki (ed.), *Aspectos actuales del hispanismo mundial: Literatura — Cultura — Lengua*, De Gruyter, Berlín/Boston, pp. 378–389.

Bauer, Ralph (2009): «Los grandes cometas de 1680–1681 y la política del saber criollo en la Nueva España y la Nueva Inglaterra», *Revista Iberoamericana*, vol. LXXV, núm. 228, pp. 697–715.

Benítez Grobet, Laura (1992): «Nueva ciencia, nuevo mundo», en Mercedes de la Garza (ed.), *En torno al Nuevo Mundo*, Universidad Nacional Autónoma de México, México, pp. 143–150.

Benítez Grobet, Laura (1995): «Carlos de Sigüenza y Góngora. Criollo, nacionalista y moderno hombre de ciencia», *Anuario Saber Novohispano*, núm. 2, pp. 425–435.

Brading, David A. (1993): *Orbe indiano. De la monarquía católica a la república criolla, 1492–1867*, Juan José Utrilla (trad.), Fondo de Cultura Económica, México.

Bravo Arriaga, María Dolores (1987): «Carlos de Sigüenza y Góngora: literatura culterana y literatura de almanaques», *Texto crítico*, núms. 36–37, pp. 25–35.

Burrus, Ernest J. (1959): «Clavigero and the lost Sigüenza y Góngora manuscripts», *Estudios de Cultura Náhuatl*, núm. I, pp. 59–90.

Cañizares Esguerra, Jorge (1999): «New World, New Stars: Patriotic Astrology and the Invention of Indian and Creole Bodies in Colonial Spanish America, 1600–1650», *The American Historical Review*, vol. 104, núm. 1, pp. 33–68.

Del Piero, Gina (2017): «Apuntes para releer el vínculo entre la literatura y la ciencia en la obra de Don Carlos de Sigüenza y Góngora», *Exlibris*, núm. 6, pp. 64–72.

Del Piero, Gina (2019): «Cosmografía novohispana en el siglo xvii. Carlos de Sigüenza y Góngora en diálogo transatlántico», en Magdalena Cámpora y María Lucía Puppo (coords.), *Dinámicas del espacio. Reflexiones desde América Latina*, Fundación Universidad Católica Argentina, Buenos Aires, pp. 391–397.

Fernández, Cristina Beatriz (1997): «De los cielos a los textos: el duelo hermenéutico en la *Libra astronómica y filosófica* de Carlos de Sigüenza y Góngora», *Journal of Iberian and Latin American Studies*, vol. 3, núm. 1, pp. 23–37.

Fernández, Cristina Beatriz (2004): «Carlos de Sigüenza y Góngora: las letras, la astronomía y el saber criollo», *Diálogos Latinoamericanos*, núm. 9, pp. 59–78.

Gaos, José (1984): «Presentación», en Carlos de Siguenza y Góngora, *Libra astronómica y filosófica*, José Gaos (pres.) y Bernabé Navarro (ed.), Universidad Nacional Autónoma de México, México, pp. V-XXV.

Gauger, Juan M. (2015): *Autoridad jesuita y saber universal. La polémica cometaria entre Carlos de Sigüenza y Góngora y Eusebio Francisco Kino*, IDEA, Nueva York.

Grant, Edward (2003): «The Partial Transformation of Medieval Cosmology by Jesuits in the Sixteenth and Seventeenth Centuries», en Mordechai Feingold (ed.), *Jesuit Science and the Republic of Letters*, Massachusetts Institute of Technology Press, Massachusetts/Londres, pp. 127–155.

Guibovich, Pedro M. (2017): «Indios y libros en el virreinato del Perú», en Carlos F. Cabanillas Cárdenas (ed.), *Sujetos coloniales: escritura, identidad y negociación en Hispanoamérica (siglos XVI-XVIII)*, IDEA, Nueva York, pp. 171–193.

Hausberger, Bernd (2009): «El padre Eusebio Francisco Kino SJ (1645–1711), la misión universal y la historiografía nacional», en Salvador Bernabéu Albert (ed.), *El gran Norte Mexicano. Indios, misioneros y pobladores entre el mito y la historia*, Consejo Superior de Investigaciones Científicas, Sevilla, pp. 213–250.

Lafuente, Antonio y Sala Catalá, José (1992): «Ciencia y mundo colonial: el contexto iberoamericano», en Antonio Lafuente y José Sala Catalá (eds.), *Ciencia colonial en América*, Alianza, Madrid, pp. 13–25.

Leonard, Irving A. (1984a): *Don Carlos de Sigüenza y Góngora: un sabio mexicano del siglo XVII*, Juan José Utrilla (trad.), Fondo de Cultura Económica, Ciudad de México.

Leonard, Irving A. (1984b): «Prologo», en Carlos de Sigüenza y Góngora, *Seis obras*, William G. Bryant (ed.) e Irving A. Leonard (introd.), Biblioteca Ayacucho, Caracas, pp. IX-XXXI.

Leonard, Irving A. (1990): *La época barroca en el México colonial*, Agustín Ezcurdia (trad.), Fondo de Cultura Económica, Ciudad de México.

Luna, Javier (2015): «La polémica de Carlos de Sigüenza sobre el cometa de 1680 a la luz de la construcción de la identidad socioprofesional en el Antiguo Régimen y del patriotismo criollo», *Eikasia. Revista de filosofía*, núm. 67, pp. 171–192.

Moreno Corral, Marco Arturo y Berrón Mena, Tannia (2000): «Sigüenza y Góngora: un científico de transición», *Quipu*, vol. 13, núm. 2, pp. 161–176.

Navarro Brotóns, Víctor (1996): «Los jesuitas y la renovación científica en la España del siglo XVII», *Studia historica. Historia moderna*, núm. 14, pp. 15–44.

Navarro Brotóns, Víctor (2000): «La *Libra astronómica y filosófica* de Sigüenza y Góngora: la polémica sobre el cometa de 1680», en Alicia Mayer (coord.), *Carlos de Sigüenza y Góngora. Homenaje 1700–2000*, vol. I, Universidad Nacional Autónoma de México, México, pp. 145–185.

Picón-Salas, Mariano (1975): *De la conquista a la independencia. Tres siglos de historia cultural hispanoamericana*, Fondo de Cultura Económica, Ciudad de México.

Pimentel, Juan y Marcaida, José Ramón (2008): «La ciencia moderna en la cultura del Barroco», *Revista de Occidente*, núm. 328, pp. 136–151.

Quesada, Vicente G. (1917): *La vida intelectual de la América española*, La cultura argentina, Buenos Aires.

Real Academia Española: *Diccionario de la lengua española*. Disponible en: <http://dle.rae.es/?id=DgIqVCc> [01/02/2019].

Robinson, James Howard (1916): *The Great Comet of 1680. A Study in The history of Rationalism*, tesis doctoral, Northfield, Minesota.

Robles, José Francisco (2017): «El cielo de Nueva España: astrología, astronomía y ficciones virreinales, en Ángela Helmer (ed.), *Textos, imágenes y símbolos. Lengua y cultura en la América virreinal. En homenaje a Claudia Parodi*, Iberoamericana/Vervuert, Madrid/Frankfurt, pp. 73–102.

Rossiello, Leonardo (2004): «Estrategias argumentativas en *Libra astronómica y filosófica* de Sigüenza y Góngora», *Literatura Mexicana*, vol. 15, núm. 2, pp. 83–96.

Sarmiento, Alberto y Pardo, María (1984): «El claroscuro de la ciencia mexicana del siglo barroco», en Elias Trabulse (ed.), *Historia de la ciencia en México. Estudios y textos. Siglo XVII*, Consejo Nacional de Ciencia y Tecnología/Fondo de Cultura Económica, pp. 9–15.

Sigüenza y Góngora, Carlos de (1984): «Libra astronómica y filosófica», en William G. Bryant (ed.) e Irving A. Leonard (introd.), *Seis obras*, Biblioteca Ayacucho, Caracas, pp. 243–409.

Sigüenza y Góngora, Carlos de (1995): *Paraíso occidental*, Margarita Peña (ed.), Consejo Nacional para la Cultura y las Artes, México.

Tempesti, Piero (1982): *El universo. Enciclopedia Sarpe de la astronomía (7 tomos)*, Sarpe, Madrid.

Trabulse, Elías (1984): *El círculo roto*, Fondo de cultura económica, México.

Trabulse, Elías (1992): «La obra científica de Carlos Sigüenza y Góngora 1667–1700», en A. Lafuente y J. Sala Catalá (eds.), *Ciencia colonial en América*, Alianza, Madrid, pp. 221–252.

TRABULSE, Elías (1996): *Ciencia y tecnología en el Nuevo Mundo*, El Colegio de México/Fondo de cultura económica, Ciudad de México.

TRABULSE, Elías (2002): «*Itinerarium Scientificum*: de Alejandro Fabián a Carlos de Sigüenza y Góngora», en Alicia Mayer (coord.), *Carlos de Sigüenza y Góngora. Homenaje 1700–2000*, vol. II, Universidad Nacional Autónoma de México, México, pp. 27–36.

USUNÁRIZ, Jesús M. (2015): «Los cometas en el discurso histórico de las Indias (siglos XVI y XVII)», *Romance Notes*, núm. 55, pp. 105–117.

USUNÁRIZ, Jesús M. (2016): *España en Alemania: la Guerra de los Treinta Años en crónicas y relaciones de sucesos*, IDEA, Nueva York.

Jesús Paniagua Pérez

La autoridad de los autores clásicos en la obra *Desvíos de la naturaleza*/The authority of the classics in *Desvíos de la naturaleza*

RESUMEN A finales del siglo XVII se publicaba en Lima una obra sobre un ser bicípite, que había nacido en aquella ciudad y que fue atendido por los drs. Rivilla (sic) y Peralta y Barnuevo. Sobre este libro existen varios estudios en torno al fenómeno de la monstruosidad, pero lo que nos interesa ahora es en qué medida los autores clásicos seguían manteniéndose como autoridades en la ciencia médica y de manera muy especial Aristóteles, Hipócrates, Galeno y Plinio. La riqueza de citas en la obra sobre estos y otros escritores grecorromanos la convierte en una fuente de erudición médica.

Palabras clave: Desvíos de la naturaleza; autores clásicos; Lima; monstruos; medicina; siglo XVII.

ABSTRACT At the end of the 17th century, in Lima, Peru, a work about a two-headed living being which had been born there and attended by Drs. Rivilla (sic) and Peralta y Barnuevo was published. There are many studies related to the phenomenon of monstrosity which refer to this book, but my interest now focuses on how much the classics were still considered medical authorities, especially Aristotle, Hippocrates, Galen or Plinius. The richness of citations in this work about the former and other Greco-Roman writers makes it a source of medical knowledge.

Keywords: Nature Deviations, classics, Lima, monsters, medicine, 17th century.

1 Introduccion

La obra que estudiamos tiene su origen en un suceso muy particular que aconteció en la ciudad de Lima, donde se editó el libro, en 1695, en la imprenta de Joseph Contreras y Alvarado, impresor del Santo Oficio, con el título *Desvíos de la naturaleza o Tratado de el origen de los monstruos. A que va añadido un compendio de curaciones quirúrgicas en monstruosos accidentes.* Está dedicada al virrey Melchor Fernández de Portocarrero, conde de la Monclova, y viene a ser una más de las muchas que escribieron los médicos de aquella época para mostrar las irregularidades anatómicas de determinados seres. *Certat ter geminis tollere honoribus* (HOR. *car.* I 8). El 30 de mayo de 1694 Teresa Girón daba a luz en Lima a un niño con dos cabezas, que fue examinado por dos médicos: Pedro

Peralta y Barnuevo (1663–1743) y José de Rivilla Bonet y Pueyo, al que Valle Caviedes tuvo en cuenta en su poema sobre la conversación entre un médico y la muerte, que es toda una sátira sobre los médicos limeños.

Seré uno y otro Utrilla
en desollar con sus artes,
Y por matar por tres partes
Seré como otro Rivilla,
Que mata con taravilla
De retórica parlata;
Con la doctoría mata,
Y también cual cirujano
Sanguinolento y tirano,
Con que es, Tres Ojos de Plata (Valle, 1984: 26).

Se trataba de un monstruo real frente a aquellos alegóricos de los que tanto había gustado la literatura y la mitología, con frecuencia heredados del mundo clásico. Era un ser con dos cabezas y cuatro brazos, que estaba unido por el tronco y abdomen, pero con solo dos piernas (Fig. 1). La atención de los dos médicos mencionados daría lugar a la discusión de la autoría, en la que muchos se inclinan por Peralta y Barnuevo, ya que él mismo se la atribuye en la nota 95 de su obra *Lima Fundada,* donde dice expresamente:

> Monstruo bicípite, que nació en Lima el año de 1694 con dos cabezas y rostros hermosos, quatro brazos y dos pechos unidos por un cartílago, dos corazones y dos venas cavas ascendentes, cada cavidad con sus pulmones, y trachia [y] arteria única desde el vientre a los pies. Con cuya ocasión escreví el libro, que se dio a luz en nombre de D. Joseph de Rivilla (quien hizo su anatomía) con el título de *Desvíos de la naturaleza,* donde en los capítulos 9 y 10 fundé haber tenido dos almas con varios ejemplos y principios y habiendo quedado ambos baptizados con el agua que en un pie, que arrojó vivo, le echó la partera. Lo cual fue así y no como refiere el P. Fr. Luis Feuillée en el diario de sus observaciones pág. 487 (Peralta, 1732: 385–386).

Sin embargo, no todos aceptan la autoría de Peralta, simplemente porque él lo proclamaba después de que habían pasado más de treinta años de la publicación (García, 1999: 72). Lo cierto es que en esa misma obra dedicaba unos versos al acontecimiento dentro de su característica expresión culterana:

Y porque a los prodigios que esclarece,
Naturaleza junte sus portentos
Monstruo de testas dos la humana ofrece (Peralta, 1732: II, 385)

En los últimos tiempos el *Desvío* ha dado pie a varios estudios, como por ejemplo Flores (2009–2010 y 2014), Pueyo (2016) o Vázquez Hurtado (2018). El interés se encuentra también en la inclusión de un grabado sobre la extraña criatura, que no pretende causar en el lector una imagen de animadversión, sino que estaríamos en lo que podemos denominar como una instantánea científica, que trata de ser fiel a una realidad, sobre la que se ha actuado y que puede servir de ejemplo para los especialistas; por tanto, no estamos ante una figura alegórica o macabra, de las que tanto éxito popular tenían. Lo cierto es que las cosas sobre la monstruosidad estaban cambiando mucho cuando se hizo esta publicación, y lejos se iba quedando la consideración ciceroniana, de acuerdo con la ley decenviral (CIC. *leg.* III 8,19), de la eliminación de quienes al nacer presentaban rasgos de monstruosidad.

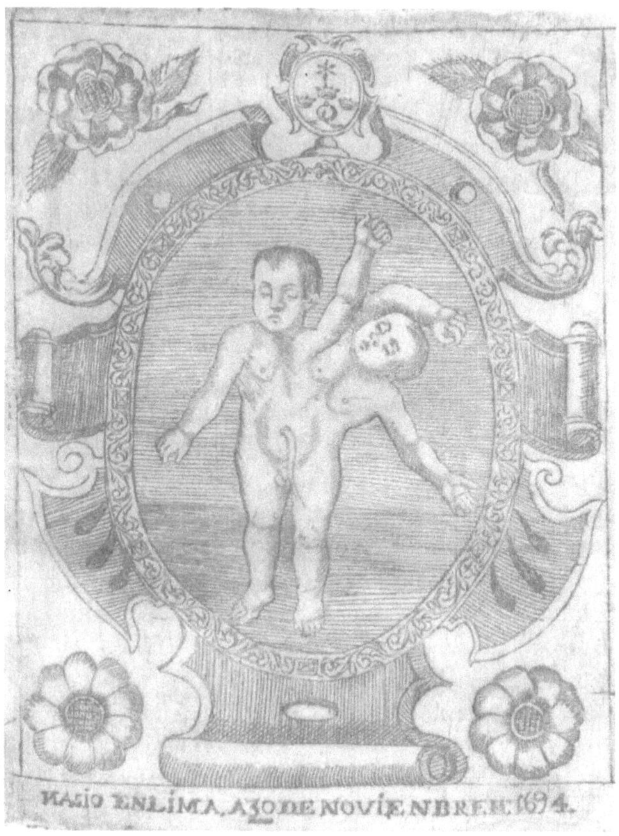

Fig. 1. Imagen reproducida en la obra *Desvíos de la naturaleza*. Gentileza de la Biblioteca Nacional de Colombia, Bogotá.

El tratado no tenía nada de extraño en aquella época, pues los siglos XVI y XVII pueden ser considerados como los del auge de la teoría teratológica con autores como Pierre Boaistuau (1517–1566), Ambroise Paré (1517–1590), Conrad Lycosthenes (1518–1561); Ulises Aldovrandi (1522–1605); Caspare Peucero (1525–1602), Luis Mercado (1525–1611) Martinus Weinrichius (1548–1609), Caspar Bauhin (1560–1624), Georg Stengel (1584–1651), Paolo Zacchia (1584–1659); Gaspar Schott (1608–1666), Fortunio Liceti (1577–1657) y un largo etcétera, de teóricos, muchos de ellos citados por nuestros autores y, según algún estudioso, coincidentes en los supuestos conceptuales (Pisconte, 2017: 100). Un buen número de aquellas teorías, que hoy no tendríamos por científicas, lo eran entonces, como las famosas de Paré, Aldovrandi, Zachia o Liceti, pero recordando también que durante ese siglo XVII se planteó la teratología moderna de la mano de los británicos William Harvey, Tomas Browny y Francis Bacon.

Los hispanos no fueron a la zaga en la producción de tratados y estudios durante el siglo XVII, entre los que se han destacado tres, la *Curiosa y oculta filosofía* (1649) de Eusebio Nieremberg; *El ente dilucidado* (1676) de Antonio de Fuentelapeña y el presente, *Desvíos de la naturaleza* (1695) (Flores, 2009–2010: 15). Como mencionamos, estamos en el gran siglo de la teratología, en el que tanto se gustó de los extraño y lo raro, sobre lo que teorizaron y ejemplificaron otros autores como Torquemada (1575), la traducción de Amelló (1607), Comellas (1608); Álvarez (1633); las anónimas *Relación del monstruosos animal…* (1654) y *Curiosa y verdadera relación de un pescado…* (1679); todo ello sin olvidar las aportaciones que los artistas de la época hicieron sobre determinados seres fuera de la normalidad, algunos de los cuales pululaban por la Corte. Precisamente el nacimiento monstruoso de Lima es lo que daría pie a nuestros autores para introducirse en ese peculiar mundo, pero intentando no dejarse arrastrar por la superstición, manteniéndose en el campo de lo que entonces era científico y procurando no contravenir la ortodoxia contrarreformista. De todos modos, era un campo en el que con frecuencia no se podía escapar de lo fantástico y lo maravilloso, fundamentándolo en autoridades de la época y también del mundo cristiano y clásico, que es el que ahora nos ocupa.

La obra parte de una definición del monstruo, para lo cual se exponen algunas teorías de autores de todas las épocas, aceptando en buena medida la idea ciceroniana de que *monstruo, portento y prodigio son la misma cosa* (ff. 4v y 7),[1] pensamiento que tuvo éxito durante el siglo XVII (Río, 2003: 16).

1 Cuando en el texto aparecen referenciados solamente los números de folio, nos estamos refiriendo a la obra que tratamos, *Desvíos de la naturaleza*.

Los autores, además, nos dan una definición más concreta: «Monstruo es todo aquel compuesto animado en cuya producción espontánea falta más o menos enormemente a su acostumbrado orden la naturaleza» (f. 11). Sin embargo, no siempre estaba claro si seres como aquellos eran monstruos y aún menos qué causa había dado lugar a su monstruosidad, que de alguna manera es lo que se trata de aclarar, sin que las razones nos parezcan muy concluyentes. El problema no era solo ese, sino también las consecuencias que implicaba la monstruosidad, ya que afectaba al ámbito jurídico y al religioso, con los posibles derechos que podía o no generar, entre ellos el acceso a los sacramentos, esencialmente el bautismo. Incluso se menciona la posible función sobrenatural como manifestación divina causada por el pecado, especialmente de relaciones sexuales prohibidas o como anuncio de situaciones que iban a acontecer. No fue esto, sin embargo, lo que aceptaban nuestros médicos, para quienes su ser bicípite, por el hecho de nacer abrazado eran un símbolo «de unión, paz y amor, y el abrazo símbolo en todas las naciones de amistad» (f. 38).

Aunque el estudiado fuese un monstruo americano, seguía prevaleciendo la tendencia de que el lugar por excelencia en la producción de monstruos era África, recordando aquella máxima que da título a uno de los capítulos (f. 15v): *Africam semper aliquid novi aferre* (Ronca, 1992: 146–157). Dicha cita procede de Plinio el Viejo (PLIN. *nat.* VIII 17, 42), que la achaca al mundo griego y más concretamente a Aristóteles (*GA* I 7, 7, 46b), ya que el estagirita mantenía que las formas más variadas de animales estaban en Libia (*HA* V 18). Yendo más allá, relacionaba a los monstruos con los vientos, de ahí que, como estos llegaban al sur de Italia desde África, fuera en Apulia donde más abundaban, teoría que recogió una obra también editada en Perú un siglo más tarde que la presente (Pastor 1804: carta 81). Aristóteles, además, ofrece una buena variedad de ejemplos de fecundaciones por el viento (*HA* VI 2,18). Dicha creencia la mantuvieron otros autores clásicos como Claudio Eliano (*NA* IV 1) o Plinio (*nat.* VIII 67).

A continuación (Tab. 1), exponemos los autores y obras clásicas que se citan:

Tab. 1: Autores clásicos obras y número de veces que aparecen mencionados

AUTOR	**OBRA**	**Nº de veces citado**	**LENGUA**
AMIANO MARCELINO historiador	*Rerum gestarum*	2	latina
APULEYO escritor	*Asinus aureus*	2	latina
Aristarco matemático		1	griega
Aristóteles	*Physicae* *De generatione animalium* *Historia animalium* *De partibus animalium libri quatuor* *De respiratione*	46	griega
ASCLEPIADES médico		1	griega
AULO GELIO escritor	*Noctes Atticae*	5	latina
BOECIO filósofo		1	latina
Cornelio CELSO médico	*Cornelii Celsi medicinae libri VIII*	1	latina
CICERÓN polígrafo	*De natura deorum libri III* *De legibus*	8	latina
Claudio CLAUDIANO poeta	*Gigantomaquia*	3	latina
CRISIPO DE SOLOS filósofo		1	griega
DIFILO DE SIFNO médico	*Del régimen*	2	griega
DIODORO SÍCULO historiador	*Bibliotheca historica*	1	Griega
DIONISIO DE HALICARNASO historiador	*Antiquitarum romanarur libri XI*	1	griega
EMPÉDOCLES filósofo	*Perifiseos*	4	Griega
Publio Papinio ESTACIO poeta	*Thebais*	2	latina
ESTRABÓN geógrafo	*Geographica*	2	griega
Sexto Pompeyo FESTO gramático	*De Significatione Verborum*	1	latina

Tab. 1: Continuation

AUTOR	OBRA	Nº de veces citado	LENGUA
FÍRMICO MATERNO Astrólogo	*Matheseos libri octo*	1	latina
Cornelio FRONTÓN gramático	*De nominum verborumque differentiis*	1	latina
GALENO médico	*De usu partium corporis humanis libri XVII* *De formatione foetus*	8	griega
Aquilio GALO jurista	*Lex Gallus*	1	latina
GAYO jurista		1	romano
HESÍODO historiador	*Opera et dies*	1	griega
HERODIANO historiador	*Herodiani historiarum libri VIII*	2	griega
HERODOTO historiador		1	griega
HIPÓCRATES	*In aphorismos* *De victus ratione in morbis acutis commentarii quattuor* *De natura puerorum vel de natura fetus* *De locis in homine* *De alimento* *De genitura* *De superfoetatione* *De septimestri partu*	19	griega
HORACIO	*Carmina* *Odas*	6	latina
Salvio JULIANO jurista	*Edictum Perpetuum*	3	latina
JUVENAL poeta	*Satiras*	3	latina
Marco Antistio LABEÓN Jurista	No cita obra, porque le conocemos por referencias de juristas	1	latina
LUCANO poeta	*Farsalia (Bellum civile)*	12	latina
LUCRECIO Poeta-filósofo	*De rerum natura*	7	latina
Marco MANILIO Poeta-astrólogo	*Astronomicon*	6	latina

(*continued*)

Tab. 1: Continuation

AUTOR	**OBRA**	**Nº de veces citado**	**LENGUA**
Marcial poeta	Epigrammata Liber spectaculorum	4	latina
Mauro SERVIO gramático	In Aeneidem	1	latina
NICANDRO de Colofón poeta	*Theriakà*	1	griega
NONIO MARCELO gramático	*De proprietate sermonum*	1	latina
Julio OBSECUENTE escritor	Liber prodigiorum	3	latina
OVIDIO poeta	*Ars amatoria* *Metamorphoseon libris XV* *Fastorum* *Tristium*	5	latina
Julio PAULO jurista	*Sententiarum ad filium libri* V	2	latina
PAUSANÍAS geografo	*Pausaniae veteris Greciae descriptio*	2	griega
PLATÓN filósofo	*Timeo* *Convivium seu de amore*	2	griega
PLINIO EL VIEJO naturalista	*Naturalis historia*	17	latina
PLUTARCO filósofo-historiador	*Septem sapientium convivium* *Vidas paralelas* *Moralia*	3	griega
PSEUDO PLUTARCO	*Placita philosophorum* *Parallella*	2	griega
SALUSTIO historiador			
Sexto POMPONIO jurista		3	latina
PTOLOMEO geógrafo	*Almagesto* *Librorum de iudiciis astrologicis quatuor*	4	griega
PROCOPIO de Cesarea historiador		1	griega
QUINTILIANO retórico		1	latina

Tab. 1: Continuation

AUTOR	OBRA	Nº de veces citado	LENGUA
SÉNECA Filósofo-escritor	*Thebais* *De ira* *De beneficciis* *De providentia* *De vita beata* *De otio* *Epistulae Morales ad Lucilium* *Hercules furens* *Epistolae et quaestiones naturales* *De brevitate vitae*	14	latina
SOLINO gramático	*Polyhistor. De mirabilibus mundi*	4	latina
TÁCITO historiador	*Annales*	1	latina
TEOFRASTO filósofo	*Historia plantarum*	2	griega
TEOPOMPO historiador	*Perì Seismôn*	2	griego
TERENCIO escritor	*Eunuchus*	1	latina
TITO LIVIO historiador	*Ab urbe condita libri*	5	latina
Domicio ULPIANO jurista	*Ad legem Iuliam et Papiam.*	7	romano
VARRÓN gramático	*De lingua latina*	1	romano

2 Hipócrates, Galeno, Aristóteles y otras escuelas

El panorama médico del siglo XVII seguía manteniendo las pautas que en su día marcaron Hipócrates, Dioscórides y Galeno. Sin embargo, la obra se esta elaborando cuando se producían unos importantes cambios en la medicina, al hacerse hueco en la misma los seguidores de Paracelso, propensos a las prácticas quirúrgicas y a la alquimia y abiertamente opuestos a la medicina galénica. El paracelsismo estuvo perseguido en el mundo hispánico por la propia Inquisición, hasta el punto de que sus publicaciones se incluyeron en el *Índice* (López Pérez, 2016: 11–21). De todos modos, eso no impedía la admiración de ciertos autores, por lo que en 1678 existió una obra glosada, la *Paracélsica admirable de la piedra philosophal.*

Es natural que ya en las aprobaciones de la obra aparezcan citas de médicos de la época clásica, como las que hace Francisco de Vargas Machuca al mencionar a personajes de dudosa existencia real, como Machaón, que curó a Filotetes cuando se hirió con una de las flechas que Hércules le dejó en herencia y que estaba empapada con el veneno de la hidra Lernea, historia que parece haber partido de la tradición homérica (OV. *met.* III 9, 229–234). Igualmente se menciona la cura de Menelao, herido por Pandaro (Hom., *Il.* IV); o la de Filipo por Critóbulo de un flechazo en el ojo, del que no quedó ni la cicatriz (PLIN. *nat.* VII 37).

Desde el Medioevo la medicina y la teratología habían buscado en los clásicos una justificación para tratar el tema de la monstruosidad. Con el Renacimiento, Hipócrates y Galeno se mantuvieron como las referencias obligadas del panorama médico europeo y, por ende, del peruano, existiendo en la Universidad de San Marcos una cátedra de prima donde se estudiaban las teorías de ambos médicos griegos (Eguiguren, 1951); hasta tal punto esto era así, que estos autores, junto con Aristóteles, se convertirían en los hermeneutas indirectos de los Andes (Morong, 2014: 178). En consecuencia, no se podía pensar en alguien dedicado a la medicina que no tuviera amplios conocimientos sobre tales autores, lo que implicaba paralelamente que un buen médico tenía que demostrar su formación en humanidades y, al menos, en la lengua latina, en la que se solían publicar los tratados de medicina y, aún mejor, si podía leer las fuentes originales en griego, lengua que desde el Renacimiento estaba perdiendo su carácter mágico en función del científico (Tovar, 1972: 4).

Las alusiones a Hipócrates suman un total de 19, que se centran esencialmente en unas obras muy concretas, de las cuales, según la organización que en su día hizo Laín Entralgo, tenemos una de carácter general, los *Aphorismos;* otras anatomofisiológicas, como son el *De natura puerorum* y el *De genitura*; otra dietética, el *De alimento;* otra sobre patologías especiales, como el *De locis in homine*; y, por último, entre los escritos ginecológicos, el *De superfoetatione* y el *De septimestri partu* (Laín, 1972 y López Férez, 1986).[2] En consecuencia, el pensamiento hipocrático sirvió para justificar o criticar algunas de las teorías que se vertió en los *Desvíos*, donde se consideró al griego como la «luz de la medicina» (f. 26).

Las teorías hipocráticas que abordó las ratificaría con la autoridad de reconocidos escritores de asuntos médicos y teratológicos de los siglos XVI y XVII, lo

2 El autor, para hacer esta clasificación, dice haber tenido a la vista las obras de Émile Littré y Haeser. El primero fue quien edito la colección completa de las obras del grande Hipócrates, que en su traducción española fueron publicadas en Madrid, Imprenta Médica, 1842–1843.

que prueba su vigencia (f. 21). Es lo que el citado Laín denominó como pervivencia de *lato sensu,* en la medida en el corpus hipocrático ha sido utilizado a lo largo de los tiempos (Laín, 1964). Son teorías en relación directa con el asunto limeño del niño bicípite que atendieron Peralta y Rivilla, en que inciden en los asuntos teratológicos, pues la monstruosidad de un ser con más miembros de los que corresponden a su especie pude producirse, según Hipócrates, por un exceso de semen, lo mismo que puede suceder lo contrario; o en el caso de los gemelos, por la división igual de la materia (Hp., *Vict.* I 30). Este condicionante lo aceptaba nuestro autor frente a otras teorías como las relacionadas con los astros, mantenida por Ptolomeo, al que recurre a través de la obra de Cardano (1544), o la copia de materia como Empédocles, o la calidad de la simiente como Asclepiades de Bitinia (ff. 55v-56). Pero también expuso otras que se barajaban como condicionantes de la monstruosidad, así las relacionadas con el tiempo del parto, que para el griego, en lo que se refiere al natural, debía producirse a partir de los primeros días del noveno mes, si bien no se podía especificar un número exacto, puesto que cada humano es diferente, idea que mantuvo también el médico francés Jean Peysonel (1656: cap. 5 y ss.); igualmente la estrechez del útero también se consideró otro condicionante, reconocido por la teoría hipocrática (Hp., *Genit.* 9) y lo aceptaron otros autores que se citan en la obra, como Empédocles y Difilo; todo ello de acuerdo con la máxima de que «el lugar es forma de lo que en él está» (f. 46) *(Locus est forma locati)* (Scoto, 1639: L. I, q. I). Precisamente este último condicionante no era aceptado en nuestra obra, «porque teniendo la materia suficiente sigilación para formar un cuerpo en la magnitud debida, la facultad formatriz tratará de hacerlo y aumentarlo proporcionalmente, aunque el seno lo resista» (f. 46v.).

Dadas las características del parto bicípite limeño era necesario teorizar sobre la generación de gemelos, teniendo en cuenta igualmente la opinión hipocrática, planteada en su *De superfoetatione* como un «congreso inconcluso» (Hp., *Superf.* 645–661) y en el libro I de su *De dioeta* por una división igual de la materia (f. 55). Para ello se ofrecen también las teorías de otros clásicos y en concreto de Séneca, *Quid sit quod geminorum conceptum separet, partum iungat,* que consideraba inexplicable que los gemelos aun naciendo juntos presentaran tantas diferencias, a la vez que reconocía su ignorancia sobre si eran producto de un mismo ayuntamiento o de dos diferentes (SEN. *benef.* VII 1). La malformación de los gemelos tal y como nos aparecen en Lima tendría una explicación en Hipócrates. Por un lado, cuando eran seres de un mismo sexo, porque habían permanecido unidos dentro de la misma membrana o porque en la concepción se aglutinaban las simientes debido a los bruscos movimientos del útero, en cuyo caso no aparecen unidos sino mezclados. La unión también según el griego, cuando se trataba de sexos distintos, podía deberse a la ruptura de las membranas que envuelve a cada ser, lo que daría lugar a la unión de las partes más inmediatas. En ese proceso se podían llegar a compartir las venas, aunque hubiese diferentes corazones (Hp., *Loc. hom.* I 19–20).

Ya vimos que las explicaciones hipocráticas no siempre sirvieron en nuestra obra para explicar la monstruosidad limeña, pues en alguna ocasión se pusieron de manifiesto las discrepancias, como con el *Deploratos non oportet atingere* (Hp., *Aph.*, II 29), que nuestro medico limeño consideró que no debía tenerlo en cuenta cuando atendió al relator Ignacio Barreto (f. 96).

El otro gran padre de la medicina del que también bebió nuestro autor fue Galeno, eternamente presente en el Renacimiento y el Barroco hispánicos, hasta el punto de que el mencionado Francisco Vargas Machuca era catedrático en San Marcos de Lima «del arte de curar y método de Galeno». Es decir, ocupaba una cátedra específica de medicina galénica, que se había creado en 1691, con especial dedicación a la terapéutica (Espejo, 1955: 656), lo que explica que la obra se haya dedicado al virrey conde de Monclova, promotor de aquella creación y al que se dedicó un verso de Horacio: *Certat ter geminis tollere honoribus (HOR. car. I 8). No olvidemos tampoco que en España el insigne médico* Andrés Laguna había realizado una biografía sobre el autor clásico (Laguna, 1598).

De Galeno se nos cita el *De usu partium corporis humanis libri XVII* y el *De formatione foetus*, aunque recurre también a él por los *Aphorismos* de Hipócrates. Le toma como ejemplo de quienes niegan la hibridación de animales y hombres (ff. 18v-19), o como autoridad respecto de que el cerebro es el principio de la vida, continuando así con la tradición de los primeros platónicos, que situaban allí las funciones más nobles del alma (f. 67v.), cosa para la que se apoyará también en el poeta Juvenal, al justificar la prevalencia de la cabeza en los enterramientos (IUV. *sat.* VIII 53–55). En realidad, el médico de Pérgamo fue un actualizador del corpus hipocrático bajo la influencia filosófica de Aristóteles, sin por ello despreciar a otras escuelas médicas de la Antigüedad. También es cierto que no hay que esperar a Galeno para apreciar los influjos aristotélicos en la medicina, pues en el siglo IV a. C. ya se hacía patente con sus obras sobre los animales, que son las que esencialmente aparecen citadas en los *Desvíos,* o también en Teofrasto y su tratado *De historia plantarum.*

Galeno se revelará como fundamental en la discusión sobre la posibilidad de generar monstruos entre el hombre y otras especies, de lo que el autor griego defendía la imposibilidad, que los autores de los *Desvíos* no negaban categóricamente. Por tanto para el médico resultaba imposible una mixtura de animal y hombre (*De usu partium* III 1), haciendo igualmente referencia a Lucrecio y Marco Manilio, frente a otros autores que mencionaremos (ff. 18v-19). Aunque

Hipócrates y Galeno son los médicos clásicos más citados, no faltaron algunas breves referencias a otros de la Antigüedad, como Asclepiades, Cornelio Celso y Difilo de Sifno; a este último se le menciona en la línea de Hipócrates sobre los partos defectuosos y débiles, causados por la conformación del útero (f. 46). Se llega a aludir en una ocasión a Empédocles, defensor de la localización hepaticosanguínea, ya que consideraba que el alma residía en la sangre y, por tanto, el hígado era el principio de la vida, puesto que en él tenía su origen esta (f. 71).

Pero de aquellos autores de la Antigüedad que incursionaros en el campo de la medicina y que ejercieron una gran influencia en nuestros autores no se podía olvidar a Aristóteles, sin duda el más citado del conjunto de autores, pues no en vano se considera que fue este filósofo el que abordó por primera vez el problema de la monstruosidad biológica. Sus escritos más puramente médicos no han llegado hasta nosotros (Crespo, 2107), aunque se sospecha que les prestó mucha atención, puesto que no dejaba de ser hijo de Nicómaco, el médico de la corte de Macedonia. Nuestro autor le reconoce en el asunto de los monstruos, porque, como él mismo dice tomándolo de Bahuino (1614: L. II, c. 3), conocía muy bien las diferencias entre animales y monstruos, debido a que Alejando Magno le entregó 80 talentos de oro y 3000 hombres para que sus colaboradores viajasen por las selvas de Europa, Asia y África e investigasen sobre los vientos y los mares.

En el *Corpus Aristotelicum* las obras más cercanas a la medicina son *Physica, Historia Animalium, De generatione animalium, De partibus animalium* y *De respiratione.* Este último hay quien piensa que forme parte de su polémica obra no conocida *Sobre la enfermedad y la salud* (Manetti, 1989: 350). Las mencionadas obras, por uno u otro motivo, sirvieron en nuestro tratado para definir a los monstruos como seres que surgen por el exceso o el defecto de la materia. Precisamente, la monstruosidad por defecto de la materia, planteada en Aristóteles (*HA* VIII 12), se corroboraría también en otros autores clásicos como Plinio (*nat.* II 3); Claudio Eliano (*NA* XV 29); o Estrabón (II).

Como para Aristóteles, el monstruo suponía algo diferente a lo que la naturaleza genera como normal, lo que se producía por la corrupción de algún principio (f. 10); por tanto, la monstruosidad hay que verla como un accidente de la naturaleza, pero no como algo antinatural, ya que, si existe, es porque esta lo consiente, de modo que «el monstruo pertenece a la categoría de los fenómenos contrarios a la naturaleza, considerada no en su constancia absoluta, sino en su curso ordinario» (*GA* 770.b9). En resumen, es un producto en el que la naturaleza formal no ha logrado imponerse sobre la material.

Alude también a la negación aristotélica de la conmixtión entre hombre y animal (Arist., *GA* IV 4), que el griego fundamentaba en la magnitud de los cuerpos y en las diferencias en el tiempo de gestación. Así, la conmixtión solo es posible cuando no concurren tales diferencias, como por ejemplo entre el perro y el lobo, pero nunca entre animal y hombre, debido a las enormes incompatibilidades. En esta línea también se situaba Galeno, alegando como el estagirita la diferencia de simientes y también la necesidad de diferentes alimentos (Gal., *De usu partium* III 1), en lo que también se incluía a Lucrecio (IV y V) y Marco Manilio, aunque este con fundamentos astronómicos (MANIL. 4). Igualmente defendían la imposibilidad de la conmixtión hombre-animal, aludiendo al tiempo del parto, Plinio y Aulo Gelio (f. 22), lo que daba pie al autor para traer a cuento la naturalidad de la gestación en el *septimestre,* según Hipócrates (f. 22) o el propio Aristóteles, que consideraba natural un parto humano entre los 7–10 meses (*HA* VI 26). A la postre, la negación de la conmixtión, de alguna manera suponía la negación de la mitología clásica o al menos de una buena parte de ella.

Toda la teoría aristotélica sobre la conmixtión conduciría a plantear que los monstruos de hibridación de las especies no pueden recibir el bautismo,[3] ya que si los dos progenitores no son humanos no podía haber un alma racional, aunque sí de otro tipo (f. 31). No olvidemos que en los siglos XVI y XVII existían todavía muchos partidarios de la monstruosidad entre especies, como por ejemplo Liceto; Luis Mercado, Zachías, Bahuino, etc., que se citan en esta obra (f. 19v).

Por el contrario, en el caso que se estudia de monstruosidad, al ser netamente humana, es admisible un bautismo de urgencia en las dos cabezas y otro definitivo en aquella o aquellas que mostraran racionalidad. Es decir, nuestro autor estaba utilizando argumentos encefálicos (cap. X), lo que le acerca más en este sentido a las teorías de Platón y Galeno que a la de Aristóteles, porque considera que «el entender, el discurrir, el juzgar y el acordarse, es evidente son las más nobles acciones del alma, lo cual solo goza en el celebro» (f. 67v), porque el alma «más pide por si la razón, que la vitalidad» (f. 68). En este aspecto se aleja del cardiocentrismo aristotélico, que consideraba el corazón como el principio de la vida (Arist., *PA* III), lo que implicaría que donde hay dos corazones hay dos almas.

En otro orden de cosas, como en Aristóteles, se consideró que la monstruosidad no es algo limitado al mundo animal, sino que se extendía a los otros reinos de la naturaleza. En consecuencia, también habría unos monstruos vegetales, para lo que remite a la *Physica* del autor griego, a la obra de Teofrasto y a la de Plinio (Arist., *Ph.* II 8; *GA* IV; Thphr., *CP* II y PLIN. *nat* XXXVII 22); incluso nos recuerda que el estagirita consideraba que la existencia de monstruos era mayor

3 Sobre la monstruosidad y el bautismo puede verse (Flores 2014, 169–194).

en el mundo vegetal, ya que lo racional siempre es más perfecto (Arist., *Ph.* II 83). En los *Desvíos* se acepta esa división, pero se habla de monstruos vegetales, sensitivos y racionales, para separar al hombre del resto de los animales, lo que tampoco era ajeno a la teoría aristotélica (Arist., *GA* II 732a) (f. 12).

Ni en el filósofo griego ni en nuestra obra se vio en el monstruo un ser anunciador de presagios, tal y como lo consideraron posteriormente algunos autores cristianos, entre los que se menciona a san Agustín o san Isidoro (AUG. *civ.* XV 18) (ISID. ety. XI 3–4). Aun así, se alude a ellos, pero poniendo en entredicho su eficiencia como mensajeros de desgracias (ff. 36–39), lo que en el mundo clásico habían aceptado Sexto Pompeyo Festo (FEST. *verb. sign.* 8–33), Lucano (LVCAN. *Phar.* I 630–632), Nonio Marcelo (NON. *prop.* 34 y 54) y Cicerón (CIC. *nat. deor.* 2; *div.* 1)

Es evidente que nuestro autor, aunque profundamente imbuido por la filosofía aristotélica, no siempre acepta las teorías del griego. En este sentido, es especialmente llamativo el pensamiento sobre la mujer, a la que Aristóteles consideraba como un monstruo o al menos como un ser que adolece de «la falta de perfección viril» (*GA* IV 2–3); es decir, había una negación de la complementariedad entre hombre y mujer, idea a la que tampoco fueron ajenos Hipócrates y Galeno, con la oposición seco-caliente del hombre frente a húmedo-frío de la mujer (*Aph.* V 42, 48, y *De semine* II 4, K. 4), a la que en los *Desvíos* se considera tan fundamental como el varón para la propagación del género humano (f. 8). Evidentemente, las autoridades para oponerse al estagirita se buscaron en las Sagradas Escrituras y más en concreto en el Génesis 2,24; en san Mateo 19,24 y en la carta de San Pablo a los Efesios 5. Además, recurrirá también a la autoridad de Pablo Zachias, que se expresaba diciendo que, si en el varón la falta de perfección diera lugar a un monstruo, estos serían mayoría, amén de que se consideraba a la mujer como perfectísima en su género (f. 8). Es precisamente al tratar de este asunto cuando se trae a colación el *Timeo* de Platón, ya que en la transmigración de las almas las de los malos se iban a los cuerpos de las mujeres, porque eran imperfectos (Pl., *Ti.* 42b-c).

En la obra se mencionan, aunque más de pasada, determinadas escuelas de la Antigüedad, **algunas** de cuyos autores ya hemos mencionado; así, entre los estoicos considera a Séneca, al que utiliza en su *In Hippolito* (SEN. *hip.* 1) para mencionar a los monstruos interiores, «más terribles que los mismos monstruos» (ff. 43 y 69). Recurre a él para alabar la medicina como estudio de la repetición de casos que dan lugar a leyes (f. 115) (SEN. *oti.* 3). Sin embargo, critica algunas de las posturas estoicas, como la de Crisipo de Solos, del que no menciona obra alguna, pero que relaciona con la teoría de la existencia de dos almas cuando hay dos corazones, aunque solo haya una cabeza (f. 66v); lo mismo que critica su creencia en que los astros pueden ser causa de la monstruosidad, para lo que se apoya en la obra de Martín Delrío, en que se reproduce el poema de Marco Manilio (Delrio, 1603: L. II, Q. XIV).

Permiscet saepe ferarum
Corpora cum membris hominum: non seminis ille
Partus erit; quid enim nobis commune ferisque?
Quisve in portenti noxam pecarit adulter?
Astra novant formas coelumque interferit ora (MANIL. *carm.* IV 101–103)[4]

También menciona a la Escuela Médica de Salerno respecto de que es algo inconcluso que los mellizos se engendren de un congreso (f. 56); a los peripatéticos, por su negación aristotélica de considerar que la simiente femenina no concurre en igualdad con la masculina (ff. 26 y 50); a los étnicos, de los que cita más concretamente a Lucano, para criticar su creencia de que los monstruos son señales de acontecimientos que sucederán (ff. 36v, 39v-40).

3 La eterna presencia de Plinio y otros autores clásicos

Como era de esperar, las citas sobre Plinio el Viejo también abundan en esta obra, aunque en la aprobación de Francisco Bermejo Roldan se nos ofrece una cita de Plinio el Joven al mencionar la fuente cristalina de Clitunno (PLIN. *epist.* VIII 8). Sin embargo, esto no deja de ser una excepción, pues sería su tío quien prevaleciera no solo en esta obra, sino en muchas de las dedicadas al Nuevo Continente, siendo toda una autoridad como maestro de las descripciones y también de los mundos fantásticos (Paniagua, 210: 339–359). Incluso en este caso podemos suponer dos ediciones que pudieran haberse usado; por un lado, en la introducción de Vargas Machuca se cita a Delecampii, uno de los anotadores de Lyon, de 1585 (f. 6); por otro lado, el autor es muy probable que haya podido utilizar una de las ediciones de Hermolao Bárbaro, reeditadas varias veces después de 1492 (Hermolao, 1534).

Plinio como otros autores fue utilizado sobre todo para la casuística que ilustra todas las teorías presentes en la obra. Así, al hablar de la monstruosidad vegetal se alude al ejemplo de las ramas de laurel nacidas en una higuera (*nat.* XXII 27) (ff. 12–13). Vuelve a ser mencionado por el trocho, pez supuestamente

4 (Manilio, 2002). Francisco Calero y María José Echarte lo traducen como: "Con frecuencia mezcla cuerpos de animales con miembros de hombre: tal nacimiento no será fruto del semen; ¿qué tenemos, en efecto, en común nosotros con los animales, o qué adúltero paga su culpa con un nacimiento monstruoso? Son los astros los que los producen extrañas formas y el cielo el que mezcla los rostros"

hermafrodita, que, según Aristóteles, ya había sido mencionado por Heródoto (*GA* III 6), aunque se aclara por Huerta, el editor de Plinio en español, que Aristóteles esto lo tenía por un gran error como se tenía lo referente a la hiena (*nat.* IX 52)[5] (f. 15) y como lo tendría nuestro autor, que considera que no pueden llamarse monstruos a determinados seres por el simple hecho de ser raros (f. 14v).

Plinio, como otros autores se citan con frecuencia en función de criticar la credulidad, como se hace en la refutación de los animales con dos corazones (*nat.* XI 37), también mencionados por Claudio Eliano (*NA* XIV 5) y Aulo Gellio (*noct.* XVI 15). Los animales de dos cabezas le llevan a elucubrar sobre la mítica amphisbaena[6], cuya existencia no acepta, pero le da pie para tratar el asunto incluso recordando animales de cuatro cabezas, como los que menciona Diodoro Sículo, a lo que también hacía referencia e Juan Eusebio Nieremberg (1644: L. III, c. XIV). Con todo, sin duda fueron Plinio y Lucano quienes más se extendieron sobre este reptil, aunque Solino es igualmente mencionado por su *De situ orbis terrarum* o *De mirabilibus mundi* (SOL. 39), obra de la que se hizo una traducción, publicada en Sevilla en la imprenta de Alonso Escrivano, el año de 1573, *De las cosas maravillosas del mundo* (SOL. 40). Continuando con el mismo animal, se recurre igualmente a la autoridad de Claudio Eliano (*NA* IX 23) y a la de Nicandro *in Theriacis.*

Lo mismo sucede al disertar sobre la mítica crócuta, que algunos tratan de identificar con la hiena manchada, que se extiende en África por los territorios al sur del Sahara. El interés por este animal parte de ser considerado como una prueba de la conmixtión de las especies. Se mencionan autores que la consideran como una hibridación de lobo y perro, como Estrabón (XVI 4, 16). Diodoro (D. S. III 35, 10) le atribuía la capacidad de imitar la voz humana. Pero de nuevo es a Plinio a quien da más voz en el asunto, considerándola producto hermafrodita y carroñero que desentierra a los muertos. El autor latino menciona que es un cruce entre hiena macho y leona y que imita la voz humana para atraer a las personas y despedazarlas. Todo esto, en buena medida, lo fundamenta en Solino (SOL. VII 22).

Al recurrir en aquella casuística a los autores clásicos, no podían faltar los monstruos híbridos de animal y humano, para lo que se utilizan ejemplos de Claudio Eliano (*NA* I 6, 42) y su historia del mancebo que preñó a una cabra.

---

5 También le menciona Francisco en Hernández, en su edición de Plinio el Viejo, publicada en México, UNAM, 1966, p. 394 y en la traducción de Huerta, (Plinio: 1624: L. IX, c. LII, anotación, f. 144v)

6 Serpiente mítica, que nada tiene que ver con la denominada como tal en la actualidad, que es propia de Sudamérica.

Nos narra el mencionado autor, que aquello sucedía con cierta frecuencia, por lo que Tales recomendó al rey Periandro de Corinto que prohibiese la guarda de ganado a pastores jóvenes (f. 30).

En esa misma casuística, otro autor de referencia fue Plutarco, del que se toma la historia del ser nacido de un pastor y una yegua (*Sept. Sap. Conv.* 149C-D) (f. 30), al que incluso se le atribuye una obra de Aecio.[7] Y como no podía ser de otra forma, también aparece mencionado Plinio, puesto que dijo haber visto un hipocentauro que llegó a Roma desde Egipto en **tiempos** de Claudio y que se alimentaba con miel (PLIN. *nat.* VIII 3).

Para los monstruos netamente humanos y en concreto para los pigmeos, la casuística la encontrará en Aristóteles (*HA* VIII 12); Estrabón (II), que se había fundamentado en Homero (*Il.* III 2–6); en Eliano (NA XV 19), en Juvenal (IUV. *sat.* 5), y de nuevo en Plinio (*nat.* II 3), aunque este autor había citado a esos seres en varios pasajes de su obra (PLIN. *nat.* V 29; IV 30; VII 2 y XXVI 10, 28).

Frente a los pigmeos, no podían faltar en la obra las alusiones a los gigantes como otra forma de monstruosidad (f. 57), y en esto Eumacho en su *Periegesis,* citado probablemente a través de Flegón de Trelles y su *De rebus mirabilis,* que en 1666 publicó Johannes Pratorius dentro de una de sus obras (Praetorius, 1666). Pausanias y su *Periegesis* se convirtieron también en una buena fuente de información; así nos narra la historia de Orontes, cuyo gigantesco cuerpo de once codos se encontró cuando se realizaban obras para un canal por el que se movería el ejército romano hacia Anatolia; o Asterio y Ganges, el rey que fue asesinado por Alejandro Magno (Paus. I 35, 6; VII 2, 5; VIII 29, 3–4). También se menciona a Teopompo de Sínipe por su gigante del Bósforo.

Poetas y lexicógrafos clásicos igualmente formaron parte del acervo de autores a los que se recurrió en los *Desvíos* para probar las teorías que se pretendían demostrar o denostar, a veces utilizando el sentido de monstruosidad en sentido positivo, como la exageración de una cualidad; de esta manera, se recurre a Horacio en sus versos sobre Cleopatra (HOR. *car.* I 37, 16–20) (f. 2v).

Se comprueba que mientras la obra esta plagada, junto con los clásicos, de teóricos de la teología, la medicina y otras ciencias de los siglos XVI y XVII, los literatos contemporáneos apenas se mencionan, salvo el caso de Góngora, por quien debía sentir una profunda predilección el autor o autores, ya que Peralta

7 En asuntos del parto se cita como suya una obra que se atribuyó al Pseudo Plutarco y definitivamente a Aecio, los *Placita philosophorum*. El propio Marsilio Ficino también se la atribuyó a Plutarco. De hecho, la obra se publicó junto a otras del autor griego con el título *De Placitis decretisque philosophorum naturalibus*, en un texto bilingüe en griego y latín.

se destacó por su culteranismo y admiración por el poeta cordobés (Diego, 2003: 38–39); ahora bien, esas citas siempre tienen un trasfondo mitológico. Además, la abundancia de autores clásicos citados pone de manifiesto que podían ser considerados como autoridades científicas, incluidos los poetas, como si todos estuvieran en la misma línea que Lucrecio, pues en ellos se veían justificaciones de la unión entre lo científico y la creatividad literaria, en la medida en que ofrecían una casuística de gran interés. Entre todos, el poeta más citado fue Lucano y su *Farsalia.* Se le utilizó en varios aspectos, como la conmixtión humano-animal, las ceremonias de expiación, la consideración del monstruo como anunciador, la monstruosidad animal y la fingida, incluso para algunos aspectos filológicos (ff. 2–7, 15, 27v-28, 53 y 58). Precisamente para cuestiones de este último tipo se recurrirá a autores como Varrón y las etimologías *Portendo, quasi Preostendo,* (f. 4) o Apuleyo, al que dedica el apartado 21 del capítulo I por la promiscuidad con la que utiliza las palabras prodigio, monstruo y ostento (APUL. *asin.* 10).

Ovidio es otro de los poetas más mencionados en la obra, en convreto su *Ars amatoria;* los *Remedia amoris,* los *Fastos* y, como no podía ser de otra forma en un libro de estas características su *Metamorfosis*, utilizada para negar la monstruosidad de los animales hermafroditas, como la ya mencionada hiena (OV. *met.* XV 408–410)[8]. Precisamente a él se recurrirá entre los poetas en lo referente a los aspectos monstruosos del mundo vegetal (OV. *rem.* I 195–196). Incluso se le da carta de naturaleza científica en cuanto al tiempo del parto (OV. *fast.* 29–33) y como incrédulo en los seres híbridos:

> Mi deseo se habrá realizado, porque antes creeré en la cabeza de la Gorgona Medusa erizada de serpientes; en los perros que ladran bajo el vientre de una virgen; en la Quimera, mitad león y mitad serpiente, que vomitaba llamas; en los cuadrúpedos unidos por el pecho al busto de un hombre; en el mortal de los tres cuerpos y el perro de las tres cabezas; en las esfinges y las harpías y los gigantes con pies de dragón; en Giges el de los cien brazos y el monstruo semihombre y semitoro; creeré todos estos prodigios, caro amigo, antes que suponer que tu mudanza me relegue al olvido (OV. *tr.* IV 7.17).

Quien más se iba a prestar al pensamiento de los poetas sería el monstruo de conmixtión hombre-animal, al que se dedica el apartado 34 del capítulo IV, titulado «Monstruos poéticos y fabulosos no admitidos, como los centauros, la quimera, el minotauro, los sátiros, las ninfas, los faunos, y otros: ni los tritones y sirenas, como tampoco los fingidos por el demonio». Desfilaran por este capítulo Marcial, Virgilio, Lucrecio, Ovidio o el gramático Marco Servio, para

8 Recordemos que Ovidio y Plinio fueron casi paralelos en el tiempo y el segundo mantuvo el hermafroditismo de las hienas.

ejemplificar seres como los mencionados (ff. 27v-28). Con todo, previamente ha utilizado a Lucrecio, el poeta materialista y enemigo de las creencias populares, *Haec loca capripedes Satyros Nimphas que tenere* (LUCR. IV 584) para negar la conmixtión de las especies, puesto que es la propia naturaleza la que organiza el universo y, por tanto, niega tal posibilidad por las diferencias entre el hombre y el animal en lo referente a expectativas de vida, temperatura, tiempo de gestación, etc. (ff. 19 y 24v). Igualmente mantienen una postura contra tales creencias los mencionados Ovidio (OV. *tr.* IV 7), Lucano (LUC. *far.* IV 436–437) o Claudiano (*bellum geticum*, 520–522 y *paneg. dictus Honorio cos.* IV 510–513). Tampoco el poeta Marco Manilio aceptaba la conmixtión que, de producirse, tan solo se explicaría por una causa accidental y por la influencia de los astros (MANIL. IV 101–103); postura que también se encontraba en Ptolomeo (*Tetr.* III 8), y para aclararlo recurre la obra de Cardano sobre este mismo autor:

> Ptolomeo dice consistir el nacimiento de los monstruos en tres cosas. La primera que caigan de los ángulos sin familiaridad en el horóscopo, esto es en el duodécimo o sexto lugar, a que añade Cardano el octavo y el tercero. La segunda que los infortunios estén en los ángulos y principalmente en el ascendente y cenit. La tercera que el señor del lugar de la conjunción u oposición precedente al nacimiento no se junte al ascendente, al lugar de la luna, ni al señor de la genitura (f. 42v). (Alchabicio, 1512)

Las mezclas monstruosas, que de los poetas clásicos se mencionan en la obra, se recogen esencialmente en el apartado 18 del capítulo I, con citas de Virgilio (VIRG. *aen.* IV 285–288) y Horacio (HOR. *car.* II 2, 14–16) y de Papino Estacio (STAT. *Theb.* 1, 704–706 y 727–728), que nos menciona a los gigantes de Calidonia, que nos aparecen también en alguna literatura de caballería (Gonçalvez, 1602: 93v-96) (f. 4v).

Entre otros autores literarios que fueron utilizados para la casuística, debemos recordar a Aulo Gellio, citado en varias ocasiones por sus *Noches Áticas* (ff. 22 y 70) y por diferentes cuestiones, como los partos múltiples (GELL. *noc.* X 20) o los animales de dos corazones (GELL. *noc.* X 20 y XVI 15). Julio Obsecuente, el autor romano del siglo IV, que utilizó la obra de Tito Livio para su *Liber Prodigiorum*, es mencionado respecto de las supersticiones de los gentiles que se relatan a lo largo de toda la obra (ff. 7, 30v, 40).

No se dejan de lado a los legisladores clásicos, puesto que al decir de Foucault la monstruosidad «inquieta al derecho», que debe interrogarse sobre el problema (Foucault, 2001: 65–67). La racionalidad o la falta de ella fue siempre una preocupación para los juristas y los teólogos, ya que implicaba determinados aspectos legales que afectaban a la cotidianidad de la sociedad, y por eso no es extraño que determinados aspectos se recojan en la legislación, sobre la que Hipócrates va a tener gran influencia.[9] Así, en el derecho hispánico *Las partidas* negaban la filiación y el derecho a la herencia a los monstruos «nacidos con figura de bestia o contra común costumbre de la naturaleza» (VII partida, tit. 33, ley 8), pero sí reconocía tales derechos a los que la tuviesen, aunque fuese con exceso o carencia de miembros (IV partida, tít. 23, ley 5). Sin embargo, todavía en el siglo XVII, como refiere el mismo Foucault, monstruosidad y criminalidad guardaban cierta relación, si bien ya se estaban produciendo profundos cambios, puesto que el fenómeno tendía ya a verse no en la naturaleza de la persona sino en la conducta (Foucault 2001: 76).

Lo cierto es que en nuestra obra son continuas las alusiones a juristas clásicos, dando la impresión de que los autores ignoraban la propia legislación española que hemos mencionado y que había tratado sobre estos asuntos. Así, recurren a autoridades como Salvio Juliano, Marco Antistio Labeon, Julio Paulo, Sexto Pomponio y Domicio Ulpiano. Una cuestión era si los nacidos como monstruos dentro de la especie humana (ostendos) se podían considerar como hijos legítimos, lo que algunos jurisconsultos mantiene, aunque otros preferían inclinarse por su consideración como tales monstruos, tal como lo hacen Ulpiano y Labeon (ff. 3v-4). Otro de los aspectos más relevantes por el que se los menciona tenían que ver con el derecho de herencia en el caso de partos monstruosos por número; para ello, Ulpinao y Pomponio Gayo consideraban que solo tenía validez el parto único, mientras que Salvio Juliano y Julio Paulo admitían como herederos hasta cinco seres de un mismo parto (ff. 4v-5).

En la casuística de la obra tampoco podían faltar los historiadores de la Antigüedad como Herodoto, Diodoro Sículo, Ammiano Marcelino, Dionisio de Halicranaso, Tito Livio, Herodiano, Procopio de Cesarea, Tácito, Teopompo y los geógrafos Estrabón y Ptolomeo, de los que ya hemos mencionado algunos ejemplos a los que recurre la obra. Pero de los historiadores la preferencia recayó sobre Tito Livio, aunque no como el exaltador de la grandeza de Roma, sino por sus casos teratológicos, relacionados con los partos monstruosos y las predicciones de malos augurios. También se le cita junto a Tácito (TAC. *ann.* VI 37) y Festo (FEST. *verb.* 17) por los sacrificios solemnes en las expiaciones (f. 5). A todo ello habría que añadir la cita sobre el horrible monstruo que describe Ammiano Marcelino (XIX 12, 19).

---

9 Valga en este aspecto el ejemplo de la ley XIII de las de Toro, cuando tratan sobre los requisitos para que se entendiese que un hijo ha nacido de forma natural.

CONCLUSIONES

El monstruo del que se trata en la obra no es un híbrido de los que solemos vincular a la tradición clásica, sino un humano deformado, por eso la monstruosidad que interesa primordialmente a nuestro autor es la biológica. Su estudio se hace cuando ya han pasado los momentos de la monstruosidad americana de los primeros tiempos, vinculada a aquellos mitos que habían viajado del Viejo Mundo, o se había creado en función de lo desconocido. Ni astomos, ni monóculos, ni cinocéfalos, ni gigantes, ni ser misterioso alguno apareció en aquellas tierras, aunque en determinadas mentes aún pervivieran, pero las Indias ya habían dejado de ser un lugar de monstruos míticos y, aunque por un momento se lo robara, había devuelto a África la capacidad de creaciones monstruosas, como lo creyeron los clásicos. Como mucho aparecían de vez en cuando seres demoniacos, más vinculados al mundo de las creencias religiosas y producto del quebrantamiento de la ortodoxia. Frente a ello sí tenían cabida los monstruos humanos, como el presente, que ya no se abordaban como meras fantasías o mitos, sino desde una perspectiva «científica», como objetos de estudio. En consecuencia, aunque para su tratamiento se recurriese también al mundo grecorromano, no será por pura fantasía o credulidad, sino por la aceptación que como autoridades tenían los autores clásicos, sin olvidar que la medicina hipocrática y galénica, así como la herencia aristotélica seguían siendo referentes para el estudio y tratamiento del cuerpo humano.

La obra, por tanto, es un tratado sobre la monstruosidad muy acorde con lo que de ella se pensaba durante el Barroco, en que junto a otros autores de la época, los clásicos seguían ejerciendo su influencia. Así, en ese tratado se implicaron diferentes ciencias y saberes, desde la medicina a la filosofía, pasando por la historia, la teología, la literatura, la bilogía, etc. Es cierto que se aprecia una actitud condescendiente con el pensamiento grecorromano, pero también una consideración crítica, que de alguna manera nos muestra esa ambivalencia de la ciencia médica, que ya va a acercándose a su modernidad. De hecho, se da una gran importancia a las clasificaciones, muchas de ellas de herencia clásica, pero que son anuncio de la revolución científica del siglo XVIII. En esas clasificaciones, ni siquiera recurriendo a los clásicos, se plantea ya, por ejemplo, la consideración racial de la monstruosidad, por lo que se explicarían las nulas alusiones a la *Odisea* con sus razas monstruosas, pero ni siquiera a los caníbales americanos, de los que tanto abusó alguna bibliografía del siglo XVI.

La utilización de los clásicos también se pondrá al servicio del fin último de la obra, es decir, si el monstruo tiene alma y si debe ser bautizado. Por tanto, prevalece el espíritu cristiano, a cuyo servicio se ponen los autores gentiles bien para corroborar una tendencia o para criticarla. Precisamente esto permitiría sortear la ortodoxia católica contrarreformista y acceder a un mundo del conocimiento que no estaba vetado por la autoridad, sino más bien admitido como expresión de la sabiduría y consagrado como manifestación didáctica en favor de la conducta y la inteligencia humanas.

Los autores más citados son, obviamente, los que tiene que ver con la medicina, como Hipócrates, Galeno y Aristóteles; junto a ellos, quienes en sus obras trataron sobre el mundo natural y las monstruosidades como Claudio Eliano, o Plinio el Viejo. Tampoco podían faltar las enseñanzas de Cicerón o de Séneca. Sin embargo, junto a estos y otros autores llama la atención las abundantes citas de los poetas, tomados como autoridades en la materia, prevaleciendo Lucano, Lucrecio y Marco Manilio, puesto que se vio en ellos un buen nexo entre la actividad «científica» y la literaria, más que con Virgilio, Ovidio u Horacio, que también aparecen citados. De casi todos los autores clásicos, lo que ha importado es su casuística, ante la que en ocasiones el autor ha sido bastante crítico.

No obstante, llaman la atención algunas ausencias que podrían haber tenido una buena acogida en la obra, si esta hubiese tenido un fin más alegórico y si en ella el mito hubiera tratado de prevalecer sobre el logos. Por eso se puede explicar la ausencia de la tradición homérica; la *Teogonía* de Hesíodo; los extraños seres de Píndaro, que no son considerados como monstruos; los doliones de Apolonio de Rodas; la *Biblioteca mitológica* de Apolodoro, etc. A su vez, esto nos indica que el autor se mueve con más facilidad en las fuentes latinas que en las griegas, que con frecuencia sabemos que cita a través de terceros.

Bibliografía

Alcabicio (1512): *Alchabitius cum comento noviter impresso, Melchiorem Sessa,* Venecia.

Aldrovandi, Ulissys (1642): *Monstrorum historia cum Paralipomenis historiae omnium animalium,* Nicolai Tebaldini, Bolonia.

Álvarez, Fernando (1633): *Relacion muy verdadera, en que se da cuenta de una muger natural de Sevilla, que en tiempo de doze años que ha que es casada ha parido cincuenta y dos hijos,* Manuel Sande, Sevilla.

Amelló, Joan (1607): *Relación muy verdadera de un espantable y ferosissimo animal llamado Corlisango que ha parecido en la prouincio [sic] de Albania,* s./e., Barcelona (traducción del alemán).

Aristóteles (1518): «De respiratione», en *Ex physiologia Aristotelis libri duodetriginta*, Henricus Stephanus, París.

Aristóteles (1553): *Historia animalium,* Aldi Filii, Venecia.

Aristóteles (1574a): «De generatione animalium», en *Omnia quae extant opera, selectis translationibus-illustrata* VII, Junta, Venecia.

Aristóteles (1574b): «De partibus animalium libri quatuor», en *Omnia quae extant opera, selectis translationibus-illustrata* VII, Junta, Venecia.

Aulo Gelio (1556): *Noctes Atticae,* Ioan Gryphius, Venecia.

Bakhtin, Mikhail (1968): *Rabelais and his World,* Massachusetts Institute of Technology, Cambridge.

Bauhino, Caspare (1614): *De hermaphroditorum monstrosorumque partuum natura,* Hieronymi Galleri, Hessen.

Boaistuau, Pierre (1560): *Histoires prodigiesuses,* Vincent Sentenas, París.

Cardano, Girolamo (1544): *In Claudio Ptolemaei Pelusiensis IIII de astrorum iudiciis aut ut vulgo vocant quadripartitae constructionis libros,* Henrchus Petri, Basilea.

Cicerón (1555): «De divinatione», en *Opera Philosophica* II, Venecia, ff. 80–139.

Cicerón (1555): «De legibus», en *Opera Philosophica* II, Venecia, pp. 150–187.

Cicerón (1611): *De natura deorum ad Marcum Brutum,* Lyon, Claudium Morillon.

Claudiano, Claudio (1817): «Tertio consulatu Honorii Augusti panegyris» *The Works of Claudian* I, J. Porter, Londres.

Claudiano, Claudio (1821): «De bello Getico liber», en Opera Omnia II, A. J. Valpy, Londres.

Comellas, Sabastián de (1608): *Relación de como el pece Nicolao se ha parecido de nueuo en el mar,* s/e., Barcelona.

Crespo Saumell, Jordi (2017): «Aristóteles y la Medicina», *Asclepio. Revista de Historia de la Medicina y de la Ciencia 69–1 (2017),* http://dx.doi.org/10.3989/as [23/02/2020]

Curiosa, y verdadera relación de un pescado que cogieron unos pescadores este verano passado, en el Mar de Liorna, Ciudad de Italia, en la Toscana, Valencia s.e, 1679.

Delrío, Martín (1603): *Disquisitionum magicarum libri sex in tres tomos partiti,* Ioannem Albinum, Maguncia.

Diego, Gerardo (2003). *La estela de Góngora,* Universidad de Cantabria, Santander.

Diodoro Sículo (1922): *Orphicorum fragmenta,* Weidmannos, Berlín.

Eguiguren, Luis Antonio (1951): *Las constituciones de la Universidad de Lima,* Universidad Nacional de San Marcos, Lima.

Eliano, Clauido (1611): *De animalium natura libri XVII,* Ioannes Tornaesium, Lyon.

Espejo Antúnes, Luis D. (1955): «Unanue y la vida intelectual de la colonia», *Anales de la Facultad de Medicina,* núm. 38–3, pp. 653–665.

Estacio, Paninio (1888): *Tebaida,* Viuda de Hernando, Madrid.

Estrabón (1587): *Res geographica,* Estathius Vignon, Ginebra.

Festo, Sexto Pompeyo (1889): *De verborum significatione quae supersunt cum Pauli epitome,* Sumptibus Academiae Hungarice, Budapest.

Flores de la Flor, Alejandra (2014): «La problemática del bautismo del ser deforme (monstruo) durante la edad moderna», *Hispania Sacra,* núm. 66, pp. 169–194.

Flores de la Flor, Mará Alejandra (2009–2010): *Los monstruos en la Edad Moderna en el Mundo Hispánico.* Master de Estudios Hispánicos de la Universidad de Cádiz.

Foucault, Michel (2001): *Los anormales,* Akal, Madrid.

Fuentelapeña, Antonio de (1676): El ente dilucidado, Imprenta Real, Madrid.

Galeno (1533): *De usu partium corporis humanis libri XVII,* Ioannem Albinum, Basilea.

Galeno (1604): «De tremore, palpitatione, convulsion et rigore liber», en Andrés Laguna (ed.), *Epitome Galeni Pergameni Operum, In Quatouor Partes Digesta,* Lazari Zetzneri, Estrasburgo.

García Cáceres, Uriel (1999): *Juan del Valle Caviedes: cronista de la medicina,* Banco Central de la Reserva, Lima.

Gonçálvez Lobato, Baltasar (1602): *Quinta e sexta parte de Palmeirim de Inglaterra,* Jorge Rodrígues, Lisboa.

Hermolao Bárbaro (1534), *Hermolai Barbari Patritii Veneti In C. Plinii Natvralis Historiae Libros,* Ioannem Velderum, Basilea.

Hipócrates (1571): *De septimestri partu libellus,* I. Crispinum, s.l.

Hipócrates (1588): «Liber de dioeta», *Opera quae extant graece et latine,* Iuantarum, Venecia.

Hipócrates (1633): *In aphorismos Hippocratis commentaria,* Ioannis Maire, Leiden.

Hipócrates (1638): *Liber de locis in homine,* Bernardinum Tanum, Roma.

Hipócrates (1665): «De Superfoetatione», en *Opera Omnia* II, Gaasbeek, Lyon, pp. 645–661.

Hipócrates (1842–1843): *Colección completa de las obras del grande Hipócrates,* E. Littré (ed.), Imprenta Médica, Madrid. Imprenta Médica, 1842–1843.

Horacio (1559): *Qvinti Horatii Flacci Venvsini Latinorum Lyricorum facile principis poemata omnia,* Ioannem Frellonium, Lyon.

Isidoro (1509), *Etymologiae,* Jean Barbier, París.

Juvenal (1616): *Satirarum libri V,* Stephani, París.

Laguna, Andrés (1598): *Vita Galeni pergameni,* Hieronymum Scotum Venecia.

Laín Entralgo, Padro (1964): «Hipocratismo, neohipocratismo y transhipocratismo», *Asclepio,* núm. 16, pp. 5–18.

Laín Entralgo, Pedro (1972): «La medicina hipocrática», en P. Laín Entralgo (dir.), *Historia Universal de la Medicina,* Vol. II, Salvat, Barcelona, pp. 73–116.

Liceto, Fortunius (1616): *De Monstrorum* Caussis, *Natura et Differentiis libri duo* Gasparem Crivellarium. (Padua, *1616*).

López Férez, Juan Antonio (1986): «Hipócrtaes y los escritos hipocráticos: origen de la medicina científica», *Epos,* núm. 2, pp. 157–176.

López Pérez, Miguel (2016): «Paracelso en España», *Studia Hermetica Journal* vol. 1, nún. 2, pp. 3–22.

Lucano (1996): *La Farsalia,* CSIC, Madrid.

Lucrecio (1680): *De rerum natura libros sex,* Frederic Leonard, París.

Lycosthenes, Conrad (1557): *Prodigiorum ac Ostentorum Chronicon,* Henri cum Pedtri, Basilea.

Mancera Rueda, Ana y Galbarro García, Jaime (2015): *Análisis Las relaciones de sucesos sobre seres monstruosos durante los reinados de Felipe III y Felipe IV (1598–1665) análisis discursivo y edición,* Peter Lang, Berlín.

Manetti, Daniela (1989): «Iatrica sive Collectio medica», en Leo Olschki (ed.). *Corpus dei papiri filosofici greci e latini, Vol. I,* Leo Olschki, Florencia.

Manilio, Marco (1600): *Astronomicon,* Leiden, Plantiniana.

Manilio, Marco (2002): *Astrología,* Gredos, Madrid.

Marcelino, Ammiano (1609): *Rerum gestarum,* Frobeniano, Hamburgo.

Morong, Germán (2014): «Dispositivos de sujeción colonial: el uso de la condición melancólica en dos textos hispanos. Perú 1567/1616», *Revista de Humanidades,* núm. 30, pp. 163–193.

Nicandro de Colofón (1552): *Theriaca,* Ioannem Mey, Valencia.

Nieremberg, Eusebio (1643): *Curiosa y oculta filosofía,* Imprenta Real, Madrid.

Obsequente, Julio (1553): *Prodigiorum liber,* Tornaesium y Gazeium, Lyon.

Ovidio (1602): «Tristium», en *Fastorum lib. V.: Tristium lib. V.: De Ponto lib. III.: In Ibim.: Ad Liviam,* Plantiniana, Amberes.

Ovidio (1983): *Metamorfosis,* Bruguera, Barcelona.

Ovidio (1998): «De remedia amoris», en *Obra amatoria* III, CSIC, Madrid.

Paniagua Pérez, Jesús (2010): «Plinio en las Indias», en M. I. Viforcos Marinas y M. D. Campos Sánchez Bordona (eds.), *Otras épocas, otros mundos, un continuum,* Madrid, Tecnos, pp. 339–359.

Paré, Ambroise (1575): *Les oeuvres de M. Ambroise Paré, conseiller, et premier chirurgien du roy,* Gabriel Bouon, París.

Pastor Larrinaga, José (1812): *Cartas históricas a un amigo: o apología del pichón palomino que parió una muger, y se vio en esta Ciudad de los Reyes el día 6 de Abril de 1804,* Imprenta de los Huérfanos, Lima.

Pausanias (1551): *Pausaniae veteris Greciae descriptio,* L. Torrentinus, Florencia.

Peralta Barnuevo, Pedro (1732): *Lima fundada o conquista del Perú,* Francisco Sobrino y Bados Lima.

Peysonel, Jean (1656): *De temporibus Humani partus iuxta doctrinam Hippocratis tractatus,* Huguetan et Rouau, Lyon.

Pisconte Quispe, Alan Martín (2017): *Monstruosidad e identidad en el virreinato de Perú. El cosmógrafo Pedro Peralata barnuevo,* Publicoia, Beau Sassin.

Platón (1872): «Timeo», en *Obras Completas* VI, Madrid, 1872, pp. 129- 264.

Plinio el Joven (1608), *Epistolae,* Marcum Orry, París.

Plinio el Viejo (1585): *Historiae mundi libri XXVII,* Bartholomeum Honoratum, Lyon.

Plinio el Viejo (1624): *Historia Natural de Cayo Plinio Segundo, traducida por el licenciado Gerónimo de Huerta,* Madrid, Sancha.

Plinio el Viejo (1966), *Historia natura*l, UNAM, México (ed. de Francisco Hernández).

Praetorius, Johannes (1666): *Anthropodemus Plutonicus, das ist, Eine Neue Weltbeschreibung,* Johann Luderwalds, Magdeburgo.

Ptolomeo, Claudio (1535): *Librorvm de iudiciis Astrologicis quatuor,* Ioannem Petreium, Núremberg, 1535.

Pueyo, Víctor (2016): *Cuerpos plegables,* Boydel and Brewer, Woodbridge 2016.

Relación del monstruoso animal, que a aparecido en el Reyno de Francia, en la Guiena, junto a la villa de Loyes, Este año de 1654, s/l, s.a.

Río Parra, Elena del (2003): *Una era de monstruos: representaciones de lo deforme en el Siglo de Oro Español*, Iberoamericana, Madrid.

Rivilla y Bonet, José (1695): *Desvíos de la naturaleza o tratado del origen de los monstruos,* Joseph Contreras y Alvarado, Lima.

Ronca, Italo (1992): «Semper aliquid novi Africam adferre: Philological afterthoughts on the plinian reception of a pre-aristolelian saying», *Akroterion*, núm. 37, pp. 146–157.

Scoto, Duns (1639): *In VIII libros Physicorum Aristotelis quaestiones* II, Laurentii Durand, Lyon.

Seneca (1629): *Libro de los beneficios,* Imprenta del Reino, Madrid.

Solino (1557): *Polyhistor,* Henrichum, Basilea.

Solino (1573): *De las cosas maravillosas del mundo*, Alonso Escribano, Sevilla.

Teofrasto (1644): *Historia plantarum libri decem,* Henricum Laurentium, Amsterdam.

Torquemada, Antonio (1575): El *Jardín de Flores Curiosas,* Juan Corderio, Amberes.

Tovar, Antonio (1972): «Sinopsis de la Antigüedad clásica». P. Laín Entralgo (dir.), *Historia Universal de la Medicina,* Vol. II, Salvat, Barcelona, pp. pp. 1–17.

Valle Caviedes, Juan del (1984): *Obra completa,* Caracas, Ayacucho.

Vázquez Hurtado, David (2018): *Monstruosidad y escepticismo barroco en la España imperial*, Peter Lang, Berna.

Virgilio (1614): *La Eneida*, Vicente Álvarez, Granada.

Zacchia, Paolo (1621–1651): *Quaestiones medico-legales,* Ioannis Baeu, Amsterdam.

Marina Paniagua Blanc

La tragedia *Atala* de Fernández Madrid. Entre la tradición clásica y el prerromanticismo/ The Tragedy *Atalá* by Fernández Madrid in Between Classic Tradition and Pre-Romanticism

Resumen La obra del poeta neogranadino Fernández Madrid, *Atala,* puede considerarse como una de las predecesoras del arte dramático latinoamericano tras la independencia. Este drama está fundamentado en la novela de Chateuabriand del mismo título, que tuvo una buena acogida en Hispanoamérica. Se trata de una obra criolla, que podemos situar entre la tradición clásica y la romántica, cuya calidad presenta muchas deficiencias, puesto que era la primera incursión de su autor en el mundo teatral.

Palabras clave: *Atala*, Fernández Madrid, teatro del siglo XIX, Neoclasicismo, Romanticismo

Abstract The work of the Neogranadian poet Fernández Madrid, *Atala*, can be considered one of the precursors of Latin American drama after the Independence. This drama is based on the novel by the same title written by Chateaubriand which had a good reception in Spanish America. It is a creole play which could be placed in between the Classical tradition and the Romantic one. It presents many faults in quality since it was the first attempt of its author as a playwright

Keywords: *Atala*, Fernández Madrid, 19th century drama, Neoclassicism, Romanticism.

Este apartado trata de ser una aportación al estudio del teatro colombiano del periodo emancipador, en este caso, vinculado a la herencia clásica, que tanto éxito tuvo en Nueva Granada tanto en el siglo XVIII como en los comienzos del XIX, y al prerromanticismo. Los estudios sobre este género literario en la época que nos ocupa comienzan a tener importancia a finales del siglo XX, superando prejuicios sobre la ausencia de un teatro nacional en vísperas de la independencia que captase los sentimientos del proceso (Garzón, 1990: 102). No olvidemos, en este sentido, que hay quien ha considerado a las propias ciudades americanas, y en concreto a las neogranadinas, como un teatro (Lomné, 1993: 114–115). También debemos recordar que en la época de Fernández Madrid existían al menos dos coliseos, el del hospital de San Lázaro (1775), en Cartagena, y el Coliseo Ramírez (1792), en Bogotá (Reyes, 2008: 136 y ss. y 193 y ss.).

Estudios de interés podemos encontrarlos en una reciente colección de Teatro Colombiano que recoge obras desde el siglo XVIII y, en concreto, en uno de sus tomos las dos obras de Fernández Madrid. También son recomendables las obras de Orejuela (2000) y Ojeda (2012). Amén de esto, sobre la tragedia de *Atala*, existe un trabajo de grado de Lizeth Maydeé Mendoza Vargas (2008). Por último, sobre la influencia grecorromana en la Nueva Granada es digno de mencionarse el libro de Ricardo del Molino (2007), así como varios de sus artículos.

1 Datos biográficos del autor[1]

José Luis Álvaro Fernández Madrid y Fernández de Castro nació en Cartagena de Indias el 19 de febrero de 1789 (popularmente era conocido como «Pepe Madrid» o en algunos ámbitos literarios como «Madrid el sensible»). Su padre fue Pedro Fernández Madrid, miembro de la burocracia criolla borbónica e hijo de un oidor de la Audiencia de Guatemala. Don Pedro llegó a Cartagena en 1777 como subdelegado de la visita general que debía realizar Francisco Gutiérrez Piñeres,[2] tras lo que se instalaría en Cartagena como intendente subdelegado del ejército. Su madre, Gabriela Fernández de Castro, natural de Santa Marta y viuda de un primer matrimonio con Antonio Díaz Granados, era hija de Diego Fernández de Castro, que había sido presidente de la Real Audiencia de Guatemala. La familia de nuestro autor se trasladó a Santafé de Bogotá al ser nombrado su padre superintendente de la Real Casa de la Moneda y en 1794 director general de rentas reales, falleciendo en 1803. Su madre se mantendría con dos pensiones oficiales y la ayuda de su familia mexicana (Méndez, s. a.: s.p.). Por tanto, nuestro hombre nació y se crio en un ambiente acomodado de la burocracia borbónica neogranadina, pero también en el ámbito renovador, incluso en los aspectos culturales y teatrales, que se vivieron en aquellas tierras en la época del virrey Ezpeleta (1789–1796).

En la capital virreinal inició sus estudios superiores en 1800 en el prestigioso Colegio Mayor del Rosario, donde se doctoró primeramente en Derecho Canónico (1809) y posteriormente en Medicina (1810). Durante este periodo comenzaría ya a destacar como poeta, asistiendo a algunas tertulias literarias.

---

1 Muchos datos biográficos han sido obtenidos de Juan García del Río (1830), Humberto Triana y Antoveza (2005) y Félix Manuel Tanco y Bosmeniel (2015), Castillo Mier (2010), Carlos Gustavo Méndez Rodríguez (2016) y Paniagua Blanc (2020).

2 Archivo General de Indias (AGI), *Contratación* 5523, N. 2, R. 76.

De regreso a Cartagena le tocó vivir los primeros sucesos independentistas al formarse una Junta de Gobierno, el 22 de mayo de 1810, presidida por el gobernador Francisco Montes y de la que formaron parte él mismo y su tío Antonio de Narváez y de la Torre, que sería uno de los elegidos para representar a Nueva Granada en las Cortes de Cádiz. En aquella situación, los criollos no tardaron en deponer al gobernador Montes y el 14 de agosto de aquel mismo año se elegiría una Junta Suprema para gobernar en nombre de la española, lo que no evitó los conflictos, que tuvieron que ser aplacados por su mencionado tío. Previo a estos sucesos ya había escrito en 1809 *España salvada por la Junta Central. Ensayo poético que dedica al Excelentísimo Señor Don Antonio de Narváez y la Torre, Mariscal de Campo de los Reales Exércitos, diputado por el Nuevo Reino de Granada, vocal en la misma Suprema Junta.*

Aquella misma España valerosa
Que lanzó al Mahometano,
Cuya doctrina y religión odiosa
Detestaba el christiano:
Aquella misma España que seguida
Del triunfo y la victoria,
Entró mil veces de laurel ceñida
Al templo de la gloria. (Fernández, 1809: 3)

En ese tiempo su posición realista estaba fuera de duda, hasta el punto de denominar a Fernando VII como «astro deseado»; incluso escribió un poema dedicado al rey cautivo, en el que veía al conductor del regreso a un nuevo Siglo de Oro. Se situaba así en aquella órbita que describe muy bien Jovellanos cuando dice «Somos todos de Fernando el 7° y solo y siempre del Fernando el 7°» (Jovellanos, 2006: 336). Sin embargo, su idea política era la de un monarca ejerciendo su poder por medio de unas cortes que reformarían las leyes del absolutismo; así, en aquellos versos expresaba, entre otras cosas, lo siguiente:

¡Españoles vencidos, patria ciega!
¡O desgraciada Ilion!
¿Cómo te fías en la astucia griega
Del pérfido Sinón? (Madrid, 1809)

Después de aquellos sucesos iniciales nuestro autor no tardó en inclinarse hacia las filas emancipadoras, lo que quedaría claramente reflejado en su poesía (Paniagua Blanc, 2020). El 10 de noviembre de 1811 firmaba el acta de independencia de Cartagena, cuando apenas tenía 22 años.[3] Puede que en ello tuviese que ver

3 El acta de independencia puede verse en http://www.eluniversal.com.co/suplementos/dominical/acta-de-independencia-de-cartagena-51710-HSEU132360 [27-06-2018].

también su pertenencia a la masonería, que al menos fue efectiva desde 1808, en la que formó parte de la logia de Cartagena «Las Tres Virtudes Teologales», dependiente, a través de la Gran Logia Provincial de Jamaica, de la Gran Logia Unida de Inglaterra (Carnicelli, 1970: 78).

Regresó a Bogotá como diputado del Congreso de las Provincias Unidas, donde tuvo una intensa actividad política, formando parte del primer triunvirato interino de gobierno, al que acabó por renunciar. Fue entonces cuando se casó con María Francisca Domínguez de la Roche, hija del alcalde de la capital, con la que tuvo como hijos a Pedro Fernández Madrid Domínguez, María Josefa, Gabriela y Juana Manuela Madrid Domínguez.

La experiencia triunviral, que no dio los resultados apetecidos, hizo que se pensara en un gobierno unipersonal, que recayó inicialmente en Camilo Torres Tenorio, quien renunció en marzo de 1816 tras la derrota de sus tropas ante la llegada de Pablo Morillo. El gobierno pasó a ser ocupado por nuestro poeta, forzado por el Congreso a negociar una rendición. Su mandato, sin embargo, fue poco efectivo en el escaso tiempo que lo detentó, entre el 14 de marzo y el 22 de junio de 1816, y fue evidente su desacuerdo con el jefe del ejército, Emmanuel de Serviez, que ante la amenaza de las tropas realistas sobre la capital propuso una huida hacia Los Llanos, donde se puso al servicio de José Antonio Páez y donde acabó por ser asesinado (Palacios, 2009: 126–127). Entre tanto, Fernández Madrid decidió salir hacia Popayán, renunciando a la presidencia y siendo capturado por los realistas en El Chaparral. Tras suplicar a Morillo su perdón, «ofreciendo suministrar luces importantes»,[4] el general español decidió que tanto él como su familia saliesen hacia España, mientras era tildado de traidor. Aquel acto de sumisión ante Morillo jamás le sería perdonado por muchos neogranadinos.

Nunca llegó a la Península, pues, tras un penoso viaje hasta Cuba, le fue permitido permanecer en la isla, en la que se integró con cierta facilidad y donde se encontró con otros masones e independentistas del continente americano, con los que confraternizó y llevó a cabo una más o menos solapada actividad antiespañola. De hecho, Juan Manuel García de Castillo y Tejada informaba en Madrid, en 1825, de una conspiración americana contra la Santa Alianza europea, a la que no estarían ajenos en la isla el poeta argentino Antonio Miralla y José Fernández Madrid, que habían establecido relaciones con personajes inquietos del lugar.[5]

4 AGI Estado 19, N. 22, f. 4v.
5 AGI Estado 19, N. 22, f. 18

Para mantenerse tuvo que ejercer su carrera de médico, tras ser examinado por el tribunal del protomedicato en 1817. Primeramente, actuó atendiendo a los esclavos, pero la satisfacción con su trabajo hizo que también fuese solicitado por la alta sociedad habanera, hasta el punto que uno de sus pacientes fue el gobernador Juan Manuel de Cajigal, que había llegado a la isla en 1819. Este gobernador, opuesto a la rebelión de Riego, ante los levantamientos populares se vería obligado a acatar la Constitución, cuando esta se reimplantó en 1820 y tras las presiones del mencionado poeta masón José Antonio Miralla, del que Fernández Madrid era amigo y al que dedicó el soneto *Al ciudadano Miralla con motivo de haber sosegado el furor del pueblo el 15 de abril de 1820* (Madrid, 1828a: 74), lo mismo que dedicó una oda *A la restauración de la Constitución Española* (Madrid, 1828a: 45–51).

Junto a otros autores, aprovechando el trienio liberal (1820–1823), refundó en la isla su antiguo periódico *Argos,* en el que se pusieron de manifiesto los intereses independentistas con una posición incendiaria, según mantenía Castillo y Tejada.[6] El título del rotativo corresponde al de corte federalista que Fernández Madrid ya había regido en Cartagena (1810–1812) junto a Manuel Rodríguez Torices, en el que se publicó el acta de independencia de aquella provincia.[7] Fue luego editado en Tunja (1815) y en Bogotá (1815–1816) (Otero, 1936: 35–36). En esa publicación habanera, manteniendo su tradición federalista, sacó a la luz un curioso artículo titulado *Proyecto de Confederación patriótica*, donde planteaba la unión de los pueblos independientes de América, unidos a una España republicana (Vivanco, 1958: 49–50).

También se supone que estando en Cuba tradujo la obra de un autor de moda como era el orientalista francés Constantino Volney (1757–1820), *La Ley Natural o Principios Físicos de la Moral,* aunque la aparición de dicha traducción en 1821 fue anónima. En este sentido, más allá de lo literario, en la isla destacó por sus trabajos científicos, de los que dejó algunas publicaciones como la *Memoria sobre la disentería en general y en particular sobre la disentería de los barracones* (*Memorias,* 1817: 381–389); el *Ensayo analítico sobre la naturaleza, causas y curación de las calenturas Thermo--Adynámica y Thermo-Atáxica, llamada calentura amarilla de América, vómito prieto, etc. en que se da idea de la naturaleza y curación de las demás calentura* (Madrid, 1821); obra que dedicó al gobernador Cajigal, añadiendo en la portada «por su amor a la humanidad», que sería traducida al francés y publicada en París en 1822. En 1817 había dado a la imprenta

6 AGI Estado 19, N. 22, f. 4.
7 AGI, Ultramar 152, N.87.

su *Memoria sobre el comercio, cultivo y elaboración del tabaco en la Isla de Cuba* (Madrid, 1817); y tres años más tarde la *Memoria sobre el influjo de los climas cálidos y principalmente del de La Habana en la estación del calor* (Madrid, 1824), que supuso su integración en la Sociedad Económica de la ciudad.

Su salida hacia Cartagena en 1825 tuvo que ver con su participación en la conspiración de la célula masónica «Soles y Rayos de Bolívar» (Solano 2014:18), abortada el 14 de agosto de 1824. A muchos de los participantes, entre ellos a nuestro autor, se les facilitó entonces el abandono de la isla. Aquellos años de exilio le habían permitido tener una visión de Cuba y comprender las dificultades existentes para favorecer su independencia; así, comentaba a Simón Bolívar:

> Hay mucha, mucha opinión en favor de la independencia de la Isla de Cuba, pero la empresa no es tan fácil como tal vez la pintaban a usted. Es necesario contar con que dentro de la plaza de La Habana hay más de 6.000 soldados y más de 12.000 españoles de armas llevar. Destruir la isla es cosa facilísima; hacerla libre y feliz no es tan fácil, pero no es empresa digna de usted y necesaria (Fernández de Castro, 1942: 7–18).

Regresó a Nueva Granada con su esposa y sus tres hijos. El reencuentro con su lugar de origen no le resultó fácil, pues fue menospreciado e insultado por muchos neogranadinos, que le consideraban un traidor, debido a su antigua actitud ante Morillo. Dos fueron sus principales detractores; por un lado, José Manuel Restrepo, que lo hizo patente en 1827 en su *Historia de la Revolución de la República de Colombia* (Restrepo, 2009: 440), al que respondió con su *Breve contestación* (Madrid, 1827); por otro, Rufino Cuervo, que acabo retractándose de las acusaciones que había vertido contra Madrid (Castillo, 2010: 502). Incluso alguna prensa no dudó en tomarle como blanco de sus sátiras, llegándose a imprimir una hoja volante sobre su llegada, en que se recordaba su traición, de lo que él se defendió con la publicación de la *Exposición de José Fernández Madrid a sus compatriotas sobre su conducta política desde el 14 de marzo de 1816*, amén de otras cartas y documentos, como la contestación a la mencionada *Historia* de Restrepo (Acevedo, 2017: 401 y Madrid, 1828b). Obviamente, también tuvo defensores como el propio Bolívar. Todo esto le llevó a reclamar justicia y solicitó que se le abriera un juicio por los sucesos de 1816 para poder probar su inocencia. Fue entonces cuando escribió sus odas «A la muerte de Atanasio Girardot» y «Al Libertador el día de su cumpleaños» (Madrid, 1828a: 26–29 y 30–36).

El propio Bolívar, en 1826, solicitaba al general Santander que le nombrase enviado extraordinario y ministro plenipotenciario de Colombia en la Corte del Reino Unido de la Gran Bretaña e Irlanda, con un sueldo de 12.000 pesos anuales y con derecho a secretario. Temporalmente también se le encargó el afianzamiento de las relaciones con Carlos X de Francia (1824–1830), en lo que tuvo poco éxito, puesto que la corte francesa veía a los independentistas como simples rebeldes contra la corona española. En tales circunstancias la actividad de Fernández Madrid en París, como la de otros enviados hispanoamericanos, fue de escasos resultados, aunque le sirvió tanto para entablar una profunda colaboración con el encargado de negocios de México como para desarrollar una serie de relaciones que Francisco de Paula Santander pudo aprovechar en su visita a París, en enero de 1830 (Gutiérrez, 2009: 93, 99, 116). Para entonces nuestro autor residía en Inglaterra, donde había firmado el tratado de amistad con los Países Bajos, el 1 de mayo de 1829 (Delebecque, 1842: 423–429). En su casa de Barnes, el barrio londinense en el que vivía, falleció el 28 de junio de 1830, a los 41 años, después de que la víspera hubiese sido visitado por el mencionado general Santander, que le encontró «tan postrado, que me pareció un cadáver» (Santander, 1989: 179–180). Se dice que poco antes de morir, fiel a la tradición clásica, recitó unos versos de Virgilio, sin que se haya precisado cuáles (Méndez, s/a: s/p)

En su vida había cultivado importantes amistades en el ámbito político-literario, como la del citado José Antonio Miralla; la del prestigioso venezolano Andrés Bello, que le calificaría, como «el mejor de los colombianos» (Solano, 2014: 272); o la del ecuatoriano Vicente Rocafuerte al que aparecen dedicadas las ediciones de *Atala* de La Habana (1822) y de Londres (1828).[8]

Su muerte fue sentida de una manera muy especial en Cuba y por ello se condolieron por escrito autores como Félix Varela y José Antonio Saco, que lo hicieron desde su exilio en Nueva York. Domingo Delmonte, emocionado, enumeró sus cualidades humanas. El poeta Francisco Iturrondo le ensalzó en su poema «A la memoria del doctor don José Fernández Madrid»:

> ¡Madrid desventurado!
> ¿Por qué no te quedaste entre nosotros
> Al amor y a las musas consagrado? (Iturrondo, 1834: 83–86)

En cuanto a su obra, de la que ya hemos mencionado varios títulos, podemos dividirla en varios apartados.[9] Por un lado, estaría su producción científica, muy

8 Debemos recordar que en la de La Habana aparece con la denominación de «sensible»: «A su querido amigo el sensible, virtuoso e ilustrado patriota Vicente Rocafuerte…» (Fernández, 1822: 153). En la de Londres no parece el apodo y la dedicatoria está en tercera persona. «A su querido amigo el virtuoso e ilustrado patriota Vicente Rocafuerte…» (Fernández, 1828a: 225)

9 Un resumen de algunas consideraciones de diferentes autores sobre la obra de Fernández Madrid, puede verse en Mendoza, 2008: 14–18.

relacionada con su profesión médica. Así, recién graduado recibió un premio por su artículo *Memorias sobre la naturaleza, causas y curación del coto,* a lo que hay que añadir otros ensayos realizados en Nueva Granada y en Cuba, como ya mencionamos. Precisamente aquel estudio inicial no le satisfizo y tras reexaminarlo diría que, «he condenado dicha memoria a eterno olvido» (Posada, 1917: 318).

Por otro lado, debemos considerar su producción como hombre público y con unas tendencias ideológicas determinadas, vinculadas al proceso independentista (Paniagua Blanc: 2020). En ese sentido es de destacar su relación con el ya mencionado periódico *El Argos Americano,* en el que plasmó su pensamiento político, ya que la máxima de la publicación era su lucha por la democracia y la independencia americana (Llaverías, 1959: 230–237).

Sin duda, la parte de su obra más amplia y en muchos casos relacionada con los aspectos anteriores fue su producción poética, que se movió entre unos aspectos que podríamos considerar como históricos y otros de carácter más lírico. Como poeta se dio a conocer con su «Oda a la noche» en el *Semanario* de Francisco José de Caldas, que Menéndez Pelayo calificó como «artificio polimétrico, que alejándose y siguiendo las huellas de Arriaza [...] se atrevía a introducir en una sola composición sextillas endecasílabas, octavitas de final agudo y alejandrinos, preludiando en esto la libertad romántica» (Menéndez, 1894: XXXIV). Mientras estudiaba en Bogotá publicó poemas en el periódico *El Alternativo del Redactor Americano,* dirigido por el pardo bayamés Manuel del Socorro Rodríguez. Incluso en su mencionado periódico *El Argos* dio a conocer varios poemas heroicos. Su obra poética más exitosa llevaba el título de *Las rosas* y se publicó en La Habana en 1820. Casi toda su poesía sería recogida en la edición londinense de 1828 (Madrid, 1828a).

Lo que en este artículo nos interesa de manera muy especial de este autor es su producción teatral, de la que nos dejó solamente dos obras: *Atala,* que es la que ahora nos ocupa, y *Guatimozín.* Esta última tiene su centro de acción en la conquista de México (1521), utilizando un número mayor de personajes que en la primera e incidiendo sobre el tema de la avaricia que movía a los españoles.[10]

---

10 Gertrudis Gómez de Avellaneda (1814–1873), escritora de origen cubano, publicaría en 1846 la novela *Guatimozín, último emperador de México,* que le llegó al público por entregas en el periódico madrileño *El Heraldo.* Es probable que Gómez de Avellaneda conociese la obra de Fernández Madrid, aunque no sabemos si conoció al autor, cuando ella era una niña en Cuba.

2 La tragedia *Atala*

En 1822 Fernández Madrid publicaba en La Habana su tragedia *Atala*. Aquello no dejaba de ser un primer paso en el desarrollo del teatro en los países hispanoamericanos, paralelo a los nuevos tiempos históricos de la independencia, por lo que a nuestro autor se le ha considerado como uno de sus padres (Méndez, s. a.: s.p), junto a otros como Camilo Henríquez en Chile; Luis Ambrosio Morante y Juan Cruz Varela en Argentina; José Joaquín Fernández de Lizardi en México (Villegas, 2005: 108); o el olvidado peruano José Joaquín de Larriva y Ruiz (Reverte, 2012: 107–128). Según Laverde las tragedias de aquellos tiempos sirvieron para conducir las ansias de libertad, que en un futuro caracterizarían a los habitantes de Bogotá (Laverde, 1963: 109). Es más, Madrid era consciente de ello, como lo reconoce en la primera edición de la obra, publicada junto a una buena parte de sus poesías, donde en la portada consta «tomo primero», aunque nunca existió un tomo segundo (1822: s/p). Parece que mientras estuvo en París, en 1827, quiso publicar de nuevo este drama, pero no lo consiguió, si bien lo haría al año siguiente en Londres. Lo que sí logró sacar a la luz en la capital francesa en el mencionado año fue su otro drama, *Guatimozin,* que también se volvería a editar en Londres, en 1828, y en Madrid, en 1835 (Madrid, 1835). En Colombia, *Atala* no se publicaría hasta 1889 y se reeditaría en 1936 en la colección Biblioteca Aldeana del Ministerio de Educación de Colombia, junto a su otra tragedia, *Guatimozín.* Por fin, en 1947, se imprimiría en su ciudad natal, Cartagena. Posteriormente hubo otras ediciones, como la de 1967 de la editorial Minerva de Bogotá y la de 1988, también en la capital del país, de Arango editores.

Era una representación realmente corta y de desarrollo muy ágil, pues apenas llega a una hora de duración. En cuanto a su puesta en escena, como obra escrita durante su estancia en La Habana, fue representada en aquella ciudad en 1820, es decir, dos años antes de publicarse. En Bogotá, donde tuvo un cierto éxito, no se representaría hasta 1825 para los estudiantes del Colegio San Bartolomé (Jáuregui, 2008: 244). Tras las mencionadas primeras representaciones en el siglo XIX debió tener otras, como lo reconoce Laverde para la segunda mitad de la centuria (Laverde, 1963: 112).

La obra está organizada en tres actos, del que el primero consta de cuatro escenas, y el segundo y el tercero tienen siete cada uno. En dichos actos y escenas apenas hay acotaciones y, cuando existen, siempre son muy breves, lo que parece indicar su escaso conocimiento de las exigencias teatrales. A pesar de tratarse de un drama, el propio autor manifiesta que quienes buscasen «sangre, muertes, atrocidades y crímenes» no deberían verla (Madrid, 1822: s/p), pues se trata de una composición teatral sin violencia física, en la que combina una temática romántica con una puesta en escena neoclásica.

Prevalecen los versos endecasílabos, aunque en los diálogos de uno o dos versos, incluso en las entradas y finales del diálogo puede haber versos que oscilan entre las tres y las ocho sílabas:

Atala
[…]
El verdadero es López…. yo infelice
Nunca lavé sus pies, nunca le he visto:
Vive en San Agustín.

Obrí
Su patria?[11]
Atala
España.

De acuerdo con las normas del teatro clásico responde a las tres unidades y ello lo justifica el propio autor en la frase del *Arte Poética* de Horacio, que introduce en la dedicatoria de la obra: *simplex duntaxat et unum* (con tal de que sea uno y simple) (HOR ars 23). Unidad de tiempo, puesto que la acción tiene lugar en un espacio temporal inferior a 24 horas; unidad de lugar, pues se realiza en torno a una gruta en el desierto donde habita el sacerdote Obrí; y unidad de acción, ya que se desarrolla en tres actos con presentación, nudo y desenlace. El mayor error que se puede achacar a esta obra es el de hacer visible el desenlace desde el acto primero, lo que le resta interés y lo que algún crítico ha achacado a su inexperiencia como autor teatral (Gómez, 1991: 102). El propio Fernández Madrid trató de justificar aquello como una extravagancia, reconociendo que lo interesante hubiera sido ir aumentando el interés de escena en escena (Fernández, 1822: s/p).

En la tragedia intervienen principalmente tres actores y de ellos el propio autor reconoce que uno es muy accesorio (Fernández,1822: s/p.). Sin embargo, el «acompañamiento de indios» puede recordarnos a un coro del teatro más clásico, que cumple el papel de vincular al público con los protagonistas, en unas escenas que son más propias del teatro romántico. Esta aparición de los indios en la obra se anuncia en el acto II, escena VI, sin que en realidad se produzca tal participación de forma oral, lo mismo que sucede en la escena V del acto III. Los

11 Hemos respetado en todas las citas de los versos la forma en que la edición de 1828 presenta las interrogaciones y admiraciones, que con frecuencia solo aparecen las que cierran.

indios se nos presentan como agentes de colaboración de los protagonistas para la realización de trabajos de servicio, es decir, en un papel subordinado; así, Obrí le dice a Atala:

En mí tienes un padre; en estos indios,
Amigos hallarás, tiernas hermanas,
Que servirte procuran obsequiosas,
Y quieren conducirte a su morada.
Admite la espresion (sic) de su cariño,
Que todos ellos por mi boca te hablan (Fernández, 1828a: 253).

Aquel silencio de los indios continúa en la escena I del acto III, así como se mantiene su condición servil al ser solicitados por la fuerza de su trabajo, como lo hace Chactas:

Ya lo habéis visto, Atala no ha podido,
Nuestros, pasos seguir: por tanto os ruego
Le hagáis, un lecho de flexibles cañas,
En que podamos conducirla al pueblo (Fernández, 1828a: 255).

Es en la escena IV del acto III cuando por primera vez se expresan oralmente por boca de una india de forma sumisa y dispuestos a realizar el traslado de Atala a hombros, como se muestra en un breve diálogo. Tan solo hay un verso de contestación del coro de indios cuando la protagonista pregunta al final de su existencia por los cipreses y los bosques de los muertos, que creyó ver en su agonía, y a lo que ellos le responden «Sí, Atala, sí lo son» (Fernández, 1828a: 264–265). De nuevo aparecen los indios en la escena V, pero como sujetos totalmente pasivos, como meros espectadores a quien, a pesar de estar presentes, ni siquiera se mencionan por los tres personajes principales (Fernández, 1828a: 265–267).

Atala es una historia propia del Romanticismo, ya que se trata de dos personas que se aman en un mundo en el que va a ser imposible desarrollar tal amor. Todo ello amparado en una formalidad neoclásica, como la que ya mencionamos. Por tanto, se trata de una tragedia, a medio camino entre aquellas dos corrientes literarias, que tiene como eje visible los mencionados amores imposibles entre Atala y Chactas. Pero en esa historia romántica, la protagonista actuaría casi como una Antígona que pone sus convicciones por encima de su deber, pero que acaba rindiéndose a este y aceptando la muerte como solución. La obra muestra, por tanto, un continuo enfrentamiento entre los sentimientos y las obligaciones morales, con el triunfo dramático de estas últimas.

La acción comienza en medio del desierto, junto a una cueva, después de que Atala (de la tribu Muskogee, en Arkansas) hubiese ayudado a Chactas (de la tribu Natchez, en el bajo Misisipi) a huir de la muerte a la que le habían condenado el pueblo de la protagonista, la cual transgrede las leyes y costumbres de los suyos para salvarle y huir con él. Atala, que en aquella huida se había enamorado de Chactas, pero que estaba condicionada por una promesa hecha por su madre al nacer, bebió un veneno para evitar romper el juramento y conservar su virginidad.

Los impedimentos para el desarrollo de aquel amor siguieron aumentando más allá de la promesa natalicia. Así, en aquella soledad del desierto fueron hospedados en la cueva del ermitaño francés Obrí,[12] tras lo que descubren que tanto ella como Chactas son hermanastros, hijos del español López y, por tanto, racialmente mestizos, lo que se imponía como un nuevo problema para el triunfo de la relación amorosa. Además, en lo religioso, ella era cristiana mientras que Chactas permanecía fiel a las creencias de sus antepasados, en consecuencia, detestaba a los españoles, aunque excluía de aquella animadversión a Obrí y a López, pues «los demás son monstruos que abomino» (Fernández 1828a: 236). Es por ello por lo que desea llegar con su amada Atala a su pueblo natchez para advertir a los suyos del peligro de los cristianos. Así expresa su orgullo de tener origen indio y su dolor por el sometimiento:

He visto a estos ingratos estrangeros (sic)
Encarnizarse con furor impío
Sobre indígenas míseros, incautos,
[…]
hipócrita no soy, y las costumbres
y la noble franqueza de los indios
conservó inalterables en mi pecho (Fernández, 1828a: 236–237).

En el acto II, cuando ya Atala ha bebido el veneno en secreto para poner fin a un amor moralmente reprobable, hay un intercambio de pareceres amorosos con fondo trágico, como el monólogo de la protagonista en la escena III.

¿Qué amargo llanto sale de tus ojos?
Por qué gimes, oh madre! por qué causa?…
Por mi culpa! qué dices? del abismo
Mísera sufres las eternas llamas?…
Ay de mí! ¿Nadie puede libertarme
Del voto horrible con que estoy ligada? (Fernández, 1828a: 246)

12 Recordemos que François-René Chateaubriand había dicho que no existía ermitaño que no supiese elegir la roca en la que colocar su gruta (Chateubriand 1842: 7).

Entretanto, el ermitaño sospecha que algo extraño está pasando, pero ni él ni Chactas acaban de entender lo que la mujer les manifiesta, mientras ella sabe que el veneno está haciendo su efecto:

Este es el nupcial lecho que me aguarda.
Demasiado he vivido; del veneno
La actividad mortífera ya tarda:
El fuego puro de mi amor ardiente
Parece que destruye su eficacia (Fernández, 1828a: 246).

En el acto III, escena II, es cuando de acuerdo con los cánones clásicos se decide el triunfo del deber sobre el amor, cuando Atala comenta a Chactas que su religión no le permite ser su esposa,[13] a lo que él responde que no dudará en hacerse cristiano por ella, aunque sin un verdadero convencimiento de aquella fe.

Cristiano en este instante hacerme quiero:
El padre Obrí disolverá tus votos,
Y nuestra unión bendecirá! .... ¿De nuevo
Vuelves al llanto y al dolor, Atala?
Qué infeliz situación! qué estado el nuestro! (Fernández, 1828a: 256)

La protagonista, por fin, en la escena V le manifiesta que tenía que cumplir con su promesa y la de su madre de mantenerse casta, por lo que, para evitar incumplirla, por su amor a Chactas, había tomado el veneno.

Ven, esposo, a mis brazos. Ay! te ruego
Que me perdones el horrible estado,
La situación mortal en que te dejo:
Ya no puedo ser tuya. Ayer.... ¿te acuerdas
Cuando pasó la tempestad.... temiendo
Violar los votos de mi madre y míos....
Y ceder de tu amor al vivo fuego....
Ciega, fuera de mí.... tomé.... (Fernández, 1828a: 266).

Para consolarle, ella le declara que se unirán en otro mundo, en ese que los cristianos reservan para la felicidad eterna. Fallece en la escena VII, porque la muerte, como en tantos otros dramas románticos y también en muchos de los clásicos, es la única salida a la acción.

Frente a lo que propuso Mendoza en su trabajo (s. a.: 65), creemos que todo lo anterior viene a plantear un triunfo del deber y de la fe cristiana, utilizando el

13 En el aspecto religioso y sobre todo del conflicto de creencias de este texto insiste Mendoza, (s. a.: 43, 62).

condicionante del amor a una mujer, que desde sus creencias se impone sobre el varón protagonista, aunque ello le cueste la vida.

Si bien nos movemos todavía en el prerromanticismo, no faltan las alusiones a los monasterios femeninos, esos lugares de reclusión al que tan aficionados fueron algunos románticos por el morbo que despertaban para las acciones imposibles de amor entre los protagonistas. Así, veremos ejemplos más tardíos que nuestra obra en la doña Leonor, de *Don Álvaro o la Fuerza del sino*; en la también Leonor en *El Trovador*, de Antonio García Gutiérrez; o en la doña Inés de *Don Juan Tenorio.* Nuestra Atala, no llega a pisar el monasterio, pero la imagen del lugar de reclusión está presente en su vida, incluso en aquel desierto en el que se desarrolla la acción, en función del cumplimiento de la promesa de su madre, por eso, cuando Chactas le preguntaba por el voto que hizo, ella le respondió:

Atala.
Pobre Chactas!… qué hiciste, madre mía
Por qué vi yo la luz? porqué en tu seno
Antes no perecí que el voto hicieras?

Chactas.
De qué? de qué?

Atala
De consagrarme a un templo:
De renunciar a Chactas para siempre,
Y de cuidarme con el blanco velo (Fernández, 1828a: 259).

Y de nuevo una alusión al mundo monacal parece encontrarse en su último aliento, cuando desde casi la inconsciencia dice:

¿Es mi madre o el ángel de la muerte?
Ya lo escucho, que raro es el concierto
De las vírgenes castas, que celebran
En dulces himnos a su esposo eterno (Fernández, 1828a: 263).

El prerromanticismo de la obra también lo apreciamos en el espacio elegido para el desarrollo de la acción. Se trata de un lugar desértico, alejado de la civilización, en el que tampoco falta una tormenta. Allí habita un ser entrañable, un ermitaño de buena voluntad, pero incapaz de poder enfrentarse a un destino ya decidido, aunque acompaña a los protagonistas en el desenlace, porque a la postre ese destino no deja de ser para el autor sino la voluntad de Dios.

Caro Chactas,
El cielo está indignado; vengativos
Rayos nos amenazan todavía.
Ah! como brama el viento enfurecido!…
Huyamos, caro amigo (Fernández, 1828a: 228).

Todo, adecuado para enmarcar la dramática acción de la muerte, casi como un reflejo del famoso cuadro de Girodet sobre la Atala de Chateaubriand, lejos de los paisajes idílicos o modelados por la mano humana, sean naturales o urbanos, tal y como se representaban en el Rococó y el Neoclasicismo. Ese paisaje romántico era el que ya anunciaba Diderot con una contraposición: *Préféra-t-il la beaute d´un jour pur et sérein, à l´horreur d´une nuit obscure…?* Y el mismo daba la respuesta: *La poesie veut quelque chose d´enorme, de barbare et de sauvage* (Diderot, 1773: LXXXIII).

El exotismo que caracterizó a los románticos no parece que todavía lo encontremos muy presente en esta obra, pues lo que para un europeo podía pasar por exótico, como la pareja de indios en un desierto norteamericano, no lo era tanto para los propios americanos, como nuestro autor, para quien el convivir con población india no tenía nada de extraño y era algo habitual, especialmente en muchos lugares de Nueva Granada.

3 Otras consideraciones sobre la obra

El drama, aunque la acción tenga lugar en el sur de los actuales Estados Unidos, podía responder a los intereses de cualquier autor implicado en las independencias hispanoamericanas. Se trata de la exaltación de lo autóctono y la denostación de lo español, aunque esto último limitado, en la media en que existen españoles de buen corazón, como el ausente López. Junto a ello la valoración del ermitaño francés, representante de grandes valores, como para muchos independentistas lo era la nación de origen de aquel personaje. Sin embargo, en el caso de Fernández Madrid se establece una separación entre la Francia laica, producto de la Revolución, y la revalorización del cristianismo; de ahí que Obrí se exprese diciendo «soy francés y del Dios de los cristianos» (Fernández, 1828a: 232). En ese conjunto el autor pretende hacer una obra con un contenido importante de valores, lo que no se puede tampoco desvincular de la tradición neoclásica, sobre todo por el afán didáctico que se aprecia.

Atala presenta ya claros elementos de evolución en el teatro puesto que, frente a la frialdad de las obras teatrales neoclásicas, en esta existe una mayor vitalidad, por lo que no podemos olvidar que se escribió en un ambiente revolucionario y con su autor en el exilio, de ahí la importancia que hemos dado a los aspectos biográficos. En consecuencia, existía una intención de provocar los sentimientos del espectador, lo que la acerca mucho, como ya mencionamos, a las tragedias griegas, más cuando los dos protagonistas se debaten entre el deber y el deseo personal. En consecuencia, encontramos ingredientes como el destino (Atala tiene que morir), el cumplimiento del deber, el poder divino, el sentido del castigo y el final trágico. La protagonista, a pesar de todo, no es solamente un ser condenado, sino que ella misma se autocondena (decide su destino) para no romper una promesa, pero también porque no ha cumplido con las tradiciones de su gente al liberar a Chactas (hybris). Atala, por tanto, se convertirá en la representante de un debate entre lo que le impone su religión y su pasado y el amor a un hombre, triunfando lo primero, lo que no la liberó de la prematura muerte.

Este drama, en consecuencia, formaría parte de esa literatura amorosa con final trágico, a la que también fueron tan aficionados los autores del Romanticismo, que desarrollaron temáticas de amores imposibles, a los que el destino conduce por una senda en la que no existe posibilidad de regreso. Pero esa fuerza del destino, como vemos, no era ni mucho menos ajena al mundo clásico, donde este estaba por encima de los deseos de los humanos. Por tanto, el amor de los protagonistas es inoperante y se convierte en imposible. Ese dramatismo se ve incrementado por la juventud de los personajes, condenados a huir por haber trasgredido la ley, puesto que el final de la vida de ella y lo que esto supuso para él ponen de relieve el fracaso de una existencia y el quebranto de la felicidad. Ese final trágico trató de compensarse con la fe religiosa de la protagonista, a la que arrastra a su amado Chactas; es decir, estamos ante un triunfo del cristianismo, que de alguna manera se ponía por encima de la tradición laica de la Ilustración.

Atala, en consecuencia, pude contemplarse tanto como un modelo de la tradición clásica como de la romántica, ya que se trata de una mujer que se inmola por unos ideales que implican sacrificar su amor y su propia vida. Es decir, representa el compromiso doloroso con las tradiciones, las leyes y las propias creencias. Pero tal consideración tampoco está lejos de la heroína romántica, inmolándose por unos ideales. Es cierto que en el caso de nuestra protagonista esos ideales a los que se pliega, como las heroínas clásicas, no son individuales sino colectivos. Por tanto, estamos ante un drama prerromántico, en el que prevalece el respeto por los condicionantes sociales. Además, existe un planteamiento amoroso que el teatro neoclásico había utilizado con cierta frecuencia, como el del matrimonio por amor o la posibilidad de elección de la mujer de su propio marido, aunque aquí sin consumar y con los tintes dramáticos que hemos mencionado

Como ya manifestamos, en el drama también interviene el elemento cristiano, representado, más que por la protagonista, por el sacerdote Obrí. No olvidemos que el sentimiento religioso fue fundamental en el proceso independentista de la Nueva Granda y de otros lugares, donde la fe cristiana se utilizó como bandera frente al realismo. Así, el ermitaño francés aparece como el símbolo de la verdadera esencia del catolicismo, aceptando el modelo de Chateubriand, que alabó a los misioneros de Francia, de los que dijo que «los sabios… jamás harán lo que hacía solo con su breviario y su rosario un pobre religioso que salía a pie de su convento» (Chateaubriand, 1842: 7). Pero esto se planteaba también como un problema para la pareja, pues ella era católica y él seguía fiel a las creencias de sus antepasados, aunque dispuesto a abjurar por amor a Atala. Así expresa sus sentimientos Chactas:

> […]
> hablar del dios cruel, intolerante,
> de sangre y de oro vil siempre sediento
> en cuyo nombre tala nuestros campos,
> pilla, incendia, destruye nuestros pueblos
> y los cubre de horror de luto y llanto
> ese bárbaro enjambre de extranjeros (Fernández, 1828a: 258).

En el drama el ermitaño se convierte en el árbitro de la situación caótica a la que la vida ha llevado a los protagonistas, pues representa al Dios cristiano de la conciliación y el amor frente al de otros europeos dedicados a la explotación y la rapiña. Precisamente este último es el Dios que se encuentra en la mente de Chactas y, por tanto, al que no quiere rendirse.

Estamos además ante una tragedia mestiza, lo que no tendría nada de extraño en un neogranadino, por lo que podría ser considerada también como una de las llamadas «tragedias criollas», a través de las que se exaltaba el proceso emancipador y entre las que se menciona de Fernández Madrid la de *Guatimozín*, junto a *La Pola* de José Domínguez Roche (1820), *Doraminta* de Luis Vargas Tejada (1828) y *Sulma* de José Joaquín Ortiz (1833) (González, 1986: 77 y Ojeda 2012). Los personajes de *Atala*, por tanto, responden a unas características raciales propias del mundo hispanoamericano y concretamente de la Nueva Granada. De este modo, los protagonistas se convierten en un símbolo de identidad de la nueva nación americana, compuesta esencialmente por población originada por la mezcla entre indios y españoles. En este panorama funciona un árbitro europeo-francés (el ermitaño) y unos personajes casi invisibles (los indios). Todo como un perfecto reflejo de la sociedad del momento en muchos lugares de América. En este sentido, *Atala* también nos aparece como una obra en que se revelan las características de la producción de Fernández Madrid, que siempre se debatió entre sus raíces españolas y su implicación en el proceso emancipador (Paniagua Blanc, 2020: 89–90). Y para reafirmar su condición de neogranadino independentista con frecuencia desprecia todo lo español, aun reconociendo sus orígenes. Si esto es visible en la obra que nos ocupa, aún lo es más en uno de sus poemas:

> Sangre española corre por mis venas;
> Mío es su hablar, su religión la mía;
> Todo, menos su horrible tiranía…; (Fernández, 1828a: 11)

De su herencia española acepta primordialmente la religión cristiana como un valor universal y como nexo que podía servir para vincular a todos los pueblos de la Nueva Granada (recordemos que por entonces comprendía aproximadamente lo que hoy es Panamá, Colombia, Venezuela y Ecuador), incluso, con una visión panamericanista, a todos los pueblos de América. Por eso Chactas aceptará el cristianismo, pero planteando una clara diferencia entre el puro y primitivo, como el que representaron muchos misioneros de los primeros tiempos o el ermitaño Obrí, frente al degradado y opresor del que ya hemos hablado.

Por último, es de destacar que en todo este drama la consanguinidad y el incesto no hayan planteado problemas al autor, como transgresión del cristianismo y de la propia ley natural, tal y como la concebían los cristianos. Apenas se incide en tal hecho, que pudiera haber sido muy bien una parte morbosa de la obra. De todos modos, el problema quedaba solucionado con la muerte de Atala. Obviamente, este es un tema con cierta recurrencia en la mitología del mundo griego, como por ejemplo se produce entre Zeus y sus hermanas Hera y Deméter; pero recordemos que el incesto clásico solo estaba admitido entre los dioses, como entre los incas lo estaba entre sus emperadores divinizados, por algunos de los cuales tanto interés mostró nuestro autor en sus elegías y canciones (Fernández, 1828a: 7–19, 52). Incluso un autor como Rodríguez Freyle, en el siglo XVII, lo haría extensivo a algunos indios de la Nueva Granada.

> Entre aquella llanada que había entre los dos ríos que dividían los campos, con mucha fiesta y regocijo se mostraban los unos a los otros, convidándose, comiendo y bebiendo juntos en grandes borracheras que hicieron, que duraban de día y de noche, a donde el que más incestos y fornicios hacía, era más santo: vicio que hasta hoy les dura (Rodríguez, 1979: 30).

Lo cierto es que en nuestra obra no se llega a consumar el mencionado incesto y se impone la idea cristiana, solucionando el problema con la muerte de la protagonista.

Fernández Madrid parece desconocer o al menos no tiene en cuenta algo importante, la historia de los natchez, a una de cuyas tribus pertenecía Chactas, que habían sido esquilmados por los franceses, especialmente durante las matanzas que se sucedieron entre 1727–1731 (Gayarre, 1851: 396–503 y Barnett, 2012: 109–128). A la de 1730 hizo alusión el propio Chateaubriand, como fundamento para sus obras americanas (1829: VIII-IX), incluso alegando que *Atala* no era sino un episodio de los natchez (Milne, 2015: 45–78). En consecuencia, no parece que la obra y los orígenes temáticos de la misma fueran desconocidos para nuestro autor.

4 La discutida fuente de la obra: Chateaubriand

La influencia francesa en Fernández Madrid es palpable, como lo fue en otros muchos independentistas, especialmente en la Nueva Granada, donde, por primera vez en América, Nariño publicó en español, en 1793, la *Declaración de derechos del hombre y el ciudadano* de la Revolución Francesa. El propio Madrid tradujo *La Ley Natural o Principios Físicos de la Moral,* de Constantino Volney (1757–1820), y *Los tres reinos de la naturaleza*, de Jacques Delille. Todo nos indica su buen conocimiento de la lengua francesa y, no cabe duda, de que había leído la novela de Chateaubriand, *Atala.* Como otros americanos sintió una especial debilidad por este autor, ya que había situado varias de sus obras en el ámbito ultramarino, como las novelas *René* y *Los natchez*; así como varios capítulos de *El genio del cristianismo* y otros de las *Memorias de ultratumba.* Su *Atala,* como su *René,* según él mismo aclaró, respondían a sucesos que le habían sido contados, aunque hay quienes niegan la historicidad de esos relatos (Bérdier, 1903: 127–294). Lo cierto es que Chateaubiand utilizó su *Atala* para hacer una exaltación del cristianismo, a lo que fue tan aficionado el autor galo.

Es evidente que Fernández Madrid convirtió en obra teatral la novela del autor francés, aunque no sabemos si pudo utilizar las primeras ediciones de 1801 y luego de 1802 o la más común de 1805; o bien la primera edición española de 1803 (Chateaubriand, 1803 y Giné, s. a.: 1–5), sin olvidar la de Barcelona de 1808. Pero no para todos ha quedado tan clara la adaptación, pues ha habido quien incluso ha la afinidad entre ambas obras, alegando que la de Fernández Madrid «se asemeja a la de Chateaubriand como la hoja de lata se asemeja a la plata» (Amunategui, 1859: 392).

Obviamente nosotros consideramos que existen varias semejanzas, aunque la *Atala* del neogranadino tenga importantes modificaciones en comparación con la francesa. Sin embargo, ya los propios nombres de los personajes principales se conservan en la obra de Fernández Madrid, con la variante de que se hispaniza el del ermitaño Aubry (Obrí).

Tampoco se puede negar la presencia clásica en ambas, especialmente las influencias de Homero, Teócrito y Longo de Lesbos. A este último pertenece la famosa obra *Dafne y Cloe,* que parece ser la que más relación tiene que con la que hoy nos ocupa y con la del autor francés, ya que su argumento trataba de dos hermanos que acabaron por enamorarse;[14] aunque en la historia griega hay un final feliz, pues logran casarse una vez que descubren que tienen diferentes padres,

14 Se parece mucho, pues son dos hermanos recogidos por diferentes familias que acaban enamorándose en su juventud y al final de casan.

como también acabaron por descubrirlo los protagonistas de Chateaubriand;[15] es decir, Fernández Madrid imprimiría un aspecto más trágico y más romántico a ese final de una historia de raigambre clásica, pero que lo mismo que en Chateubriand se ha cristianizado. Además, en ambas obras la naturaleza y la religión natural rusoniana están presentes. Esa presencia es más limitada en Fernández Madrid, pues al tratarse de una composición teatral no puede explayarse en las descripciones que hace el francés en su novela.

Finalmente, por la exaltación del cristianismo que hicieron los dos autores hay que aceptar la influencia bíblica, que el propio Chateubriand reconocía para el conjunto de su producción, aunque en ambos se pueden observar ya atisbos del mundo sentimental del Romanticismo. Ese cristianismo se manifiesta sobre todo en el reconocimiento de la igualdad de los hombres y en los grandes ideales, como Madrid lo refleja por boca de Obrí en el acto I, escena II:

> Algún hombre infeliz; sea cristiano,
> Idolatra, europeo, o bien un indio;
> Si es un hombre, es mi hermano y eso basta
> Aquí alimento encontrará y abrigo (Fernández, 1828a: 231).

Pero no solo podemos considerar la autoridad de Chateubriand, puesto que otros autores de la literatura francesa estaban teniendo una buena acogida en aquellos momentos, aun no siendo siempre contemporáneos. En consecuencia, no se puede olvidar la especial influencia de Fenelón y su obra *Las Aventuras de Telémaco* (1699),[16] así como la del barón de Lahontan (Louis Armand de Lom d'Arce) con sus *Viajes a la América septentrional* (1704).

Si lo hasta aquí expuesto supone un resumen de las semejanzas entre la novela de Chateaubriand y el drama de Fernández Madrid, no por ello podemos olvidar las divergencias. La primera y fundamental es la propia diferencia de género literario, lo que implicaría variaciones sustanciales a la hora de desarrollar descripciones, diálogos, caracterización de los personajes, etc.

No menos relevante es que el número de personas que intervienen varía sensiblemente. Son muy limitados en Fernández Madrid, mientras que el desarrollo novelado, sin adscribirse a la regla clásica del tiempo, permite un mayor despliegue de personajes, incluido el español López, al que en el drama se menciona con frecuencia, refiriéndose a él como residente en la ciudad de San Agustín de

---

15 Recordemos que Chateaubriand en su defensa del *Genio del cristianismo* citó a Amyot, el traductor al francés de *Dafne y Cloe*.

16 Es un viaje por varios lugares en que se alaba la felicidad de los pueblos primitivos frente a la modernidad.

la Florida, pero sin que aparezca nunca en escena. Incluso la pareja de protagonistas presenta variaciones en ambos autores, ya que la Atala de Chateaubriand es mestiza (hija de español e india), mientras que Chactas es netamente indio. En Fernández Madrid ambos protagonistas son mestizos e hijos del mismo padre, por tanto, la situación incestuosa no tiene cabida en la obra francesa. Ese cambio que hace Fernández Madrid, quizá haya que considerarlo desde su perspectiva de neogranadino, pues aquella sociedad, aunque dominada por los criollos, era eminentemente mestiza. En consecuencia, adapta la realidad de Nueva Granada a la de su drama, incluso planteando dos modelos distintos de mestizos; por un lado, los adaptados (Atala) y, por otro, los que renegaban de su sangre española (Chactas). Este último, se convertiría así en símbolo de la libertad, que acaba por aceptar el cristianismo «auténtico» de Atala.

En todo ese panorama resulta extraño que, siendo el autor natural de Cartagena de Indias y residiendo en Cuba, no incluya negros ni mulatos, mayoritarios tanto en su ciudad de origen como en la isla de su destierro. Entre los criollos americanos hubo una cierta tendencia a evitar la visibilidad de esos grupos raciales, especialmente tras los sucesos de la independencia de Haití y el impacto que causaron las matanzas de blancos (Paniagua, 2015: 204–209).[17] Es decir, un autor como Fernández Madrid, que ha vivido en sociedades esclavistas, ignora el problema de unos seres que también colaboraron en la independencia, con frecuencia buscando su propia libertad. Así pues, como escritor no llegó a incluir a los afrodescendintes en su relato, al contrario de lo que haría la escritora cubana Gertrudis Gómez de Avellaneda en su obra *Sab,* publicada en Madrid en 1841. De todos modos, también hay que recordar que el espacio en el que supuestamente se desarrolla el drama no era por entonces un lugar en que hubiese tenido una especial incidencia la esclavitud, como la iba a tener años más tarde.

Todo lo anterior parece indicarnos de igual modo que la obra de Fernández Madrid, como la de Chateuabriand, tiene algo de autobiográfica. El autor francés relaciona su novela con el viaje que realizó por Norteamérica (1800) y él mismo nos relata que su historia le fue contada de viva voz por quien la había vivido. La de Fernández Madrid, aun siendo una adaptación de la anterior, incurre en modificaciones que tienen que ver con su origen neogranadino y con sus intereses políticos.

En términos generales, la novela de Chateaubriand es una obra más equilibrada, que no llega a los excesos románticos que ya se adivinan en la de

17 Sobre estos aspectos es de interés toda una literatura que se recoge en Paniagua Pérez (2015).

Fernández Madrid, donde los sentimientos, como vimos, se presentan de una forma mucho más exagerada.

5 Conclusiones

Atala es un producto del momento histórico en el que se desarrolló la vida de José Fernández Madrid, es decir, una de las épocas más convulsas de la historia americana en general y neogranadina en particular. Así, le tocó vivir directamente y en ocasiones como actor principal el proceso independentista que se desarrolló a partir de 1810; incluso siguió contemplando aquel devenir desde su destierro cubano. Por tanto, a partir de la adaptación de la novela de Chateaubriand trata de mostrarnos una realidad vinculada al mundo neogranadino o al isleño, con un Chactas que representa los deseos de libertad por los que se estaba luchando y se había luchado en Hispanoamérica.

La *Atala* de Fernández Madrid es todavía una obra con profundas influencias neoclásicas, sobre todo en sus aspectos formales y, en parte, en el propio desarrollo de un drama en el que triunfa el deber. Sin embargo, se encuentra a un paso del Romanticismo, pues los exagerados sentimientos amorosos, religiosos y libertarios actúan como elementos esenciales de la trama. En consecuencia, se puede decir que la obra se aborda con una forma clásica, pero con un cierto trasfondo romántico, todo ello aplicado a una temática puramente americana.

Atala es al mismo tiempo y de manera muy especial un drama mestizo. Buena cuenta de ello la dan las propias características de los dos personajes principales (indio y mestiza), tutelados ambos por un europeo, el ermitaño francés. Es decir, en el fondo, como ocurrió con muchos independentistas americanos, el autor aceptaba una superioridad de lo europeo (criollos) como guía de la acción de otros grupos raciales (reflejo histórico de la Nueva Granada, donde los descendientes de españoles fueron quienes principalmente dirigieron la acción y guiaron a un pueblo esencialmente mestizo e indio).

No se debe olvidar la admiración por lo francés, que le hace olvidar al autor aspectos históricos que ponían de manifiesto que la colonización francesa había tenido muy poco de ideal. Pero Francia, para Fernández Madrid como para muchos criollos, era un referente cultural, incluso político, al que había que liberar de toda culpa y evitar compararlo con una España en decadencia, a la que los americanos se estaban enfrentando en el proceso de independencia. Lo que permanecía de la herencia colonial era la tradición cristiana, también reclamada por Chateuabriand y los sectores conservadores franceses. Así, el catolicismo en su vertiente más pura (Obrí y Atala) se convertía en un elemento liberador, frente a aquel otro cristianismo opresor, que representaron muchos españoles y de manera especial los conquistadores y realistas, como en su día puso nuestro autor de manifiesto en su poesía. Hay, por tanto, dos visiones de una misma religión. Se distingue así entre una oficialista y opresora y otra liberadora, que es la que predomina en el drama.

Nada tiene de extraño que la calidad de la obra resultante haya sido bastante limitada, al menos si tenemos en cuenta que esta fue la primera incursión de Fernández Madrid en la producción teatral, probablemente influenciado por el interés que el teatro despertaba por entonces en La Habana con autores consagrados como el costumbrista Francisco Covarrubias, el dramaturgo José María Heredia, dedicado a la crítica contra el dominio español en la isla, o Félix Mejía. Esa escasa calidad también podía tener que ver con la recurrencia a tan solo tres personajes como probable medio de ahorrar costes en la representación.

Bibliografía

Acevedo Puello, Rafael Enrique (2017): *Las letras de la provincia en la República. Educación, escuelas y libros de la patria en las provincias de la Costa Atlántica colombiana 1821–1886,* Uniandes, Bogotá.

Amunátegui, Miguel Luis (1859): «José Fernández Madrid. Poesías», *La Semana* 25.

Barnett, James F.(2012): *Mississippi´s American Indians,* Mississippi University Press, Jackson.

Bérdier, Joseph (1903): *Chateaubriand en Amérique, Vérité et fiction,* Colin, París.

Carnicelli, Américo (1970): *La masonería en la independencia de América (1810–1830)* I, Cooperativa nacional de Arte Gráficas, Bogotá.

Castillo Mier, Ariel (2011): «José Fernández Madrid: poeta cartagenero de la independencia», en *Cartagena de Indias en la Independencia,* Banco de la República, Bogotá, pp. 497–527.

Chateaubriand, François-René (1803): *Atala o los amores salvajes en el desierto,* José de Orga, Valencia.

Chateaubriand, François-René (1808): *Atala o los amores salvajes en el desierto,* Sierra y Martí, Barcelona.

Chateaubriand, François-René (1829): *Los Natchez o los habitantes de la Luisiana* I, M. Sauri, Barcelona.

Chateaubriand, François-René (1842): *Genio del cristianismo* III, Mayol, Barcelona.

DELEBECQUE, A. (1842): *Pasinomie, ou Collection complète des lois, décrets, arrêtés et règlements généraux qui peuvent être invoqués en Belgique 1814–1830*, Bruselas, Société Typographique Belge.

DIDEROT, Denis (1773): *Collection complette des oeuvres philosophiques* V, Londres.

FERNÁNDEZ DE CASTRO, José Antonio (1942): «Esfuerzos de un diplomático-poeta americano por la libertad de Cuba», *Revista de la Universidad de La Habana*, 43–45, pp. 7–18.

FERNÁNDEZ MADRID, José (1809): *España salvada por la Junta Central.* Ensayo poético, *que dedica el Ecxmo. S.D. Antonio de Narváez y La Torre, s.e*, Cartagena de Indias.

FERNÁNDEZ MADRID, José (1821a): *Ensayo analítico sobre la naturaleza, causas y curación de las calenturas Thermo--Adynámica y Thermo-Atáxica, llamada calentura amarilla de América, vómito prieto, etc. en que se da idea de la naturaleza y curación de las demás calentura*, Imprenta Liberal, La Habana.

FERNÁNDEZ MADRID, José (1821b): *Memoria sobre el comercio, cultivo y elaboración del tabaco en la Isla de Cuba*, Imprenta Fraternal de los Díaz de Castro, La Habana.

FERNÁNDEZ MADRID, José (1822): *Poesías*, La Imprenta Fraternal, La Habana.

FERNÁNDEZ MADRID, José (1824): «Memoria sobre el influjo de los climas cálidos y principalmente del de La Habana en la estación del calor», *Memorias de la Real Sociedad Patriótica*, 11, pp. 240–269, 371–379 y 441–456.

FERNÁNDEZ MADRID, José (1827): *Breve contestación en que el Dr. J. F. Madrid satisface con documentos a los cargos que le ha hecho el Sr. Restrepo en su Historia de Colombia*, M. Calero, Londres.

FERNÁNDEZ MADRID, José (1828a): *Poesías*, M. Calero, Londres.

FERNÁNDEZ MADRID, José (1828b): *Breve respuesta a los cargos que el señor José Manuel Restrepo hace en su Historia de Colombia al doctor José Fernández de Madrid*, Herederos de J.A. Calvo, Cartagena.

FERNÁNDEZ MADRID, José (1835): *Guatimoc o Guatimocin, tragedia en cinco actos*, Arango, Madrid.

GARCÍA DEL RÍO, Juan (1830): *Bosquejo político y literario del doctor José Fernández Madrid*, M.M. Guerrero, Cartagena.

Garzón Martha, Álvaro (1990): «Del sentido de la actitud trágica en el teatro de la independencia (1790–1830», *Revista Colombiana de Sociología*, 1 (1990), pp. 101–115.

GAYARRÉ, Charles (1851): *Louisiana; its Colonial History and Romance*, Harper & Brothers, Nueva York.

Giné Janer, Marta: «Atala de Chateaubriand, en la traducción de Pascual Genaro Ródemas (1803)» https://studylib.es/doc/6833825/de-chateaubriand--en-la-traducci%C3%B3n-de-pascual-genaro-r%C3%B3denas (consultado el 27 de octubre de 2019).

Gómez Restrepo, Antonio (1991): *Historia de la poesía colombiana*, Fundación Casa de la Poesía Silva. Bogotá.

Gutiérrez Ardila, Daniel (2009): «Los primeros colombianos en París (1824–1830)», *Anuario Colombiano de Historia Social y de la Cultura*, 36–1, pp. 89–124.

Henríquez Ureña, Pedro (2008): *Historia cultural y literaria de la América hispana*, Verbum.

Horacio (2002): *Epístolas. Arte poética*, CSIC, Madrid, 2002.

Iturrondo, Francisco (1834): *Ocios poéticos de Delio*, Imprenta del Gobierno, Matanzas.

Jáuregui, Carlos A. (2008): *Canibalia, canibalismo, calibanismo, antropofagia cultural y consumo en América Latina*, Iberoamericana, Madrid.

Jovellanos, Gaspar Melchor de (2006): *Obras completas IX. Escritos políticos*, Ayuntamiento de Gijón, Gijón.

Laverde Amaya, Isidoro (1963): *Ojeada histórico-crítica sobre los orígenes de la literatura colombiana*, Banco de la República, Bogotá.

Llaverías, Joaquín (1959), *Contribución a la historia de la prensa periódica, Archivo nacional de Cuba, La Habana.*

Lomné, Georges, «Las ciudades de la Nueva Granada. Teatro y objeto de los conflictos de la memoria política», *Anuario Colombiano de Historia Social y de la Cultura*, 21 (1993), pp. 114–135).

Méndez Rodríguez, Carlos Gustavo (s. a.): «La azarosa vida de José Fernández Madrid», academiadelahistoriadecartagenadeindias.org/.../Articulos%20Carlos%20Mende z/LA_AZAROSA_VIDA_DE_FERNANDEZ_DE_MADRID.pdf [18-03-2018]

Mendoza Vargas, Lizeth Maydeé (2008): *Atala y la representación del estado-nación en el siglo XIX.* Trabajo de grado de la Universidad Industrial de Santander (Colombia).

Menéndez Pelayo, Marcelino (1894): *Antología de poetas hispano-americanos* III, Sucesores de Rivadeneyra, Madrid.

Milne, George Edward (2015): *Natchez Country. Indians, colonists and the Landscapes of France in the French Louisiana*, The University of Georgia Press, Athens.

Molino García, Ricardo del (2007): *Griegos y Romanos en la Primera República colombiana. La Antigüedad Clásica en el pensamiento emancipador neogranadino (1810–1816)*, Academia Colombiana de Historia, Bogotá.

Ojeda, Ana Cecilia (2012): «Teatro de la Independencia y construcción de la nación en la Nueva Granada», *América* 41 http://journals.openedition.org/america/393 (consultado el 20 diciembre de 2019)

Orejuela, Héctor H. (2000): *El teatro en la Nueva Granada: Siglos XVI-XVIII*, Bogotá, s.n., 2000.

Otero Muñoz, Gustavo (1936): *Historia del periodismo en Colombia*, Biblioteca Aldeana, Bogotá.

Palacios Trujillo, Nhora Patricia (2009): *Los franceses en Colombia: la utopía de un paraíso*, Planeta, Bogotá.

Paniagua Blanc, Marina (2020): «Poesía e historia en la obra de José Fernández Madrid», *La lupa y el prisma. Enfoques en torno a la literatura hispánica*, Abello, Daniele Arciello y Sergio Fernández, eds. Universidad de León, pp. 79–97.

Paniagua Pérez, Jesús (2015): *La Revolución Haitiana en la obra de Juan López Cancelada (1806–1810)*, Universidad de León.

Posada, Eduardo (1917): *Bibliografía bogotana* I, Imprenta Nacional, Bogotá.

Posada, Eduardo (1917): *Cartas de Caldas*, Imprenta Nacional, Bogotá.

Restrepo, José Antonio (2009): *Historia de la Revolución de la República de Colombia en la América Meridional* I, Universidad de Antioquia, Medellín.

Reverte Bernal, Concepción (2012): «El teatro y los diálogos de José Joaquín de Larriva y Ruiz», en *Literatura de la independencia e independencia de la literatura en el mundo latinoamericano*, ed. de José Carlos Rovira y Víctor Manuel Sanchis Amat, Asociación Española de Estudios Hispanoamericanos, Lérida, pp. 107–128.

Reyes Posada, Carlos: *El teatro en el Nuevo Reino de Granada*, Medellín, EAFIT, 2008.

Rodríguez Freyle, Juan (1979): *El carnero. Conquista y descubrimiento del Nuevo Reino de Granada*, Ayacucho, Caracas.

Santander, Francisco de Paula (1989): *Santander en Europa: Diario de viaje 1829–1830* I, Fundación para la Conmemoración del Bicentenario del Natalicio y el Sesquicentenario de la Muerte del General Francisco de Paula Santander, Bogotá.

Solano Alonso, Jairo (2014): *José Fernández Madrid. Ilustración, patriotismo y tragedia*, Universidad Simón Bolívar, Barranquilla.

Suarez Radillo, Carlos Miguel (1984): *El teatro neoclásico y costumbrista hispanoamericano: una historia crítico-antológica* II, Madrid, Cultura Hispánica, 1984.

Triana y Antoveza, Humberto 2005: «Dos colombianos en Cuba: José Fernández Madrid (1780–1830) y Félix Manuel Tanco y Bosmeniel (1796–1871)», *Boletín de Historia y Antigüedades*, 82, pp. 66–84.

Villegas, Juan (2005): *Historia multicultural del teatro y las teatralidades en América Latina*, Galerna, Buenos Aires.

Vivanco y Díaz, Julián (1958) *José Antonio Miralla. Precursor de la independencia de Cuba*, El Sol, La Habana.

www.ingramcontent.com/pod-product-compliance
Lightning Source LLC
Chambersburg PA
CBHW060757310726
48980CB00002B/133

* 9 7 8 3 6 3 1 8 3 1 5 3 3 *